"十四五"国家重点出版物
出版规划项目

石油化工智能工厂

设计·建造·交付·运营

王子宗　赵学良　索寒生　高立兵　等 编著

王基铭　主审

化学工业出版社

·北京·

内容简介

《石油化工智能工厂：设计·建造·交付·运营》是中国石化、石化盈科等单位，基于国家部委多个专项和自主研发建设新一代石化智能工厂先进实践经验的系统性总结。

本书首先介绍了智能制造与智能工厂相关概念、发展概况以及中国石化智能工厂3.0发展思路和建设内容。然后以"物理工厂+数字工厂"生命周期为主线，全面阐述了石化智能工厂设计、工程建造、数字化交付、运营等业务环节的重点内容、数字化技术支撑和管理模式。明线是物理工厂的建设，暗线是物理工厂对应的数字资产的流转。通过石化工艺成套技术、工业互联网等新一代信息技术、管理体系和标准体系的深度融合，展示了"以设计为纽带的成套技术开发与产业化融合创新"管理模式。

《石油化工智能工厂：设计·建造·交付·运营》可供石油化工企事业单位的管理人员、信息化科研人员和生产技术人员阅读，也可为钢铁、冶金、建材等流程制造业的智能工厂规划、建设、运营、管理提供借鉴。

图书在版编目（CIP）数据

石油化工智能工厂：设计·建造·交付·运营 / 王子宗等编著；王基铭主审 .—北京：化学工业出版社，2024. 2

ISBN 978-7-122-44473-8

Ⅰ.①石… Ⅱ.①王… ②王… Ⅲ.①石油化工厂-智能制造系统 Ⅳ.①F407. 7

中国国家版本馆 CIP 数据核字（2023）第224957号

责任编辑：丁建华　向　东　杜进祥　　装帧设计：关　飞
责任校对：宋　玮

出版发行：化学工业出版社
　　　　　（北京市东城区青年湖南街 13 号　邮政编码 100011）
印　　装：河北鑫兆源印刷有限公司
710mm×1000mm　1/16　印张 22½　字数 453 千字
2025 年 1 月北京第 1 版第 1 次印刷

购书咨询：010-64518888　　　　售后服务：010-64518899
网　　址：http://www.cip.com.cn
凡购买本书，如有缺损质量问题，本社销售中心负责调换。

定　　价：188. 00 元　　　　　　版权所有　违者必究

序

　　遵照习近平总书记关于推动中国经济高质量发展和加快建设中国式现代化强国的指示，中国石化产业发展迅速，产业规模已跻身世界石化大国前列，但与高质量发展和建设现代化产业链的要求相比还有较大差距，主要是资源与能源利用率偏低、炼油总体产能过剩、化工产品同质化严重和附加值不高、高端制造水平亟待提高、安全环境压力大等问题。我国石化产业在国家"双碳"目标和不断变化的市场需求推动下，以创新驱动为动力，以问题导向、目标导向为指引，正通过创新工艺技术与新一代信息通信技术深度融合，开展智能工厂建设，加快向绿色和高质量方向发展。

　　石化智能工厂理论和建设实践，一直是石化行业研究热点，已有多本专著出版。如 2018 年 9 月出版的《智能炼化建设——从数字化迈向智慧化》（吴青），2019 年 1 月出版的《石油化工智能制造》（覃伟中、谢道雄、赵劲松等），2022年 1 月出版的《石化工业数字化智能化转型》（李德芳、蒋白桦、赵劲松等）等。

　　本书是"十四五"国家重点出版物出版规划项目，是中国石化、石化盈科等单位，自主研发建设新一代石化智能工厂的经验总结。与前述专著相比，有如下3 个特点：

　　一是首次从全生命周期角度研究智能工厂建设。本书基于全生命周期理论和数字孪生技术，系统论述了虚实映射的数字孪生石化工厂，从工厂设计、工程建造、数字化交付到运营管理等业务环节的重点内容、发展趋势和管理模式。通过石化工艺成套技术、新一代信息技术、管理体系和标准体系的深度融合，打造了"以设计为纽带的成套技术开发与产业化融合创新"管理模式。

　　二是突出新技术与业务的深度融合。本书内容体现了中国石化智能工厂 3.0的最新理念和成果。例如：面向智能工厂需求的工程设计规范和标准化；"固定资产＋无形资产"数字化交付新模式，打造数字孪生工厂底座，通过数据治理，建立统一数据标准和数据模型，挖掘数据资产价值；基于石化工业互联网平台，形成云边端协同机制；构建基于新一代人工智能和数字孪生的智能工厂。通过成套技术的软件化封装、工程建设的数字化交付，并结合工业数据的混合建模修正，在工业互联网平台上构建以工业软件为核心的石化工厂数字孪生体，以数据和模型为驱动，提升资源高效利用、生产操作优化、设备可靠性运行、安全环保低碳等智能化运营水平。

　　三是总结了石化智能工厂的最佳实践。本书内容涵盖近 3 年来中国石化在国家发改委、工信部、应急管理部"5G 基础设施建设及应用项目""智能制造标准试验验证公共服务平台""工业互联网＋安全生产试点项目""人工智能基础设施示范工程"等专项支持下，结合中国石化"十条龙"科技攻关项目"智能乙烯装置关键技术研发及工业应用"，中科炼化和镇海炼化石化智能工厂 3.0 规划、建设等项目实践成果。对于石化行业数字化、网络化、智能化发展具有很强的指导和借鉴意义。

该书的出版将为加快建设中国式现代化，为石化工业贯彻实施制造强国和网络强国战略，提质增效与高质量发展提供具体指导。同时，为制药、冶金、食品、电力、建材等流程工业智能工厂建设提供科学借鉴。

中国工程院院士：王基铭

2024 年 6 月于上海

前　言

当前，以工业互联网、人工智能、数字孪生等为代表的新一代信息技术与运营技术、制造技术深度融合，推进传统行业的数字化转型和智能化升级正愈演愈烈，新一轮工业革命正在全球范围内孕育兴起，制造业正迈向动力变革、体系重构、范式迁移的新阶段，加速向数字化、网络化、智能化方向发展。

经过数十年的发展，我国石化工业的规模、产量和技术能力都有了大幅度提升，产业规模已跻身世界石化大国前列。但是，与高质量发展和建设现代化产业链的要求相比还有差距，主要面临资源与能源利用率偏低、高端制造水平亟待提高、安全环境压力大等问题。在不断加速的能源转型、国家"双碳"目标、日益严格的监管要求和不断变化的市场需求推动下，石化工业正通过创新工艺技术与新一代信息通信技术深度融合，发展智能制造，推动可持续发展和循环经济，加快向绿色和高质量方向发展。

"十三五"期间，在国家智能制造战略部署下，石化智能制造也从"理念普及、试点示范"阶段迈入了"系统创新、深化应用"的新阶段。中国石化集团公司（以下简称中国石化）于 2012 年率先开展石化智能工厂建设，试点阶段为石化智能工厂 1.0，提升和推广阶段为石化智能工厂 2.0，共建设了 16 家智能工厂。经过 10 余年的发展，目前正在进行新一代石化智能工厂（3.0）建设。中国石化智能工厂实践起到了良好的引领和示范作用，先后有 6 家企业入选国家智能制造试点示范企业。首批 4 家试点示范企业的生产数据自动化采集率、先进过程控制投用率分别提升了 20%、10%，均达到 98% 以上，外排污染源自动监控率达到 100%，劳动生产率提高 20% 以上，取得了显著的经济效益和社会效益。

"十四五"以来，中国石化先后承担国家发改委、工信部、应急管理部"5G基础设施建设及应用项目""智能制造标准试验验证公共服务平台""工业互联网＋安全生产试点项目""人工智能基础设施示范工程"等专项。此外，还开展了"数字孪生的智能乙烯工厂""数据治理体系及数据标准编制项目""设备域一体化应用建设项目"以及中科炼化和镇海炼化石化智能工厂 3.0 建设项目等。

本书是中国石化、石化盈科等单位，基于国家部委多个专项和自主研发建设新一代石化智能工厂（3.0）先进实践经验的系统性总结。全书分为六章。第一章绪论，阐述了智能制造相关概念和发展、智能工厂相关概念和发展、中国石化智能工厂建设实践历程、中国石化智能工厂 3.0 发展理念、重点建设内容等。第二章石化智能工厂设计，阐述了智能工厂的设计内涵，各专业的设计需求和设计方案，并指明设计支撑工具和各阶段实施路径。第三章石化智能工厂工程建造，聚焦一体化工程采购、标准化标识解析、精益化管道施工、可视化设备吊装、模块化现场安装、智能化施工装备、平台化智慧工地等应用重点。第四章石化智能工厂数字化交付，阐述了数字化交付的内涵、要素和实践。第五章石化智能工厂运营，从智能工厂的经营管理、生产运营和数字化技术支撑与基础等方面阐述了智能化应用。第六章石化智能工厂建设实践，以镇海炼化、中科炼化和天津石化三家企业为例，聚焦各自特色的应用实践和成效。

本书由中国石化集团公司、石化盈科公司组织编写，王子宗、赵学良、索寒生、高立兵等编著。第一章由王子宗、高立兵、索寒生、刘东庆编写；第二章由王子宗、李蕾、赵学良、高雪颖、李瑞、赵剑霞、张建峥、李少鹏、宋健健、杨刚、张照千、白亮、曾翔鹏、王金光、王曦宏、朱强等编写；第三章由赵学良、胡宏、师恩容、苏申健、胡善芳、马明、周小荣、梁涛、肖洪波、雷成霞、张天岳等编写；第四章由王子宗、赵学良、李蕾、高雪颖、邹桐、彭颖、李有、宋哲、卜艳、牛慧、李鹏、宋楠等编写；第五章由高立兵、索寒生、贾梦达、高瑞、药新春、罗梦迪等编写；第六章由傅钢强、蔡荣生、聂强、索寒生、宋楠、药新春、杨秀玲、高瑞等编写。全书由王子宗、索寒生、赵学良筹划、草拟框架、组织编写、审稿定稿。

衷心感谢王基铭院士、袁晴棠院士、曹湘洪院士、孙丽丽院士以及化学工业出版社责任编辑对本书提出的宝贵建议及付出的辛劳，特别感谢以下企业提供案例素材：中国石油化工股份有限公司镇海炼化分公司、中国石化股份有限公司天津分公司、中科（广东）炼化有限公司。

由于编著者水平和时间有限，书中难免疏漏和不妥之处，恳请读者批评指正，以期日后的不断修订和提高。

编著者

2024 年 6 月

目 录

第三章　石化智能工厂工程建造　142

第一章

绪 论

党的二十大报告提出"高质量发展是全面建设社会主义现代化国家的首要任务"。建设现代化产业体系是加快构建新发展格局，着力推动高质量发展的重要任务之一。建设现代化产业体系要推进新型工业化，加快制造强国建设，推动制造业高端化、智能化、绿色化发展。发展智能制造是建设制造强国的主攻方向，是推进新型工业化的重要途径，是推动制造业高端化、智能化、绿色化发展的关键举措。

石化工业是国民经济支柱产业，经济总量大、产业链条长、产品种类多、关联覆盖广，关乎产业链供应链安全稳定、绿色低碳发展、民生福祉改善。"十三五"以来，我国石化工业转型升级成效显著，经济运行质量和效益稳步提升，已建成较为完整的工业体系，已跻身世界石化大国行列，2022年炼油和乙烯产能均位居世界第一位，但依然存在创新能力不足、结构性矛盾突出、产业布局不尽合理、绿色安全发展水平不高等问题[1,2]。未来几年是我国石化工业高质量发展的关键时期，将加快推进传统产业改造提升，大力发展化工新材料和精细化学品，加快产业数字化转型，提高本质安全和清洁生产水平，加速石化工业质量变革、效率变革、动力变革，推进我国由石化大国向石化强国迈进[3]。

本章首先阐述智能制造发展概况，包括智能制造概念及内涵、智能制造参考模型、智能制造标准体系、智能制造能力评价等；然后阐述智能工厂发展概况，包括智能工厂概念及内涵、世界"灯塔工厂"及启示，介绍我国石化行业智能工厂建设实践、中国石化智能工厂建设实践；再从工业软件、工业自动化架构和工厂建设模式三个视角阐述石化智能工厂发展趋势；最后阐述中国石化智能工厂3.0的指导思想、"六向"发展思路、发展目标、定义及内涵、特征及演进路线、重点建设内容、应用场景清单等内容。

1.1 智能制造概述

1.1.1 智能制造概念及发展

1.1.1.1 智能制造定义及内涵

（1）智能制造定义

发展智能制造，要立足制造本质、紧扣智能特征。智能制造的本质是制造。制造是一种经济活动，是指经物理或化学变化后成为新的产品的经济活动。智能制造必须基于先进的工艺和设备，制造的质量、效益和核心竞争力需要数字化、网络化、智能化技术的强力支撑。

智能是知识＋智力，知识是智能的基础，智力是获取和运用知识求解的能力。"智能"是人们希望机器能够帮助或代替人工作，让机器像人一样思考，即懂得使用归纳法、演绎法和类比推理。这就需要把人的知识和经验，通过建模的方式形成知识，再经过测试验证，形成软件复用。智能制造的真谛是利用物联网、大数据、人工智能等先进技术认识制造系统的整体联系，并控制和驾驭系统中的不确定性、非结构化和非固定模式问题，以实现更高的目标。

在某一时期按一定的技术和逻辑以某种相对固定的方式来组织制造活动，从而形成一定的制造模式。历史上人们提出过不同的制造模式：柔性制造系统（flexible manufacturing system，FMS）、准时生产制（just in time，JIT）、计算机集成制造系统（CIMS）、敏捷制造（agile manufacturing，AM）、协同制造（holonic manufacturing，HM）、绿色制造（green manufacturing，GM）、网络协同制造（network collaborative manufacturing，NCM）、可重构制造系统（re-configurable manufacturing system，RCMS）、大批量定制化生产（mass customized production，MCP）等。

智能制造兼容上述各类制造模式，并将重塑制造业技术体系、生产模式和价值链。如表1-1所示，列出了不同组织和知名学者给出的智能制造定义。

表 1-1 智能制造的定义

组织/学者	智能制造定义
德国工业4.0	工业4.0是指借助信息和通信技术将工业机器和工艺连接起来的智能网络
美国国家标准与技术研究院（NIST）	智能制造是完全集成的协同制造系统，能够实时响应工厂、供应网络和客户不断变化的需求和条件

组织/学者	智能制造定义
美国智能制造领导力联盟（SMLC）	智能制造是通过开放的基础设施解决现有和未来问题的能力，该基础设施允许以商业速度实施解决方案同时创造有利价值
美国清洁能源智能制造创新研究院	智能制造是一系列涉及业务、技术、基础设施及劳动力的实践活动，通过整合运营技术（OT）和信息技术（IT）的工程系统，实现制造的持续优化
国际电工委员会工业测量控制和自动化技术委员会（IEC TC65）	智能制造是通过集成化和智能化使用网络、物体实体和人员各维度的过程和资源来生成和提供产品与服务，以提升制造性能，同时与企业价值链中的其他环节进行协作的制造业
国际标准化组织智能制造协调委员会（ISO/TMB SMCC）和国际电工委员会智能制造系统委员会（IEC/SyC SM）	智能制造是为了创造和提供可持续产品与服务系统，集成利用基于网络、人因与物理空间中新兴信息技术的智能决策、工艺、操作与资源来提升自身性能与技术方面能力的制造方式，它也与多个企业的价值链中的其他领域进行协作
周济[4]	贯穿于产品、制造、服务全生命周期的整个环节以及相应系统的优化集成，实现制造的数字化、网络化、智能化，不断提升企业产品的质量、效益和制造水平
李培根[5]	将机器智能融合于制造的各种活动中，以满足企业相应的目标

在我国制造强国战略研究报告中，提出智能制造是制造技术与数字技术、智能技术及新一代信息技术的融合，是面向产品全生命周期的具有信息感知、优化决策、执行控制功能的制造系统，旨在高效、优质、柔性、清洁、安全、敏捷地制造产品和服务用户。在工业和信息化部 2016 年发布的《智能制造发展规划（2016—2020 年）》中给出了智能制造另一个新的表述：智能制造是基于新一代信息通信技术（ICT）与先进制造技术深度融合，贯穿于设计、生产、管理、服务等制造活动的各个环节，具有自感知、自学习、自决策、自执行、自适应等功能的新型生产方式。

生产方式是人类社会存在和发展的决定因素，生产方式的变革决定社会形态的更替。生产方式包括生产力和生产关系，因而智能制造是一个持续演进迭代的复杂系统，需要围绕构建虚实融合、知识驱动、动态优化、安全高效的智能制造系统，打造涵盖支撑体系、供给体系、创新体系和应用体系的智能制造发展生态。智能制造体系如图 1-1 所示。

（2）智能制造内涵

传统意义的智能制造仅限于生产过程，随着发展的逐步深入，智能制造的内涵一直在不断演进，智能制造系统也逐步演变为覆盖产品全生命周期各个业务的大系统。

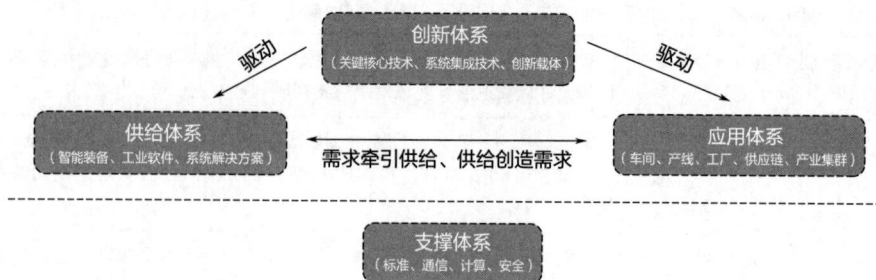

图 1-1　智能制造体系

① 产品的智能化。即把传感器、处理器、存储器、通信模块、传输系统融入各种产品中，使得产品具备动态存储、感知和通信能力，实现产品的可追溯、可识别、可定位。产品的智能化有三个最基本的特征：普适性、渐进性、颠覆性。

② 装备的智能化。通过数字技术与装备技术深度融合，使装备的形式和内容发生蜕变，催生出新的价值，成为具有状态感知、决策优化、自主控制和执行能力的智能装备。当装备感应到触发条件和通信信号时，它们将成为有理解力的工具，具备了类似于人的眼睛、神经和大脑的功能。

③ 生产方式的智能化。主要是生产方式的现代化和智能化。个性化定制、服务型制造以及云制造等新业态、新模式，其本质是在重组客户、供应商、销售商以及企业内部组织的关系，重构生产体系中信息流、产品流、资金流的运行模式，重建新的产业价值链、生态系统和竞争格局。

④ 管理的智能化。随着纵向集成和横向集成的不断深入，企业数据获取的及时性、完整性、准确性不断提高，必然使管理更加准确、更加高效、更加科学，这是管理领域的革命。

⑤ 服务的智能化。通过互联网、移动通信、人工智能等技术，将消费者与企业连接在一起，为消费者提供主动、在线、全球化服务，通过消费者的不断反馈及提出的意见，提升产品服务质量、扩展服务内容、提高客户体验，从而推进服务型制造这一新业态的不断发展和壮大。

1.1.1.2　发展历程及系统演进

（1）智能制造发展历程

智能制造研究大概经历了三个阶段，始于 20 世纪 80～90 年代的首次提出，发展于 21 世纪初期的信息网络技术的演进，成熟于 21 世纪 10 年代的信息技术的突破和融合应用，随着各国相继提出智能制造发展战略和规划，智能制造相关研究成为热点[6]。

萌芽期（1980—2000 年）：1988 年，美国人莱特（Paul Kenneth Wright）和伯恩（David Alan Bourne）出版《制造智能》一书，对智能制造的内涵与前景进行了系统描述。1991 年，日美欧共同发起实施国际合作研究计划。美国、欧洲等启动新的研发项目，其中包括智能制造。自 20 世纪 90 年代以后的 10 多年里，虽然智能制造的研究和实践一直在进行，但总体上不温不火，没有取得预期成效。

起步期（2000—2010 年）：信息化进入应用阶段，以信息网络技术影响下的新技术范式为特征。

快速发展期（2010 年至今）：随着大数据、人工智能等新一代信息技术的发展以及与先进制造技术的深度融合，智能制造被赋予了新的内涵，进入发展的快车道。

（2）制造系统的演进

制造业发展的趋势是用更少的能源消耗、更少的材料使用、更高效的工具、更有效的管理，将更多的知识凝聚到产品中。

发展智能制造，要依托造单元、车间、工厂、供应链等载体，构建虚实融合、知识驱动、动态优化、安全高效、绿色低碳的智能制造系统。制造系统是制造活动赖以进行的物化载体，是由人和劳动资料构成，采用先进的管理理念和管理方式进行组织。

从控制论的角度来看，实现智能制造应理解为要打造一个智能制造闭环控制系统，控制目标即为实现最佳生产工艺流程，达到最佳生产状态。闭环控制系统的覆盖范围可以是一台机器或者一条生产线，也可以是一个车间、一个工厂甚至是一条产业链。同时，这个系统具有自适应性。

从中远期看，智能制造系统的演进呈现出两点变化规律[7]：一是人力在制造系统中的参与比重逐渐降低，二是制造系统最终实现高度自主运行，如图 1-2 所示。在这点上中、外学术界提出了类似的观点，周济院士团队提出了 HCPS（人-信息-物理系统）模型[8,9]，并认为目前处于 HCPS1.5 和 HCPS2.0 之间，如图 1-3 所示；ABB 公司提出了"工业自治六阶段模型"[10]，并认为当前系统介于第 2 级和第 3 级之间，这两个模型都认为智能系统最终目标是实现完全自主运行，如图 1-4 所示。

未来智能制造系统最本质的特征是其信息系统扩充了学习认知功能，使系统不仅具有强大的感知、计算分析与控制执行能力，更具有学习提升、产生知识的能力。从"授之以鱼"变成了"授之以渔"，即通过人工智能技术，将类似人类的能力——观察、推断、决定和行动——灌输到将自主行动的制造系统中，极大提高制造系统处理复杂性、不确定性问题的能力，有效实现产品及其生产和服务过程的最优化。

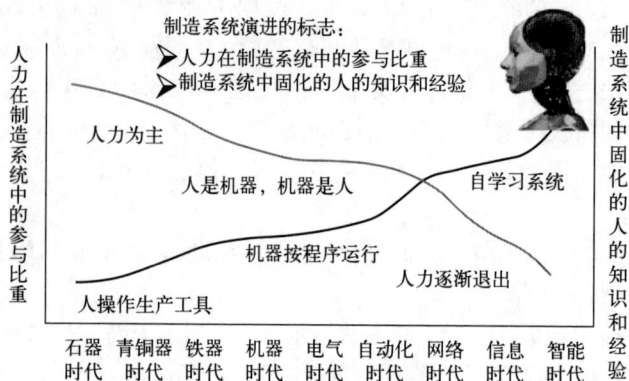

图 1-2　智能制造系统的演进

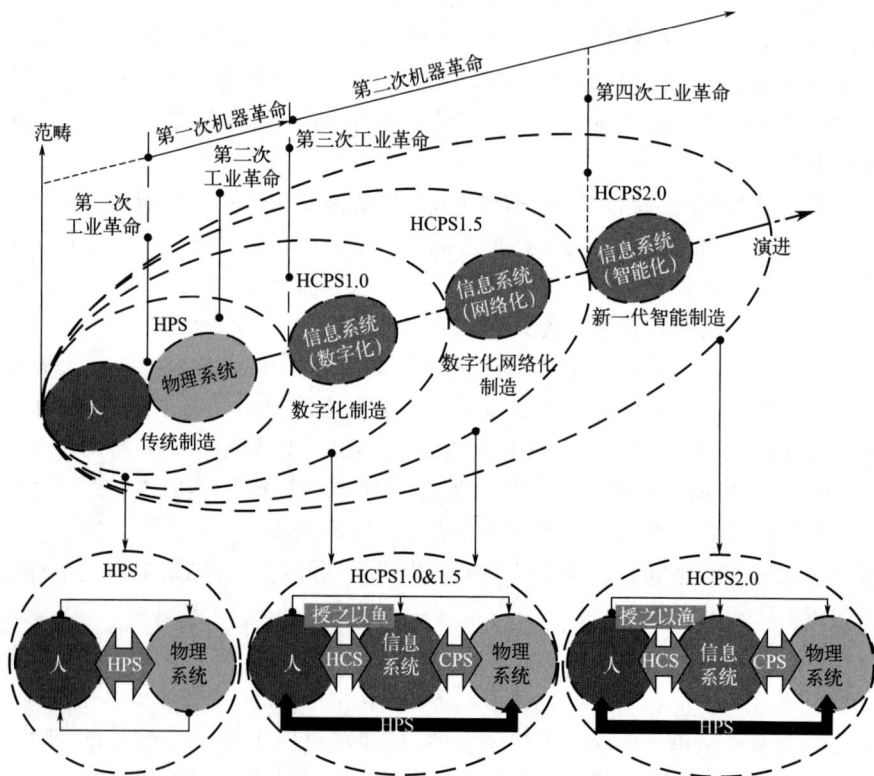

图 1-3　面向智能制造的 HCPS 演进

走向全面的工业自治
将是一条逐级上升的自治之路

0级 人类全盘控制

1级 人类指定设定点，协助或掌控子任务

2级 人类指定意图，偶尔自治

5级 人类不在现场，完全自治运行

4级 人类不指导，几乎完全由系统控制

3级 人类确认/后备，有限的自治和警觉

前提：法规、伦理视角，系统自动监控环境

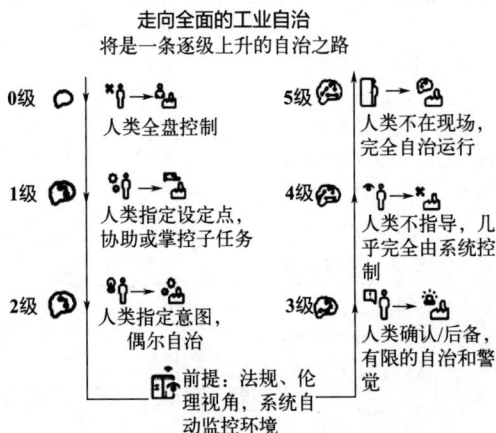

图 1-4　面向智能制造的 HCPS 演进

1.1.2　各国智能制造战略及规划

近年来，全球兴起了以智能制造为代表的新一轮产业变革。德国发布了《保障德国制造业的未来：关于实施工业 4.0 战略的建议》，提出工业 4.0 战略，核心内容是发展基于信息物理系统的智能制造。美国联邦政府、行业组织和企业联手推动智能制造发展，提出了工业互联网和先进制造业 2.0，即"互联网＋传统制造"，是以互联网激活传统制造，发挥科技创新优势，占据世界制造业价值链高端。法国政府通过多种手段，大力支持以智能制造为核心的"新工业法国"计划。日本在发布机器人新战略的基础上，提出工业价值链参考架构，标志着日本智能制造策略正式落地。而印度、越南等新兴国家正在加速进入全球制造业体系，带来资源、技术和市场的新组合。中国则制定了《中国制造 2025》规划，智能制造成为中国制造强国主攻方向。各主要经济体智能制造战略和行动规划，如表 1-2 所示。

表 1-2　各主要经济体智能制造战略和行动规划

主要经济体	智能制造战略和行动规划
中国	《中国制造 2025》(国发〔2015〕28 号) 《关于深化新一代信息技术与制造业融合发展的指导意见》(中央深改委 2020.6) 《国家智能制造标准体系建设指南(2021 版)》(工信部联科〔2021〕187 号) 《关于积极推进"互联网＋"行动的指导意见》(国发〔2015〕40 号) 《国家信息化发展战略纲要》(中办发〔2016〕48 号) 《新一代人工智能发展规划》(国发〔2017〕35 号) 《"十四五"智能制造发展规划》

续表

主要经济体	智能制造战略和行动规划
美国	《美国智能制造生态系统》 《流程行业智能制造路线图》 《美国工业互联网参考架构》 《美国制造业创新战略规划》 《美国先进制造业领导战略》
日本	《日本工业价值链参考模型》 《创造新产业、新市场的倡议》
德国	《工业 4.0 战略》 《工业 4.0 标准化路线图 V3.0》 《国家工业战略 2030》
欧盟	《地平线 2020 计划》 《工业 5.0》
英国	《英国发展先进制造业的主要策略和行动计划》
法国	《新工业法国计划》 《新工业法国 2.0》

1.1.2.1　美国智能流程制造（SPM）

2008 年在美国国家科学基金会的赞助下，由加利福尼亚大学洛杉矶分校（UCLA）牵头，成立了包括企业界、学术界和政府相关机构组成的智能流程制造（SPM）虚拟组织。能源公司埃克森美孚、壳牌、陶氏、杜邦等，以及技术公司霍尼韦尔、IBM、艾斯本、ABB 等都参与研究。已建设规划包括智能流程制造的定义、特征、路线图和实施领域与推动力等。SPM 路线图强调先进智能系统在石化、建材、冶金等流程行业的应用，打造一种集成的、知识支撑的、基于模型的企业，加快新产品开发，动态响应市场需求，实时优化生产制造和供应链网络。

SPM 关注智能流程制造的十大关键因素：智能化运作与应对、集成与自我感知、监控与可适应性、知识与信息共享、实时信息支撑、快速与及时反应、环境友好、充分发挥人的作用、人机协同、注重整体绩效等。SPM 认为智能制造是将数据转化为知识，知识转换为模型，模型转为资产，资产推动全局，最终形成人、知识、模型一体化的 KPI（关键绩效指标）考核，达到工厂的智能化运营。SPM 针对流程工业与离散行业不同的特点，提出了实现六大业务转变和五大技术转变的独特技术路线，即五条"路线图通道"：①数据到知识：为生产过程的沟通制定统一的标准和规范；通过新一代执行器/传感器网络改善基于模型的状态估计和偏差检测。②知识到运行模型：实践建模并管理与验证模型；开发实时、规模化操作的算法。③运行模型变成关键工厂资产：为设备管理与决策进行建模；建立全厂范围状态监控数据可视化；开发和维护企业关键资产模型。
④模型由关键工厂资产到全面应用：创建通用标准评估和整合全局进程。⑤人员、知识和模型变成组合的关键性能指标，提供全面的知识获取和知识管理解决方案。

1.1.2.2 德国工业4.0

德国政府于2013年提出《工业4.0战略》，旨在新一轮工业革命中占领先机。工业4.0核心内容就是建一个网络、三项集成和研究两个主题。

建一个网络：信息物理系统（CPS）。就是物理设备连接到互联网上，让物理设备具有计算、通信、精确控制、远程协调和自治五大功能，从而实现虚拟网络世界与现实物理世界的融合，将网络空间的高级计算能力有效地运用于现实世界中，从而在生产制造过程中，与设计、开发、生产有关的所有数据将通过传感器采集并进行分析，形成可自治操作的智能生产系统。

三项集成：通过纵向集成、端对端集成、横向集成，实现企业内、企业间、生态圈的集成，从而达到高度自动化、高度数字化（以CPS为核心）、高度网络化（三项集成）的高效的、智能化、个性化、社会化的生产与服务模式。

两个主题：对智能工厂与智能生产进行重点研究与应用。智能工厂是未来智能基础设施的关键组成部分，重点研究智能化生产系统、过程及网络化分布生产设施的实现。智能生产的侧重点在于将人机互动、智能物流管理、增材制造等先进技术应用于整个工业生产过程，从而形成高度灵活、个性化、网络化的产业链。

随着《工业4.0战略》的逐渐落地，德国于2019年推出了下一个十年规划《国家工业战略2030》，将"数字主权、互操作性、可持续性"作为下一阶段发展目标。

1.1.2.3 我国智能制造发展概况

我国智能制造发展起步较晚，但步伐很快。"十三五"时期，我国智能制造发展取得长足进步，在自主研制智能制造装备、建设智能制造标准体系、开展新模式试点示范、培育系统解决方案供应商等方面取得了积极成效。经过五年的奋力追赶，我国制造业重点领域已经基本实现数字化制造，部分优势企业对网络化制造进行了初步探索，但我国智能制造总体成熟度与世界先进水平相比仍存在一定差距。

（1）国家智能制造战略

2015年，国家发布了实施制造强国战略的第一个十年行动纲要《中国制造2025》，其核心是加快新一代信息技术与制造业深度融合，推进智能制造。2017

年发布了《关于深化"互联网＋先进制造业"发展工业互联网的指导意见》《新一代人工智能发展规划》，人工智能被首次写入政府工作报告中。2018 年，政府工作报告首次提出"智能＋"，提出要把握新一代人工智能发展的特点，深化大数据、人工智能等研发应用，打造工业互联网平台，拓展"智能＋"，为制造业转型升级赋能，结合不同行业、不同区域特点，探索创新成果应用转化的路径和方法，构建数据驱动、人机协同、跨界融合的智能经济形态。

国家发布制造强国战略以来，成立了国家智能制造标准化协调推进组、专家咨询组和总体组，并先后于 2015 年、2018 年、2021 年发布了 3 版《国家智能制造标准体系建设指南》：规划当前和未来一段时间内智能制造标准化工作，明确亟需标准，指导标准立项，解决标准体系融合贯通和基础标准缺失的问题，为专项支持方向提供决策参考。

中国电子技术标准化研究院在工业和信息化部的指导下，于 2016 年 9 月发布了《智能制造能力成熟度模型白皮书（1.0）》，并在此基础上经过 4 年的完善优化和企业应用实践，形成了 GB/T 39116—2020《智能制造能力成熟度模型》[11] 及 GB/T 39117—2020《智能制造能力成熟度评估方法》[12] 两项国家标准，于 2020 年 10 月正式发布执行。两项标准为智能制造在我国的全面深化推进提供了系统的、完整的、标准化的引领，为企业实施智能制造提供指导，帮助企业开展智能制造能力的评估、诊断和有针对性地规划和提升。

近十年来，我国深入实施智能制造工程和制造业数字化转型行动，深化云计算、大数据、人工智能与制造业融合发展，发布国家智能制造标准体系，建成 700 多个数字化车间/数字工厂，实施 305 个智能制造试点示范项目和 420 个新模式应用项目，培育 6000 多家系统解决方案供应商。

（2）《"十四五"智能制造发展规划》等文件解读

2021 年 12 月，工业和信息化部等八部门联合印发了《"十四五"智能制造发展规划》（以下简称《规划》）。2022 年 3 月工业和信息化部、发改委等六部委发布了《关于"十四五"推动石化化工行业高质量发展的指导意见》（以下简称《意见》）。两份文件中，针对石化行业数字化转型、高质量发展，都给出了具体的要求和措施，提出并强调了我国石化行业智能制造下一阶段发展的难点和重点。这两份文件成为石化行业加快制造业转型升级的纲领性、指导性文件。其核心内容如下。

一是聚焦智能制造的本质。《规划》提出，智能制造中，智能是手段，制造是本质，智能制造要面向制造过程，在目标中特别明确提出要立足制造本质，要以工艺、装备为核心，以数据为基础，依托制造单元、车间、工厂、供应链等载体，充分表明了"十四五"智能制造发展重点聚焦于制造本身，其他技术都是手段，都要向制造本质服务。

二是突出工业软件和核心装备的自主可控。智能制造的建设离不开工业软件和智能装备的支撑。工业软件和核心装备的研发、攻关不是一家企业的事情，《规划》提出，需要通过装备制造商、高校、科研院所、企业用户、解决方案供应商多方的"聚力"、联合攻关，突破"卡脖子"问题，实现基础零部件、装置和工业软件的自主可控。《意见》提出，支持企业牵头组建产业技术创新联盟、上下游合作机制等协同创新组织，组建石化、化工行业智能制造产业联盟，培育具有国际竞争力的智能制造系统解决方案供应商，通过工业软件、制造装备与工艺过程的深度融合，推动石化工业转型升级，提升生产过程的数字化、网络化、智能化水平，带动工业软件和装备的更新迭代，形成双向正反馈。

三是明确智能制造行动路径。《规划》提出，智能制造建设按照"一横、一纵"进行两向发力，明确了清晰的路线图和行动方案。横向围绕车间、工厂、供应链等，开展多场景、全链条、多层次应用智能化示范应用，培育推广智能制造新模式。通过数字化转型和技术管理创新，实现生产效率的变革。一方面要大力提升生产的技术水平，另一方面，推进数字化转型，提高经营管理效率。要加快新技术、新模式协同创新应用，通过 5G、大数据、人工智能等新一代信息技术与石化化工行业融合，构建生产经营、市场和供应链等全过程一体化管控模式，利用数字化、智能化改造，充分挖掘企业生产效率增长潜力，通过效率提升实现行业的高质量发展。

四是强化标准的引领作用。标准是经济社会发展的基础，是一个国家核心竞争力水平的体现。大力发展智能制造相关标准，对引领我国制造业高质量发展有非常重要的作用。《规划》和《意见》都提出，要统筹推进国家智能制造标准体系和行业应用标准体系建设，加快基础共性和关键技术标准修订，现有标准的优化、协同、交流及贯标执行。

五是注重典型示范效应标杆企业的建设。我国石化企业多而散，盈利能力高低不等，国际化经营水平较低，市场配置资源的效率不高，企业布局不尽合理，化工园区发展水平参差不齐。《意见》提出，要推进示范引领，强化工业互联网赋能。针对行业特点，建设并遴选一批数字化车间、智能工厂、智慧园区标杆。基于智能制造，推广多品种、小批量的化工产品柔性生产模式，更好适应定制化差异化需求。

1.1.2.4　石化智能制造发展概况

（1）石化制造的基本特征

经过几十年持续不断的科技攻关，我国石化工业实现了突飞猛进的发展，形成了比较完整的体系和较强的综合实力。目前，我国已经掌握了具有世界先进水平的炼油全流程技术，拥有采用自主技术建设千万吨级炼厂的能力；开发了生产清洁燃料工艺技术，严格控制燃机排放；发展了炼化一体化技术，协同生产液体运输燃料和大宗化学品；提高了原油加工深度和加工能力，适应了加工高硫重质原油的需要；加氢处理、加氢裂化、催化重整、裂解汽油改质、成套芳烃、乙烯裂解等技术得到了创新发展。

石油化工价值链包括原油开采、储运、预处理、馏分加工、产品调和、产品运输、产品销售等环节，具有如下特征[13]。

① 原料和产品组成异常复杂。原油是一种异常复杂的混合物，含有的分子结构数目以千万计，迄今无论是离线还是在线检测技术都无法准确标定其组成。原油大致包括直链烃、异构烃、环烷烃、单环芳香烃、稠环芳烃、胶质、沥青质、杂环化合物等，此外还包括硫、氮、氧等化合物及少量金属有机化合物。石油化工的产品结构和组成也异常复杂，例如成品汽油是由多种工艺过程生产的汽油组成调和而成的，如催化汽油、重整汽油、烷基化油、直馏汽油、加氢汽油等；而不同牌号、不同性能的聚烯烃具有不同的结构特性和组成，至今仅能估计其粗略的分子量分布。

② 流程长、加工方案多、时空跨度大。根据原油的性质和市场的需求，有多种加工方案，整体而言可以分为燃料型、燃料-润滑油型、燃料-化工型、燃料-润滑油-化工型等。采用任何一种加工方案的石油化工企业占地面积都很大，包含多个生产工序。我国目前最大的炼化一体化企业镇海炼化占地 422ha（1ha＝0.01km^2），配备了常减压、轻烃回收、汽油加氢精制、石脑油催化重整、煤油加氢精制、柴油加氢裂化、重油催化裂化、渣油加氢处理、成品油调和、乙烯裂解、聚烯烃等 30 多道主要装置，每一个工序又包括一个或者多个关联耦合复杂的工业装置，例如重油催化裂化包括反应-再生、分馏塔、汽提塔、吸收塔等 13个装置。

③ 精准信息实时感知难。有的检测技术难以精确实时感知原料和产品的重要性质和生产过程的重要参数，如原料产品组成、催化剂活性、设备腐蚀等。当前从原料供应到石化产品生产运营销售的全生命周期资源属性和关键参量还未实现实时获取与快速集成。例如常规的原油评价方法通常需要 1 周时间，而先进的红外/核磁共振检测手段也需要 2h 左右的时间。

④ 供销市场波动大。石油化工主要产品有车用汽油、车用柴油、航空煤油、聚烯烃、芳烃、液化气等。石油化工受原油市场的波动非常明显。政治因素、局部战争、突发性自然灾害、公共安全事件等都会直接导致原油价格的频繁大幅度波动。近 20 多年来国际原油价格频繁波动，2008 年 6 月原油每桶价格高达 165美元，而 2020 年 4 月低至 19 美元。炼油化工企业如何应对瞬息万变的市场，提升企业的竞争力，需要借助于信息化、数字化的手段，实现采购-生产-销售供应链的整体优化。

⑤ 石化生产安全、环境风险辨识与感知困难。石化工厂生产规模大（年处

理量以千万吨计），生产设备数量多（数以百万计），装置间耦合度高，生产条件苛刻（高温、高压、低温、低压），生产过程中直接或间接使用大量有毒、易燃易爆的危险化学品。加工原油的劣质化（例如水含量、硫含量、盐含量、重金属含量、酸值等在不断提高）直接影响了装置设备的运行状态、健康水平、污染物排放。迄今还没有一种公认的科学的手段来准确、快速辨识和感知石化生产复杂巨系统整体的安全和环境风险。

石化制造的本质特征表现为[14]：制造流程规模庞大、结构复杂，由多个紧密联系并相互作用的操作单元所组成，在时空上具有多尺度的层次结构和功能结构。从横向上看，制造流程是一系列相关的、异质的物理或化学过程的非线性、动态耦合过程，如"三传一反"，即质量传递、热量传递、动量传递/流体力学和反应过程；从纵向上看，又是这些过程之间的跨时空尺度嵌套-耦合体系，是由融合复杂物理输入/输出的物质流网络、能量流网络和信息流网络"三网融合与协同"的信息物理系统（CPS），具备全面感知、智能决策、精准执行、深度服务等功能。王基铭[15]、李德芳等[16]对石化信息物理系统（PCPS）的定义、层级特征、计算架构等进行了研究。高立兵等[17]将石化 CPS 按照自调节与自校正、自感知与自适应、自认知与自学习、自意识和自复制等能力成熟度分为 4个等级。中国电子技术标准化研究院与中国信息物理系统发展论坛发布的白皮书《信息物理系统建设指南（2020）》提出了 CPS 在石化行业的 4 种应用模式，即人智、辅智、混智和机智。

（2）石化智能制造的体系功能架构

石化工业互联网平台是石化智能制造的基础设施。数据、模型和应用是石化工业互联网平台的三大要素，在不同层次上构成了不同的闭环反馈，实现企业内部信息的纵向集成、全产业供应链的横向集成以及工程数字化端到端集成。如图1-5 所示，石化智能制造的体系功能架构从下到上包括四层面[17]。

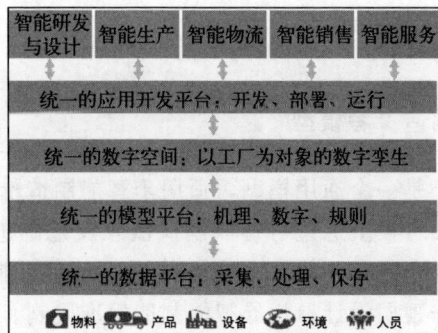

图 1-5　石化智能制造的体系架构

① 统一的数据平台：实现对物料、产品、设备、环境、人员等全要素信息的异构数据的采集、协议转换、边缘计算、存储，建立统一的数据环境。

② 统一的模型平台：通过知识的沉淀、集成和管理，建立对石化工厂全方位模型化描述。一是对物理资产描述的工厂模型和三维（3D）模型，通过工厂模型对生产活动涉及的要素进行模型抽象，统一生产企业内的数据描述模型和对象关系模型；通过三维模型反映工厂（装置）实际布局及其内部设备设施的布置关系。二是对物理化学过程描述的机理模型，反映工厂生产运行情况，为工厂运营优化、分析预测提供模型支持。三是基于多技术融合应用的大数据分析模型，包括装置预警、目标产品收率预测、动设备故障诊断等数据分析模型等。四是基于专家经验的业务模型，基于专家知识、经验以及业务逻辑，形成物料管理、调度指挥等业务规则。

③ 统一的数字空间：石化智能工厂的运行机理与石化 CPS 密切相关。以石化工厂为对象，将石化物理工厂设备、生产过程、工艺流程、业务流程进行数字化和模型化，在信息空间建立全方位的工厂模型、全视角的业务模型、全流程的机理模型以及大数据驱动的数据模型，通过石化 CPS 在信息空间构建石化物理工厂的虚拟映射，即"数字孪生"。通过"状态感知-实时分析-优化决策-精确执行"的闭环实现对物理工厂的精确管理和协同优化，形成虚实共变、相互迭代的闭环系统。

④ 统一的应用开发平台：容器、微服务等新型信息系统集成技术推动平台基础架构更加成熟，提升平台功能解耦和集成的效率。DevOps（开发和运营）与低代码提升开发效率，降低开发门槛，新兴平台架构和应用开发技术推动工业应用软件（APP）交付更快、应用更广。

工业应用：平台采集现场装置设备、软件系统等数据上传到云端，经由机理模型、算法组件计算，通过工业 APP 实现专业技术服务，最终形成设计类、仿真类、管理类、生产类和服务类应用。

1.1.3 智能制造参考模型

1.1.3.1 主要智能制造参考模型

智能制造参考模型是一个通用模型，适用于智能制造价值链上所有合作伙伴公司的产品和服务。参考模型通过对智能制造概念及范围进行统一定义和描述，对现有标准在智能制造中进行定位和分析，并梳理未来智能制造的标准化需求，旨在加强智能制造工作顶层设计，指导智能制造标准研制。智能制造参考模型建设目标：对智能制造概念及范围进行统一定义和描述；对现有标准在智能制造中进行定位和分析，并梳理未来智能制造的标准化需求；建立针对智能制造涉及的不同技术的验证平台（测试床），推进新技术的试验验证和标准制定；建立不同领域、不同生命周期阶段、不同技术的应用案例，指导智能制造在企业中的应用和实现。

目前全球主要有 11 种智能制造参考模型[18]，如中国智能制造系统架构、德国 RAMI4.0 参考模型等，如表 1-3 和图 1-6 所示。

表 1-3　与智能制造有关的参考模型

序号	模型名称	制定组织
1	德国工业 4.0 参考模型 RAMI4.0[19]	德国工业 4.0 工作组
2	智能制造生态系统 SMS[20]	美国国家标准与技术研究院(NIST)
3	美国工业互联网参考模型 IIRA[21]	工业互联网联盟(IIC)
4	中国智能制造系统架构 IMSA[22]	中国国家智能制造标准化总体组
5	物联网概念模型	ISO/IEC JTC1/WG10 物联网工作组
6	IEEE 物联网参考模型	IEEE P2413 物联网工作组
7	ITU 物联网参考模型	ITU-T SG20 物联网及其应用
8	物联网架构参考模型	oneM2M 物联网协议联盟
9	全局三维图[23]	ISO/TC184 自动化系统与集成
10	智能制造标准路线图框架	法国国家制造创新网络（AIF）
11	工业价值链参考模型 IVRA[24]	日本工业价值链计划(IVI)

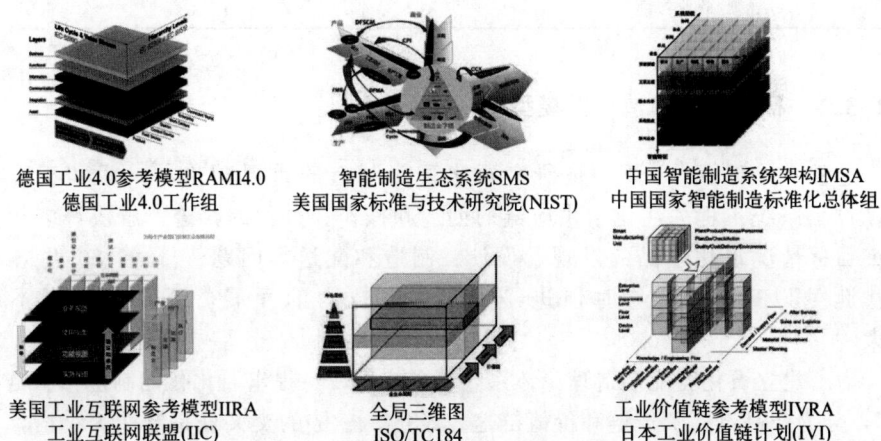

德国工业4.0参考模型RAMI4.0　智能制造生态系统SMS　中国智能制造系统架构IMSA
德国工业4.0工作组　美国国家标准与技术研究院(NIST)　中国国家智能制造标准化总体组

美国工业互联网参考模型IIRA　全局三维图　工业价值链参考模型IVRA
工业互联网联盟(IIC)　ISO/TC184　日本工业价值链计划(IVI)

图 1-6　各主要经济体提出的智能制造参考模型

各智能制造参考模型主要包括逻辑、物理、生命周期、综合 4 个视角 18 个方面，如表 1-4 所示。

表 1-4　参考模型对比分析

视角	描述能力	RAMI4.0	NIST SMS	IIRA(IIC)	IMSA	ISO/TC184	IVI
逻辑方面	用例			√			
	商业(应用)	√		√	√	√	√
	信息	√		√	√	√	√
	通信	√		√	√	√	
	功能	√		√	√	√	√
	集成(网络空间)	√		√	√	√	
	资产(物理空间)	√		√	√	√	
	系统模型表示						√
物理方面	企业间交互(互联世界)	√			√		√
	生产系统的层级 (ISA 95/88)	√	√		√	√	
	产品	√				√	
生命周期 方面	元生命周期(样机/实例)	√		√	√		
	产品生命周期	√	√	√	√		
	制造系统生命周期	√	√		√	√	√
	供应链/价值链	√	√		√	√	
	服务生命周期	√					√
综合方面	信息安全/安全/隐私			√	√		√
	规则/商业习惯						

1.1.3.2　石化智能制造三链模型

过程系统工程（PSE）是研究石化智能制造的重要理论、技术和工程方法。过程系统工程关注化学供应链的创造和操作、过程的改进，解决许多相互冲突目标情况下化学品的发现、设计、制造和配送等问题[25]。自 20 世纪 80 年代诞生以来，PSE 与时俱进，伴随信息技术的发展，研究范围也不断扩大[26~28]。

为了建立石化智能制造理论体系，王子宗等[29] 提出石化智能制造"三链模型"，分为产品链、资产链和价值链这三条链，三链的交叉处是制造金字塔，如图 1-7 所示。三链模型分别对应产品生命周期维度、生产系统周期维度和商业周期维度。对于已知分子结构的大宗基础化学品生产，其工艺路线相对固定，生产流程连续，工艺设计与工程设计合二为一，因而常常重点关注资产链和价值链两个维度[30,31]。

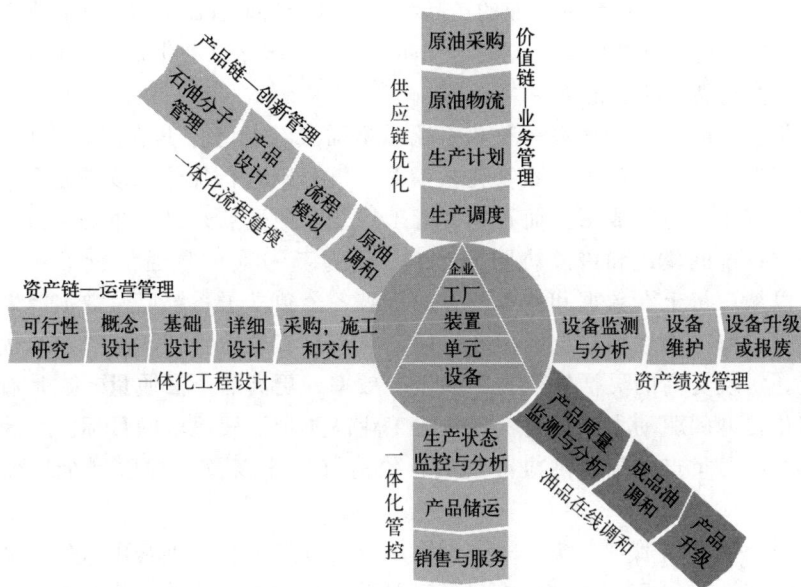

图 1-7　石化智能制造三链模型

　　产品链是石化工业价值创造的核心，把低价值原料转化为高价值的产品。包括石油分子管理、产品设计、流程模拟、油品调和等。石油加工过程的本质是将结构分布范围较宽的原油分子，通过选择性分离及定向转化，生产具有特定分子组成的液体燃料、润滑油产品和精细化学品等。基于分子级表征和反应动力学建模已成为石油化工领域的关注热点，并由此催生了分子管理技术的研究和发展[32~34]。例如，埃克森美孚开发了一套"原油指纹系统"，从原油开始就建立分子水平的"指纹信息"，目的是"把正确的分子，在正确的时间放到供应链的正确位置上"，从而使每桶不同的原料油产生最大的价值[35,36]。

　　资产链是实现价值创造的桥梁，包括从工厂可行性研究、概念设计、基础设计、详细设计、采购施工试车、数字化交付到运营与维护的工厂全生命周期。从项目绩效管理（PPM）到资产绩效管理（APM）[37]，提高资本性支出（CAPEX）效益，降低运营成本（OPEX）是石化企业资产管理的重点。

　　价值链是指供应链管理、生产、销售等价值创造活动，包含原油采购、生产计划和调度、生产、储运、销售和服务等。业务流程的数字化可以促成更好的协作、提升灵活性，形成优化的价值链。

　　制造金字塔是石化企业制造系统的核心，产品链、资产链、价值链在这里汇聚和交互。石化工厂的物理模型遵循 ISA 106，从下往上分为设备、单元、装置、工厂、企业共五级。

通过分析国际工业软件企业的产品线，可以清晰地看出沿着"三链"打造集成化、一体化的软件整体解决方案这一趋势，也是国际自动化企业收购工业软件完善其软件产品线的逻辑所在。

石化企业的运营管理水平和数字化水平需要综合考察其在三链上的表现，石化智能工厂2.0已经通过数字化举措对三链分别进行优化以改进管理运营表现，并取得了一定的成绩。而石化智能工厂3.0的重点是进一步解决数据共享和交换、系统间集成和跨链协同等难题。通过新一代信息通信技术和中台技术，可以从三链上在数据和业务两方面打破各个独立子系统以及数据源之间的壁垒，完成跨链的数据融合和业务协同，从而更有效地管理数据资产，优化生产运营，实现更高的灵活性、更高的生产效率、更高的产品质量。这是石化工业数字化转型的驱动力，也是实现石化工业高质量发展追求的目标。在跨越三链协同方面，重点是围绕供应链集成、价值链优化以及工程数据全生命周期管理。

① 统一供应链管理。统一的企业级供应链管理平台，可基于云端部署，支持软件即服务（SaaS），覆盖各个供应链环节，包括原油采购、生产计划、生产调度、一次分销等，如图1-8所示。例如，剑维公司的统一供应链管理套件Spiral Suite[38]，集成的软件包括原油物性数据管理（Spiral Assay）、生产计划优化（Spiral Plan）、生产调度优化（Spiral Schedule）、供销物流网络优化（Spiral Network）、流程模拟（ROMeo），以及与第三方ERP（企业资源计划）集成等。

② 基于产品价值链的多装置动态优化。目前，装置的先进过程控制（APC）、实时优化（RTO）、厂级计划与调度优化还没能实现数据的纵向集成和自由流动，计划目标与装置实际运营情况有一定差距，问题症结在于计划优化用线性模型来表征非线性过程。国际厂商如艾斯本、剑维、KBC、霍尼韦尔等提出了面向产品价值链的多单元动态优化解决方案，如图1-9所示。采用分子级炼化一体化价值链表征及多单元动态优化技术，无缝集成严格机理模型、降阶混合模型和计划优化模型，统一计划和调度、优化操作，以增加效益。基于动态实时优化，可以将生产计划、调度排产、操作优化、操作控制整体贯通，真正做到优化目标从上到下、从全局到局部的层层分解和闭环控制，实现基于产品价值链的优化。

③ 工程数据全生命周期管理。国际厂商如海克斯康、剑维、西门子等公司，面向流程工业提出了"一体化工程到一体化运维"的工程数据资产全生命周期解决方案[39]，如图1-10所示。彻底打通工厂生命周期的数据流，为工厂的运营维护提供准确、完整的数据支撑，从而能够提高设计效率、降低风险，实现资本项目的投资回报最大化。

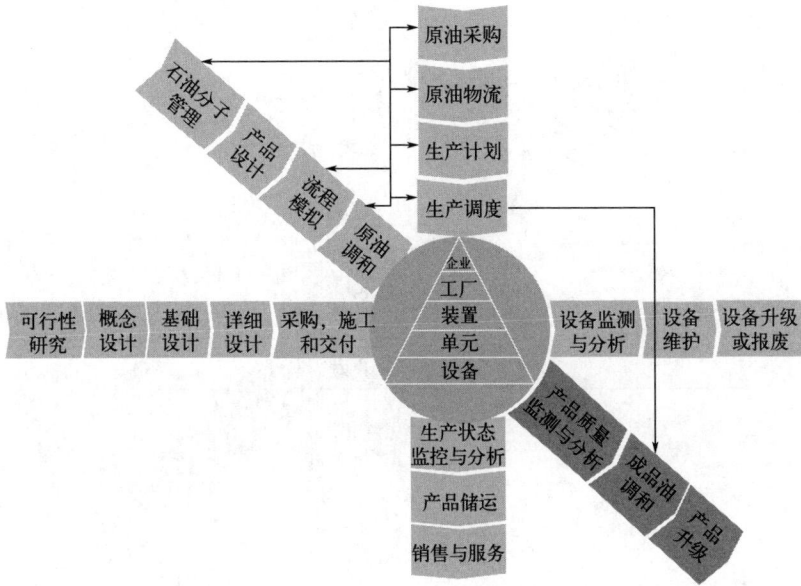

图 1-8　统一供应链管理场景

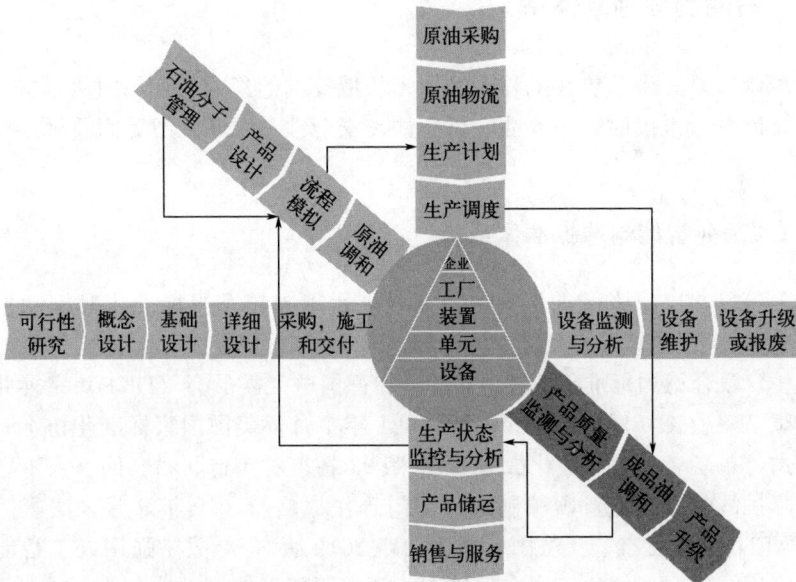

图 1-9　基于产品价值链的多装置动态优化

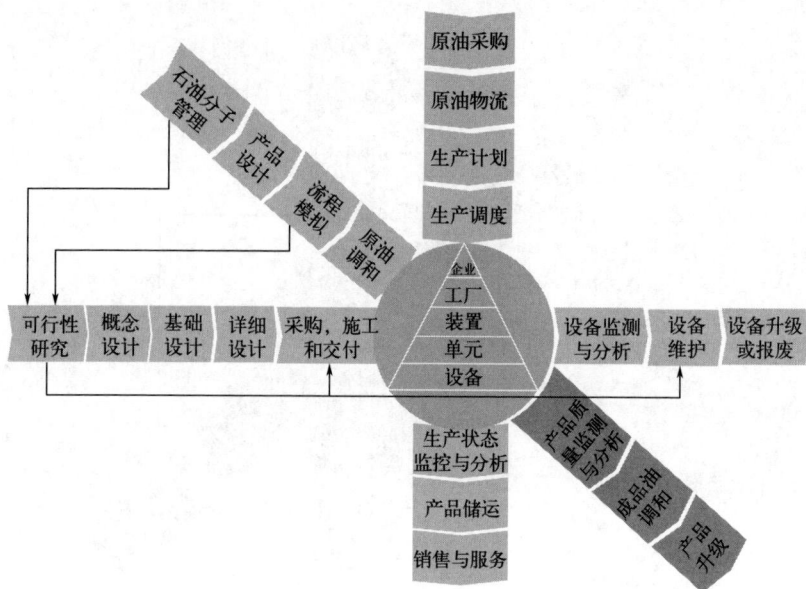

图 1-10 工程数据全生命周期管理

1.1.4 智能制造标准体系

智能制造是一个系统性工程，涉及多领域技术的集成融合，内涵丰富，因此在构建智能制造系统时，一致性、可靠性、安全性、互联互通等需要标准化给予保障。

1.1.4.1 国外智能制造标准体系

欧美等发达国家为促进先进制造业发展，越来越重视标准化对推动技术创新、产业变革的支撑和保障作用。2020 年 3 月，德国工业 4.0 标准化委员会（SCI 4.0）联合德国标准化协会（DIN）和德国电工委员会（DKE）完善并发布了第四版《工业 4.0 标准化路线图》。2021 年 1 月，美国国家标准化协会（AN-SI）正式公布了《美国标准化战略 2020 版》，在增材制造、物联网、人工智能等面临国际挑战的标准化新领域制定跨部门合作战略。2019 年 6 月，法国标准化协会（AFNOR）发布了《法国标准化战略 2019 版》，新战略强调人工智能技术的广泛应用，以及标准化工作在促进人工智能等新兴技术对社会的影响方面发挥的重要作用。

从国际标准化组织来看，IEC（国际电工委员会）成立了 JWG21（智能制造参考模型)、WG23(智能制造框架和系统架构)、WG24(资产管理壳)、WG13(数字 3D 工厂)等多个智能制造专题工作组,以满足智能制造发展新需求。为统筹协调智能制造的标准化工作,IEC 于 2018 年成立了"智能制造系统委员会",中国、德国和日本等国家共同制定了智能制造标准化路线图,主要分析市场、行业需求和新技术在智能制造中的作用,识别、收集和研究智能制造用例,提出标准需求,研究制定相关术语和定义等方面相关标准。ISO(国际标准化组织)聚焦于传统制造向智能制造转变的关键使能技术,在 TC184(自动化系统与集成)、TC261(增材制造)、TC292(安全与韧性)等 20 多个与智能制造相关的技术委员会推动标准化工作,并成立 SMCC(智能制造协调委员会)进行统一的协调和管理,将智能制造使能技术按照发展成熟度和影响力分为促成因素、增强因素和影响效果三类技术,针对不同种类制定不同的标准化工作原则和方法,以满足技术的发展需求,促进智能制造整体发展水平的提升。

1.1.4.2　我国智能制造标准体系

2021 年 10 月,中共中央、国务院印发《国家标准化发展纲要》(以下简称《纲要》),这是我国国家层面标准化发展的纲领性文件,对我国标准化事业发展具有重要里程碑意义。《纲要》指出:标准是经济活动和社会发展的技术支撑,是国家基础性制度的重要方面。标准化在推进国家治理体系和治理能力现代化中发挥着基础性、引领性作用。新时代推动高质量发展、全面建设社会主义现代化国家,迫切需要进一步加强标准化工作。

国家发布制造强国战略以来,成立了国家智能制造标准化协调推进组、专家咨询组和总体组,并先后于 2015 年、2018 年、2021 年发布了 3 版《国家智能制造标准体系建设指南》。该指南构建形成了国家智能制造标准化顶层设计,完善国家智能制造标准体系,规划当前和未来一段时间内智能制造标准化工作,明确亟需标准,指导标准立项,解决标准体系融合贯通和基础标准缺失的问题,为专项支持方向提供决策参考,推动我国智能制造标准化工作有序开展,为智能制造标准化专项的实施和企业转型升级提供了支撑和保障。

智能制造的关键是实现贯穿企业设备层、单元层、车间层、企业层、协同层不同层面的纵向集成,跨资源要素、互联互通、融合共享、系统集成和新兴业态不同级别的横向集成,以及覆盖设计、生产、物流、销售、服务的端到端集成。智能制造系统架构图(2021 版)从生命周期、系统层级和智能特征三个维度对智能制造所涉及的活动、装备、特征等内容进行描述,主要用于明确智能制造的标准化需求、对象和范围,指导国家智能制造标准体系建设,具体见图 1-11。

智能制造标准体系结构包括"A 基础共性""B 关键技术""C 行业应用"3 个部分,主要反映标准体系各部分的组成关系。具体而言,"A 基础共性"标准包括通用、安全、可靠性、检测、评价、人员能力 6 大类,位于智能制造标准体系结构图的最底层，是"B关键技术"标准和"C行业应用"标准的支撑。"B关键技术"标准是智能制造系统架构智能特征维度在生命周期维度和系统层级维度所组成的制造平面的投影。"C行业应用"标准位于智能制造标准体系结构图的最顶层，面向行业具体需求，对"A基础共性"标准和"B关键技术"标准进行细化和落地，指导各行业推进智能制造。

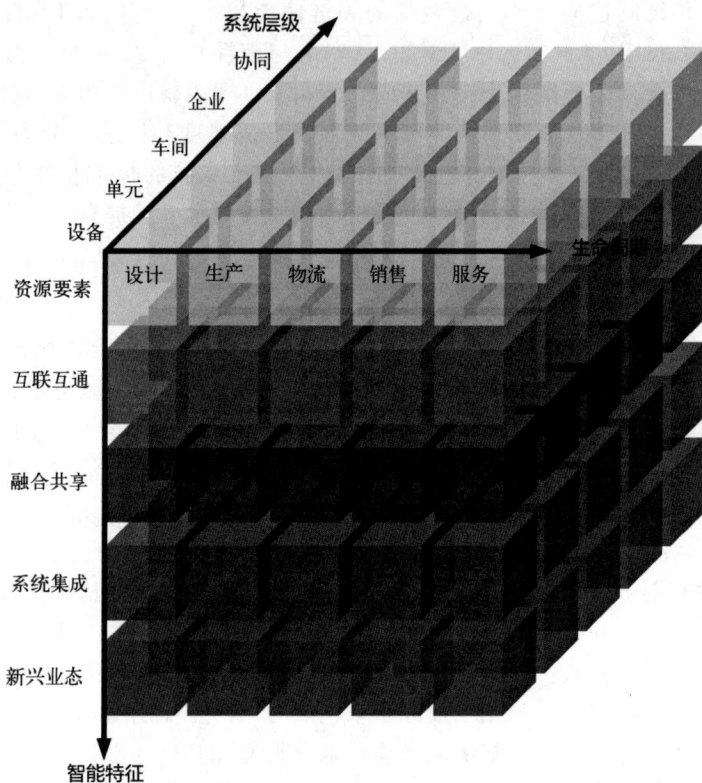

图1-11 智能制造系统架构图（2021版）

1.1.4.3 石化行业智能制造标准体系

2019年9月，在工业和信息化部指导下，中国石化牵头，石化盈科具体执行，联合中国电子技术标准化研究院、中国石化工程建设公司（SEI）、浙江中控等单位成立了工作组，开展《石化行业智能制造标准体系建设指南》的编制。2022年3月，工业和信息化部在官网发布征求意见稿，2022年11月4日，该指南（2022版）正式发布（工信厅科〔2022〕34号）。

工作组以国家智能制造标准体系为依据，融入石化行业特点，从石油化工智

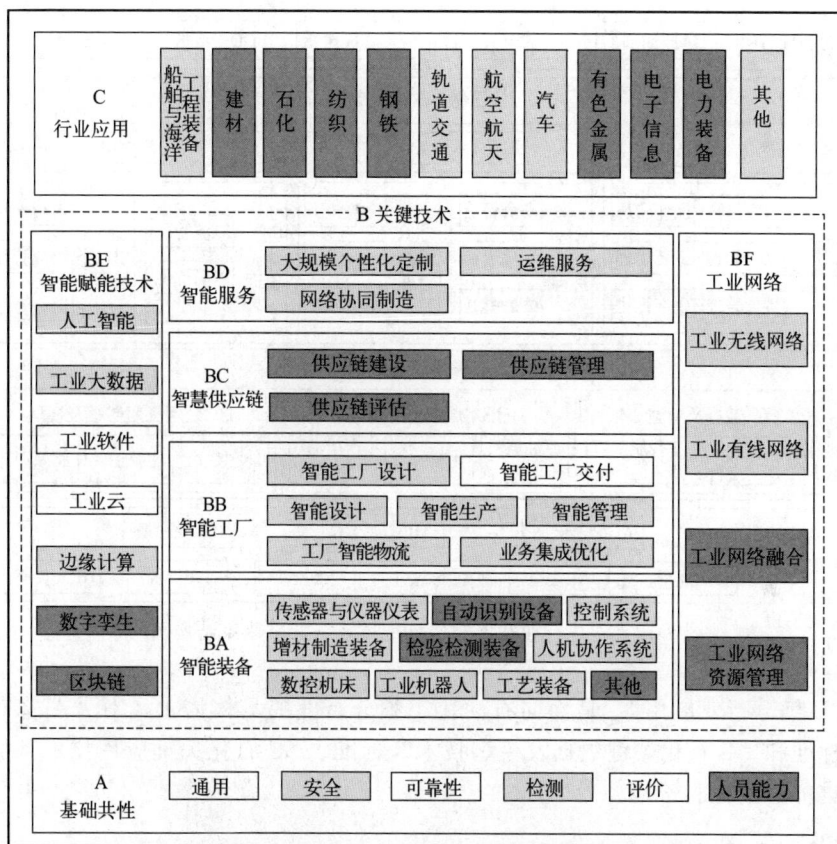

图 1-12 智能制造标准体系结构图（2021 版）

能工厂的内涵入手，归纳总结石油化工行业智能工厂的特征和架构，提出重点建设智能工厂、智能服务和智能赋能技术标准，加快创新技术成果向标准转化，提升石油化工行业智能制造标准对行业的高效、高质量发展的支撑作用。石化行业智能制造标准体系结构包括"A 基础共性""B 石化关键数据及模型技术"等 4 部分，如图 1-13 所示。

"A 基础共性"：以国家智能制造标准体系结构中的基础共性和关键技术为基础，并包含石化行业在智能装备、工业网络、赋能技术等方面的共性技术标准。

"B 石化关键数据及模型技术"：采用资产、物料、公用工程描述智能工厂实体，包含主数据标准、模型标准及基础数据采集。

"C 石化关键应用技术"：通过生产管控等业务域梳理新技术应用场景及新模式应用，包含业务应用、业务域集成等标准。

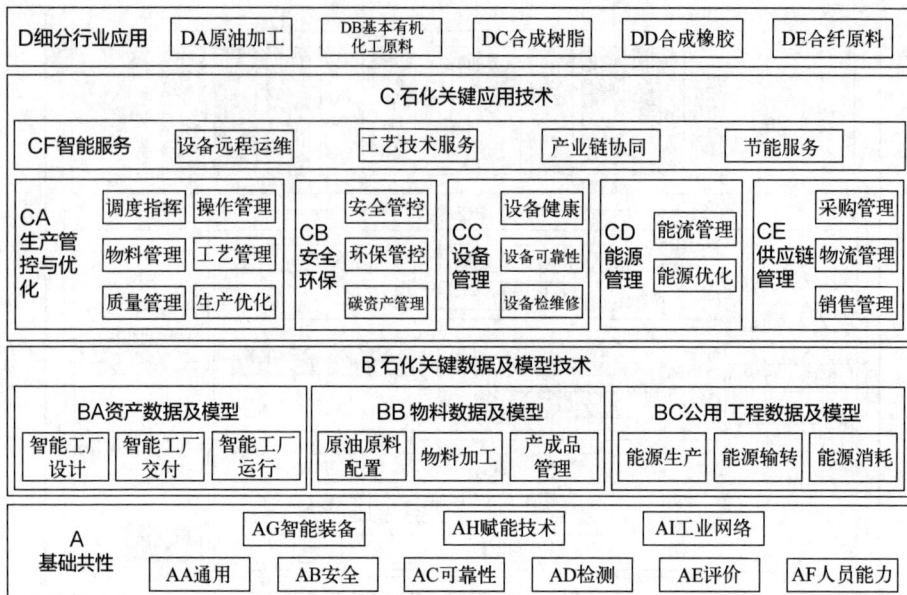

图 1-13　石化行业智能制造标准体系—标准体系结构图

"D 细分行业应用"：是面向石油化工细分行业的具体需求，对"A 基础共性"标准和"B 石化关键数据及模型技术"标准、"C 石化关键应用技术"标准进行进一步细化和落地。

1.1.5　智能制造能力评价

1.1.5.1　国家智能制造能力评价

2021 年 12 月 28 日，工业和信息化部等八部门联合印发了《"十四五"智能制造发展规划》，提出"到 2025 年，智能制造能力成熟度水平明显提升"的转型升级目标。中国电子技术标准化研究院联合有关单位，共同研究制定了《智能制造能力成熟度模型》（GB/T 39116—2020）[11] 和《智能制造能力成熟度评估方法》（GB/T 39117—2020）[12] 两项国家标准，于 2020 年 10 月正式发布。成熟度模型规定了智能制造能力成熟度模型的构成、成熟度等级、能力要素和成熟度要求。成熟度评估方法规定了智能制造能力成熟度的评估内容、评估过程和成熟度等级判定的方法。"十四五"期间在全国已有 11 万余家企业开展自评估。两项标准有效帮助制造企业识别智能制造现状、明确改进方向、找到下一步提升路径。

（1）智能制造能力成熟度模型

在 GB/T 39116—2020《智能制造能力成熟度模型》中智能制造能力的定义是为实现智能制造的目标，企业对人员、技术、资源、制造 4 项能力要素进行管理提升和综合应用的程度。

智能制造能力成熟度模型由成熟度等级、能力要素和成熟度要求构成，其中，能力要素由 12 项能力域、20 个能力子域构成，如图 1-14 所示。

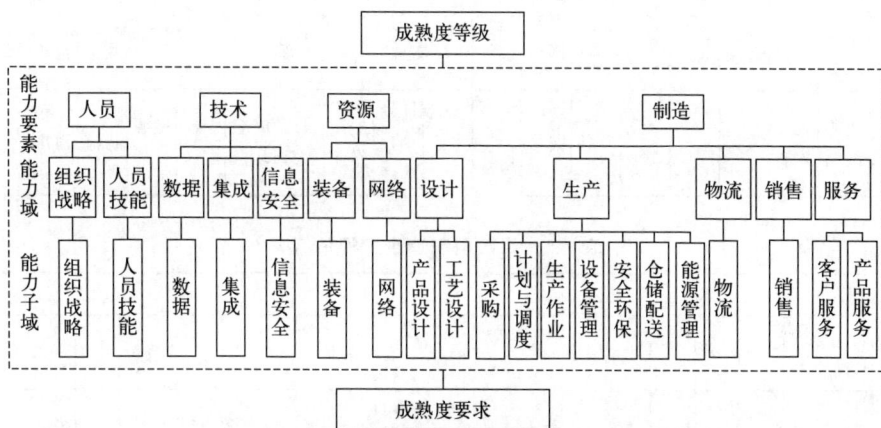

图 1-14　智能制造能力成熟度模型

成熟度等级规定了智能制造在不同阶段应该达到的水平。在《智能制造能力成熟度模型》标准中指出成熟度分为五个等级，分别为一级（规划级）、二级（规范级）、三级（集成级）、四级（优化级）和五级（引领级）。较高的成熟度等级要求涵盖了低成熟度等级要求，这也表明了智能制造不是一蹴而就，而是逐级提升。

一级（规划级）：企业能够对核心业务活动（设计、生产、物流、销售、服务）环节进行流程化管理。

二级（规范级）：企业应对核心业务进行数字化改造，实现单一业务内部的数据共享。

三级（集成级）：企业应具备集成方案，实现跨业务间的数据共享，实现网络化集成。

四级（优化级）：企业应对人员、装备、产品、生产过程等技术进行挖掘，开始建立模型，实现对核心业务进行精准预测和部分业务的优化控制。

五级（引领级）：企业应基于模型驱动业务优化和持续创新，实现产业链协同，衍生出新的制造模式和商业模式。

（2）智能制造能力成熟度评估方法

《智能制造能力成熟度评估方法》（GB/T 39117—2020）规定了智能制造能力成熟度的评估内容、评估过程和成熟度等级判定的方法。

① 评估内容。标准给出了流程型制造企业和离散型制造企业的评估域，如表1-5和表1-6所示。

表1-5　流程型制造企业评估域

要素	人员		技术			资源		制造										
能力域	组织战略	人员技能	数据	集成	信息安全	装备	网络	设计	生产							物流	销售	服务
评估域	组织战略	人员技能	数据	集成	信息安全	装备	网络	工艺设计	采购	计划与调度	生产作业	设备管理	安全环保	仓储配送	能源管理	物流	销售	客户服务

表1-6　离散型制造企业评估域

要素	人员		技术			资源		制造									物流	销售	服务	
能力域	组织战略	人员技能	数据	集成	信息安全	装备	网络	设计		生产							物流	销售	服务	
评估域	组织战略	人员技能	数据	集成	信息安全	装备	网络	产品设计	工艺设计	采购	计划与调度	生产作业	设备管理	安全环保	仓储配送	能源管理	物流	销售	客户服务	产品服务

② 评估过程。智能制造能力成熟度评估流程包括预评估、正式评估、发布现场评估结果和改进提升，如图1-15所示。

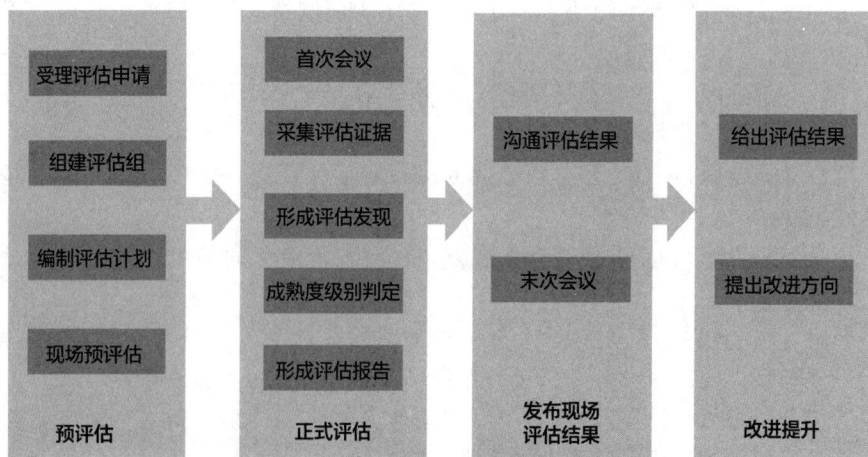

图1-15　智能制造能力成熟度评估流程

③ 成熟度等级判定方法。首先评估组需要对企业评估域中的每一条按照满足程度进行打分，成熟度要求满足程度与得分对应如表 1-7 所示。

表 1-7　成熟度要求满足程度与对应得分

成熟度要求满足程度	得分
全部满足	1
大部分满足	0.8
部分满足	0.5
不满足	0

然后按照一定的比例和权重计算得到最终的成熟度得分，具体的计算方法请参照《智能制造能力成熟度评估方法》（GB/T 39117—2020），这里不再进行赘述。评分结果与能力成熟度对应关系如表 1-8 所示。

表 1-8　分数与成熟度等级的对应关系

能力等级	对应评分区间	成熟度等级
5 级	$4.8 \leqslant X < 5$	五级（引领级）
4 级	$3.8 \leqslant X < 4.8$	四级（优化级）
3 级	$2.8 \leqslant X < 3.8$	三级（集成级）
2 级	$1.8 \leqslant X < 2.8$	二级（规范级）
1 级	$0.8 \leqslant X < 1.8$	一级（规划级）

根据表 1-8 给出的对应关系，结合实际得分 X，就可以直接得出当前所处的成熟度等级。

1.1.5.2　石化智能制造能力评价

（1）石化智能工厂能力成熟度模型

石化智能工厂能力成熟度模型以《智能制造能力成熟度模型》（GB/T 39116—2020）为依托，规定了石化智能工厂能力成熟度模型的构成、成熟度等级、能力要素和成熟度要求。继承《智能制造能力成熟度模型》（GB/T 39116—2020）的人员、技术、资源及制造四个能力要素，并根据石化行业的特点，裁剪及调整能力子域成熟度要求，如图 1-16 所示。

裁剪"设计"能力域中的"产品设计""工艺设计"能力子域以及"服务"能力域中的"产品服务"能力子域成熟度要求。

调整"数据"能力域中的"数据"能力子域成熟度要求、"信息安全"能力

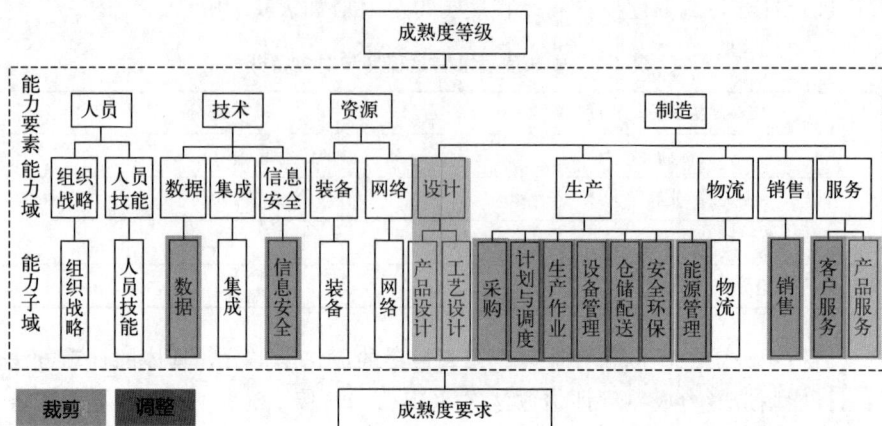

图 1-16　本模型与国家智能制造能力成熟度模型的关系

域中的"信息安全"能力子域成熟度要求、"生产"能力域中的"采购""计划与调度""生产作业""设备管理""仓储配送""安全环保"及"能源管理"能力子域成熟度要求、"销售"能力域中的"销售"能力子域成熟度要求、"服务"能力域中的"客户服务"能力子域成熟度要求。

继承"组织战略"能力域中的"组织战略"能力子域、"人员技能"能力域中的"人员技能"能力子域、"集成"能力域中的"集成"能力子域、"装备"能力域中的"装备"能力子域、"网络"能力域中的"网络"能力子域、"物流"能力域中的"物流"能力子域。

（2）石化智能工厂能力成熟度评估方法

石化智能工厂能力成熟度评估方法以《智能制造能力成熟度评估方法》（GB/T 39117—2020）为依托，规定了石化智能工厂能力成熟度的评估内容、评估过程和成熟度等级判定的方法。依据《智能制造能力成熟度评估方法》（GB/T 39117—2020）中对流程型企业评估的权重设置，将裁剪的"设计"能力域的权值调整到"生产作业"能力子域，得出石化智能工厂主要评估域及权重，如图1-17所示。

裁剪的"设计"能力域权重调整到"生产"能力域，"生产作业"能力子域权重均分至"生产作业/操作""生产作业/工艺""生产作业/质量""生产作业/控制与优化"能力子域。其余能力要素权重、能力域权重、能力子域权重继承《智能制造能力成熟度评估方法》（GB/T 39117—2020）中流程制造企业权重。

能力要素	能力要素权重	能力域	能力域权重	能力子域	能力子域权重
人员	6%	组织战略	50%	组织战略	100%
		人员技能	50%	人员技能	100%
技术	11%	数据	46%	数据	100%
		集成	27%	集成	100%
		信息安全	27%	信息安全	100%
资源	15%	装备	67%	装备	100%
		网络	33%	网络	100%
制造	68%	生产	67%	采购	12%
				计划与调度	14%
				生产作业/操作	5.75%
				生产作业/工艺	5.75%
				生产作业/质量	5.75%
				生产作业/控制与优化	5.75%
				设备管理	15%
				安全环保	12%
				仓储配送	12%
				能源管理	12%
		物流	15%	物流	100%
		销售	15%	销售	100%
		服务	3%	客户服务	100%

图 1-17　石化行业智能制造主要评估域及权重

1.2　智能工厂概述

1.2.1　智能工厂概念及内涵

1.2.1.1　智能工厂的定义

智能工厂是智能制造的最终载体，包括制造车间、产线、工厂等。麦肯锡将"灯塔工厂"分为 3 种类型[40]：一种是"围墙内的工厂"，即制造型灯塔工厂；二是端到端价值链型灯塔工厂；三是可持续性灯塔工厂。

GB/T 38129—2019《智能工厂　安全控制要求》将智能工厂定义为：在数字化工厂的基础上，利用物联网技术和监控技术加强信息管理和服务，提高生产过程可控性、减少生产线人工干预，以及合理计划排程，同时集智能手段和智能系统等新兴技术于一体，构建高效、节能、绿色、环保、舒适的人性化工厂。

褚健认为[41]：从狭义上看，智能工厂是移动通信网络、数据传感监测、信息交互集成、高级人工智能等相关技术、产品及系统在工厂层面的具体应用，以实现生产系统的数字化、网络化、智能化、柔性化和绿色化。从广义上看，智能工厂是以制造为基础，向产业链上下游同步延伸，涵盖了产品全生命周期智能化实施与实现的组织载体。

石化智能工厂是面向石化工业的新型制造模式，覆盖石化生产全产业链，将新一代信息通信技术与石化生产过程的资源、工艺、设备和环境以及人的制造活动进行深度融合，实现工厂横向、纵向和端到端的高度集成，提升全面感知、预测预警、协同优化、智能决策四项关键能力，以更加精细和灵活的方式提高工厂运营管理水平，并推动形成新的制造和商业模式创新。

1.2.1.2 石化智能工厂的内涵

从上述定义可见，石化智能工厂是以工艺技术与新一代信息技术深度融合为基础的绿色、高效、安全和可持续的新型现代化石化工厂，其目标是实现工厂的卓越运营，具体反映在资源优化配置、资产效用最大化、全局劳动生产率最优、生产运行平稳、生产过程清洁化，以及员工综合技能改善等各要素环节。通过石化智能工厂建设，推动设计、生产、管理、服务等关键业务环节的数字化转型，形成以数字技术为核心要素、以开放平台为基础支撑、以数据驱动为典型特征的新型企业形态。

"十四五"期间，我国智能制造发展将从"十三五"的"点"和"示范"演进为"面"和"链"。依三条线铺开：一是在细分行业全面推进；二是按产业链供应链展开；三是在产业集群中提升。可见，随着智能制造发展，智能工厂的内涵也在不断演进，从车间、产线、工厂，扩展到供应链、产业链、产业集群这样的载体。

1.2.2 世界"灯塔工厂"及启示

1.2.2.1 灯塔工厂基本情况

从 2018 年开始，世界经济论坛（WEF）与麦肯锡咨询公司联合在世界范围内遴选"全球灯塔网络"（global light house network，GLN），从价值实现、集成用例、赋能要素和技术平台四大维度进行评价。截至 2023 年 12 月，全球已选出灯塔网络 153 家成员[40]，其中包括 5 家油气、化学品企业，即沙特阿拉伯国家石油公司（简称沙特阿美）乌斯马尼亚天然气厂（沙特阿拉伯乌斯马尼亚）、MODEC 公司（巴西里约热内卢）、Petkim 公司（土耳其伊兹密尔）、沙特阿美（沙特阿拉伯库阿斯）、DCP Midstream 公司（美国丹佛工厂）以及 STAR 炼油厂（土耳其伊兹密尔）。灯塔工厂正在引领第四次工业革命（4IR）技术的普及，包括数字化、自动化、高级分析、预测性分析、虚拟现实（VR）和增强现实（AR）以及工业物联网等。通过商业模式创新、智能技术应用，全面提高企业数字化能力，引领未来制造业的转型。

灯塔网络包括三大类：一是制造型灯塔工厂；二是端到端价值链型灯塔工厂；三是可持续性灯塔工厂。已经总结出 150 多个用例（use cases），其中制造型灯塔工厂包括数字装配与加工、数字设备维护、数字化绩效管理、数字质量管理、数字化可持续发展五大类业务环节的 58 个用例，通过优化生产系统，提高运营效率和质量指标，扩大自身竞争优势。端到端价值链型灯塔工厂包括供应网络连接性、端到端产品开发、端到端规划、端到端交付、客户连接五大类业务环节的 66 个用例，通过推出新产品、新服务、高度定制化、更小的批量或者更短的生产周期等方式，改变运营经济性。

1.2.2.2　灯塔工厂启示

分析灯塔工厂成功经验，六大推动因素在先进制造用例的规模化扩展中功不可没[42,43]，包括：①敏捷方法。快速迭代、快速试错、持续学习。敏捷团队按批次实现用例的快速迭代和设计优化。②打造敏捷数字工作室。帮助员工高效合作。与各职能团队并肩作战，实现共同创造。③采用可扩展的工业物联网/数据基础架构。在新旧工业互联网基础设施之间实现无缝整合，建立稳定灵活的技术底层架构。依据现有体系，高效投资新技术栈，实现成本节约。④建设工业物联网学院。采用最佳方法提高劳动力技能。基于员工独特需求定制学习计划，实现个人层面的技能再培训。⑤完善技术生态系统并深化协同效应。与科技厂商、供应商、客户和相关行业开展合作，获取最前沿的能力和最佳实践，大量收集数据和机遇，与合作伙伴实现共同创新。⑥成立转型办公室。创建支持灯塔启动和规模化的变革指挥中心。明确项目进程及优先发展举措，确保价值的持续捕获，加速变革与扩张。

1.3　国内石化智能工厂建设实践

1.3.1　我国石化工业智能工厂建设实践

1.3.1.1　石化工业信息化发展概述

我国石化工业的信息化建设经历了"起步和技术引进"（20 世纪 90 年代前）、"分散建设"（20 世纪 90 年代末到 2000 年）、"统一规划、统一建设"（2000 —2007 年）、"深化应用，集中集成"（2008—2012 年）和"集成共享，协同创新"（2013 年以来）五个阶段，正逐步向工业与信息化进一步深度融合发展[13]。

1.3.1.2　试点示范、标杆企业等情况

国家"十三五"规划以来，在国家智能制造战略部署下，通过试点示范应用、系统解决方案供应商培育、标准体系建设等多措并举，我国石化工业数字化网络化智能化水平显著提升，形成了中央地方紧密配合、多方协同推进的工作格

局。工业和信息化部通过产业政策支持的智能制造新模式项目 435 项，综合标准化项目 163 项，极大推动了我国制造业转型升级的进程。石化智能制造也进入实质性落地阶段，先后有十几家炼化企业入选国家智能制造试点示范、示范工厂或标杆企业，如表 1-9 所示[44]。以中国石化为首的集团型石化企业率先进行智能油田、智能工厂、智能研究院、智能加油站建设，加快数字化转型步伐，起到了良好的引领和示范作用[13,45]。首批 4 家试点示范企业的生产数据自动化采集率、先进过程控制投用率分别提升了 20%、10%，均达到 98% 以上，外排污染源自动监控率达到 100%，劳动生产率提高 20% 以上，取得了显著的经济效益和社会效益。

表 1-9   2015—2021 年炼化企业智能制造标杆企业/试点示范/标准化项目情况

序号	类别	项目名称	企业名称	入选年份
1	智能制造标杆企业	智能制造标杆企业	九江石化	2019
2		智能制造标杆企业	长庆石化	2020
3		智能制造标杆企业	上海华谊	2021
4	智能制造试点示范	石化智能工厂试点示范	九江石化	2015
5		炼化智能工厂试点示范	镇海炼化	2016
6		石化智能工厂试点示范	茂名石化	2017
7		石化智能工厂试点示范	惠州石化	2017
8		石化智能工厂试点示范	上海石化	2018
9		炼油智能工厂试点示范	海科化工	2018
10		炼化智能工厂试点示范	长庆石化	2018
11	智能制造示范工厂	石化绿色安全智能制造示范工厂	长庆石化	2021
12		石化智能制造示范工厂	天津石化	2021
13		炼化智能制造示范工厂	镇海炼化	2021
14	智能制造新模式	大型国产化芳烃智能工厂建设项目	海南炼化	2017
15		超大型高转化率对二甲苯炼化一体化智能工厂	恒力石化	2018
16	智能制造综合标准化	石化行业智能工厂通用技术要求和评估规范标准化和试验验证	中国石化	2016
17		石化行业智能工厂系统、物与智能装备互联互通互操作技术要求及试验验证	中国石化	2017
18		石化行业制造生产过程优化控制及一体化管控系列标准及试验验证平台	浙江中控	2016
19		石化行业通用机械成套装备远程运维关键技术标准及试验验证平台	合肥通用机械	2018
20		石化行业危化品库区关键技术装备远程运维标准研究及试验验证	福建特检	2018

1.3.2 中国石化智能工厂建设实践

1.3.2.1 中国石化智能工厂发展历程

早在 2012 年，中国石化率先在国内提出石化智能工厂概念[46~48]，按照"六统一"的信息化建设原则，推进智能工厂项目及相关配套信息化项目建设，经历了试点、提升、推广等 10 年发展历史，起到了良好的引领和示范作用，如图 1-18 所示。

规划设计阶段（2012—2013 年）：开展智能工厂（试点）总体规划设计，确定了智能工厂蓝图，规划了生产管控、供应链管理、设备管理、能源管理、HSE（健康、安全和环境）管理、辅助决策六个核心业务域。

试点建设阶段（2013—2016 年）：开展燕山分公司、镇海炼化分公司、茂名分公司、九江分公司[8] 等 4 家企业试点建设，智能工厂试点项目被列入中国石化信息化四大示范工程之一。

提升建设阶段（2016—2019 年）：在试点建设的基础上，开展镇海炼化分公司、茂名分公司 2 家企业智能工厂提升建设。同时，在新建企业中科炼化采用设计-采购-施工（engineering procurement construction，EPC）总承包模式进行智能工厂建设。

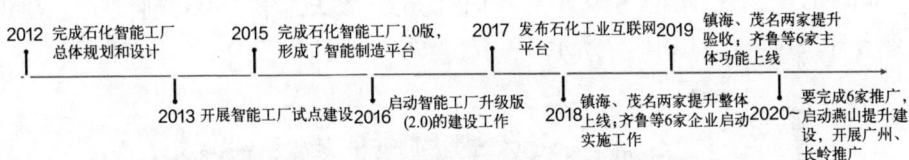

图 1-18 中国石化智能工厂建设历程

推广建设阶段（2018—2021 年）。选择齐鲁分公司、天津分公司、上海石化公司、金陵分公司、海南炼化公司、青岛炼化公司 6 家企业，进行智能工厂推广一期建设。二期推广项目又增加了扬子石化、北海炼化、长岭石化和广州石化 4 家企业。

1.3.2.2 中国石化智能工厂理论框架

随着智能工厂试点、推广、提升项目建设的不断深入，石化智能工厂内涵不断发展和丰富，形成了石化智能工厂"123456"工厂理论框架，如图 1-19 所示。

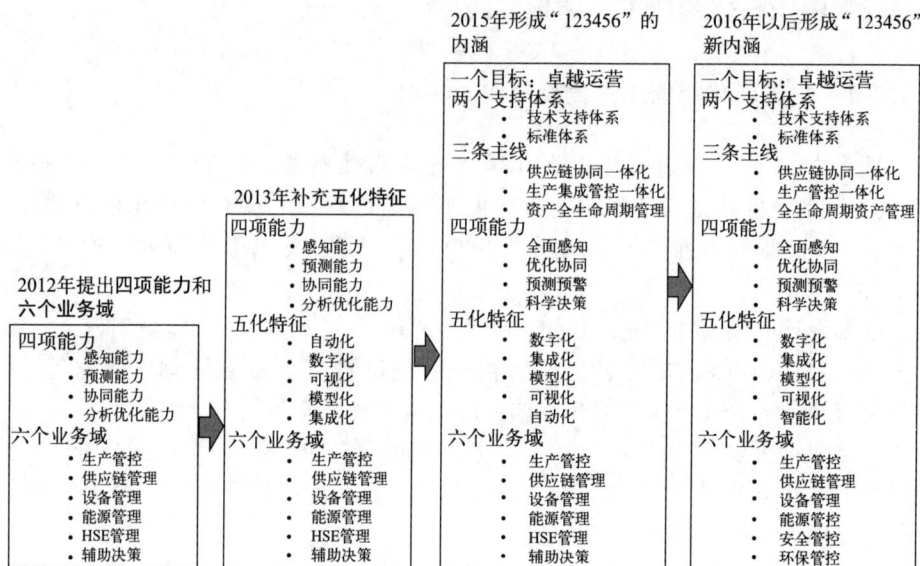

图 1-19　石化智能工厂理论框架"123456"演化过程

1.3.2.3　中国石化智能工厂建设内容及成效

中国石化智能工厂 2.0 聚焦"一体化优化""集成管控""资产管理"三项核心业务开展建设，如图 1-20 所示。

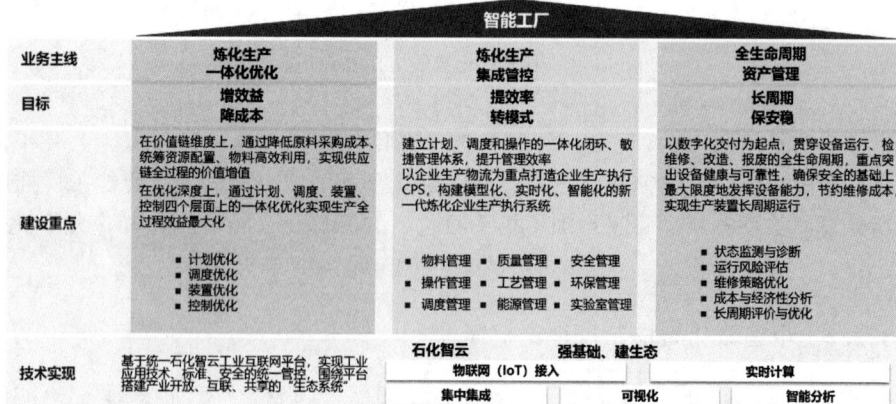

图 1-20　中国石化智能工厂 2.0 建设内容

首批4家试点示范企业的自动化采集率、先进过程控制投用率分别提升了20％、10％，均达到98％以上，外排污染源自动监控率达到100％，劳动生产率提高20％以上。普光油气田、镇海炼化、茂名石化、九江石化、上海石化、天津石化等6家企业先后被工业和信息化部评为国家智能制造示范企业，九江石化被评为国家智能制造标杆企业。《中国石化智能工厂技术研发与应用》被评为2019年中国石化科技进步奖一等奖。智能工厂的建设也使中国石化的数字化、网络化、智能化水平不断提升，有效促进了企业的转型升级和提质增效，取得了显著的经济效益和社会效益。

1.4 石化智能工厂发展趋势

1.4.1 从工业软件视角

1.4.1.1 机电软一体化

从20世纪90年代以来，收购和兼并成为国际自动化企业扩张和数字化转型的一个重要手段。主流工业软件的发展史恰恰是一部并购史，通过并购不断完善和强化自身能力。进入21世纪之后，工业软件的重要意义日益凸显，工业软件成为自动化巨头下半场争夺战的关键。西门子、施耐德电气、海克斯康等工业硬件巨头，纷纷加快并购优质工业软件企业，与自身的工业自动化、工业测量等拳头产品形成软硬一体的解决方案。工业软件与自动化硬件，正在紧密走在一起，走向机电软一体化，形成多学科集成设计、数字化模型的精确表达[32]。

例如，西门子一直围绕如何构建软件竞争优势进行全方位的战略布局，秉持补短板、全谱系、体系化、生态化、融合化的理念。西门子数字工业软件的主要业务域包含产品生命周期管理（PLM）、电子设计自动化软件（EDA）、生产运营管理（MOM）、绩效分析软件（PAS）、低代码开发（LCDP）等，具体到产品线，则对应为：Xcelerator、Mendix、MindSphere、Mentor、PLM等产品组合。图1-21从流程模拟软件的视角刻画了国际工业巨头们的并购发展史。

1.4.1.2 过程建模集成化

德国工业4.0提出了端到端集成、纵向集成和横向集成三个维度的集成。国际流程工业巨头提出的软件解决方案中已经可以看出这三项集成的影子[32,39]。

（1）多专业工程设计端到端集成
石化工程项目具有投资规模大、建设周期长、多专业协作等特点，是一个复杂的系统工程，如图1-22所示。

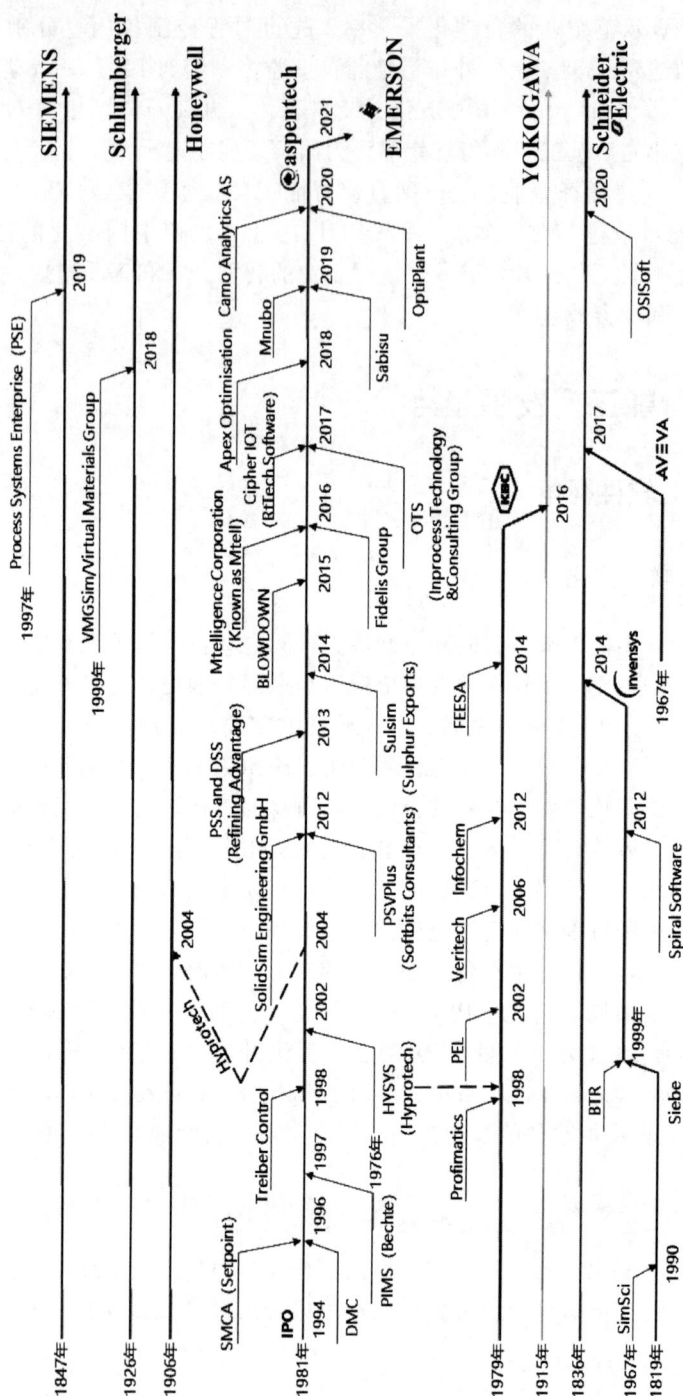

图 1-21　从流程模拟软件视角看工业软件并购发展历程

概念设计	基础设计	详细设计	工程建设/试车	运营与维护
● 范围界定 ● 评估备选方案 ● 产品数据和属性 ● 产品设计（PFD） ● 初始成本预估 ● 净资产收益率(ROE)分析 ● 基本设备清单	● 详细工艺设计 ● 可控性研究 ● 功能图 ● 初始P&ID ● 确定设备大小和评级 ● 修改预计成本 ● 整套招标书	● 设备布置图 ● 设备规格和装配详情 ● 详细P&ID ● 2D、3D CAD ● 建造包	● 采购 ● 项目管理 ● 确定设计规范 ● 变更管理 ● 竣工图 ● 设备安装 ● 控件配置与测试 ● 操作人员培训 ● 数据移交	● 工厂运营 ● 故障诊断 ● 优化 ● 消除瓶颈 ● 改造 ● 维护

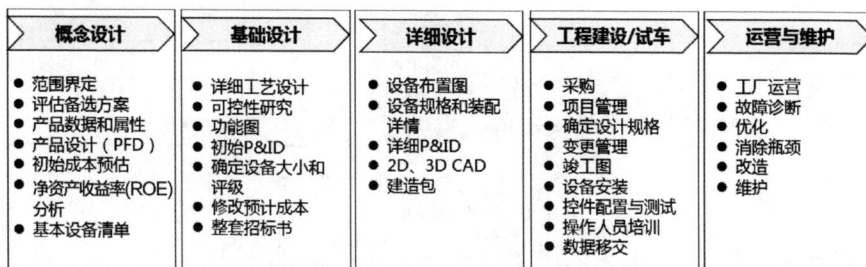

图 1-22　石油化工工程设计各阶段内容

石化工程设计-采购-施工（EPC）行业面临许多艰巨的挑战，包括经常性的成本超支和进度延期、一次性总付项目的风险和较低的行业平均利润率。工程管理水平的高低和管理模式的先进与否，直接决定项目的投资效益和建设水平。数字化和模块化设计、模块化制造已经成为国际工程建设领域的主流模式和关键工程技术。发展集约化、协同化、集成化、过程化和数字化的管理方法，构建以模型和数据为核心的"五位一体"石化工程管理新模式成为未来发展方向[49]。其中数字化设计工具、集成化设计平台成为石化工厂从规划、设计、施工到运营管理不可或缺的工具。

工艺设计集成化平台融合了流程模拟、动态模拟、热力学计算等多项功能，将工艺设计结果输出作为后续工程设计的输入；设备、仪表、配管等专业在工程集成化平台上同步开展工程方案研究和设计，输出的结果进一步通过三维协同设计平台，将材料、应力等信息进一步融合输出到数字化平台上；费用、风险等内容通过工程管理数字平台的集合功能，为数字化平台提供管理支撑，使数字化交付成为可能。数字化工程的交付为运营期智能工厂建设奠定数字化基础。

国际领先的供应商如海克斯康、剑维、西门子等公司，面向流程工业提出了"一体化工程到一体化运维"解决方案。该方案是在已有数字化设计工具、集成化设计平台的基础上实现了流程模拟分析、工程数据管理、三维布置设计三大平台的一体化，形成统一数字化工程设计，如图 1-23 所示。由两大部分组成：统一生命周期仿真平台（一个模型）和一体化工程设计（一个数据库）。二者共同构成强大的工艺模型与数据库，能够在一个平台上对一维（1D）、二维（2D）和三维的数据流进行双向同步。稳态及动态工艺模型与工程设计数据库的双向整合使过程能够无缝衔接，并且无需使用第三方中间工具进行数据传递。

（2）供应链管理横向集成

将过程建模通过统一的企业级供应链管理平台，实现覆盖各个供应链环节的横向集成，包括原油采购、计划、调度、生产、一次分销等，支持各部门的协同

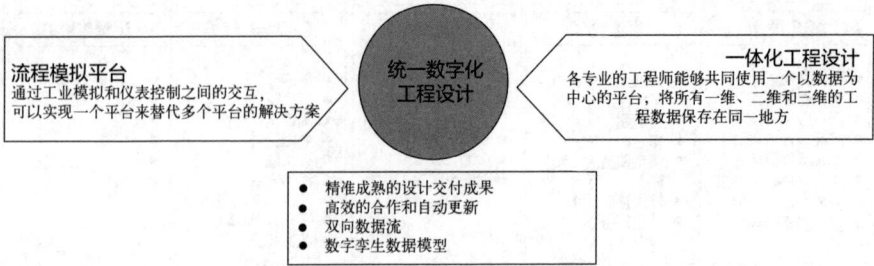

图 1-23 石化工程数字化平台

工作，不同角色的用户均可访问并参与相应的决策制定。艾斯本、剑维、霍尼韦尔、施耐德、横河等都将计划优化、调度优化、原油数据切割工具、罐区管理、配送网络优化、车队优化、油品调和等软件集成为供应链管理套件，提高软件间的数据集成能力。

例如，剑维公司的新一代供应链优化软件平台 Spiral Suite[38]，用户可以实现原油物性管理、生产计划优化、生产调度排程、多厂联合优化/多周期优化等功能，提高用户价值链决策制定的透明性及敏捷性。帮助用户充分应对原油市场及下游产品市场的多变性和不确定性，管理企业经营风险，实现价值链的最优化。使用统一的应用平台，数据无缝集成，方便跨业务协作的模型更新和共享。实现对原油采购、原油物性测评、计划、调度和分销进行标准化操作、一体化决策。

（3）计划调度与动态实时优化的纵向集成

在线实时优化（RTO）是流程工业中实现计划、调度、操作、控制一体化优化的关键环节，在整个优化体系中起承上启下的枢纽作用，如图 1-24 所示。基于实时优化，可以将生产计划、调度排产、操作优化、操作控制纵向集成，实

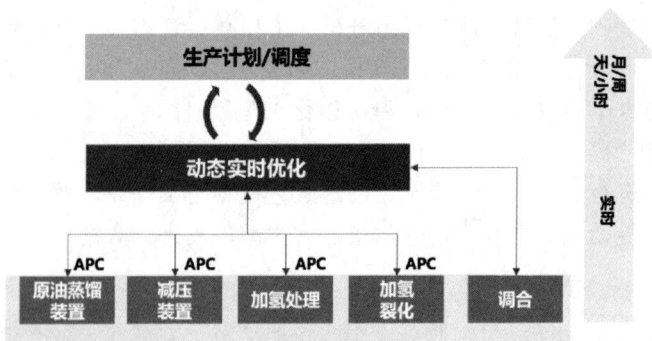

图 1-24 面向产品价值链的多单元动态优化

现面向产品价值链的多单元动态优化，实现企业内部跨越多时间周期、自动化程度和人机界面的管控融合。基于实时优化技术，在不增加重大设备投资的情况下，可以充分发挥现有生产装置的运行潜力，使主要技术经济指标达到或超过同类装置的国际先进水平，有效实现增产、节能、降耗目标，为企业有效提升经济效益。

例如：①艾斯本的通用动态优化技术（GDOT）将计划的基本模型与 APC 经验模型相结合，同时保留了模型的一致性，通过使计划/调度目标与实际运营保持一致，缩小计划与实际运营之间的差距；②KBC 公司的动态实时优化（D-RTO）解决方案将流程模拟平台 Petro-SIM、高级控制和估算平台（PACE）、供应链调度软件 VM-SCS，以及雪佛龙公司的分布式递归线性规划（LP）软件 PETRO 进行集成，提供集成化动态实时优化；③剑维公司的实时优化解决方案集成了实时优化平台 ROMeo、先进过程控制 SIMSCI APC 以及供应链管理套件 Spiral Suite；④霍尼韦尔的先进控制与优化方案则由先进控制软件 Profit Controller、多单元/多装置动态协同优化软件 Profit Optimizer 以及衔接计划与调度的全厂优化软件 Profit Executive 组成。

1.4.1.3　过程建模智能化

（1）基于分子级表征和反应动力学建模

由于分析技术和计算机计算能力的限制，早期的流程模拟都绕过石油真实分子层次，在分离过程中采用虚拟组分（pseudo component）方法、在反应过程中采用集总（lumping）方法来构建分离及集总反应动力学模型。这些方法本质上都是按照物理或化学性质对石油组成进行简化和分类，在有限的组分表征和计算能力的条件下，实现石油加工过程模型从无到有的突破。通过集总法和虚拟组分法对石油加工过程进行建模已成为业界常态，主流商业软件也都在此基础上构建，形成了原油评价数据库、原油评价切割工具、反应器模型等商业软件。虚拟组分模型和集总模型只能得到各馏分的整体物理性质、平均结构参数和族组成，制约了炼油技术的进步和石油资源更加合理的利用。

随着计算机技术以及色谱和质谱等分析技术的发展，例如用于轻馏分（<200℃）的气相色谱-质谱（GC-MS）、用于中间馏分（200～350℃）的气相色谱-飞行时间质谱（GC-TOF MS）和适用于重馏分（>350℃）的傅里叶变换离子回旋共振质谱（FT-ICR MS），从分子层次上实现对石油加工过程中的原料组成、相行为及转化过程的模拟，已成为石油化工领域的关注热点，并由此催生了分子管理技术的研究和发展[33,34]，如图 1-25 所示。

石油分子管理研究内容主要包括：①原油/原料的分子级表征。从分子水平认识石油化学组成，揭示分子组成与物理性质的内在关系。②生产流程的分子级模拟。掌控分离及调和过程中分子走向与分布，把握化学加工过程的分子转化规律，实现分子组成及转化规律的模型化。③将基于分子组成的理论模型应用于炼化过程的决策优化、运营优化及生产优化等各个层面。

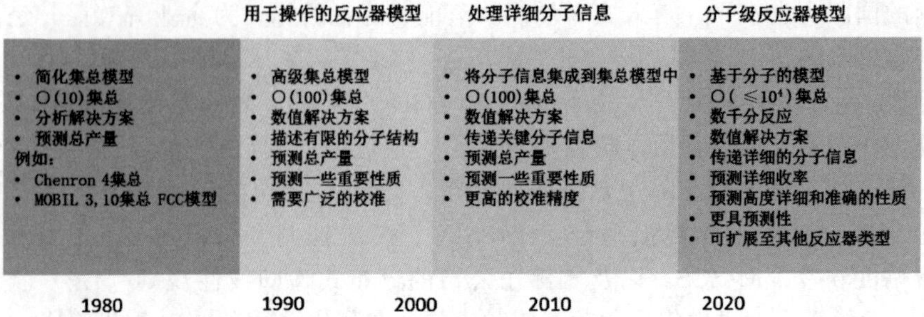

图 1-25　分子建模的演进

例如，Aspen HYSYS V11.0 中提供了基于分子的加氢裂化反应器模型。英国过程系统企业（PSE，2021 年被西门子收购）在其 gSAFT 产品中实施了伦敦帝国理工学院开发的 SAFT-VR 和 SAFT-γMie 基团贡献方法。统计缔合流体理论（SAFT）是一种先进的分子热力学方法，可以基于分子的物理真实模型与其他分子的相互作用来准确预测混合物的多种热力学性质。

（2）数据驱动与工艺机理联合建模

基于物理和化学定律等第一性原理的数学模型，也称为机理模型。机理模型具有理论基础性强、可解释性优、外推性良好等优点，但是石化装置间耦合严重，采用分析过程机理逐个装置建立模型的方式，也具有局限性：专用性强导致可移植性差；复杂的微分/代数方程组的求解计算量大、收敛速度慢；部分假设前提条件导致模型与实际之间存在偏差。

近年来，随着人工智能技术的发展，数据驱动建模得到快速应用。数据驱动建模的本质就是依靠一系列统计的自变量与因变量的样本数据，回归生成可以反映自变量与因变量之间数据关系的模型，进而可以通过该模型计算自变量对应的因变量，而不必通过机理模型迭代计算，即是基于数据驱动模型的预测；当使用该模型作为过程系统中部分机理模型的替代并在过程系统的优化计算过程中重复使用该模型进行计算，即是基于代理模型的优化计算。

数据驱动建模本身同样具有局限性：需要大量的"好"数据；可能违反物理约束；结果难以解释等。由于石化过程有变量多、非线性强、工况波动范围大等特征，仅采用数据驱动模型很难得到满意的效果。由于数据建模与机理建模相结合，可以有效简化模型的复杂度，混合建模方法得到了越来越广泛的关注[50~52]。

例如，艾斯本在最新软件中已经提供 3 种混合建模（Aspen Hybrid Model）

解决方案：人工智能（AI）驱动的混合模型、降维混合模型和第一原理驱动的混合模型。英国过程系统企业（PSE）与化学技术公司（ChemTech）进行战略合作，在 gPROMS 平台上使用 ChemTech 的人工智能和数据分析软件 OptimE-ase，以发挥混合建模的优势。

1.4.1.4　平台化与生态化

石化智能制造正处于数字化向网络化、智能化发展的阶段，石化工业软件平台是这个阶段创新发展的核心关键。传统的独立工业软件逐步转向平台化，成为软件平台服务的组成部分；充分利用平台的资源及优势，驱动软件自身的创新发展与生态构建，支持实现设计、生产、管理、服务等活动及过程的集成、互联和协同。

霍尼韦尔、施耐德、西门子、爱默生等跨国工业巨头近年来纷纷加快并购优质工业软件步伐，打通流程模拟、工艺设计、工程设计、运维服务、过程控制等石化全生命周期管理的产品链，构筑护城河。并通过长期的经营，形成规模庞大、实力雄厚的合作伙伴、代理商、服务商等生态体系。任何单一软件工具的品牌都不再重要，平台成为一种顶层战略。现在的竞争已经不是单一产品的竞争，而是平台的竞争、产品链的竞争、生态圈的竞争。

前文介绍的多专业集成设计平台软件、通用流程模拟平台软件、实时优化（RTO）平台软件、低代码开发平台（LCDP）[53] 等都是典型的软件平台化例子。这里重点介绍国际工业巨头的工业互联网平台产品及工业互联网带来的产业变化。

（1）工业互联网平台

工业互联网是实体经济数字化转型的基础支撑[54]。如表 1-10 所示，各国际自动化巨头都推出了自己的工业互联网战略和数字化解决方案。

表 1-10　自动化巨头的工业互联网平台

企业	平台名称	企业	平台名称
GE	Predix	霍尼韦尔	Connected Plant
西门子	MindSphere	施耐德	EcoStruxure
ABB	Ability	罗克韦尔	Connected Enterprise
艾默生	PlantWeb	剑维	AVEVA System Platform

传统工业软件通过解耦与重构，向微服务和工业 APP 发展，每个微服务可以用不同的开发工具开发，可以独立运行和维护，通过轻量化的通信机制将微服务组合起来，完成特定功能。工业互联网平台实现了化难为易、化整为零，很好地解决了传统工业软件以往的研发难、部署难、使用难、维护难等问题。应用模

式从单机应用到 C/S（客户机/服务器）、B/S（浏览器/服务器），走向云部署和边缘端部署（嵌入式）；部署模式从 On premise（企业内部部署）转向私有云、公有云，以及混合云；开发模式向低代码化、云原生、开源化发展；软件销售模式向订阅化发展[55]。

（2）组件化和生态化

在流程模拟软件领域，CAPE-OPEN 软件接口标准促进了流程建模环境与流程建模组件的互操作[32]。CAPE-OPEN 是一个针对流程模拟的软件集成框架，包含一系列软件开发接口标准，以支持流程建模环境（PME）与第三方流程建模组件（PMC）之间实现即插即用和互操作。目前，主流的商业流程模拟软件基本支持 CAPE-OPEN 软件接口规范，如 Aspen Plus、Aspen HYSYS、PRO/II、COMSOL Multiphysics、UniSim Design、gPROMS、Petro-SIM 等，如图 1-26 所示。

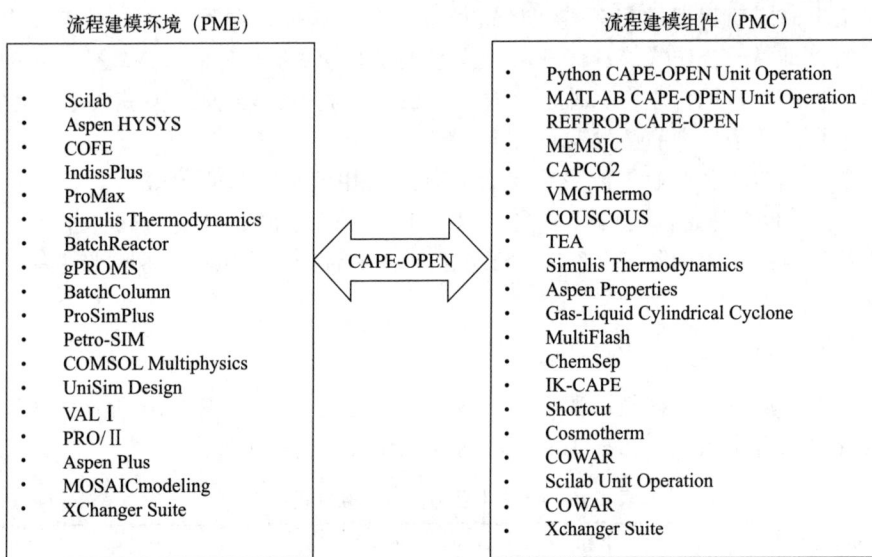

流程建模环境（PME）
- Scilab
- Aspen HYSYS
- COFE
- IndissPlus
- ProMax
- Simulis Thermodynamics
- BatchReactor
- gPROMS
- BatchColumn
- ProSimPlus
- Petro-SIM
- COMSOL Multiphysics
- UniSim Design
- VAL I
- PRO/II
- Aspen Plus
- MOSAICmodeling
- XChanger Suite

CAPE-OPEN

流程建模组件（PMC）
- Python CAPE-OPEN Unit Operation
- MATLAB CAPE-OPEN Unit Operation
- REFPROP CAPE-OPEN
- MEMSIC
- CAPCO2
- VMGThermo
- COUSCOUS
- TEA
- Simulis Thermodynamics
- Aspen Properties
- Gas-Liquid Cylindrical Cyclone
- MultiFlash
- ChemSep
- IK-CAPE
- Shortcut
- Cosmotherm
- COWAR
- Scilab Unit Operation
- COWAR
- Xchanger Suite

图 1-26　CAPE-OPEN 标准促进流程模拟软件互操作

流程建模组件是功能相对单一、定义明确的软件组件，采用 CORBA/COM 技术开发，如物性的计算、特定单元操作的模拟或优化问题中的数值求解器。例如换热器设计模型、泵模型、烃裂解炉模型、混合器/搅拌器计算器、安全卸压设计计算器、非常规装置操作模型等。目前，已有基于 CAPE-OPEN 软件接口规范的商业组件软件，例如 MATLAB CAPE-OPEN Unit Operation、VMGThermo、Aspen Properties、Cosmotherm 等。CAPE-OPEN 标准促进了软件的集成性和互操作性，遵循 CAPE-OPEN 标准开发软件成为流程模拟软件开发的必然选择。

1.4.2 从工业自动化架构视角

自 20 世纪 70 年代可编程控制器（PLC）和集散控制系统（DCS）进入自动化领域以来，处于 ISA 95 的 L1 和 L2 控制层的自动化硬件和软件结构一直没有变动，不同厂家产品间兼容性差，没有互操作性。伴随快速发展的 IT 技术和滞后的 OT 技术间的矛盾加剧，让最终用户承受着巨大的负担[56]。

当前，工业自动化领域正在基于 IEC 61499 标准或其他开放架构，打造设备互操作、系统易重构、软件可移植的开放自动化架构[57,58]。国际上已经出现两条明显不同的技术路线，一条是以美国开放流程自动化论坛（OPAF）为代表的面向流程工业控制系统的开放流程自动化（open process automation，OPA）架构，目标是对 ISA 95 的 L1 和 L2 功能标准化，采用对现有 DCS、PLC 重新定义，以及对先进过程控制和生产执行系统（MES）、人机交互（HMI）等的虚拟化技术[59]。另一条是德国流程工业用户组织 NAMUR 倡议的开放架构（namur open architecture，NOA）[60]，坚持在现有工业信息化、自动化金字塔结构的前提下，通过 OPC UA（嵌入式过程控制统一架构）与 OT 技术深度融合，提升运行维护的优化能力。

1.4.3 从工厂建设模式视角

在石化智能工厂工程建设模式上有两大发展趋势：一是向工程设计阶段延伸；二是全厂信息化的 EPC 模式。

1.4.3.1 工程数字化交付为智能工厂奠定基础

数字化交付是指除了实体的物理工厂外，还需要移交一座依托于数据、文档、三维模型以及它们与工厂对象关联关系的数字化虚拟工厂。随着《石油化工工程数字化交付标准》（GB/T 51296—2018）颁布实施[61]，国内越来越多的石化工程新建项目采用数字化交付方式，例如目前中国石化正在以中科炼化一体化、中沙合资聚碳酸酯、古雷炼化一体化、海南炼化百万吨乙烯、镇海炼化的镇海基地一期为代表的工程建设项目上，进行工程数字化交付探索和实践。

工程数字化交付是提升石化企业资产全生命周期管理水平的重要内容。项目前期、设计、采购、施工等"静态信息"构成工程数字化交付的内容，加之项目试车和生产运行等"动态信息"的积累，为运营期智能工厂的建设奠定数字化基础[62~64]。目前，在数字化交付与接收平台和工具，交付工厂对象的可信单一工程数据源，数据的完整性、合规性和一致性，以及如何支撑生产运营需求等方面还存在标准、规范、技术、安全、知识产权等系列问题，需要进一步研究。

同时，智能工厂的设计理念向前延伸。不同于传统的逆向工程，而是在工程设计阶段就考虑并梳理智能工厂建设需求，提出智能工厂的设计条件，融入各专业设计，开展风险、可靠性等分析，将相关的信息感知、智能运维、生产管控、设备管理、安全环保等要求在设计过程中提前规划，从正向设计推动智能工厂建设[65]。

1.4.3.2 全厂信息化 EPC 模式

伴随大型炼厂及炼化一体化项目的新建以及对老厂的改扩建，全厂信息化的EPC实施模式应运而生。这种模式的优点是强调设计在整个工程建设过程中的主导作用，有利于设计、采购、施工各阶段工作合理衔接，且质量责任主体明确。EPC总承包模式在工程建设领域已应用成熟，当前大型新建、改扩建炼厂的全厂信息化建设在技术复杂度、投资额度、项目管理难度等方面同样具备采用EPC模式的条件。信息化设计与工程设计同步，实现智能工厂整体规划、整体设计、整体开发、整体实施和统一交付。这一模式已成功运用于中科炼化、古雷石化等多家石油化工企业炼厂的建设。

1.5 中国石化智能工厂 3.0 蓝图

石化智能工厂3.0建设，是在继承试点项目、推广项目实践成果的基础上，立足新发展阶段进行融合创新发展，特别是在云边端协同、数字资产服务、关键能力提升等方面[66]。

1.5.1 指导思想

以先进石化工艺技术与新一代信息技术深度融合为主线，以集团公司信息化发展规划"432"工程为纲要（图 1-27），以智能工厂建设为抓手，通过"数据＋平台＋应用"新模式，推动企业服务形态、运营方式、组织方式和商业模式全方位、系统性变革，推进数字化转型和智能化提升，加快构建数字化时代企业的综合竞争优势，为促进集团公司实现高质量发展增添新动能。

1.5.2 "六向"发展思路

① 向技术软件化拓展。通过技术研发、工程设计、装备制造、生产运营、软件开发等多方力量协同，将石化自主成套技术的催化剂、工艺、控制、设备、安全、环保等专业技术与新一代信息技术相融合，实现科技成果的工业软件化创新，为石化工厂的智能化运营打下坚实的技术基础。

② 向工程设计端延伸。建立以石化智能工厂为导向的工程设计标准、规范；

图 1-27　中国石化"十四五"信息化发展规划"432"工程

提升工程数字化交付内容的深度和广度,实现工程设计无形资产(数据和模型)交付的创新;通过石化工业互联网平台,实现工程数字化交付与生产智能化运营的无缝衔接。

③ 向工艺装置侧聚焦。聚焦炼油、乙烯、芳烃产业链自主成套技术的核心装置,实现装置运行的预测预警、实时优化、智能控制、设备监控及本质安全;为基层员工赋能,提高劳动生产率,实现部分区域的少人化和无人化。

④ 向生产管理层深化。实现全厂的资源利用、产品结构、能源消耗的全流程整体优化;强化工艺、设备、安全、环保、质量、能源、储运、物流等多业务协同;加强计划、调度、操作的集成管控。

⑤ 向经营决策层扩维。深化数据治理,建立集团统一数据架构和数据标准,挖掘数据资产价值,构建石化智脑;通过企业生产经营大数据的分析和运用,提升企业经营创新创效水平和风险管控能力;通过集团生产经营大数据的分析和运用,提升板块经营创效水平和区域协同优化能力。

⑥ 向产业链协同发展。以石化工业互联网为支撑,通过上下游产业链的数据共享、业务协同,实现集成优化;以石化智能工厂运营支撑石化工业的一体化、基地化、园区化智慧石化园区运营。

1.5.3　发展目标

(1) 总体目标

以自主石化智云工业互联网平台为支撑,按照"数据+平台+应用"建设新模式，将新一代信息技术与石化自主成套技术深度融合，提升石化企业资源高效利用、生产操控优化、设备运行可靠、安全环保低碳水平，智能工厂整体达到国家智能制造能力成熟度等级四级，局部达到五级，在石化行业整体智能化水平国际先进，重点场景国际领先。

（2）主要指标

如表 1-11 所示。

表 1-11　主要指标

指标类型	指标/要求
基础指标	生产数据自动采集率＞99％
	设备自动化控制率＞97％
技术指标	建立统一数据标准和架构，数据入湖率＞95％
	基于云边端协同的石化智云多级部署
	核心工业软件国产化率＞50％
应用指标	业务域全覆盖
	＞15 应用场景，5＋亮点场景（实时优化、智能控制、无人仓储、设备诊断、安环预警等）
绩效指标	劳动生产率提升 5％以上
	万元产值综合能耗下降 2％
	环保排放达标率 100％

1.5.4　定义及内涵

中国石化智能工厂 3.0 是将新一代信息技术与石化工艺技术深度融合，以工艺和装置为核心，通过"数据＋平台＋应用"建设新模式，构建虚实映射的石化数字孪生系统，形成以数据和模型为驱动、以石化智云工业互联网平台为支撑的新型工厂或企业，通过推动设计、生产、管理和服务等业务环节的数字化转型和智能化提升，实现降本、增效、绿色、安全和转模式 5 大核心价值。

1.5.4.1　内涵一：以工艺和装置为核心

在智能工厂 3.0 的建设中需要以工艺和装置为核心，推进 IT 与 OT 深度融合，实现大型生产装置在工艺、设备、操作、安全、环保全域的智能运行。

（1）工业网络融合应用

构建企业 5G 专网，与时间敏感网络（TSN）、OPC UA 等技术融合应用，推进工控网络变革，实现 IT 与 OT 的深度融合：在网络互联方面，网络架构逐步融合，网络更加开放，网络控制和网络管理将更为灵活友好；在数据互通方面，标准化、"上通下达"成为数据互通技术发展的趋势，从而实现"从传感器到云端采集以太网一网到顶"的夙愿。

（2）智能装备应用

围绕乙烯、聚烯烃等重要装置，增加智能装备，提高生产操控智能化水平，为基层员工赋能。通过 APC、RTO、智能装备、机器视觉、机器人、无人驾驶叉车（AGV）等技术，提高自动化水平，减少用工，降低劳动强度，实现部分环节的少人化和无人化。

（3）分子级建模及优化应用

发展石油分子工程及其管理技术，包括石油分子表征及分子组成模型构建技术，从分子水平认识石油及其馏分和组成；建立基于分子组成及模型的石油及产品信息库；开发基于分子组成及变化的反应网络和模型构建技术，实现油品转化分子水平的过程模拟；开发炼油过程优化模型及实时优化技术，预测产品及产品分布，指导催化剂、新工艺的开发以及加工过程中整体能量优化，实现石油资源物尽其用，提升石油炼制的效率和效益。

1.5.4.2 内涵二：构建石化数字孪生系统

石化智能工厂是面向石化工业的新型制造模式，覆盖石化生产全产业链，将新一代信息通信技术与石化生产过程的资源、工艺、设备和环境以及人的制造活动进行深度融合，提升全面感知、预测预警、协同优化、科学决策的四项关键能力，以更加精细和灵活的方式提高工厂运营管理水平，并推动形成新的制造和商业模式创新[67]。本书将数字孪生技术与石化智能工厂相结合，提出石化数字孪生智能工厂的定义。

石化数字孪生智能工厂是在新一代信息通信技术和石化制造技术驱动下，通过成套技术的软件化封装、工程建设的数字化交付，并结合工业数据的混合建模修正，在工业互联网平台上构建以工业软件为核心的石化工厂数字孪生体，以数据和模型为驱动，提升资源高效利用、生产操控优化、设备可靠运行、安全环保低碳等智能化运营水平，构建思路见图 1-28。

如图 1-29 所示，石化数字孪生智能工厂架构可以分成三个层次：物理空间、交互层和孪生空间。物理空间为实体的石化工厂，是数字孪生工厂的构成基础，对物理工厂的全面感知和精准控制是建立数字孪生智能工厂的前提；交互层支撑物理空间与孪生空间的连接与映射，实现物联数据的采集、传输和边缘控制；孪生空间是从多维度、多空间尺度及多时间尺度对物理实体的描述与刻画[68]。

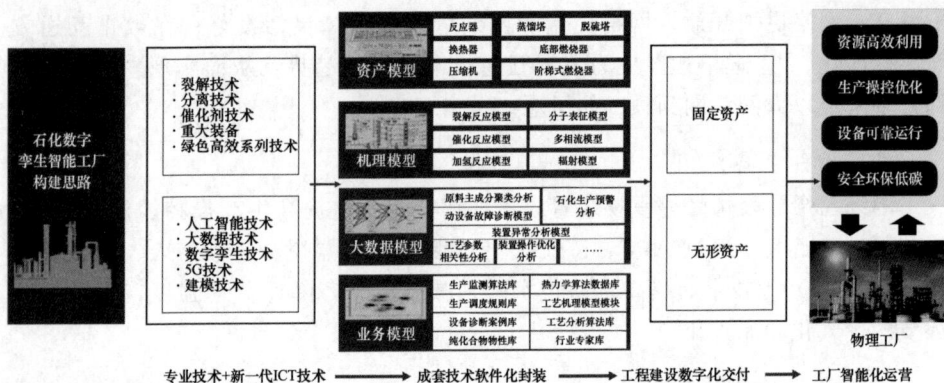

图 1-28　石化数字孪生智能工厂的构建思路

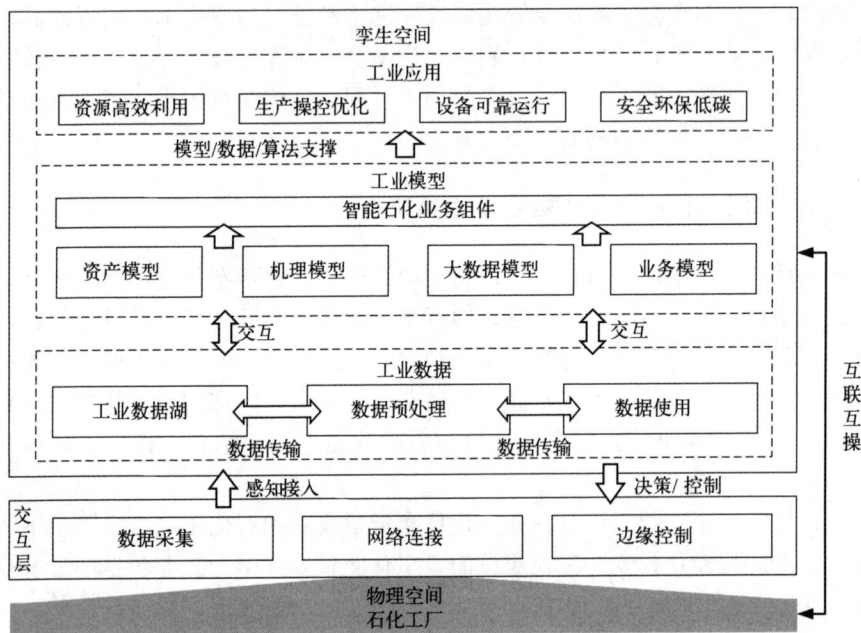

图 1-29　石化数字孪生智能工厂总体架构图

（1）数字孪生工业数据

如图 1-30 所示，通过交互层的工业数据采集及相应的数据治理工作，将工业数据存储到工业数据湖中，并通过数据分析和数据服务支撑工业应用。

① 工业数据采集　包括工业生产时序数据、管理过程结构化数据和装置设

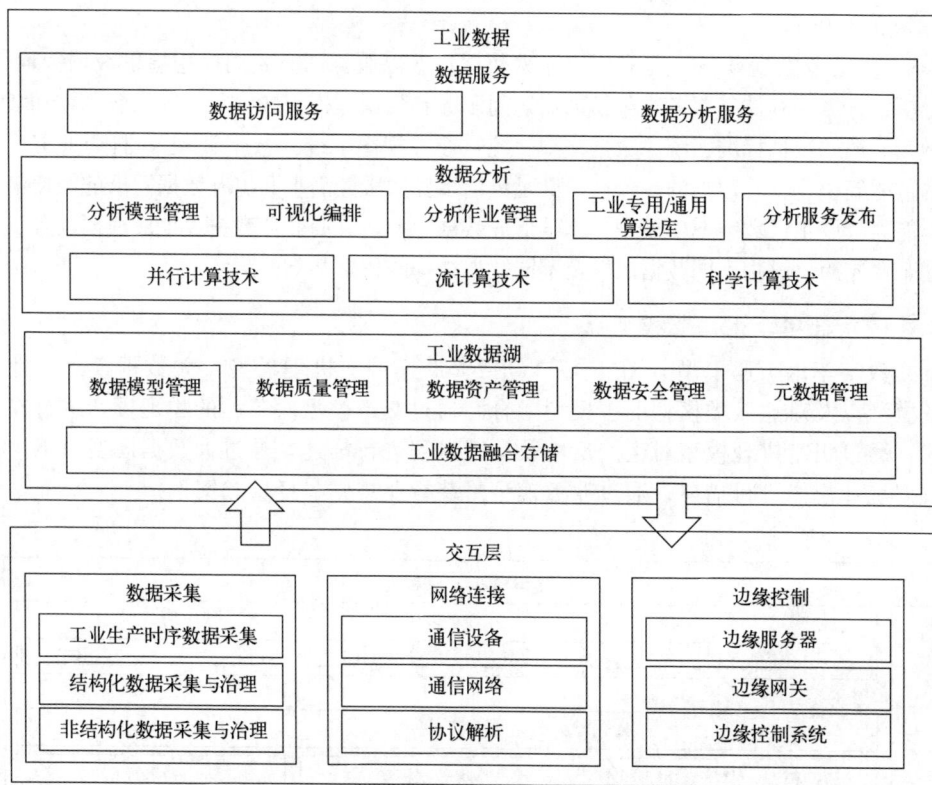

图 1-30　数字孪生工业数据

计文档、工业现场音视频、勘探开发数据、地理信息数据等非结构化数据的采集与治理。针对石化工业海量工业时序数据具有 $7\times24h$ 持续发送的情况，构建前置性数据治理组件与高性能时序数据采集系统。针对结构化与非结构化数据，构建同时兼顾可扩展性和处理性能的数据采集系统。数据采集的数据源主要包括通过数据抽取转换加载（ETL）方式同步的企业生产经营相关的业务数据、实时或批量采集的设备与环境物联数据和从外部获取的第三方数据。

② 工业数据湖　利用大数据分布式存储的技术，将工业模型、工业物联网、实时优化等能力在数据层面有机结合起来，构建性能和容量都能线性扩展的时序数据存储、结构化数据存储和非结构化数据存储。数据入湖有物理入湖和逻辑入湖两种方式，同时，工业数据湖是面向工业数据存储和分析的服务工具，核心目标是解决全厂数据的集中集成和数据共享交互的问题。

③ 工业数据分析　包括基础数据计算技术和大数据分析服务，其中基础数据计算技术包括并行计算技术、流计算技术和科学计算技术。大数据分析服务包

括分析模型管理、可视化编排、分析作业管理、工业专用／通用算法库和分析服务发布等功能。

④ 工业数据服务　是利用工业大数据技术以服务的方式向应用提供数据读取、分析、计算、存储等服务，包括数据访问服务和数据分析服务。基于数据服务，切实做到"统一数据标准、统一数据模型、统一业务视图、统一数据管控"，打通业务间的数据壁垒、提升数据的一致性、满足灵活多样的服务需求和提升数据需求的敏捷响应能力。以工厂数字孪生模型为基础形成数据中台，沉淀业务数据，生成数据服务支撑企业应用，解决不同数据源以及不同数据结构的数据共享的问题。

（2）数字孪生工业模型

数字孪生工业模型（图 1-31）包括资产模型、机理模型、大数据模型、业务模型以及对这四类模型的多模型融合。通过资产模型对工厂的物理资产进行描述，通过工艺机理模型对生产反应及运行过程进行描述，通过大数据模型对工厂数据统计规律进行描述，通过业务模型封装行业规则、经验和案例。

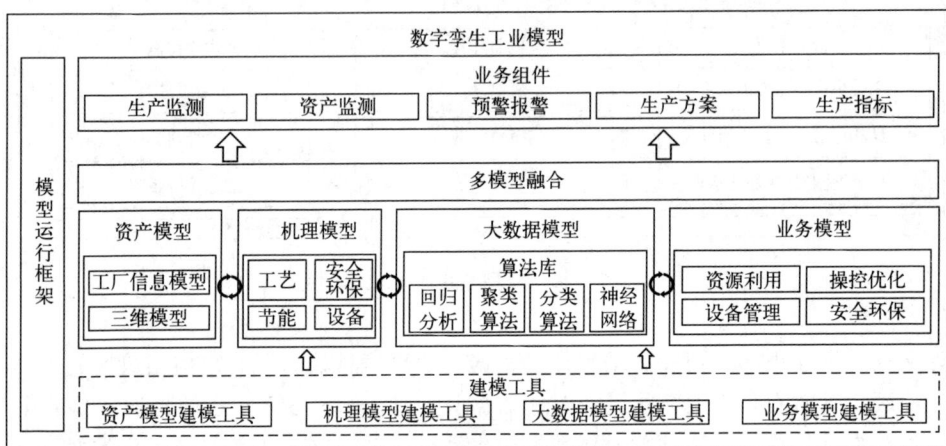

图 1-31　数字孪生工业模型

在模型构建完成后，需要通过多类模型"拼接"打造更加完整的数字孪生体，通过多模型融合技术将资产模型、机理模型、大数据模型、业务模型进行关联和集成融合，模型融合技术涵盖了跨学科模型融合技术、跨领域模型融合技术、跨尺度模型融合技术[31]。

① 资产模型　是指利用数据字典、元数据描述等功能，构建描述物理世界的信息模型，其目的是构建物理对象信息的统一描述。通过设计工具，对工厂中生产活动涉及的要素进行模型抽象，包括工厂组织和炉、塔、罐、反应器、管道、阀门等，最终形成标准化、模型化的统一描述以支持工厂与设备资产的标准

化主数据服务。对于新建工厂，可以通过工程数字化交付实现"正向建模"，打通工厂数字化设计、采购、施工到生产运营的信息集成模型体系；对于在营工厂，可以通过数据盘点、红外成像加 3D 绘制实现"逆向建模"，对重点设备、关键工艺装置进行三维工程级建模，实现工厂建造信息、设备信息及工厂运营信息的集成。

② 机理模型　建模主要是依据化学反应动力学及动力学常数、相平衡及相平衡常数和传质、传热速率方程及传递系数等模型化"三传一反"的原理。石化生产过程体量庞大且工艺复杂，具有时空多尺度特性，机理模型可以有效地反映生产工艺过程的规律。石化机理模型也在不同的过程维度上逐步开展，并在空间尺度和时间尺度上存在着逐渐增大的过程。例如分子级反应过程存在于皮米级别，并以毫秒级进行；粒子级的流动以及交换介于微米和毫米之间，运动特征为秒级；而设备和装置具有一定尺度规模并以米级存在，其内部的反应流动过程也通常介于分钟级和小时级；工厂和企业则更为宏观，空间上跨越数公里，时间上也通常以周级和月级进行计划和优化。

③ 大数据模型　是用来描述生产企业数据统计规律，通过底层的通用算法和业务规则构建大数据分析模型，支撑装置收率预测、质量预测、操作工艺点预警预测等。石化工业大数据模型包括相关性分析模型、异常分析模型、优化分析模型、根原因分析模型、预警分析模型、相关系数模型、原料主成分聚类分析、异常侦测模型、根原因模型、文本信息挖掘模型等。相关性分析模型通过相关性算法构建连续重整、催化裂化、乙烯装置业务分析算法，并构建装置类库。异常分析模型通过异常分析算法构建不同装置类型的业务分析算法，并构建装置类库。优化分析模型根据聚类算法和排序算法，分析操作历史参数和结果，给出TOP10（前十）参数列表，推荐可行的工艺参数。根原因分析模型根据传递熵算法和关键报警点数据，给出因果链路图，给出相关性系数和时延数据。预警分析模型根据经验模态分解（EMD）算法，给出目前状态和以往报警前期状态的相似度，综合判断是否预警。相关系数模型根据皮尔逊或其他系数，给出数据之间的正负相关性系数。原料主成分聚类分析根据 k-means 聚类、SSE（稀疏子间聚类）、散度聚类等算法，完成数据分层或分类。异常侦测模型根据多维空间中欧氏距离等算法，发现业务数据的异常点。根原因模型利用传递熵算法，计算数据集之间的因果影响系数和时延数据。文本信息挖掘模型通过朴素贝叶斯等算法，构建数据搜索、分词判断算法，寻找文本中的关键词。

④ 业务模型　重点围绕资源高效利用、生产操控优化、设备可靠运行、安全环保低碳四个方面，聚焦石化行业生产运营核心业务活动，将设备、物料、工艺、操作、质量、能源、环保、安全、应急等各业务域的行业知识、业务规则和典型案例通过业务模型进行沉淀，利用业务模型建模工具形成业务模型，构建工业知识即服务体系。

⑤ 业务组件　基于资产模型、机理模型、大数据模型和业务模型，构建生

产指标、生产方案、资产监测、生产监测、预警报警等类型的业务组件服务。生产指标类业务组件以指标数据为基础，结合指标计算规则，自动计算指标结果。生产方案类业务组件对加工方案、工艺方案、装置开停工、班次日历等生产方案相关内容进行管理，形成统一的生产方案信息。资产监测类业务组件以资产模型为核心，结合生产现场数据实现资产相关信息的监测。生产监测类业务组件以生产现场数据及相关计算结果实现生产过程的监测。

⑥ 模型运行框架　利用工业互联网平台技术，构建数字孪生工业模型运行框架，将不同模型与同一个物理对象，如关键装置关联起来，提供标准化的模型调用接口，并对各种软件形态的工业模型提供运行支撑，实现对模型、数据、应用的统一管控和运行支撑。

（3）数字孪生工业应用

以数据和模型为基础，通过多学科耦合应用，实现物理空间的石化工厂到孪生空间的工业模型的精准映射，通过二者的双向交互反馈、迭代运行，达到物理石化工厂状态在孪生空间的同步呈现，通过工业模型的诊断、分析和预测，优化物理空间中石化工厂的决策、控制行为，具体应用包括资源高效利用、生产操控优化、设备可靠运行、安全环保低碳四个方面，见图 1-32。

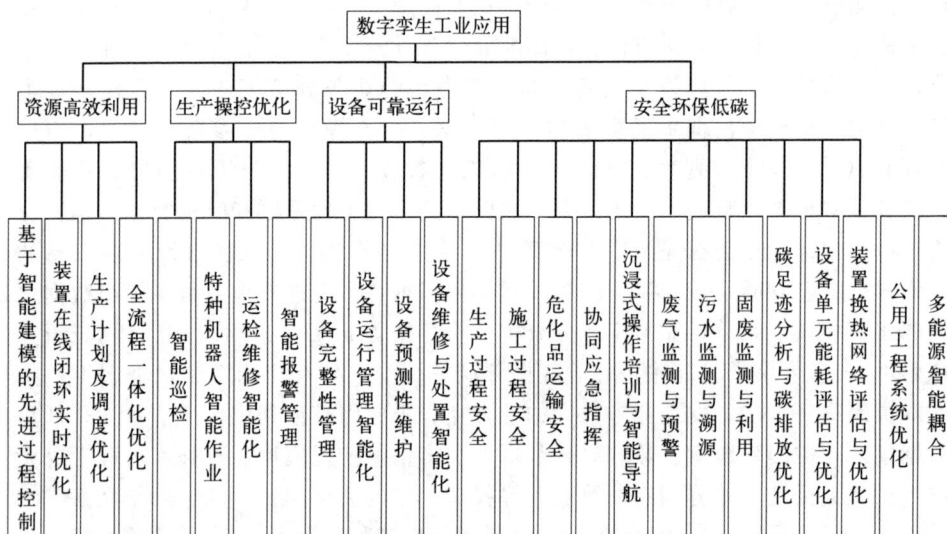

图 1-32　数字孪生工业应用

① 资源高效利用　以经济效益最大化为目标，通过区域协同、计划优化、调度优化，打通市场需求预测、计划调度和库存管理等环节，实现生产计划调度的集成优化，动态响应市场变化，测算生产效益，实现业财融合。重点方向包

括：打通市场需求预测、计划调度和库存管理等环节，实现生产管理协同优化；构建计划排产模型，优化排产方案，支撑原料选择、产品结构优化、生产计划制定；实现化工产品的排程优化，最大化减少过渡料损失；结合市场价格变化，进行生产层面的效益测算。

② 生产操控优化　基于机理模型、大数据模型和混合模型，采用先进控制、智能控制、实时优化等技术，提升装置的生产运行管控水平，满足企业安全生产、平稳操作、优化创效的需求，实现石化企业生产过程的全流程智能协调控制。重点方向包括：建立装置的动态控制模型和数据驱动的软测量仪表，利用过程控制技术，对石化生产过程实行多变量协调控制；建立装置的稳态模型，实现石化装置按照效益最大化目标闭环优化运行；针对石化装置中模型结构和模型参数大范围变化的问题，通过先进控制技术，实现生产过程的智能协调控制。

在操作管理、调度管理、实验室管理、操作培训等方面，提升生产管控环节的无人化、智能化水平，满足企业安全生产、稳定操作、高效控制的要求，延长企业检修周期、提升产品品质、提高企业经济效益，实现企业生产操控业务的整体智能化管控。重点方向包括：通过机器人、机器视觉、语音识别等技术实现混合模式在线智能巡检；采用特种机器人对炼化多种场景开展智能无人作业，实现高危作业机器化；实现从取样、送样到化验、质检的机器人辅助操作，实现实验执行无人化；增强调度指挥数字化、集成化水平，提高应急指挥能力。

③ 设备可靠运行　变事后维护为事前维护，实现设备故障的预测性诊断，构建电气仪控设备的在线管理新模式，实现"应采尽采、应接尽接"，保障各类设备的安全、稳定、可靠运行，通过减少非计划性维修、降低维护成本，实现设备运行的"安稳长满优"。重点方向包括：实现设备故障诊断的预知化，提前采取措施，减少非计划停工；打造从腐蚀评估到泄漏监测/检测（监检测）的设备泄漏全方位管理；实现基于数据驱动的电气设备故障早期预警；构建仪控设备的报警和故障诊断模型，实现设备运行状态实时监控。

④ 安全环保低碳　在危险源辨识、危险预测、危险应急处置等方面，通过信息化、智能化手段增强石化工业安全生产的感知、监测、预警、处置和评估能力，加速安全生产从静态分析向动态感知、事后应急向事前预防、单点防控向全局联防的转变，实现安全风险源头管控，提升工业生产本质安全水平。重点方向包括：实现生产过程的动态监测与实时监控，实现泄漏预警、工艺安全预警；开展可视化作业监控，打造施工安全管控新模式，实现违章识别智能化；提升装卸作业安全和运输安全管理水平；提升石化生产突发事件下应急决策优化和指挥能力；提升综合管理、职业健康管理及公共安全管理水平。

建立环境排放智能监测与管控体系，实现对生产装置及储运系统的废水、废气、固废的从源头、过程到末端的环保全过程管理、可视化监控及智能分析和溯源，构建应用数据分析模型，预测生产排放并自动提供生产优化方案。重点方向包括：建立环保废气可视化地图，实现环保溯源显性化；提升污水回用水平、装置处理智能化水平；建立固废全生命周期管治；对治理设施进行建模分析，实现生产和治理的协同优化。

开展能源的供应、生产、输送、转换、消耗全流程精细化管理和在线优化，综合统筹水、电、气、风等能源介质使用，监控和优化各类节能设施的运行状态，实现多介质能源优化与能源梯级利用，做到"能效最大化，能流可视化，在线可优化"。重点方向包括：建立工厂能流模型，实现能流的精细化和可视化管理；根据能效评估结果及时对空压机、锅炉、汽轮机等高耗能设备及换热网络进行优化改造和升级；建立能源介质优化模型、开展节能优化，指导操作运行。

1.5.4.3　内涵三："数据＋平台＋应用"新模式

改变传统的"烟囱式"信息化建设模式，打造"数据＋平台＋应用"信息化管理、建设、运维新模式（图1-33）。基于企业级数据资源中心和统一的数据中台，构建数据共享与服务体系。以统一的业务架构、应用架构、数据架构、技术架构、集成架构和应用平台标准规范等进行信息系统的设计、开发、部署，解决碎片化供给和业务协同化的需求矛盾。促进知识的沉淀和复用，通过百花齐放的工业APP满足个性化需求，实现从单项应用向综合集成的转变，促进业务协同。

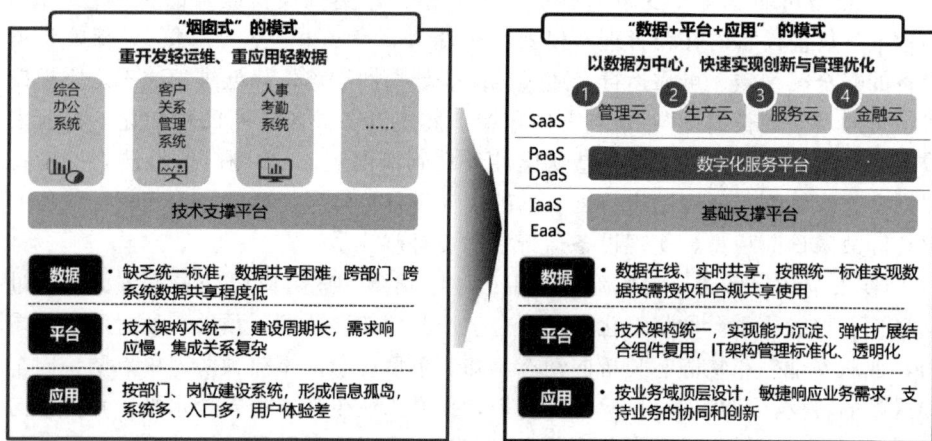

图1-33　信息化建设从"烟囱式"模式转变为"数据＋平台＋应用"模式

SaaS—软件即服务；PaaS—平台即服务；DaaS—数据即服务；

IaaS—基础设施即服务；Eaas—边缘即服务

（1）数据

数据资源是企业实现数字化转型的重要生产要素。挖掘数据价值，实现数据向资源、资产的转变，发挥数据在企业生产经营活动中的驱动作用，是石化智能工厂建设中优化资源配置、解决不确定性、提高竞争力的重要手段。

"十四五"期间，中国石化将聚焦数据资产价值创造，大力推进数据治理工作，建立健全数据标准体系、数据资源共享与数据资产管理机制，打破管理"藩篱"，消除信息孤岛；建设集团级、企业级数据资源中心和统一的数据中台、数据服务平台，构建数据共享与服务体系；推进各领域大数据应用，高质量开发利用数据资产资源，实现数据资产增值增效，如图1-34所示。

图 1-34 中国石化数据治理建设蓝图

企业的数据治理工作需要在集团整体的数据治理体系下开展，围绕"数据＋平台＋应用"新模式，构建公司数据治理体系，完善数据架构管理、数据质量管理机制，并建立数据治理规则和管理流程，建立统一的数据资源目录，并形成开放、共享的数据应用生态。主要包括：承接集团数据治理的管理体系，进行数据资源盘点，制定数据标准，开展数据建模，保障数据质量，搭建数据湖及数据入湖，开展数据应用及服务。

企业承接集团数据治理的管理体系的工作主要包括配套编制相关制度、流程、规范等，为企业开展数据治理提供数据治理政策指引和基础保障。

企业数据治理工作的两项核心内容之一是数据架构，它由数据资源目录、数据模型、数据标准和数据服务4部分组成。其中数据标准包括主数据标准化和业务数据标准化，数据服务主要面向数据应用，在数据治理的初期优先级较低。因此，数据架构的核心工作是数据资源目录的建设和数据模型的设计。

企业第二项重点工作是建设企业数据湖。需要遵循三级数据湖建设原则，即支撑总部和事业部数据资源的管理要求和访问请求，同时支撑炼化企业内部数据治理工作及各专业的数据访问和分析服务。

（2）平台

① 边缘云平台。平台支撑是智能工厂 3.0 的重要特征之一。边缘云平台是集团石化智云"云、边、端"架构中的"边＋端"，是石化智云各项云能力的延伸和下沉。与总部端相互协同，共同构成架构统一、服务共享、数据互通的石化智云工业互联网平台（图 1-35）。

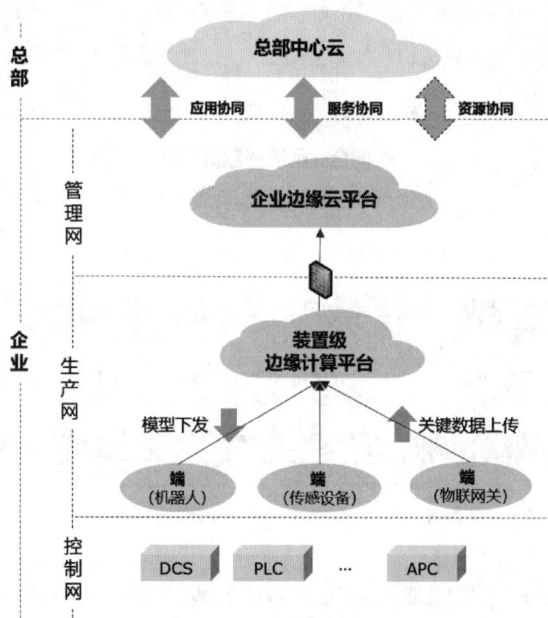

图 1-35　边缘云平台架构

总部中心云重点围绕集团级经营管理决策，支撑经营管理应用和部分业务流程长、标准化程度高的生产相关业务应用。核心能力：承载集团级业务与数据标准；承载集团级数据汇集、治理、共享；集团层面能力和服务的开放共享；支撑总部级应用；基础设施资源管控能力。

企业边缘云平台部署在企业办公管理网，是中心云在企业端的延伸和下沉，支撑部署在管理网的生产运营系统，与总部中心云互联互通、相互协同。核心能力：企业物联感知能力、工厂数字孪生建模能力、企业数据资源管控能力、企业应用的集成与管控能力、工业知识运行与管控能力。

装置级边缘计算平台部署在生产网，面向实时性要求高的计算需求与数据采集需求，贴近装置生产现场构建装置级工业知识、边缘节点的运行及管控能力。核心能力：装置级物联感知能力、装置与设备工业应用的管控能力、工业知识运行与管控能力。

边缘节点/端是面向设备、解决边缘侧的计算需求和物联采集，将云端计算能力延伸到终端设备。核心能力：边缘计算与物联采集能力、工业知识运行能力。

② 云边端协同。企业边缘云和中心云的上下协同包括：应用协同、服务协同、资源协同和开发协同（图1-36）。

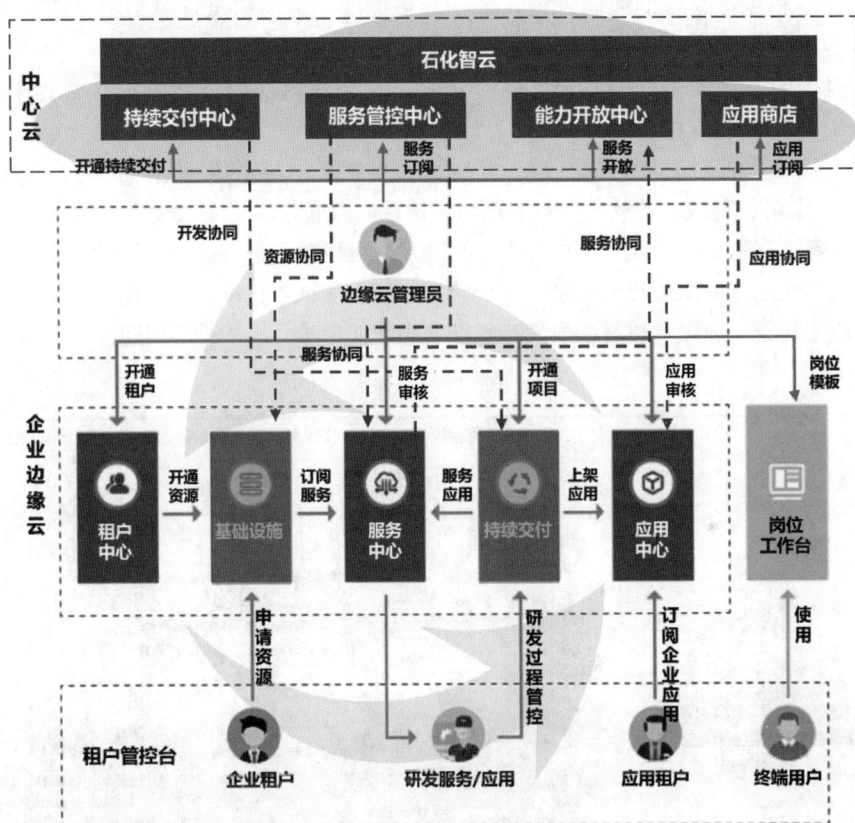

图 1-36 云边端协同架构

开发态生命周期管理：基于持续交付中心，开展应用系统的建设，按照中心云的开发要求，完成系统信息化建设的过程管理，通过持续交付中心保证开发过程、开发成果、开发质量，完成上云上平台。

运行态生命周期管理：通过边缘云的应用框架、运行框架搭建企业边缘云统一的技术架构，保障中心云和边缘云在统一技术体系、标准体系、安全体系下实现协同。

建立云边端应用和服务的协同架构，实现中心云应用和服务新特性与边缘云的远程推送，通过服务管控中心和能力开放中心进行服务协同。

边缘云的运行管理关注云能力的服务质量、可管理性、安全性、易用性、自治性、自发现和可观察性。中心云关注云能力的复用情况、运行情况、服务质量。

由边缘云侧的管理员，结合企业岗位需要将中心云、边缘云的应用进行编排，形成岗位模板，岗位模板具备协同更新的能力，助力终端用户业务协作。

边缘云的管控和协作：基于分层的租户体系，支持管理纵向扩展，总部和企业、企业和成员企业的协同管控，统一管理标准，解决信息资源共享互通，统一平台的需求。

对于中心云能力、中心云下沉的云能力和企业内部的云能力提供管理手段，继承中心云管理流程。

边缘云具备对云能力的自用、复用、共享在不同场景服务边界的管控能力。

③ 应用。传统工业软件通过解耦与重构，向微服务和工业 APP 发展，如图 1-37 所示。每个微服务可以用不同的开发工具开发，可以独立进行运行和维护，通过轻量化的通信机制将微服务组合起来，完成特定功能，实现了化难为易、化整为零，很好地解决了传统工业软件以往的研发难、部署难、使用难、维护难等问题。

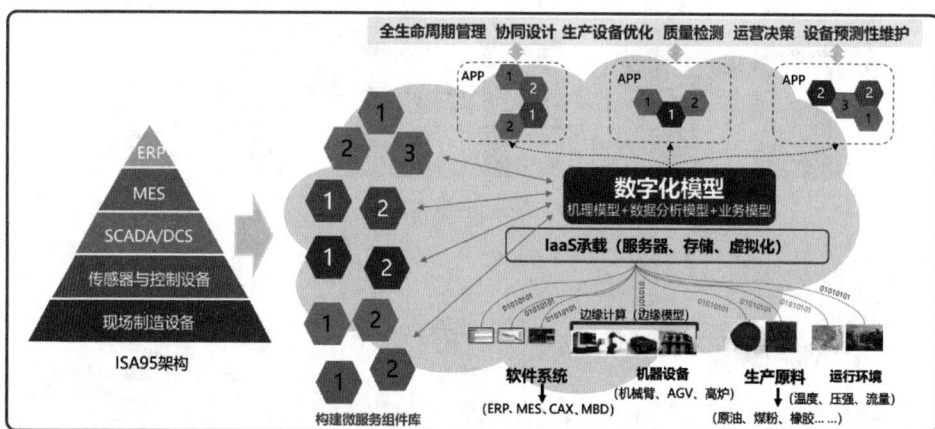

图 1-37　传统工业软件向工业 APP 转变

SCADA—数据采集与监视控制；CAX—计算机辅助技术；MBD—基于模型的设计方法

打造基于角色和数据驱动的岗位工作台，提升用户 IT 应用效率和改善用户体验。通过个人工作台，全面打通业务应用间的壁垒，杜绝信息孤岛，实现"数出同源"和单点登录，实现从"人找业务"到"业务找人"、从"人找数据"到

"数据找人"的实质性转变，使业务用户通过个人工作台完成"一站式"业务处理，大大提高了工作效率和应用安全性。

个人工作台根据岗位需要配置业务功能，由传统的用系统，转变为基于角色的用功能，有力地促进了不同业务之间的协同，提升了工厂生产经营管理的效能，将信息化技术在流程工业中的应用提高到一个全新的水平。

1.5.4.4　内涵四：以价值创造为目的

通过智能工厂建设，实现降本、增效、绿色、安全、转模式5大核心价值。

降本（降低成本）：降低劳动力需求，减少人工成本；保持产品质量的稳定，减少因质量问题造成的损失；减少物料浪费，降低仓储费用。

增效（优化生产）：提高过程控制的平稳性，卡边操作；装置在线实时优化；原油选购优化、产品价值链优化，提高经济效益；设备绩效管理，提高资产绩效。

绿色（减少能耗）：装置节能与优化；公用工程系统优化；多能源智能耦合，实现低碳化。

安全（提升安全）：机器代人，减少人员安全风险暴露；机器视觉作业过程实时监测；应急联动，快速响应。

转模式（转变模式）：从流程驱动，向数据驱动、平台支撑的模式转变；由效率提升，到业务价值创新；从炼化一体化，向基地、区域一体化产业协同转变；融合"人事物"的业务流程端到端数字化管理模式。

1.5.5　特征及演进路线

1.5.5.1　新五化特征

石化智能工厂3.0具有"新五化"特征。

（1）自动化（automation）

自动化是基础。包括三个层面，一是过程控制自动化，如 DCS、PLC、SIS（安全仪表系统）以及 PID（比例、积分、微分）自整定、先进过程控制（APC）、自动连锁控制、自动切换、一键操作等；二是装备自动化，如立体仓库、轨道机器人、特种作业机器人；三是程序性自动化，如低代码应用平台（LCAPs）[53]、机器人流程自动化（RPA）[69]、知识自动化（KA）[70]等。在石化智能工厂3.0建设中需要提高智能装备、机器人及程序自动化技术的使用，减少用工，降低劳动强度，实现重点环节少人化和无人化，提高精准执行的能力。

（2）模型化（modeling）

模型化是驱动。模型泛指实际系统或过程特性的一种表示形式或映射成的一种结构，如机理模型、数据模型、几何模型、业务模型、信息模型等。化工过程具有多时空尺度特征，需要综合利用化工过程的第一性原理、过程数据和专家知识，结合人工智能算法，对石化工厂的行为和特征的知识理解固化成各类工艺、业务模型和规则，进行混合建模和多尺度建模，解决化工过程中的模拟、监测、优化和预测等问题[50~52]。在石化智能工厂3.0建设中要加强与工艺相结合，向装置下沉，通过基于模型的系统工程方法[71]，对工厂进行全方位的模型化描述，实现对石化工业知识的固化、沉淀和复用。

(3) 集成化（integration）

集成化是核心，这里沿用德国工业4.0里三个集成的概念。

① 纵向集成。纵向集成的全称为"纵向集成和网络化制造系统"，其实质是"将各种不同层面的IT系统集成在一起（例如，执行器与传感器、控制、生产管理、制造和执行及企业计划等不同层面）"（摘自《德国工业4.0战略计划实施建议》）。也就是说将企业内不同的IT系统、生产设施进行全面的集成，目的是建立一个高度集成化的系统。可理解为三个层面：企业内部ERP/PLM/MES/SCADA等信息系统的深入应用及系统之间的深度集成；通过设备联网，将各种数字化设备建成集中管控的设备网络化管理系统；信息化系统与设备层之间，具有指令下发、状态反馈、动态调整等功能，体现信息计划与物理设备之间的深度集成。

② 端到端集成。端到端集成是指"通过产品全生命周期（价值链）和为客户需求而协作的不同公司，使现实世界与数字世界完成整合"（摘自《德国工业4.0战略计划实施建议》）。也就是说，通过产品的研发、生产、服务等产品全生命周期内的一系列工程活动来实现全价值链上所有终端/用户的集成。对于石化行业，即贯穿整个价值链的工程数字化集成，在所有终端数字化的前提下实现企业内部、企业之间基于价值链的整合，实现从石化工厂设计、工程建设到生产运营的一体化全生命周期管理，实现数字信息与物理实体的无缝融合。

③ 横向集成。横向集成是指"将各种使用于不同制造阶段和商业计划的IT系统集成在一起，其中既包括一个公司内部的材料、能源和信息的配置，也包括不同企业间的配置（价值网络）"（摘自《德国工业4.0战略计划实施建议》）。也就是以价值网络为主线，实现不同企业的三流合一（物流、能流、信息流），实现一种社会化、生态化的协同生产。对于石化行业，即构建"油、炼、化、销、贸、储、运"全产业链横向集成，企业间通过价值链以及信息网络实现资源整合，实现整个产业供应链的协同优化，将石化企业内部的业务信息向企业以外的供应商、经销商、用户进行延伸，实现企业与上下游企业以及跨产业的信息共享和业务协同。

总之，纵向集成是一个企业内部的集成，包括企业内部信息化系统之间、信息化系统与生产设备之间的集成，是点的概念，是其他两个集成的基础；端到端是围绕产品生命周期企业间的集成，是产品价值链的集成，是线/链的概念；横向集成是以价值链网络为主线，不同企业间的集成，是社会化合作的主要基础，是生态圈的概念。

（4）平台化（platform based）

平台化是支撑。这里指石化工业互联网平台（石化智云），如 1.5.4 节所述。企业端的边缘云平台是集团石化智云"云、边、端"中的"边＋端"，是石化智云平台能力的延伸和下沉。与总部云相互协同，共同构成架构统一、服务共享、数据互通的石化智云工业互联网平台。

（5）数字孪生化（digital twinning）

数字孪生化是路径。就是为物理实体、数字实体等可以有数字模型的实体或实体组合建立数字模型的过程[72]。这种过程的衡量标准为逼真度（fidelity）和可信度（credibility，也称置信度），它们表现为从形似、仿真、神似（包含静态和动态）到难分真假，通过以虚映实、虚实互动、以虚控制的方式，体现了数字孪生化水平的高低[73]。2021 年 12 月，工业和信息化部联合八部委印发《"十四五"智能制造发展规划》，规划文件将数字孪生列为智能制造关键核心技术，提出了"数字孪生＋"智能场景的描述，这是把数字孪生放到了"通用目的技术"（GPT）的地位。参考文献［74］综述了数字孪生在流程行业应用的难点和使能技术。目前，数字孪生在石化行业的应用还处于起步阶段[68,75]。中国石化正在开展"数字孪生的智能乙烯工厂"项目[67,76]。未来，通过构建基于设备级、装置级、工厂级、企业级数字孪生，基于"数据＋算法"，提供数字化服务，实现描述、诊断、预测和决策等服务应用。表 1-12 所示为中国石化智能工厂的特征对比分析。

表 1-12　中国石化智能工厂的特征对比分析

特征	智能工厂 1.0	智能工厂 2.0	智能工厂 3.0
自动化	基于 APC 的基础过程控制	基于装置级 APC＋RTO 优化控制	RTO、无人立体库、轨道机器人、特种作业机器人、RPA 等深化应用
模型化	业务规则模型应用	工业大数据在关键装置应用	机理模型、数据模型、知识库等深入应用
集成化	单项系统建设，应用初步集成	基于 ODS 的数据集成，基于 ESB 的应用服务集成	统一数据标准和架构，纵向进一步集成，内部横向集成向外部发展，初步实现端到端集成
平台化	—	企业级工业互联网平台	云边端协同工业互联网平台
数字孪生化	—	设备数字孪生，初步实时监测应用	装置级数字孪生，实现预测性维护、决策优化等应用

注：ODS—操作型数据存储，ESB—企业服务总线。

1.5.5.2　演进路线（发展路线）

石化智能工厂 3.0 规划整体达到国家智能制造能力成熟度等级四级，局部达到五级，在石化行业整体智能化水平国际先进，重点场景国际领先，如图 1-38 所示。演进路径如图 1-39 所示。

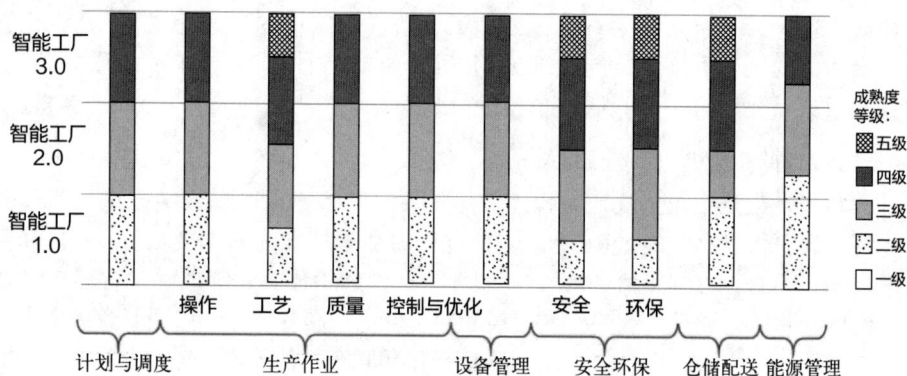

图 1-38　石化智能工厂 3.0 各业务域能力成熟度规划

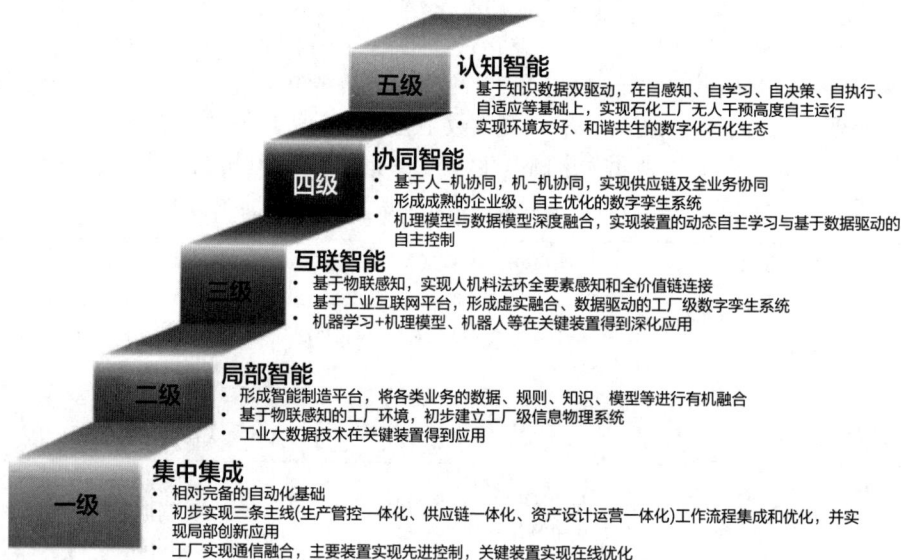

图 1-39　中国石化智能工厂五级发展路线图

1.5.6　重点建设内容

以集团公司信息化发展规划"432"工程为纲要，按照"数据＋平台＋应用"信息化建设新模式，聚焦研发设计、工程建设、经营管理、生产运营、边缘云平台、智能装备与技术 6 个方面 13 个重点任务，推进新一代信息技术与石化先进成套技术深度融合，如图 1-40 所示。

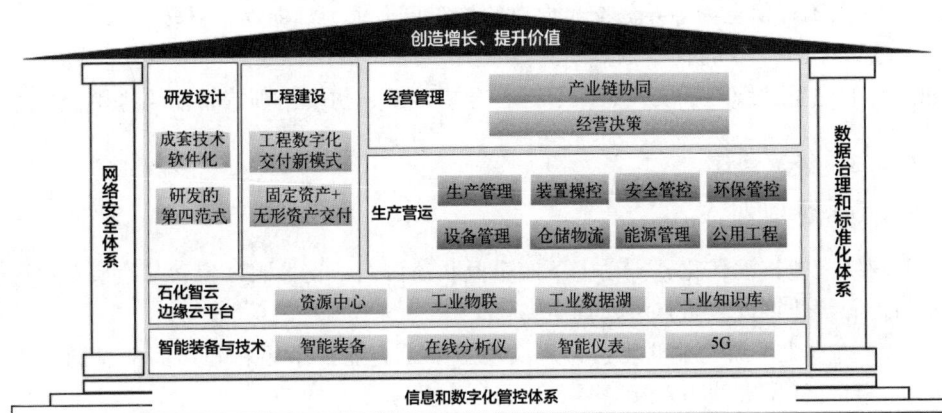

图 1-40 中国石化智能工厂 3.0 重点建设内容蓝图

1.5.6.1 研发设计

任务 1 石化自主成套技术软件化

突破石化核心工业软件短板，才能牢牢掌握创新发展主动权。以石化成套技术为基础，构建核心数据库和关键技术模型，并对其进行适配平台应用的软件化封装，形成资源高效利用、生产操控优化、设备可靠运行和安全环保低碳四类工业应用，赋能工厂的智能化运营中，确保工业技术的高效使用及信息安全。重点方向如下。

① 构建关键技术模型：以石化成套技术为基础，构建核心数据库和关键技术模型。

② 软件化封装：对模型进行适配工业互联网平台应用的软件化封装，形成工业组件。

③ 支撑工业应用：形成资源高效利用、生产操控优化、设备可靠运行和安全环保低碳四类工业应用。

1.5.6.2 工程建设

任务 2 工程数字化交付新模式

建立以工厂对象为核心的涵盖工程设计、采购施工、试车开车等工程阶段的信息组织模式，实现无缝、快捷、低成本的数字化交付，为业主智能工厂建设奠定基础。从一次性结果交付向渐进式交付模式转变、以工程公司主导向智能工厂需求转变、固定资产交付向"固定资产＋无形资产"交付拓展，建立交付数字化新模式，打造智能工厂的数字孪生底座。重点方向如下。

① 一次性结果交付到渐进式交付模式转变。

② 以工程信息为主导的交付向以智能工厂需求为导向的交付转变。

③ 固定资产交付向"固定资产＋无形资产"交付转变。支撑运营阶段工艺和设备的完整性管理、资产管理、运行分析诊断、仿真培训等智能化应用。

1.5.6.3　经营管理

任务3　产业链协同

围绕产业链现代化，推动上下游企业联动协调，支撑园区型、基地型石化企业的资源优化调配。重点方向如下。

① 推动上下游企业联动协调，实现上下游企业大宗原料和产品信息的线上发布、自动匹配和线下对接。

② 基于大数据分析实现大宗产品的预见性库存管理，实现按需生产和零库存管理。

③ 针对国际市场对汽油的差异化需求，集成市场信息和生产计划系统，实现定制化产品的精准拓展。

任务4　经营决策

构建石化大脑，发挥数据资产价值。基于NLP（自然语言处理）、语音识别、数据智能等先进人工智能技术，结合大监督、风险管控、招投标、客户服务等领域积累的大量文本、语音等非结构化数据，开展数据挖掘和智能语音分析，实现价值引领、科学决策、风险管控、高效协同，驱动业务创新发展，提高企业治理水平和风险防范能力；提升用户满意度，降低人工成本，提升市场竞争力，助力平台经济发展。重点方向如下。

① 基于人工智能技术的风险防控与监督管理。将年报解析数据与ERP等经营管理系统数据、"企查查"APP等数据相结合，构建业务往来企业关系知识图谱，实现与业务异常数据的融合，从而高效地感知业务线索问题，提升审计质量和效率。

② 工程领域智能招投标。运用复杂系统分析、频次特征聚类、深度搜索等算法，结合自然语言处理技术，对ERP、合同管理等系统数据进行深度挖掘，识别企业故意拆分工程项目签订多份合同、转分包金额占比超过规定限制等违规行为，为相关审计工作提供线索和数据支撑。

③ 智能客服。构建一体化客户服务平台，统一中国石化95388客户服务品牌，实现呼入和呼出以及在线服务的智能化应用，打造客户管理、服务接入、智能化咨询接待、人机协同、服务跟踪、智能化服务回访的闭环管理体系。

1.5.6.4　生产运营

任务5　生产管理

以经济效益最大化为目标，基于以实时数据为驱动的智能运营优化模式，通过区域协同、计划优化、调度优化，打通市场需求预测、计划调度和库存管理等环节，实现生产计划调度的集成优化，动态响应市场变化，测算生产效益，实现业财融合。重点方向如下。

① 打通市场需求预测、计划调度和库存管理等环节，实现生产管理协同优化。

② 实现化工产品的排程优化，最大化减少过渡料损失。

③ 进行生产层面的效益测算，结合市场价格变化，实现业财融合。

任务6　装置操控

（1）智能协调控制

针对炼油化工过程控制，基于机理模型、大数据模型和混合模型，采用常规控制、先进过程控制（APC）、实时优化（RTO）、智能控制等技术，提升炼油化工、精细化工装置的生产运行管控水平，满足企业安全生产、平稳操作、优化创效的生产需求，实现炼化企业生产过程的全流程智能协调控制。重点方向如下。

① 针对炼油化工、精细化工装置中模型结构和模型参数大范围变化的问题，通过先进过程控制技术，实现生产过程的智能协调控制。

② 建立装置的稳态模型，实现炼油化工装置按照效益最大化目标闭环优化运行。

③ 建立装置的动态控制模型和数据驱动的软测量仪表，利用过程控制技术，对炼油化工、精细化工生产过程实行多变量协调控制。

（2）生产执行的无人化、智能化

利用机器人、机器视觉、物联网、AR/VR等技术，从操作管理、调度管理、实验室管理、操作培训等方面，全面提升生产管控环节的无人化、智能化水平，满足企业安全生产、稳定操作、高效控制的要求，延长企业检修周期、提升产品品质、提高企业经济效益，实现企业生产操控业务的整体智能化管控。重点方向如下。

① 通过机器人、机器视觉、语音识别等技术实现混合模式在线智能巡检。

② 采用特种机器人对炼化多种场景开展智能无人作业，实现高危作业机器化。

③ 实现从取样、送样到化验、质检的机器人辅助操作，实现实验执行无人化。

④ 增强调度指挥数字化、集成化水平，提高应急指挥能力。

任务7 设备管理

基于大数据、数字孪生及人工智能技术，变事后维护为事前维护，实现设备故障的预测性诊断；构建电器仪控设备的在线管理新模式，实现"应采尽采、应接尽接"，保障各类设备的安全、稳定、可靠运行，通过减少非计划性维修、降低维护成本，实现设备运行的"安稳长满优"。重点方向如下。

① 加强设备运行状态数据自动化采集效率和能力，为设备运行状态实时监控和实时分析夯实基础。

② 构建仪控设备的报警和故障诊断模型，实现电气设备故障早期预警。

③ 打造从腐蚀评估到泄漏监测的设备泄漏全方位管理。

④ 实现设备预测性维护，提高资产绩效水平。

任务8 安全管控

结合中国 HSSE（健康、安全和环境）管理体系，构建快速感知、实时监测、超前预警、应急处置、系统评估等新型能力，加速安全生产从静态分析向动态感知、事后应急向事前预防，单点防控向全局联防的转变，实现安全风险源头管控，提升工业生产本质安全水平。重点方向如下。

① 实现生产过程的动态监测与实时监控，实现泄漏预警、工艺安全预警。

② 开展可视化作业监控，打造施工安全管控的新模式，实现违章识别智能化。

③ 提升装卸作业安全和运输安全管理水平。

④ 提升石化生产突发事件下应急决策优化和指挥能力。

⑤ 全面提升综合管理、职业健康管理及公共安全管理水平。

任务9 环保管控

建立环境排放智能监测与管控体系，实现对生产装置及储运系统的废水、废气、固废的全过程管理（从源头、过程到末端）、可视化监控及智能分析和溯源，建立大数据分析模型，预测生产排放，自动提供生产优化方案并执行。重点方向如下。

① 建立环保废气可视化地图，实现环保溯源显性化。

② 全面提升污水回用水平、装置处理智能化水平。

③ 建立固废生命周期管治体系。

④ 对治理设施进行建模分析，实现生产和治理的协同优化。

任务10 仓储物流

建立基于客户需求驱动的敏捷供应链，增强供应链物流环节的安全、稳定、顺畅，实现厂内运输、仓储、搬运等关键物流环节的智能化水平提升，实现物流的价值增值，促进降本增效、供需顺畅和产业升级。重点方向如下。

① 通过数字化仓储设备，依据实际生产状态实时调整物料输送。

② 建立无人立体仓库、无人叉车等智能仓储，实现仓储作业无人化。

③ 根据仓储实时数据进行趋势预测，结合知识库自动给出纠正和预防措施。

任务 11　能源及公用工程

开展能源的供应、生产、输送、转换、消耗全流程精细化管理和在线优化，综合统筹水、电、气、风等能源介质使用，监控和优化各类节能设施的运行状态，实现多介质能源优化与能源梯级利用，做到"能效最大化，能流可视化，在线可优化"。重点方向如下。

① 建立工厂能流模型，实现能流的精细化和可视化管理。

② 根据能效评估结果及时对空压机、锅炉、汽轮机等高耗能设备及换热网络进行优化改造和升级。

③ 建立能源介质优化模型、开展节能优化，指导操作运行。

1.5.6.5　边缘云平台

任务 12　边缘云平台

构建边缘云平台，利用其低时延、自组织、可定义等特性，提升企业物联感知、数据资源管控、工业应用能力，并与总部中心云在应用、服务和资源方面相互协同，实现生产运营数字化，资源管理智能化。重点方向如下。

① 支撑部署在管理网的生产运营系统，优化与总部中心云互联互通、相互协同机制。

② 提升装置侧生产现场边缘节点的运行及管控能力，挖掘装置级工业知识。

③ 推进数据能力、业务能力、技术能力的共享、复用和开放，构建服务化、集约化的应用开发环境。

1.5.6.6　智能装备及技术

任务 13　基础设施升级改造

增加在线监测/检测分析、特种作业机器人；工业有线和 5G 网络升级改造；完善融合通信。实现生产要素全面感知，形成数字化、网络化的生产环境。重点方向如下。

① 加快推进 5G 基础设施建设，充分发挥 5G 广接入、高带宽、低延时的特点，重点实现 5G 技术与生产、安环、设备等业务深度融合，通过人员、车辆精确定位，现场海量数据接入传输、"全沉浸式"交互，支撑业务创新应用。

② 基于轨道机器人、特种作业机器人等，实现智能巡检、无人罐区、无人泵房等场景应用。

③ 借助物联网和微型化、智能化、低功耗传感器和更具智能化的仪器仪表，对各装置的数字化设备进行采集与管理，对各类工艺过程数据进行实时监测、动态预警等功能，实现对生产加工过程实时、动态、精准的工艺控制，确保产品生产过程完全受控。

1.5.7 应用场景清单

通过对中国石化智能场景的需求进行分析，结合国内外智能场景发展现状及中国石化智能工厂发展规划，对中国石化智能场景清单进行梳理、规划，并参考灯塔工厂建设实例，对智能场景建设模板进行定义与编制。同时结合5G、工业互联网、人工智能、数字孪生等智能场景构建关键技术，对中国石化智能场景库进行构建。

智能场景库的构建涵盖调度与优化、生产作业-操作、生产作业-控制与优化、生产作业-工艺、生产作业-质量、设备管理、安全环保、仓储配送、能源管理9大业务内容，共37个场景，其中，成熟度达到四级及以上的29个，新建场景14个，提升17个，推广6个，30个与"灯塔工厂"用例具有可比性。重点场景清单如表1-13所示。不同企业可以从场景清单中选择重点建设内容，满足个性化需求。

表1-13 智能工厂3.0规划重点场景清单

序号	能力子域	场景	建设模式	成熟度等级	灯塔用例
1	调度与优化	基于数据驱动的计划优化模型提升及深化应用	新建	四级	√
2		基于数字孪生的管网调度执行	新建	四级	√
3		基于物料平衡驱动的调度事件排产优化	提升	四级	√
4		智能运营中心	推广	三级	
5	生产作业-操作	智能巡检	提升	四级	√
6		特种机器人作业	新建	五级	√
7		无人罐区	提升	五级	√
8		无人泵房	提升	五级	√
9		沉浸式培训	提升	四级	
10	生产作业-控制与优化	PID全流程智能控制	推广	四级	√
11		DCS智能协调控制	新建	五级	√
12		先进过程控制	提升	三级	
13		在线实时优化	推广	四级	√
14		基于逻辑的程序化控制	推广	三级	√

续表

序号	能力子域	场景	建设模式	成熟度等级	灯塔用例
15	生产作业-工艺	盲板智能管理	提升	四级	
16		智能实验室	新建	五级	√
17	生产作业-质量	产品质量在线监测	新建	三级	√
18		过程质量异常监控和预测	新建	四级	
19		关键设备运行状态智能分析和诊断	提升	四级	√
20		腐蚀机理静设备状态评估	新建	五级	√
21	设备管理	检维修过程管理	提升	三级	
22		电气设备智能分析诊断	新建	四级	√
23		无人值守变电所	新建	五级	√
24		基于高光谱红外技术的气体泄漏监测	新建	四级	√
25		施工过程可视化监控	新建	四级	√
26		装卸安全监控	推广	三级	
27	安全环保	危化品仓库安全	提升	三级	
28		基于多参数芯片污水系统优化	新建	五级	√
29		危废全生命周期管理	提升	四级	√
30		治理设施优化管理	提升	五级	
31		进出场全流程闭环无人化	提升	三级	
32	仓储配送	无人立体仓库	推广	五级	√
33		无人叉车	新建	五级	√
34		煤气系统优化	提升	四级	√
35	能源管理	蒸汽管网优化	提升	四级	√
36		低温热系统优化	提升	四级	√
37		循环水系统优化	提升	四级	√

通过中国石化智能工厂 3.0 智能化场景的建设，一方面可以形成中国石化智能工厂 3.0 场景库，树立"场景标杆"，为企业开展智能工厂设计提供重要参考；另一方面可以加快先进场景的快速推广和复制，推进中国石化生产模式、研发模式和服务模式的变革创新，形成智能化发展的新生态，进而保持行业地位和先进优势，引领我国石化工业高质量发展。

参考文献

[1]　王基铭. 我国石化产业面临的挑战及对策建议 [J]. 当代石油石化, 2015, 23 (11): 1-7.

［2］ 袁晴棠．石化工业发展概况与展望［J］．当代石油石化，2019，27（7）：1-6，12.

［3］ 戴厚良，陈建峰，袁晴棠等．石化工业高质量发展战略研究［J］．中国工程科学，2021，23（5）：122-129.

［4］ Zhou Ji, Li Peigen, Zhou Yanhong, Wang Baicun, Zang Jiyuan, Meng Liu. Toward New-Generation Intelligent Manufacturing［J］. Engineering, 2018, 4（1）: 11-20.

［5］ 李培根，高亮．智能制造概论［M］．北京：清华大学出版社，2021.

［6］ Baicun Wang, Fei Tao, Xudong Fang, Chao Liu, Yufei Liu, Theodor Freiheit. Smart Manufacturing and Intelligent Manufacturing: A Comparative Review［J］. Engineering, 2021, 7（6）: 738-757.

［7］ 朱森第．智能制造是一种新的先进生产方式［J］．智能制造，2022，1: 10-12.

［8］ 王柏村，臧冀原，屈贤明，董景辰，周艳红．基于人-信息-物理系统（HCPS）的新一代智能制造研究［J］．中国工程科学，2018，20（4）：29-34.

［9］ Zhou Ji, Zhou Yanhong, Wang Baicun, Zang Jiyuan. Human-Cyber-Physical Systems（HCPSs）in the Context of New Generation Intelligent Manufacturing［J］. Engineering, 2019, 5（4）: 624-36.

［10］ 乌尔里希·森德勒（Ulrich Sendler）．工业人工智能发展趋势、应用场景与前沿案例［M］，北京：人民邮电出版社，2021.

［11］ GB/T 39116—2020．智能制造能力成熟度模型［S］.

［12］ GB/T 39117—2020．智能制造能力成熟度评估方法［S］.

［13］ 李德芳，蒋白桦，赵劲松．石化工业数字化智能化转型［M］．北京：化学工业出版社，2021.

［14］ 袁晴棠，殷瑞钰，曹湘洪，刘佩成．面向2035的流程制造业智能化目标、特征和路径战略研究［J］．中国工程科学，2020，22（3）：148-156.

［15］ Wang Jiming. Theoretical Research and Application of Petrochemical Cyber-Physical Systems［J］. Front Eng Manag, 2017, 4（3）: 242-255.

［16］ Li Defang, Sho Hansheng, Liu Wei. System Structure and Network Computing Architecture of Petrochemical Cyber-physical System: Overview and perspective［J］. The Canadian Journal of Chemical Engineering, 2019, 97（8）: 2176-2198.

［17］ 高立兵，蒋白桦，索寒生．石化行业智能制造体系建设初探［J］．当代石油石化，2021，29（2）：46-50.

［18］ 王春喜，王成城，汪烁．智能制造参考模型对比研究［J］．仪器仪表标准化与计量，2017，4: 1-7，42.

［19］ Hankel M, Rexroth B. The Reference Architectural Model Industrie 4.0（RAMI 4.0）［EB/OL］. Frankfurt: ZVEI［2022-12-15］. https://www.zvei.org/en/press-media/publications/the-reference-architectural-model-industrie-40-rami-40.

［20］ Lu Y, Morris KC, Frechette S. Current Standards Landscape for Smart Manufacturing Systems. Technical paper［EB/OL］. 1Gaithersburg: National Institute of Standards and Technology; 2016［2022-12-2］. http://dx.doi.org/10.6028/NIST.IR.8107.

［21］ Lin SW, Miller B, Durand J, Joshi R, Didier P, Chigani A, et al. Industrial Internet Reference Architecture［EB/OL］. Milford: Industrial Internet Consortium（IIC），2019-6-19［2022-12-2］. https://www.iiconsortium.org/pdf/IIRA-v1.9.pdf.

［22］ Wei S, Hu J, Cheng Y, Ma Y, Yu Y. The Essential Elements of Intelligent Manufacturing System Architecture［C］//Proceedings of the 13th IEEE Conference on Automation Science and Engineering（CASE）（2017-8-20）. Xi'an, China, 2017: 1006-11.

［23］ ISO/TC 184 Automation Systems and Integration［EB/OL］.［2022-12-1］. https://www.iso.org/committee/54110.html.

［24］ Industrial Value Chain Reference Architecture（IVRA）［R］. Tokyo: Industrial Value Chain Initiative, 2016.

［25］ Grossmann I E, Westerberg A W. Research Challenge in Process Systems engineering［J］. AIChE Journal, 2000, 46（9）: 1700-1703.

［26］ 杨友麒, 成思危. 中国过程系统工程 20 年: 回顾与展望（上）［J］. 现代化工, 2012, 37（6）: 1-5.

［27］ 杨友麒, 成思危. 中国过程系统工程 20 年: 回顾与展望（下）［J］. 现代化工, 2012, 32（7）: 1-6.

［28］ Pistikopoulos E N, Ana Barbosa-Povoa, Jay H Lee, et al. Process Systems Engineering-The Generation Next?　［J］. Computers and Chemical Engineering, 2021, 147: 107252.

［29］ 王子宗, 王基铭, 高立兵. 石化工业软件分类及自主工业软件成熟度分析［J］. 化工进展, 2021, 40（4）: 1827-1836.

［30］ Evrim Örs, Robin Schmidt, Moein Mighani, Marwan Shalaby. A Conceptual Framework for AI-based Operational Digital Twin in Chemical Process Engineering［C］//2020 IEEE International Conference on Engineering, Technology and Innovation（ICE/ITMC）. 2020.

［31］ Andreas Bamberg, Leon Urbas, Sonke Brocker, et al. The Digital Twin: Your Ingenious Companion for Process Engineering and Smart Production［J］. Chem Eng Technol, 2021, 44（6）: 954-961.

［32］ 高立兵, 吕中原, 索寒生等. 石油化工流程模拟软件现状与发展趋势［J］. 化工进展, 2021, 40（S2）: 1-14.

［33］ 史权, 张霖宙, 赵锁奇等. 炼化分子管理技术: 概念与理论基础［J］. 石油科学通报, 2016, 1（2）: 270-278.

［34］ 田松柏, 龙军, 李长秀等. 石油轻馏分的分子水平表征技术研究进展［J］. 石油学报（石油加工）, 2017, 33（4）: 595-604.

［35］ Exxon-Mobile Corporation. Molecular management starts with a fingerprint［J］. The Lamp, 2006, 189: 11-12.

［36］ 杨友麒. 化学工业"两化融合"发展与过程系统工程: 挑战和前景（二）: "两化融合"发展对过程系统工程的挑战及前景［J］. 现代化工, 2009, 29（12）: 1-7.

［37］ 高立兵, 索寒生, 吕中原. 石化资产维护策略应用及发展趋势探讨［J］. 石油化工自动化, 2021, 57（3）: 80-84.

［38］ AVEVA Unified Supply Chain［EB/OL］.［2022-12-18］. https://www.aveva.com/content/dam/aveva/documents/datasheets/Datasheet_AV EVA_UnifiedSupplyChain_05-21.pdf. core-download. inline. pdf.

［39］ 高立兵, 索寒生. 工业软件的发展推进石化工程设计数字化转型探析［J］. 石油化工设计, 2021, 38（2）: 1-7.

［40］ World Economic Forum. The Global Lighthouse Network Playbook for Responsible Industry［EB/OL］. 2022-3［2022-12-8］. https://www3. weforum. org/docs/WEF_The_Global_Lighthouse_Network_Playbook_for_Responsible_Industry_Transformation_2022. pdfTransformation.

［41］ 褚健. 流程工业智能工厂的未来发展［J］. 科技导报, 2018, 36（21）: 23-29.

［42］ World Economic Forum. Global Lighthouse Network: Insights from the Forefront of the Fourth Industrial Revolution［EB/OL］. 2019-12［2022-12-8］. https://www3. weforum. org/docs/WEF_Global_Lighthouse_Network. pdf.

［43］ World Economic Form. Global Lighthouse Network: Reimagining Operations for Growth［EB/OL］. 2021-3［2022-12-1］. https://www3. weforum. org/docs/WEF_GLN_2021_Reimagining_Operations_for_

Growth. pdf.

[44] 高立兵，刘东庆，高瑞．石化行业智能制造发展现状及技术趋势［J］．流程工业，2021，8：16-21.

[45] 李剑峰，肖波，肖莉，景帅．智能油田（上、下）［M］．北京：中国石化出版社，2020.

[46] 李德芳，索寒生．加快智能工厂进程，促进生态文明建设［J］．化工学报，2014，65（2）：374-380.

[47] Li Defang, Jiang Baihua, Suo Hansheng, et al. Overview of smart factory studies in petro-chemical industry［J］. Computer Aided Chemical Engineering, 2015, 37: 71-76.

[48] Li Defang. Perspective for smart factory in petrochemical industry［J］. Computers & Chemical Engineering, 2016, 91: 136-148.

[49] 孙丽丽．石化工程整体化管理与实践［M］，北京化学工业出版社，2019.

[50] Joel Sansana, Mark N. Joswiak, Ivan Castillo, et al. Recent trends on hybrid modeling for In-dustry 4. 0［J］. Computers and Chemical Engineering, 2021, 151: 107365.

[51] 张梦轩，刘洪辰，王敏等．化工过程的智能混合建模方法及应用［J］．化工进展，2021，40（4）：1765-1776.

[52] Isuru A. Udugama, Carina L. Gargalo, Yoshiyuki Yamashita, et al. The Role of Big Data in In-dustrial（Bio）chemical Process Operations［J］. Ind Eng Chem Res, 2020, 59: 15283-15297.

[53] Gartner. Solution Comparison for Low-Code Application Platforms［EB/OL］. 2021-10［2022-12-9］. https: //www. gartner. com/en/documents/4007038-solution-comparison-for-low-code-application-platforms.

[54] 高立兵，刘东庆，贾梦达．基于工业互联网的石化行业数字化制造技术体系和发展路径研究［J］．新型工业化，2023，2：1-10.

[55] AVEVA Flex Subscription Program［EB/OL］.［2022-12-17］. https: //www. aveva. com/en/solutions/flex-subscription/.

[56] Harry Forbes. ARC: The Road to Universal Automation［EB/OL］. 2020-11-5［2022-12-22］. https: //www. arcweb. com/industry-best-practices/road-universal-automation-0.

[57] 彭瑜．流程工业开放自动化的重要发展趋势［J］．自动化仪表，2019，40（3）：1-6，11.

[58] 机械工业仪器仪表综合技术经济研究所，施耐德电气（中国）有限公司．开放自动化白皮书［EB/OL］. 2021［2022-12-15］. https: //go. schneider-electric. cn/China_IAC_CN_202110_Open-Automa-tion-Whitepaper_MFLP. html? source= Content&sDetail= WP-Open-Automation-SE. cn_CN.

[59] OPAF［EB/OL］.［2022-12-15］. https: //www. opengroup. org/sites/default/files/pdf/opaf-brochure-01-2019-final_0. pdf.

[60] NAMUR NOA Overview［EB/OL］.［2022-12-15］. https: //www. namur. net/fileadmin/media_www/fokusthemen/20200710_NAMUR_NOA_Overview_EN. pdf.

[61] 孙丽丽，李浩，袁忠勋等．GB/T 51296—2018. 石油化工工程数字化交付标准［S］．北京：中国计划出版社，2018.

[62] 孙丽丽．石化工程整体化管理模式的构建与实践［J］．当代石油石化，2018，26（12）：1-8.

[63] 葛春玉．浅谈石油化工工程建设项目数字化交付［J］．石油化工建设，2019，2：5-8.

[64] 马明，章剑波，胡联伟．炼化工程行业数字化交付研究与应用［J］．石油化工自动化. 2020，56（5）：49-53.

[65] 李德刚，谢腾腾．石油化工智能工厂工程设计阶段工作的探讨［J］．石油化工自动化，2020，56（5）：41-44.

[66] 王子宗，高立兵，索寒生．未来石化智能工厂顶层设计：现状、对比和展望［J］．化工进展，

2022, 41（7）：3387-3401.

[67]　王子宗，索寒生，赵学良．数字孪生智能乙烯工厂研究与构建 [J]．化工学报，2023, 74（3）：1175-1186.

[68]　Gao L B, Jia M D., Liu D Q. Process Digital Twin and Its Application in Petrochemical Industry [J]．Journal of Software Engineering and Applications, 2022, 15: 308-324 [2022-12-13]．https://doi. org/10. 4236/jsea. 2022. 158018.

[69]　Gartner. Critical Capabilities for Robotic Process Automation [EB/OL]．2021-8 [2022-12-13]．https://www. gartner. com/en/documents/4004854-critical-capabilities-for-robotic-process-automation.

[70]　桂卫华，陈晓方，阳春华等．知识自动化及工业应用 [J]．中国科学：信息科学，2016, 46（8）：1016-1034.

[71]　Jason Bickford, Douglas L Van Bossuyt, Paul Beery, et al. Operationalizing digital twins through model-based systems engineering methods [J]．Systems Engineering, 2020, 23: 724-750. DOI: 10. 1002/sys. 21559.

[72]　数字孪生联盟．数字孪生体概念和术语体系（实施稿）[EB/OL]．团标 T/DTC 001-2020 [2022-12-15]．https://openii. cn/twinconsoritum/standards/blob/master/T-DTC-001-2020-数字孪生体概念和术语体系-征求意见稿. pdf

[73]　张霖，陆涵．从建模仿真看数字孪生 [J]．系统仿真学报，2021, 33（5）：996-1007.

[74]　Matteo Pernoa, Lars Hvama, Anders Haug. Implementation of digital twins in the process industry: A systematic literature review of enablers and barriers [J]．Computers in Industry, 2021, 134: 103558.

[75]　Thumeera R. Wanasinghe, Leah Wroblewski, Bui K Petersen, et al. Digital Twin for the Oil and Gas Industry: Overview, Research Trends, Opportunities, and Challenges [J]．IEEE Access, 2020, 8.

[76]　王子宗，索寒生，赵学良等．数字孪生智能乙烯工厂工业互联网平台的设计与构建 [J]．化工进展，2023, 42（10）:5029-5036.

第二章

石化智能工厂设计

石化智能工厂[1~3]是推进石化行业高质量发展的重要抓手[4,5]，其建设主要起源于炼化企业在工厂运营阶段开展的智能化提升工作。随着新一代信息技术的迅猛发展和不断突破，智能工厂建设水平也在日益提升，从初级阶段的自控率提升和经营管理信息集成逐渐向过程控制优化、运营高效管控和经营科学决策方向发展。在这个过程中生产企业发现存在以下突出问题：基础感知数据和信息缺失，进行基础设施改造的成本较高；工业知识、模型以及智能化装备的支撑不足，生产操作负荷较高；诊断优化及维护维修主要依靠人工经验，安全环保及效益损失的风险较大。基于智能工厂3.0的发展思路，智能工厂建设亟待向工程设计端延伸[6]，从设计源头融入工厂智能化需求，在现有工程设计的基础上进行智能化设计，让智能工厂运营继承设计阶段的成果，避免或降低工厂建成后再进行智能化改造所带来的损失。

本章结合智能工厂3.0的规划蓝图，首先分析了智能工厂设计的现状、存在问题和发展趋势，提出了智能工厂设计的内涵和全专业、多阶段协同的设计模式；其次，以工厂、装置、装备的智能化为切入点，围绕"自动化、模型化、集成化、平台化、孪生化"3.0的五化特征，结合典型的智能化应用场景，分析了工厂设计、工艺、安全、环保、仪表自控、电信、电气、动设备、静设备、工业炉、信息化等十余类专业的设计需求，依据智能工厂设计内涵的"六化"特征制定了相应的设计方案；最后指明了各专业在可行性研究、总体设计、基础设计、详细设计阶段的具体任务、实施路径，从而支撑智能工厂3.0的"全面感知、实时分析、自主决策、精准执行和自主学习"五项核心能力，正向推进智能工厂的建设迈向新阶段。

2.1 智能工厂设计概述

2.1.1 设计现状与趋势

2.1.1.1 设计现状

目前石油化工工程设计主要侧重于工艺流程、工厂装备、管道仪表等物理工

74

厂的设计和全厂信息系统的设计，随着新一代信息技术的迅猛发展和石化产业变革升级，石油化工工厂设计逐渐向数字工厂设计、智能工厂设计方向发展。近年来，大型的工程公司在数字化转型战略的驱动下在数字化设计、集成化设计领域不断探索与实践，建立了工艺设计集成和工程设计集成平台，使得设计阶段的信息可以有效地收集、传递和共享，并可通过数字化交付无缝移交至运营阶段，从而架起工程建设与工厂运营的信息桥梁。

而随着智能工厂建设[7] 的不断深化，对从设计源头打造智能工厂的需求日益迫切，从而提出了智能工厂设计理念，希望从设计阶段实现 PT（工艺技术）、ET（设备技术）、OT（操作技术）、AT（自动化技术）与 IT（信息技术）的充分融合，从而支撑智能工厂的建造、交付、运营，实现智能工厂全生命周期一体化协同。

目前通过对石化行业智能工厂设计的调研发现存在以下主要问题。

（1）智能工厂设计缺乏顶层规划

由于智能工厂设计是伴随智能工厂建设的不断深化而诞生的，按照"以终为始"的思路，基于智能工厂运营阶段的需求开展设计工作，目前生产企业对于智能工厂的需求是随着认识与实践的不断深化而变化的，尚未形成全面而系统的需求分析，因此在智能工厂设计阶段，主要依靠以前智能化试点建设的经验开展设计工作，缺乏全面的智能工厂设计顶层规划，各专业在各设计阶段如何开展智能工厂设计工作成为当前面临的难题。

（2）现有工程设计与智能工厂建设脱节

目前绝大多数石油化工工厂是在工程设计、施工交付、投产运营后才开始进行工厂智能化改造，工程设计与智能工厂建设脱节导致诸多困难和挑战，例如智能感知设备的补充安装，流程工艺的优化再造，软件系统的数据集成、共享、标准化处理，软件应用的组件化改造等，而且在很多场景下由于设计建造的不可逆性，再次进行改造提升的手段有限，从而导致智能工厂诸多需求的实现难以保证。

同时，目前的工程设计成果尚未应用在智能工厂建设中。以工艺模型为例，在工程设计阶段本质上已完成了工艺的模拟优化等模型的建立，在此基础上通过工厂运行数据进行模型参数修正，将离线模拟优化转变为在线实时优化，即可实现智能工厂对装置工艺方案优化的需求。但目前阶段由于工程设计与智能工厂建设存在脱节现象，前期的设计模型尚未被复用，智能工厂运营阶段往往需要对生产流程重新建模、优化，显著增加了人力负荷和建设成本，同时模型的一致性、优化结果的可靠性等问题也有待解决。

（3）缺乏智能工厂设计标准指导

智能工厂建设水平随着应用实践会逐步加深，但由于石化智能工厂的发展基础及智能化水平各不相同，同时各个企业对智能制造实施方案的需求差异较大，目前智能工厂 3.0 建设尚未形成标准。而智能工厂设计处于初步研究阶段，各专业的工程设计人员对智能工厂运营的需求了解有待加深，设计方案在现有工程设计的基础上如何根据不同智能工厂建设需求进行动态调整也是当前智能工厂设计工作面临的主要难题，此外还受限于资金投入不足、技术研发周期长、工艺壁垒等因素，这些问题都使得要想形成一套成熟、普适、标准化的智能工厂设计方案存在巨大的困难和挑战。

2.1.1.2　发展趋势

随着信息技术与工业应用的不断碰撞融合，石化智能工厂将向着少人化、无人化、自动化、自主化方向发展[8~10]，同时也对石化智能工厂设计提出了更高的要求。放眼未来，石化智能工厂设计将会向以下方向发展。

（1）智能工厂设计从顶层规划入手进行推进

石化智能工厂的全生命周期建设需与物理工厂的建设同步规划、同步推进，在工程设计阶段，考虑并梳理智能工厂建设需求，围绕智能工厂建设的主要环节和重点领域，做好智能工厂设计的顶层规划，将相关的信息感知、智能运维、生产管控、设备管理、安全环保等要求在设计过程中提前考虑，提出智能工厂设计的总体目标、原则，各专业设计的思路、要素，以及可行性研究、总体设计、基础设计、详细设计的全过程实施路线，从正向推动智能工厂建设。

（2）智能工厂设计与工程设计深度融合

以智能工厂建设需求为导向，分析现有工程设计与智能工厂设计的特征差异，指出需要提升的方向和要素，将智能工厂业务应用与各专业设计深度融合，找出彼此间的关系，使智能工厂运营继承设计阶段的成果，交付可继承和重复应用的工程数据、三维模型、工艺模型等；根据智能工厂对数据、知识库、模型的需要深化专业设计，在设计阶段设计合理必要的智能检测仪表，确保获得足够的工艺优化、能量优化、设备诊断、安全环保管控等方面的数据，从大系统的角度出发，进行工程设计和智能工厂设计的综合考虑分析，得到全局最优的设计方案。

（3）智能工厂设计向规范化、标准化方向发展

由于智能工厂设计是以智能工厂建设需求为导向，随着智能工厂建设的不断探索与实践，智能化需求逐渐明晰与细化，形成不同成熟度的智能工厂建设规范与标准，为智能工厂设计提供目标遵循，在此基础上，通过智能工厂建设需求与专业设计的不断碰撞融合，形成智能工厂设计的规范要求，推进智能工厂设计的标准化进程，为智能工厂的建造、交付、运营奠定坚实基础。

2.1.2　设计内涵

智能工厂设计是以"生产运营智能化需求"为导向的工程设计，即在物理工厂设计的基础上，围绕"过程感知全面化""生产决策智能化""工艺流程最优化""过程控制自动化""生产操作无人化""信息系统集成化"等六化特征开展智能工厂设计，提出智能工厂设计要求，融合"工业知识、专家经验和过程模型"，注入"智能化"基因，支撑智能工厂的全面感知、实时分析、智能优化、自动执行、科学决策，基于"设计、交付、运营一体化"的建设思路，从源头构建数字孪生工厂[11]，正向推动智能工厂建设，最终通过数字化交付无缝衔接至生产运营阶段[12]，实现工厂运营"自感知、自决策、自执行、自适应和自学习"的智能化目标。

① 过程感知全面化。结合智能工厂运营阶段的设备、工艺、能量指标、安全、环保等业务域监测优化需求，在设计阶段考虑各业务域典型智能化场景所需的仪表设备数量、类型、位置等，满足感知信息的全面监测和智能提取等要求。

② 生产决策智能化。结合智能工厂运营阶段的生产计划优化、调度优化需求，在规划阶段考虑全厂总流程加工方案的优劣性、装置工艺技术选择的合理性、投资和效益的可行性等，支撑资源优化和调度的决策优化的智能化建设。

③ 工艺流程最优化。结合智能工厂运营阶段的装置流程模拟和实时优化需求，在设计阶段考虑各生产装置工艺流程的最优化、工艺操作参数的可调性、工艺指标的合理性、专家知识的延续性等，支撑生产装置工艺运行的最优化。

④ 过程控制自动化。结合智能工厂运营阶段的复杂装置单元，在设计阶段考虑过程控制回路的合理性，一键操作、顺序控制等专家系统的可行性，支撑生产装置过程控制的自动化、少人化的智能化应用。

⑤ 生产操作无人化。结合智能工厂运营阶段人工执行成本高、效率低、安全风险高等场景需求，在设计阶段考虑无人化系统、装备的设计，提升生产执行效率和质量，降低人的安全风险和事故概率。

⑥ 信息系统集成化。遵循"数据＋平台＋应用"的信息化总体要求，将过程感知数据、设计数据等多源数据送入统一工业数据湖，按照统一的标准实现数据按需授权和合规共享使用，通过工业互联网平台的组件和服务，以统一的业务架构、应用架构、数据架构、集成架构、技术架构和应用平台标准规范等进行信息系统的设计、开发、部署，推进全厂信息化 EPC 建设模式，构建满足各种业务场景的工业 APP，实现从单项应用向综合集成的转变。

2.1.3　设计模式

智能工厂设计需要在工程设计阶段梳理智能工厂建设需求，将相关的信息感知、决策优化、工艺优化、先进过程控制、无人值守、信息集成等需求在设计过程中考虑，提出智能工厂的设计要求，主要的设计模式包含以下两方面。

（1）全专业协同

智能工厂设计涵盖工厂设计、工艺、安全、环保、仪表自控、电信、电气、动设备、静设备、工业炉等十余个业务专业和信息化设计专业，具备IT与OT融合设计的特色，真正提升智能工厂业务的"智能含量"。针对智能工厂的应用场景，以信息化设计专业为引领，组织其他业务专业开展智能化应用的分析、拆解，以及专业间的设计协同、集成。

全专业协同设计模式的实现是通过现代信息技术，对设计软件、设计过程、工程知识等进行深度整合、集成和创新，使专业间的数据传递更加便捷，设计条件互提更加高效，设计工作更加智能，设计水平进一步提升，实现设计过程数字化和协同化[13]，设计信息数据化、结构化和模型化，实现全专业工程信息的集成[14]，为智能工厂数字化交付和生产运营打造坚实的数据底座。

（2）多阶段协同

智能工厂设计涵盖可行性研究、总体设计、基础工程设计、详细工程设计等多阶段，针对石化智能工厂各业务域建设对现场感知、数据采集、过程优化、智能控制的需求，明确各阶段的建设重点、阶段间的联系与协同方向。在可行性研究设计、总体设计阶段，对工艺包设计中存在的感知方案、工艺过程、控制方案进行优化设计，并提出相关应用系统的建设需求和建设目标；在基础工程设计、详细工程设计阶段，以信息专业为主，对多个协同专业（仪表、电信、设备材料、动设备、安全环保等）提出设计条件和技术要求，确保全面感知、边缘计算、大数据、平台及应用系统融合建设。

2.2 智能工厂设计规划

依据智能工厂建设需求和智能工厂设计内涵，以工厂、装置、装备的智能化为切入点，结合十余个主要业务专业与信息化专业的设计现状，围绕"状态感知、优化诊断、智能操作、信息集成"等方面，确定各专业的设计需求、要点概述，并从硬件设置、模型算法、智能装备以及系统设计等角度提出详细的设计规划方案[15]，为智能工厂建设提供设计基础。

2.2.1 工厂设计

工厂设计是炼化工程设计的"龙头"，决定了炼化的智能化、集成化、清洁化，支持着整个炼化工程全生命周期的规划、设计、建设和运营，自工程项目的规划阶段，到工厂运营阶段的生产计划排产、转型升级优化。工厂设计统筹全厂资源、能源、数据，构建以全厂总流程优化为纲，以公用工程平衡、碳排放、多能耦合等设计模型为辅的一体化设计，为石化智能工厂的资源和能源优化提供支撑。

2.2.1.1 设计需求

全厂总流程优化是企业实现效益最大化的核心环节。优化以全厂经济效益最大化为目标，基于原料、产品的市场情况和公司内部资产、资源情况，制定合理的设计规划方案或生产调度计划，为各生产装置下达最优化的目标和方案，包括原料品种与数量、产品配置与产量、装置加工负荷和配套公用工程安排等。

优化的内容包括：

① 原料采购优化。根据市场原油资源及化工原料的品种、数量、价格、企业原料适应性、装置检修安排、市场需求等信息，利用优化模型进行测算，提供优化的原油及原料采购的品种和数量建议，降低原料采购成本。

② 产品结构优化。根据市场产品需求品种、数量、价格、装置检修安排等信息，利用优化模型进行测算，提供优化的产品品种、牌号和数量建议，提高产品销售收入。

③ 装置加工/生产方案优化。根据原油（原料）到厂资源、产品市场需求、装置检维修计划及物料库存情况进行装置加工/生产方案优化。

④ 油品调和优化。通过对油品调和方案效益排序、成品油质量的对比，增加调和优化计划的可执行性，避免或减少对最优解的"人工调整"工作。

2.2.1.2 设计方案

智能工厂设计，从前期规划阶段开始。工厂设计师运用一体化、系统性的思维，主导生产一体化优化的系列模型的搭建，包括：全厂总工艺流程模型、装置模型（分牌号）、全厂主项标准化结构化模型、全厂公用工程系统平衡模型、全厂能耗/排污/碳排放模型等。随着项目实施开展，各阶段设计施工的任务不同，各模型将在特定的阶段，开展不同的模型搭建、优化和评价工作。具体方案如下。

① 工厂设计专业以全厂总工艺流程为核心，建立全厂总工艺流程模型。全厂总工艺加工流程[16,17]是优化模型的基础。智能工厂设计中，应随着研究的不断深入，不断精细化全厂总工艺流程模型。在设计生产一体化模型中，基于优化结论、生产反馈进行开发模型建设，迭代反馈，为进一步优化创造条件。在咨询规划阶段，方案研究、预可行性研究、可行性研究等阶段研究逐层深入，工厂设计专业结合原料与资源条件、区域发展环境、市场发展趋势、产业政策与规划、

技术来源情况、环保与节能节水等外部约束、投资用地等要素条件等，不断深入开展全厂总工艺加工流程的研究、比选、优化工作[18]。经过政府和投资方充分的论证，以项目可行性研究批复和项目通过行政审批为节点，确定全厂总工艺加工流程，并随之落实全厂原料来源及性质、产品去向及规格、装置设计工况、操作弹性等内容。在项目成熟阶段，智能工程中工厂设计专业应以全厂总工艺流程图为基础，开展全厂总工艺流程模型的搭建，并随着专利商数据的提供，工厂设计完善全厂总工艺流程图，搭建全厂总物料平衡、燃料平衡、氢平衡模型，用于优化模型的集成和智能工厂的设计。

②工厂设计主导建立全厂公用物料统计模型和公用工程系统平衡模型。通过进一步落实建设条件，各专业确定全厂公用工程、辅助设施建设方案和公用物料系统平衡方案。完善公用工程及辅助设施建设方案细节内容，随着基础设计完成，各公用工程及辅助设施技术经济数据确定，在此基础上搭建全厂公用物料统计模型和公用工程系统平衡模型，为一体化优化模型提供基础。

③工厂设计主导建立全厂能耗/排污/碳排放统计模型。工厂设计统计、确认全厂能耗/排污/碳排放。设计阶段进一步落实节能评估和环境影响评价的意见、要求，完善环保、节能、减碳措施和建设方案细节。随着基础设计完成，确定环保、节能、减碳措施和建设方案，基于基础设计终版文件，建立全厂能耗/排污/碳排放统计模型。

④工厂设计构建多能耦合系统调度模型。多能耦合系统，在源-网-荷-储四个阶段进行控制、调度，实现源端和荷端之间的供需平衡。以需求侧响应为导向，构建能源利用率高、供应可靠性强的多能源耦合应用系统。调度模型统筹运行成本、排放成本、风电光伏成本、储能成本，分析多能负荷、系统调度及储能变化对系统经济性、污染排放、碳排放的影响。耦合系统包括热电厂生产和排放成本模型、氢能生产及排放成本模型、风电光伏成本模型、储能成本模型等子模型，通过建立多能智能调度运行平台，综合统筹水、电、汽、风等能源介质使用，开展工艺装置和公用工程系统的用能优化等，实现多介质能源优化与能源梯级利用。

⑤工程设计搭建建立在全厂总工艺流程模型、装置模型（分牌号）、全厂主项标准化结构化模型、全厂公用物料统计模型和公用工程系统平衡模型、全厂能耗/排污/碳排放统计模型之上的全厂投入产出优化模型，为全厂生产计划优化、调度优化提供模型支持，推进生产决策的智能化。

2.2.2 工艺设计

工艺设计决定了工厂设计的先进性和合理性，决定了整个工程设计的优劣，直接影响工厂生产的经济性和本质安全。智能工厂的工艺设计要在满足传统物理工厂生产的基础上充分考虑用于生产优化、先进过程控制、预警预判等的感知、控制、监测、分析等手段，实现基于新一代信息技术的智能操作和优化，以获得最大经济效益。围绕此目标需要在装置的感知手段、控制策略、优化模型及分析化验等方面进行重点研究。

2.2.2.1　设计需求

智能化的前提是要全面实现数字化，工艺专业在设计中应充分考虑能够实现全面数字化的设计方案。一种方法是通过大量增加硬测量手段，产生大量的实时数据，供智能软件平台感知、分析和预测。另一种是软测量手段，建立工艺机理模型[19]，通过数学方法优化，提高与现场一些必要测量的实时数据的吻合度，产生一系列的软测量数据，供智能平台应用。

（1）装置全面感知和全要素数据采集

在装置感知方面，当前各装置的感知主要满足传统操作所需的温度、压力、流量、液位等仪表，没有足够的数据描述和分析工厂设备的运行状态和工艺流程状态，往往需要通过操作人员的经验去分析和判断。

（2）生产流程的智能控制实现少人操作

在工艺控制方案方面，当前还存在由于原料变化频繁、仪表测量精度、控制方案的合理性等问题导致装置的自控率达不到100％，装置的一些控制回路仍需要手动控制的问题。对于变工况频繁切换操作、恶劣和危险工作环境缺少顺序控制、程序控制和无人操作的手段。需要在工艺设计时充分考虑智能控制方案，减少操作人员的数量，减轻操作人员的工作负荷，改善操作人员的工作环境，提高装置操作平稳率。

（3）装置生产优化和能量优化模型的建立

核心模型和知识库是装置优化的核心工作之一，包括模型建立和优化、模型封装和模型与流程模拟接口等主要内容，将流程模拟对核心模型的数据要求和接口等工作与专利商详细对接和落实，为后续的实时优化技术实施奠定基础。对于以装置能量优化为基础的能量优化回收系统，应以降低全厂的能量消耗为目标，适配装置正常生产和灵活操作的要求。实现智能在线实时优化的前提是获得更为准确的物流物性及物流热力学数据。

2.2.2.2　设计方案

针对实时优化、控制优化、能量优化、公用工程优化、实验室无人化优化的需求，制定专业设计方案，实现智能工厂设计目标。

（1）实时优化

装置实时优化基于人工智能的实时优化运行和操作控制技术，可以实现精确控制生产过程，从而达到降低装置能耗、提高产品收率和装置平稳率等作用。在工程设计中，针对在线实时优化各步骤的工作过程及原理，进行感知和分析技术选择、核心模型和知识库的设计和封装、装置优化目标优先级及主要控制变量选择、工艺参数和设备设计条件边界条件确定、流程模拟和能耗模型建立等工作，具体项目根据情况不同略有差异。

① 感知和分析技术选择。对于硬件的部署，需根据装置实时优化（RTO）方案的优化目标，提出合理的需求，如增加原料性质分析的在线分析仪[20]、温度或压力传感器等。同时工艺应为 RTO 计算软件提供必要的机理模型开发。例如 S-Zorb 装置，为实现在线原料、产品实时优化功能，需在原设计基础上增加在线实时监测系统，并提供反应机理模型在 RTO 软件上使用。对于不适合安装在线分析仪等硬件的地方，可以采用软测量方案。通过工艺机理模型计算出该位置的操作条件或介质组成等数据，通过调整相关操作，使该处的介质组成达到产品合格的要求。例如某塔顶产品由于易燃易爆、剧毒等原因，不适合上在线分析仪，我们可以根据该塔的塔顶组分及当前的操作温度、压力，利用逆向工程技术，反推出塔顶介质当前的组成含量，如果预测出某杂质含量超标，智能找到优化调整方案，如合适的回流比或塔顶温度等相关参数，使产品质量达到合格。软仪表测量方法，对工艺流程模拟与现场数据匹配度的要求较高，对于复杂工艺过程难以用机理模型描述的可采用通过机器学习人工智能方法训练的数据模型代替，并且工艺模型需定期用现场数据进行校正。

实时优化最重要的基础和依据是进料的组成和产品的指标，因此对于装置原料和产品的分析在工程设计阶段应选择具体可实施的工艺和技术方案。

② 核心模型和知识库的设计和封装。流程模拟是基于核心模型的要求，提供符合模型要求的进料等条件，同时根据核心模拟的结果，进行更详细的流程模拟。流程模拟应可提供产品的主要指标，也必须可以提取能耗、物料平衡等，用以评价模型优化结果的经济性等。开发工艺智能知识库，可利用知识库搜索功能快捷的特点，迅速决策、指挥先进过程控制。工艺专业智能知识库的开发为实现自感知、自决策、自适应等智能工厂的功能提供支持。

装置优化以原料、产品、公用工程价格为导向，持续不断地对装置进行优化模拟计算，并实现在线闭环控制，使装置经济效益最优[21~23]。在工程设计中，工程设计单位需要协调专利商和业主等各方，加深对于工艺技术的了解，和专利商共同提出所建装置的优化目标及其优先级，同时完成主要控制变量的确定和工程实施。

以 S-Zorb 技术为例，装置的优化目标是降低产品硫含量、减少辛烷值损失和降低能耗等，其中降低产品硫含量要求优先级最高，减少辛烷值损失次之，降低能耗优先级最低；而主要控制变量有氢油比、反应温度、反应压力、反应空速等，其中前三项实际可以在线调节，可作为控制变量，反应空速虽然可调节但不能实现实时在线调节，则不宜作为控制变量。

工艺参数和设备设计条件应作为装置优化的边界条件，以确保装置在各种优化工况下安全运行。在进行装置工程设计时，不同设备有上下限操作负荷、设计温度和设计压力等。在进行实时优化技术实施时，工程设计单位应整理核心设备的关键参数约束以及设备的负荷限制等作为实时优化的边界条件，如流化床反应器线速要求等。

能耗优化模型一般提供两种能耗计算，一种是基于流程模拟的优化能耗，另一种是基于装置实际操作的能耗。通过能耗模型可以了解装置的实际能耗情况及优化目标，也可与同类装置进行横向比较，评价实时优化技术的先进性等。工程设计中应考虑能耗数据的可采集性和精确性，包括公用工程消耗相关仪表的设置及其精确性要求、电消耗的数据化等。

（2）能量优化

在"双碳"目标的大背景下，石油化工行业的绿色和可持续发展深入推进，采用节能技术、资源综合利用技术、清洁生产技术和副产品综合利用技术势在必行。基于换热网络技术，充分挖掘全厂能耗智能优化，减少生产过程所消耗的冷热公用工程需求，有效地控制过程系统的能源消耗，有利于提高过程系统的能源利用率，有利于实现化工企业的节能减排[24]。

目前，换热网络的优化一般以"夹点"技术理论为核心。其设计的原则是在夹点上部不允许有冷公用工程负荷，在夹点下部不允许有热公用工程负荷，同时不允许过程热负荷流经夹点。夹点原则把一个复杂的组合问题极大地简化了，并作为热能综合技术已得到广泛应用，使整个换热系统达到平均温差合理、传热系数高，实现接近最优的条件。

① 应用换热网络技术的装置用能优化。深入研究和分析装置单元过程的能量消耗及其影响因素、节约能量消耗的技术措施和技术手段，在装置加工原料性质、装置生产方案以及产品的质量要求确定之后，在满足装置长周期稳定运行的基础上，装置的物料平衡和操作条件的选择，也是影响装置节能水平的重要因素。

以原油蒸馏装置为例，采用全装置能量利用系统综合分析，在满足装置生产方案的前提下，通过调整生产装置的物料平衡和操作条件，也就是调整同一种产品的分配，如蜡油生产一般是在常压蒸馏塔的最下部侧线和减压蒸馏塔的中部2~3条侧线抽出，柴油馏分的生产一般是在常压蒸馏塔的中部2条侧线抽出。这些在不同位置抽出同一种产品，其每股物流的改变都会对原油换热网络优化的最终效果产生影响。再如，塔的中段回流取热、返塔温度等，这些操作条件的不同变化，同样也会对原油换热网络优化的最终效果产生影响。

图 2-1 为某原油蒸馏装置基于原油品种、生产方案和产品质量要求不变的前提下，采用不同的物料平衡和操作条件所获得的冷、热物流组合曲线。

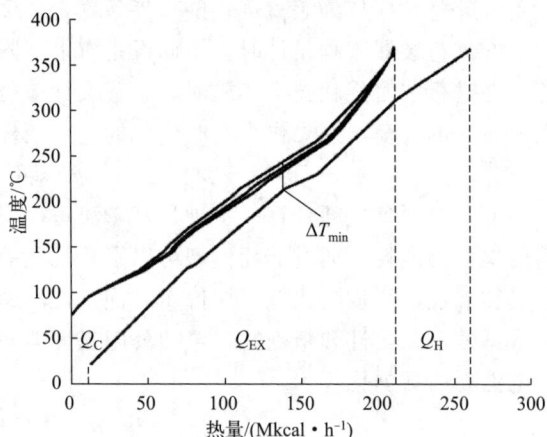

图 2-1　不同物料平衡和操作条件下的冷、热物流组合曲线（1cal＝4.2J）

由图 2-1 可以看出，对换热网络设计而言，当采用固定的回收热总量时，获得的是不同的最小传热温差，而传热温差越大，所需要的传热面积就越小，设备投资越省；反之，采用相同的最小传热温差，所获得的回收热总量就会不同。对生产操作中节能优化而言，以夹点理论为基础，在满足装置产品质量要求和平稳操作的前提下，尽可能提升高品质热源的温位和热容量，降低装置冷公用工程的使用，应是装置节能追求的目标。需要指出的是，换热终温作为装置节能效果的参考指标，一定程度上已经不能代表装置的节能效果和能耗水平，更不应作为评价装置换热回收是否优化的唯一标准。在装置可以热出料的情况下，装置内的热负荷有多少仍被空冷、水冷冷却损失掉，更能体现装置节能水平的高低。

因此，以生产方案、产品收率和产品质量达标为前提，采用降低装置能量消耗的流程技术，充分利用现有的节能技术和节能手段、公用工程条件、气象条件和自然资源，以能量消耗最优为目标，优化原油蒸馏装置的物料平衡和操作条件，达到降低装置加工能耗的目的。这是装置能量利用系统综合分析技术的精髓，也是装置在生产操作中实现节能智能优化的发展方向。

② 换热网络优化技术的发展与实施。在基于窄点技术智能调节装置操作以提高装置节能水平的基础上，建立全厂换热网络的模型，实现换热网络系统优化，同时进行换热网络在线监测、换热器结垢诊断，提高全厂能源利用效率。

a. 换热网络系统优化的基础。建立换热网络物流信息、装置操作及其相互关系的严格机理模型，应用换热网络优化节能技术，对换热网络进行能量分析，发现换热网络存在的问题，优化换热网络的工艺操作，为装置通过操作调整降低能耗水平和节能改造提供方向和依据。

b. 在线监测。基于实时数据库（RTDB）和网络技术，对换热网络系统、单元操作进行在线监测与管理，实现对换热网络系统所涉及的换热器、单元、系统的实时计算、显示、记录、远传等功能，以工艺单元操作稳定、灵活为基础，以提高换热终温、降低冷却负荷为要求，与物流热出料温度合理布置、发生蒸汽相协调，以实现降低能耗为目标。

c. 换热器结垢诊断。建立换热器结垢在线诊断功能，通过换热器温度、流量、压力、介质物性等工艺数据，模拟换热器运行情况，在线计算换热器结垢系数和传热系数。

（3）公用工程优化

石油化工的生产装置在开工、正常运行和停工检修时需要使用公用工程物料。公用工程物料通常是指除工艺物料之外，工艺装置在生产、维护、开停工过程中使用的仪表压缩空气、工厂压缩空气、电力、氮气以及各种压力等级的蒸汽、循环冷水、除盐水等。习惯上将提供公用工程物料的装置称作公用工程装置。常规的公用工程装置包括：空压站（提供仪表压缩空气和工厂风用作调节阀动力和实现设备吹扫、物料输送等目的）、循环水场（提供装置水冷所需循环冷却水）、空分设施（提供氮气和氧气）、除盐水站（提供除盐水）、动力站（提供各种压力等级的蒸汽、部分电力和锅炉给水）。公用工程设计对全厂的能耗起着至关重要的作用。

① 公用工程系统设计。压缩空气、氮气、循环水的供应相对简单，多是单独考虑各自的技术路线和方案，技术路线和方案对工艺装置的影响不大。只有动力站不仅与工艺装置关系密切，自身联产除盐水、脱氧水、各种等级的蒸汽和电力，集成度高，方案复杂，同时对企业的经济效益也有较大的影响，因此应作为公用工程智能化及功能优化的设计重点。

石油化工厂的蒸汽系统是以"源-网-荷"构建的大系统，其中，"源"为装置余热利用产汽设备及动力站的产汽设备，"网"为全厂的蒸汽管网，"荷"为各装置的用户。而动力站主要为装置提供主要蒸汽及参数的重要保证。蒸汽系统的控制以压力控制和温度控制为关键。随着工厂对节能减排和安全操作要求提高，在控制关键的同时引入智能化从而进行多参数控制尤显重要。

a. 压力控制。蒸汽系统可根据系统内主要设备（或主要装置）的压力调节要求进行压力控制。

为保证蒸汽管网压力的稳定，各级蒸汽母管都设有放空调节阀（可遥控）、安全阀。同时各压力等级蒸汽母管之间设有备用减压减温装置，进入各级母管的主汽源有压力跟踪调节装置，以稳定母管压力。

最高压力级母管的压力稳定，通过自动调整汽源设备的燃料加入量、放空调节阀的排放量或通过备用线向下一级母管的泄放量来实现。

当动力或信号故障时，根据各种蒸汽平衡工况的需求决定放空调节阀的开闭。

通过调整汽源设备的燃料加入量、抽汽调节、减压减温装置、放空调节等手段来控制母管压力。

b. 温度控制。温度控制的目的是保证各蒸汽系统的温度波动范围符合系统设计要求。

汽源设备的过热器出口蒸汽温度可通过蒸汽侧、烟气（燃料）侧以适当的调节方式得到良好的调节特性。

② 公用工程优化设计。公用工程的精确分析采用的主要建模手段是将机理驱动建模和数据驱动建模相结合的混合建模方法。机理驱动建模是在设备的基础上，基于物理过程机理，建立汽轮机、水泵、加热器、冷凝器、循环水场等热力设备对应的通用元件模型。通用元件模型的特性可以根据设备的实际结构参数和工况边界条件进行调整，为公用系统的变工况分析提供基础。机理驱动与数据驱动混合建模，是指利用设备的历史运行数据，对通用元件模型的热力特性进行动态标定的过程。通常使用机器学习等自适应算法，实现对设备状态的动态适应。混合建模方法可以得到用于特定单元、特定设备、特定运行阶段的专有模型，获得比通用元件模型更高的分析精度，对于公用工程不同工况的运行优化[25] 指导具有重要意义。

在高精度热力元件的基础上建立高精度热力系统模型，可用于开展复杂边界下多设备耦合的热力性能分析与寻优，为系统全运行工况提供优化操作指导。

随着近年来对安全、环保、经济及响应性等指标的要求逐步提高，燃烧调整滞后与负荷快速变动优化耦合、深度调峰与经济性优化耦合等多目标优化耦合成为动力站的重要发展方向。采用多目标优化耦合方法对提高机组的控制品质、实现源头控制具有重要意义。

公用系统参数众多，优化目标相互制约。传统的优化方法很难获得较好的整体优化效果，而且在实际机组中设备的热力特性和承载能力随着设备运行时间而不断变化，要求优化引擎具有动态适应能力。

将高精度的公用系统仿真引擎和多目标优化引擎相结合，建立公用系统智能优化引擎，采用稳定成熟的多目标优化算法，对于给定的工况条件，在机理及数据驱动混合模型高精度仿真环境中寻找最优的运行参数，最终实现公用工程系统优化。

（4）控制方案优化

为降低劳动强度、实现少人化甚至无人化管理，需根据装置工艺流程特点、加工方案的复杂程度、物料及操作条件的安全可靠程度等进行智能化程度区域划分，并结合业主对操作智能化的需求，进行一系列智能化设计。

对于流程简单、物料无毒无害的单元，如注水系统、加药系统单元等，可基本实现无人化操作，设计成智能注水系统、智能加药系统等。

对于物料需频繁切换、人工操作无法实现或人工操作环境恶劣的单元，应设计智能程控系统和硬件设施，实现无人智能操控，如焦化装置的多焦炭塔的智能切换、除焦程控设计，气化装置开、停工顺控等。

在安全条件允许、设备条件满足的前提下，可设计一键点炉，甚至一键开车等智能操控系统。如煤气化装置由于原料的特殊性，利用正常的调节阀无法很好地进行过程控制，还需要精准控制氧气与煤浆同步进入气化炉，因此必须使用顺控程序。另外，气化装置需要先进行烘炉，当炉内温度和压力达到正常操作条件时，需要及时投入煤浆和氧气，因此需要设置一键开车，再配合顺控才能向气化装置成功投料。

（5）分析化验智能化

在传统的石化实验室，大量的仪器设备和实验数据都还需要人工的方式进行操作和处理。人工操作的分析化验过程不仅涉及大量的烦琐工作，操作人员还可能接触有毒、有害的危险物质，危害操作人员的身体健康，同时人工进行数据处理，出现数据处理的错误概率较大。

将人工智能技术应用在传统的石化实验室，为石化实验室提供基于 AI 的核心仪器设备、机器人实验工作站以及全流程智能石化实验室，打造可实现完全无人化的现代实验室[26]，这对于石化行业的科技创新发展具有重大的战略意义。

① 智能实验室应用场景。智能实验室的建设在部分石化项目中已开展探索性的实践，目前智能机器人主要应用于聚合物测试以及高频和高毒的分析测试项目。

a. 聚合物测试。聚合物测试中的高频测试项目如拉伸试验、冲击试验、热变形和维卡软化点测试等。操作人员只需将制备好的聚合物样条放置在专用的样品夹中，智能机器人就可以自动进行样条尺寸测量、样条夹持、测试、废弃样条的处理和收集、测试数据的处理和上传至 LIMS（实验室信息管理系统）等全流程测试过程，严格符合 ISO（国际标准）、ASTM（美国材料试验协会标准）等相关测试标准，且可以 24h 连续运转。

b. 高频或有毒液体样品分析。在高频或有毒液体样品分析方面，根据不同液体样品的分析项目如色谱分析、光谱分析、滴定分析等，智能机器人可以实现自动分样、自动按样品浓度稀释、自动上下样、自动质量控制（平行样、双空白、标准样、工作曲线等）、自动运行工作站、数据自动上传、自动清洗、自动润洗、按照 LIMS 系统分析计划自动分拣样品瓶、自动加标等功能。如果需要，还可完成样品在不同分析岗位之间的传递。

但石化实验室的分析样品非常复杂，有固体样品（如聚合物、煤炭）、液体样品（如水、液态烃类）、气体（如轻烃）样品和气液两相样品（如 C_4 混合物），其中固体样品和液体样品较容易应用智能机器人进行样品的全流程分析，但对于气体样品和气液两相样品较难使用智能机器人进行全流程分析。气体样品和气液两相样品大部分采用钢瓶带压取样，样品的运送、分样、预处理和进样操作都涉及非常复杂的操作过程，智能机器人较难实现这些操作。对这些特殊样品的智能化处理也是石化实验室今后应该关注的重点和难点问题。

② 智能实验室设计。建立智能实验室系统，对实验室环境的气流控制、空调通风中央监控、钢瓶气体管理、环境监控等进行详细设计，具备统计分析、实时监控、数据查询、报警管理、系统集成、移动应用等功能，集成任务、样品、设备、环境等运行数据实时监控，实现任务执行进度、样品流转状态、设备运行状态、实验室环境状况、报警信息的全面动态管理。

智能实验室的工程设计要求主要包含以下方面。

a. 实验室分析仪器设备的配置。分析仪器应优先选择可以配置直接兼容LIMS的工作站。大部分分析仪器的工作站可以直接兼容LIMS系统，部分分析仪器如气相色谱仪，这类仪器制造商可以配置网络化的工作站，这种子网络可以对一类仪器或同一制造商提供的仪器设备进行网络化控制和数据处理，网络化的工作站可以与LIMS无缝连接。大部分与LIMS兼容的工作站不仅可以实现仪器数据的传递，还同时实现仪器信息的传递，在LIMS中记录仪器传递数据的时间、仪器信息、所采集的数据等信息。

对不能配置工作站的部分仪器设备，应该配置有标准的数据输出接口，如RS232串口、网口和USB（通用串行总线）接口仪器等，以便可以在LIMS实施过程中实现与LIMS的物理连接和逻辑连接。

b. 实验室的功能布置。实验室在工程设计阶段应根据实验室智能机器人的功能要求，规划实验室的仪器设备布置、实验家具布置、功能空间和路由。实验室内的自动分析区要与人工分析区分开设置，避免人与机器人工作路径的交叉。在实验室内按机器人的功能要求，设置专用的样品接收区、样品分发区、样品测试区、样品洗涤区、机器人充电区等。

c. 为实验室智能化配套的公用工程。为确保运行稳定、便于维护，实验室的LIMS服务器安装在全厂信息中心。部分分析仪器的网络化工作站服务器（如内容分发服务器CDS）可以安装在实验室区域内的专用服务器室。专用智能化机器人的服务器可以安装在专用的服务器室，也可根据需要安装在实验室内。在工程设计阶段，实验室应根据仪器数量和智能化系统要求完成网络布线，设置相应的交换机室，部分智能化机器人还应按要求设置无线网络。实验室应按《石油化工中心化验室设计规范》（SH/T 3103—2019）的要求设置空调，确保仪器设备和智能化系统运行稳定。在污染区如洗涤区设置专用的通风设施。对专用的服务器室，应根据服务器的发热量设置空调，确保服务器运行稳定。实验室应根据智能化系统要求配置供电、接地系统，以满足分析仪器和智能化系统的运行要求。在实验区要为智能机器人设置专用的充电桩，在服务器室要按服务器的容量要求配置UPS。

2.2.3　安全设计

由于石化工厂生产过程安全风险高、事故影响大，智能工厂的安全设计就显得尤为重要。安全设计就是：结合石化工厂安全管控[27~29]的智能化需求，明确安全专业在安全信息集成、危险源管控、安全风险预警、事故模拟与应急演练等方面的设计需求，并提出详细的安全设计方案。

2.2.3.1　设计需求

石化工厂的安全管控涉及基础信息、危险源监测、工艺安全、设备安全、风险隐患排查、事故应急处置等多个方面。目前石化企业的安全管理主要存在着以下问题：安全相关的数据、信息存储在不同系统，集成度低，难以共享与分析利用，安全信息偏重于管理需要，对基层的安全技术和操作人员的工作支撑较少，生产异常主要通过报警系统发现，无法提前预知，事故后的一体化联动应急处置有待加强。

针对以上问题，如何从设计源头考虑这些新技术并将其应用到智能工厂中是当前安全设计提升的重要方向，主要包含以下设计需求。

a. 安全基础由信息分散向信息集成转变。根据《应急管理部办公厅关于印发〈化工园区安全风险智能化管控平台建设指南（试行）〉和〈危险化学品企业安全风险智能化管控平台建设指南（试行）〉的通知》（应急厅〔2022〕5号）要求，汇总安全相关证照和报告信息、生产工艺基础信息、设备设施基础信息、企业人员基础信息、第三方人员基础信息管理等信息，进行信息的集成。

b. 装置危险源监控向工艺、作业、人员等多要素转变。对于全厂各装置涉及危险的工艺操作、检维修作业的过程与人员以及有毒有害物质等进行监控和管理，对于工艺异常、作业异常、人员危险等状况进行报警提示。

c. 安全风险从报警向预警转变。针对频繁发生或影响程度较大的工艺操作异常、生产作业风险，需要在早期根据异常征兆进行预警，并预判产生的原因，自动给出异常处置的对策措施，同时针对重大风险建立一套风险管理机制，包括风险辨识、风险分级、风险评估、风险应对等，从而保证重大安全风险处于受控状态，避免恶性事故发生。

d. 事后处置向事前的事故模拟与应急演练转变。在事故发生前实现对火灾、爆炸等事故的影响范围、影响速度的动态模拟，以及多角色人员指挥、人员快速撤离、车辆与物资调度等应急指挥的虚拟演练。

2.2.3.2　设计方案

结合上述设计需求，安全专业重点在安全基础信息、装置危险源管控、安全风险预警知识库和模型、事故模拟与应急演练模型和系统设计等方面开展工作，为安全管控智能化提供设计支撑。

（1）安全基础信息

在工程设计阶段，安全专业需考虑智能工厂安全管控需求，梳理相关的安全设计基础信息，主要包含以下内容。

① 安全生产许可相关证照和有关报告信息。危险化学品安全生产许可证、危险化学品登记证、安全生产标准化证书、各阶段安全评价报告（包括安全预评价报告、安全验收评价报告及安全现状评价报告）、安全"三同时"等相关材料（各阶段评价报告、专篇及其批复），为安全管理提供信息基础。

② 生产过程基础信息与报警信息。生产过程基础信息包含：工艺安全信息、工艺危害分析、操作规程、操作培训、工艺事故/事件管理、作业许可、变更管理、应急管理等。生产报警信息包含：报警点位库、报警分级、阈值算法、报警相关性等，为生产过程安全管控提供信息基础。

③ 设备设施基础信息。设备的风险等级、风险分析、可靠性分析，特种设备清单、安全阀清单、爆破片清单、安全仪表联锁清单等，为设备的安全运行与检维修提供信息基础。

智能工厂安全设计要对上述安全管控的相关信息统筹考虑，为智能工厂运营阶段安全管控信息的集成提供支撑。

（2）装置危险源管控

针对装置危险源管控的智能化需求，安全专业需对石化工厂的关键风险点位进行规划设置，对检维修作业风险进行提前考虑，开展危险源管控的设计。

① 关键风险监控。通过分析工艺装置、公用工程和辅助生产设施内的容器、危险化学品库（包括放射源库）等处的安全风险点位，设计关键风险监控指标清单，涵盖相关的液位、温度、压力和可燃有毒气体浓度，在重点场所（如硝酸铵仓库、放射源库、中控室）、关键部位（如重大危险源现场）设置火灾、烟雾等红外摄像头以及内嵌智能识别算法的设备，通过智能分析对火苗、火灾的产生进行全方位的识别、监控和预警，为有效应对事故的发展提供支撑。

② 检维修作业风险监控。考虑将设备的风险等级、运行周期、使用寿命、失效模式以及工艺介质、运行状态等信息融入检维修作业风险监控模型或系统中，支撑风险警告与提示。同时可以设置相应的检测设备来避免或降低风险发生，如在检维修作业时遇到有害、可燃气体等，可通过便携探测器检测有毒废气并及时发出警报，从而防止重大意外发生。

（3）工艺安全风险预警

在设计阶段，安全专业对催化、加氢、重整、乙烯等关键炼化装置存在的安全风险进行系统分析,如加氢装置的反应器温度异常、高压串低压、催化的沉降器结焦、烟机结垢、乙烯裂解炉结焦等,建立工艺安全风险事件库,针对这些安全风险事件,结合危险与可操作性分析(HAZOP),形成工艺安全风险预警知识库,支撑工艺安全预警、异常根因分析、异常处置模型的构建,为智能工厂运营阶段的安全风险预警提供坚实基础。同时,对各炼化装置的安全风险进行分级、评估,自动识别风险分级结果并建立风险清单[30],并给出应对建议,搭建各生产装置与储存设施的风险库,支撑风险场景的智能检索、高风险项的自动调取与汇总、整改措施的跟踪落实等,也为工艺异常工况早期预警、事故原因排查及处置方案提供支持[31],为操作人员培训提供场景支持,从安全设计源头助力生产安全管控水平的提升。

(4)事故模拟与应急演练

① 事故模拟。考虑到智能工厂的事故仿真培训需求,在设计阶段,安全专业针对火灾、爆炸、毒气泄漏等安全事故场景,应用 Phast 或 KFX 等安全相关计算软件[32]开展了罐区、关键设备的可燃气扩散、毒气泄漏的仿真模拟[33],建立了热烟传播与蔓延的流体力学模型、蒸气云爆炸和沸腾液体扩展蒸气爆炸模型、毒气泄漏扩散模型,模拟结果可显示在总平面布置图上[34]或工厂的三维数字孪生模型中,有效解决了火灾、爆炸和中毒事故中的伤害范围的问题,为预测火灾、爆炸和中毒事故造成的后果提供准确而有效的数据,大大缩短灾害后果评估时间,提高灾害后果评估精度,对预防、减少人员伤亡和财产损失有重要影响,同时也能基于此反推出事故发生的过程,从而找出可靠的事故隐患,为生产运营阶段的事故模拟提供技术支撑。

② 应急演练。依据事故仿真模拟计算的事故影响范围,安全专业可基于设计阶段的三维数字孪生模型将现场的地理信息系统(GIS)可视化,结合 5G、虚拟现实(VR)技术、人工智能(AI)技术设计应急演练系统,开展应急预案的数字化动态推演,将企业文本应急预案以直观、形象、友好、逼真的方式表达出来,提高企业员工对应急预案的理解和掌握;进行多机协同分多角色、多任务的虚拟演练,让企业员工通过与现实接近的操控方式与事故模拟环境实现互动,提高员工对事故预案的认知能力和应急处置水平;基于不同的火灾类型,结合消防车、消防人员定位信息给出较优的消防方案、消防车路由等,从而提升事故后的敏捷应急能力。

2.2.4　环保设计

结合石化工厂环保管控智能化需求,确定了环保专业在三废、噪声、碳排放等监测、预警、溯源、优化等设计重点内容,提出相应的设计方案,介绍专业设计支撑工具，并给出该设计方案在各阶段的实施路径。

2.2.4.1　设计需求

为实现石化智能工厂规划，首先主要针对废气、废水、噪声、固废、碳排放五个方面开展设计需求分析。

(1) 废气监测与预警需求

环保设计智能化在废气方面的建设：在石化企业厂内，基于连续排放监测系统 (CEMS)，实现有组织排放源的实时监测，以及预警、报警监控、超标处理、跟踪整改的闭环管理。同时建立废气异常工况排放和事故排放档案，并评估其对环境所造成的影响。另外，对厂内无组织排放的挥发性有机化合物 (VOCs) 气体泄漏做到实时监控、报警和溯源，并且进一步提升泄漏检测与修复的智能化水平与管理效率[35]。

(2) 废水监测、预警与管理需求

当前，石化企业对废水方面环保管控和运营管理的需求包括以下方面：实现对各装置污水排放源的智能监测与联锁控制；实现从源头到末端的全流程追踪和管控；建立健全各装置污染源数据库，并实现重点污染源超标识别；在污水处理工艺流程中，实现对工艺运行参数和污染源数据的智能监测与联锁控制，自动优化工艺参数；基于污染源数据库与工艺运行参数的智能监测，建立健全污水处理场工艺流程模拟软件，如 GPS-X 数据库；实现工艺流程模拟软件对工艺运行参数的优化调整；实现全厂外排污水智能检测与联锁控制；实现全厂外排污染物指标的连续在线监测，并实现外排污染物指标与工艺流程单元的超标识别管控。

(3) 噪声监测与预警系统需求

通过对全厂主要噪声源的实时监控，达到对全厂声场分布的变化监测，超出阈限值时发出警报。关于石化企业噪声监测与智能预警管控系统的需求，主要包括建立全厂噪声源分布清单、声场分布图及关心点分布图。通过对噪声源关键工作参数的监测获得噪声值变化信息，建立噪声源关键工作参数监测系统，监测数据汇入全厂噪声分布计算软件。通过全厂噪声分布计算软件的分析，实现全覆盖实时监测、预警和溯源。设定厂界和特定区域的环境噪声监测点，组成全厂噪声值监测系统。当全厂噪声智能管理平台收到超标预警时，将信号传入全厂综合智能管理系统并寻求解决方案。

(4) 固体废物管理需求

石油化工企业应重点关注固体废物的详细成分分析及分类，遵循从优到劣的固体废物层级管理；同时，根据危险废物产生的工艺特征、排放周期、危险废物特性、废物管理计划等因素制定收集计划，并强化废物焚烧等装置的工艺控制及烟气排放的完整数据监控。

（5）碳足迹分析与碳资产管理需求

在国家"双碳"目标的指引下，按照绿色低碳发展战略的要求，基于石化智云平台，建立石油化工产品碳足迹数据库，实现端对端流程中各环节不同类型的排放量的透明化，从管理驱动升级为数据驱动，构建全新的数字化、智慧化的碳资产管理模式，为"双碳"目标的达成提供支撑。

2.2.4.2 设计方案

针对前文所述设计需求，分别从废气、废水、噪声、固废、碳排放五个方面制定专业设计方案，包括在线监测系统、超标自动调整系统以及智能报警系统等，以实现石油化工厂区的智能化管理目标。

（1）废气监测与预警设计方案

对厂内重点有组织废气排放源污染物均设置 CEMS 系统，基于排污许可数据库，对其进行坐标定位，排污数据实时上传管理人员手机和电脑，排污超限时进行实时报警，并利用厂内工业互联网平台，基于建立全厂环保可视化地图，通过视频监控等手段，实现整改处理的闭环管理。

针对废气计划停车等异常工况排放和事故排放，建立信息标准化流程管理，并对排污实际情况信息进行跟踪，对排放过程及结果对比分析，完成异常排放的影响评价，形成闭环管理。

基于厂区内全面布点的 VOCs 网格化监测子站、可燃/有毒气体检测系统（GDS）和厂界的大气环境监测子站，辅以傅里叶红外远程气体泄漏远程监测装备，通过无人机红外热敏探头，实现对厂区 VOCs 气体泄漏检测、溯源、可视与报警。危险区域可用机器人进行修复。

在第二代智能泄漏检测与修复（LDAR）技术基础上，集成 5G、物联网、大数据等新一代信息技术，开发基于 5G 的泄漏检测数据远程采集与处理技术、泄漏检测数据智能分析与动态预警技术[36]，建立整合各类数据的 LDAR 云数据库，开发形成 LDAR 智能管理云平台。

（2）废水监测与预警设计方案

对各装置污水排放源的常规污染物进行在线分析与监测，包括化学需氧量（COD）、油、氨氮、总氮设置在线分析仪，超标污染物进行在线切断；对装置排放的特征污染物进行重点分析与监测报警，如丙烯腈、氰化物等；以排放源污染物监测数据为智能化输入端，建立全厂废水污染源数据库，并将其与污水处理工艺单元进行智能链接。当输入端的污染源超标后，同步优化工艺参数，实现污水处理工艺运行参数自动调整，如增加鼓风风量、增加碳源投加量等；将污水处理过程的工艺参数与污染源数据库同步输入至污水工艺流程模拟软件如 GPS-X，建立完整的流程网络的数据库，并通过模拟，复核智能化调整参数，实现点对点纠错。

污水处理过程从源头至末端建立全过程智能化网络，在污水处理场 DCS 系统中实现智能化报警、智能化调整、智能化纠偏等全流程的智能化操作。当外排污染物超标后，通过污染物与工艺单元的智能链接，自动识别超标的工艺单元，对该工艺单元的工艺参数进行定量调整。通过一定周期的追踪，识别智能化过程中调整次数最为频繁的工艺单元，优化该单元的工艺设计[37]，实现智能工厂对设计过程的优化，进一步实现设计过程的智能化和模块化。

(3) 噪声监测与报警系统设计方案

在项目设计各阶段收集尽可能详尽的噪声源数据和建筑物参数，建立基础数据库，并将全部数据输入噪声分布智能模拟软件，以获得尽可能准确的噪声源分布图。

在厂区平面布置阶段，引入噪声作为考量参数之一，将高噪声设备放置在远离厂界和噪声敏感点的位置。

在厂区内的噪声控制点及在厂界设置的噪声监测装置，自动将监测数据汇总至智能控制平台，当噪声超标时自动报警提示。

向工艺、动设备、仪表、配管等专业提出需要测量的关键工作参数以及参数范围，最终绘制全厂噪声分布图。

当噪声智能管理平台收到噪声分布计算软件的预警时，将核对全厂噪声监控系统数据，若厂界或关心区域的噪声值不超标，将发起预警提示，工作人员可酌情采取处理措施；若厂界或关心区域的噪声值已超标，将发起噪声超标报警，同时将信号传入全厂综合智能管理系统，结合全厂运营情况及安全等因素统筹考虑解决方案。

(4) 固体废物管理与利用设计方案

从可行性研究开始，针对各种固体废物的性质做细致的分析，如：元素含量（C、H、O、N、S、P、水分等的比例）、危险性质及检测方法（闪点、自燃点、爆炸性混合物级别、引燃温度组别、火灾危险性分类、热值等）、产生量及频率、盛装容器及运输方式。为每一种固体废物建立独立的身份标签，为管理人员全面细致掌握企业固体废物的产生、再利用、处理与处置等提供数据信息，为制定管理目标及实施方案奠定基础。

企业应组建固体废物管理中心，统筹协调管理固体废物、大宗工业固体废物和危险废物。遵循从优到劣的固体废物管理层次：避免产生→重复使用→回收利用→能源利用→最终处置。同时，将相关固体废物管理文件长期归档。

设计过程中逐步筛选拟采用的废物管理系统，实现废物来源及归属、信息审批、废物转运、废物处理处置、查询及统计等方面的统一管理。

基础工程设计中，收集计划应包括收集任务概述、收集目标及原则、危险废物特性评估、危险废物收集量估算、收集作业范围和方法、收集设备与包装容器、安全生产与个人防护、工程防护与事故应急、进度安排与组织管理等。

（5）碳足迹分析与碳资产管理设计方案

① 碳足迹计算。封装所有碳足迹测算算法，匹配产品流程可视化模型、工艺流程和管线及设备设施模型，提供碳足迹测算服务。

② 碳排放量测算与碳评价。设计中根据企业建设项目设计流程和参数，确定核算边界，识别企业所涵盖的主要碳排放装置，确定排放源类别及气体种类；选择相应的碳排放量计算公式；获取活动水平和排放因子数据；将收集的数据代入计算公式从而得到碳排放量结果；按照规定的格式，描述、归纳碳排放量计算过程和结果，对项目进行碳排放评价[38,39]。

③ 建立碳监测系统。碳监测系统收集获取元素碳、燃料热值检测信息，对检测相关信息进行监测展示，进行风险管控，定期对未检测信息进行报警推送。

④ 产品流程可视化建模。对设施原模型进行可视化封装建模，集成能源系统、MES 系统、碳资产系统等能源、物料、碳排线条数据，并叠加在设施上，形成设施原模型的数据和图形。给碳足迹计算引擎提供可视化流程数据，同时给其他系统以图形数据形式提供可视化流程数据。

2.2.5　仪表自控设计

结合石化智能工厂状态感知、数据采集、智能操作、优化诊断的智能化需求，确定仪表专业仪表设计、报警优化、先进过程控制、仪表设备诊断等重点内容，提出相应的设计需求及方案。

2.2.5.1　设计需求

石化智能工厂的目标是构建一个以泛在感知和泛在智能服务为特征的新一代石化生产环境，将遍布在各处的传感器、智能硬件、控制系统、计算设施、信息终端连接成一个智能网络，企业、人、设备之间能够互联互通，最大限度地开发、整合和利用各类信息资源、知识、智慧。而通过仪表和控制系统获取数据的数量和质量决定了石化智能工厂的应用范围和应用效果。从对国内石化企业调研的情况来看，由于受到仪器仪表质量问题、信息整合问题、信息传递渠道问题等因素的影响，石化企业在智能化应用和发展方面都存在不同程度的障碍和瓶颈。目前，大部分石化企业都已经按照自身的信息化战略目标，完成了多个信息化平台的建设，信息化水平初具规模，可以说基本满足仪控设备状态监控目的，但多数企业在状态感知全面化、设备诊断数字化、数据采集高速化、操作控制智能化方面与智能工厂要求还存在一定差距。因此想要实现建立智能石化工厂的战略目标，要从数据整合、信息集成以及智能化应用布局等几个方面入手，夯实石化工厂仪控设备智能化运维基础。

（1）利用先进控制技术[40]提高控制回路平稳率

石油化工工厂大部分都是传统的单回路控制，但是它们有一定的局限性。这些局限性主要表现在它们只能完成定值控制，功能单一；对纯滞后较大、时间常数较大、干扰多而剧烈的对象控制质量较差；对各个过程变量内部存在相关的过程，控制系统之间会出现干扰。因此在单回路控制的基础上，又发展了众多的复杂控制系统，以提高控制回路的平稳率。

（2）解决不同厂家的控制系统孤立问题，提升仪表控制系统集成水平

控制系统是整个石化工厂的核心，负责现场检测数据的采集、运算，再对现场执行单元进行调节控制，是整个生产装置的大脑。随着现代通信技术、计算机网络技术及总线技术的飞速发展，自带微处理器的智能传感器和智能执行器也被大量应用和部署于装置现场，分担了大多数需要传统控制系统的运算处理工作，而控制系统也由直接面对现场测控仪表的生产控制，演变为工厂数据处理中心，负责与现场测控仪表处理器数据共享、运行数据信息化、工艺方案优化、故障预警和主动式维护保养等，形成以智能型控制系统为核心、测控功能下放的分工协作网络模式。经过多年信息化建设，石化工厂控制系统信息应用分支多达五六十个，甚至上百个，存在信息孤岛现象，需要在智能化运行过程中将这些分支系统高度融合[41]并做好运用和管理。只有整合各类系统数据、统一数据标准，做到数出同源，才能真正体现数据的价值，确保实现分支系统相互间协调运转。

（3）仪控设备全面健康监测，全面支撑仪表设备完整性管理

应用智能仪表的在线状态监测功能，结合工艺过程数据对运行状态信息进行补充，对仪控设备进行全方位的状态监督，并为实现仪表设备的 KPI 指标管理、仪表设备运行管理、技术资料台账管理、自控率和联锁管理、离线检测管理提供全面的数据和技术支撑。

（4）开发基于模型的故障诊断技术，协助运维人员进行预测性维修

根据仪表的结构和工作原理，建立故障诊断模型，从而可以通过状态监测手段掌握仪表运行状态，提前发现故障，预测故障的发展趋势，协助运维人员根据实际情况制定维修任务，有针对性地确定维修内容、维修级别、维修标准等，合理安排预防性维护工作，避免恶性事故发生。

（5）通过对象分析和信息技术对工艺过程和仪表设备报警进行优化

大型现代化石油化工生产装置及公用工程报警设施繁多，报警信息过多过频，不仅给操作人员造成压力，而且可能疏漏严重的报警信息，导致不必要的生产损失，降低装置生产的安全性。制定行之有效的报警策略、设置先进的报警优化系统是改进报警现状的关键因素。

（6）创新技术，打通数据传递瓶颈

目前现场传感器与控制系统之间仍然以点对点的电缆连接为主，数据传输成本高，而且扩展能力差。当生产装置需要新增检测设备，如果原设计没有预留足够的备用电缆，往往只能等到停工检修后才能完成设备与控制系统之间的电缆连接。智能工厂对现场感知信息的需求量很大，如果不能降低信息传递的成本、建立高效可靠的数据连接，将严重限制石化工厂的智能化应用。

2.2.5.2　设计方案

（1）复杂控制方案设计

复杂控制技术主要包含加热炉支路流量平衡控制、前馈反馈控制、非线性控制、加热炉空燃比控制、汽包三冲量液位控制等方案。复杂控制在简单控制回路的基础上，根据工艺机理将影响控制结果的其他工艺变量或工艺过程变化因素纳入控制回路设计中，利用控制系统自身的算法功能完成控制。

以加热炉温度控制为例，传统设计方案采用加热炉出口温度与燃料气压力串级控制，这种方案没有考虑到加热炉空气流量对燃烧的影响，不但温度控制难以平稳，加热炉热效率也难以保证。

如图 2-2 所示，采用双交叉限制复杂控制，根据燃料气和加热炉特性计算出空气/燃料的配比值，通过炉出口流量控制燃料气流量，再通过空气/燃料的配比值控制热空气流量，同时引入燃料气压力作为超驰控制信号避免燃料气压力过低的风险，从而在加热炉温度控制平稳的同时降低加热炉能耗，保证加热炉的燃烧效率和安全。

相比于先进控制技术，复杂控制技术不需要建立工艺机理模型，实施和维护成本更低，对于工艺过程变化带来的干扰鲁棒性更强。

（2）报警优化方案设计

随着工业发展和自动化程度的提高，多数石化企业将关注异常的焦点逐渐转向以集散控制系统为基础的报警管理上。然而目前企业实际的报警管理仍存在较多问题，主要体现在管理缺失、职责划分不清、报警设置不合理等方面，从而导致报警泛滥现象，可能引发严重的事故。为更好地针对炼油化工装置报警管理的程序、设置、性能等方面进行优化。需研究出一种报警管理的系统优化方法[42]，

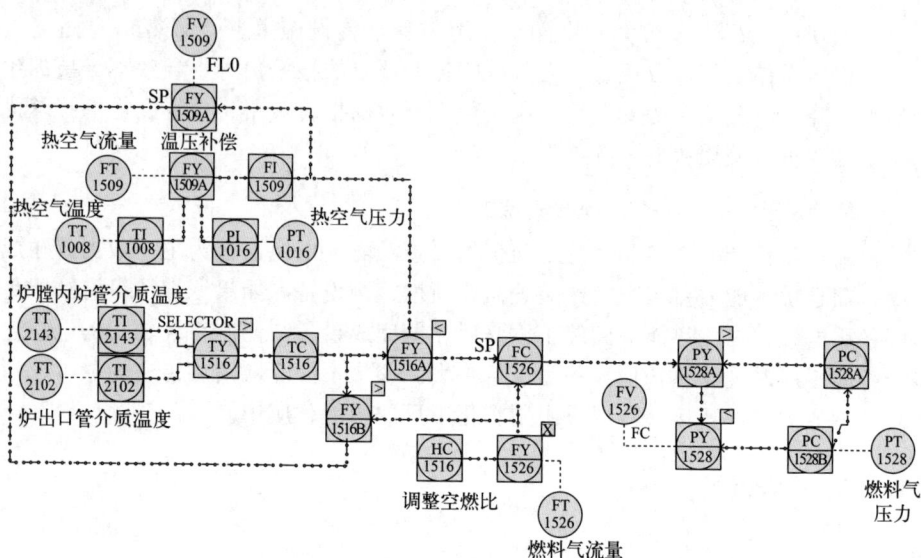

图 2-2 加热炉温度复杂控制回路

主要包括报警管理现状分析、报警参数分级分类研究以及报警原因挖掘分析等方面。将工厂的工艺过程和控制系统报警信息进行采集、分析、管理及优化，协助工艺操作人员发现工艺过程及控制系统出现的需引起注意并做出响应的问题。在报警优化设计过程中，通过对报警分组、定制报警优先级、设计基于工况的报警点、编制报警过滤和抑制原则、编制报警信息诊断分析等，实现生命周期的报警管理，充分发挥报警系统的功能，提高生产操作安全性。

（3）现场感知方案设计

① 提升现场仪表诊断覆盖率

a. 首先应减少开关类仪表的使用。开关类仪表一般都是以触点闭合和断开的形式输出的。由于开关信号的可靠性差、无法诊断等特点，在设计过程中应多使用连续测量类仪表。

b. 其次应提升仪表设备诊断覆盖率。诊断覆盖率对可修复系统的可靠性来说是非常重要的指标，但在项目设计过程中为了提高系统的可靠性往往只关注设备的故障率和冗余度，却忽视了诊断的作用。目前以电子元件为主的仪表及控制系统的诊断覆盖率已经可以达到 90％以上，但机械类仪表（如调节阀）的诊断覆盖率普遍在 70％以下。在工程设计中通过扩大带诊断功能的智能仪表的应用范围，简化测量仪表的导压配管设计，提升现场仪表诊断覆盖率。

② 发展仪表通信技术。全面感知是未来石化智能工厂需要发展的核心能力之一，这意味着现场仪表的数量将成倍增加，同时，由于智能化生产对预测性维护的需要，单台仪表和执行机构的数据量越来越多，除了仪表测量数据和执行机构指令数据，仪表本身数据、运行数据及其他环境数据也需要传输到控制系统。如何解决大量增加的现场仪表的供电和信号传输问题是仪表专业设计的难点与重点。长期以来，石化工厂现场仪表与控制室内控制系统的数据传输仍然以 4～20 mA＋HART（可寻址远程传感器高速通道的开放通信协议）模拟量信号和低速现场总线为主。这些数据传输技术消耗了大量的铜芯电缆和安装空间，导致设备材料成本居高不下，而数据传输速率却很低，已经不能满足技术发展的需求，成为制约石化工厂智能化发展的瓶颈。

无线仪表通信技术具有传输带宽高、距离远、组网容易的特点，在各行各业被广泛应用，可以解决难以敷设电缆区域的过程监测和控制问题。同时，无线技术可节省大量的安装成本、调试时间、维护费用，提高工厂运行水平、工作效率和经济效益。但由于受现阶段技术条件限制，无线仪表存在抗干扰性差、延迟高、电池维护成本高等缺点，目前还不能用于可靠性要求高的控制回路和安全联锁回路，应用场合受限。

以太网-APL（高级物理层）是基于 10BASE-T1L（IEEE 802.3cg—2019）以太网物理层标准的扩展，可以支持各种高阶以太网通信协议。在相同规格的双绞铜芯电缆上，以太网-APL 技术实现了 10Mbit/s 的数据传输速度，是当前 FF H1 现场总线传输速度的 320 倍。与现有的现场总线相比，以太网-APL 技术能够传输更多的数据。现场仪表设备可以充分利用此条件，采集、存储和传输更多数据，实现更多的智能化功能。以太网仪表直接在现场把流程和设备数据转换为数字信号，使信号传输电缆材料数量大幅度下降；同时，机柜室内也不再需要传统的 I/O（输入/输出）转换设备，控制系统成本大幅度下降，给用户带来更多的利益。

通用 I/O 技术又称电子布线技术，近年来在石化项目中开始广泛应用。通用 I/O 技术使用单根线缆将现场设备连接到现场配线柜，汇总后通常以光纤以太网的方式与控制系统连接。由于控制系统通用 I/O 技术通常是在现场就近设置配线柜，这就相当于将原先安装在控制室配线柜的 I/O 模块转移到现场。由于光纤通信容量大、效率高，几十个仪表信号仅需一对冗余光纤进行传输，将电缆敷设成本降低到原来的 10％左右。由于将 I/O 模块前置，控制系统机柜占地面积大大减少。虽然通用 I/O 接线箱存在在恶劣环境下防护困难以及现场检维修不便的问题，但由于通用 I/O 技术具有投资省、工期短、安全、可靠性高等诸多优点，它在国内外的流程工业项目上的应用市场将会很快超过现场总线，成为过程自动化领域的热点技术。

（4）仪表设备运行状态监控、诊断及预维护方案设计

① 仪表设备运行状态监控。在石化智能工厂建设中，各类设备能够安、稳、

长、满、优运行是智能工厂获取效益的最直接手段，所以设备状态在线监测、预测预警、诊断技术的开发应用显得尤为重要。目前石化工厂普遍采用了仪表设备管理系统（IDM）实现仪表设备在线监测、分析、报警、维护管理的功能，作为石化工厂最为核心关键设备的控制系统也能通过系统软件为用户提供系统性能、故障在线监测与报警功能。但仪控设备管理系统的人机交互界面可视化较差，缺乏数字孪生技术的应用，不能用更加直观、清晰的视觉感受，让运维人员来掌握设备运行状态。同时控制系统、仪表设备、分析仪等仪控设备应用软件相对孤立，甚至分别安装在不同的工作站中，严重影响了运维人员获取信息解决问题的效率。通过数据集成、可视化、数学建模等技术，对仪控运维岗位人员的信息需求进行分析，打造定制化、智能化的数字岗位，使岗位人员可以从时间、空间多个维度高效、全面地获取履行岗位职责所需的信息，可以促进不同岗位人员之间的信息共享、协同合作，实现仪表状态数据全面感知、设备异常全面监管，提高全面运维水平和效率。

② 仪控设备智能诊断及预维护。按照设备的重要程度、报警的风险严重性和紧迫性，对仪控设备及状态报警进行分级管理。

在采集工厂控制系统及各类仪表的状态信息、报警信息、故障信息、诊断信息等数据之后，将全厂多类型控制系统、仪表的数据汇总至统一平台，实现仪控设备数据、管理数据和运营数据有效融合，并对控制系统报警、仪表报警分级分类，实现全局汇总监控。

③ 控制阀的智能诊断及预维护。造成控制阀故障的原因非常复杂，往往需要结合设计、制造以及装置运行的实际情况进行综合分析。对于石化企业的维修部门而言，装置运行过程中查出故障原因并进行在线维修、更换的难度很大，一般需要等到停工检修将阀门送检后才能发现问题所在。智能阀门定位器作为控制阀的主要部件，近年来在石油化工生产过程中发挥着越来越大的检测、诊断和控制作用。但在实际应用过程中，智能阀门定位器的诊断功能效果并不明显。这是因为智能阀门定位器可以分析出故障的现象，如阀芯磨损、阀门动作异常、气源压力不足等，但这些信息过于孤立，缺少与流体相关的其他物性指标，如介质成分、状态、密度、黏度、温度、入口压力、出口压力等，难以分析造成阀门故障的真正原因。而软件分析出来的这些有限的结论，操作、维护人员在现场通过肉眼观测也能发现，对维修人员的帮助不大，还无法实现预测性维护指导。

通过对输入电流、输出压力、行程等参数（包括初始参数、长期运行数据）的运行大数据建模分析与计算，可实现的具体功能包括：执行机构泄漏监测与评估、执行机构弹簧回弹率（弹性系数）监测与评估、智能定位器监测与评估、控制阀摩擦力及趋势分析等。通过对上述数据的连续监测、处理与分析，可得到控制阀各项性能的偏差及变化趋势，如行程偏差、始终点偏差、开度变化、密封面磨损、最大密封比压、填料密封性能等的变化及变化趋势，并根据监测或计算数据的变化量或趋势设定各级预警阈值、输出各级预警信息。通过控制阀产品设计时的各项约束性定义，结合控制阀数字化交付信息（如出厂时阀门的流量特性、C_v 值、计算开度、执行机构参数、阀门材料、关键易损件寿命曲线等参数）及运行时的各监测数据与工艺参数，建立数学模型，可以得到控制阀整体与各部件的健康状态及趋势，并建立"预测"和"趋势"之间的判断关系，实现仪表设备的预测性维护[43]。

2.2.6　电信设计

结合石化智能工厂的少人化、无人化等智能操作需求，确定电信专业的智能巡检设计、智能安防设计、智能应急设计、智能进出厂设计等重点设计需求，并提出相应的设计方案。

2.2.6.1　设计需求

在智能工厂的设计中，为了保证全厂生产的安全平稳运行，智慧巡检、智慧安防、智慧应急及智能进出场系统等场景的应用需要得到重点关注。这些应用场景又需要电信专业各子系统提供支撑，如行政电话系统、调度电话系统、综合布线系统、无线通信系统、火灾自动报警系统、广播系统、电视监视系统、出入口控制系统、车辆管理系统、智能卡管理系统、电子巡查系统、入侵报警系统、安全管理控制系统、5G 及智能巡检系统、有线电视系统、反恐系统、会议系统、大屏幕显示系统等，智能应用场景需要与各子系统做好集成。

（1）基于少人化、无人化的智能巡检需求

智能工厂的建设需要实现巡检、巡查全过程数字化管理，管理人员根据 P&ID（工艺管道及仪表流程图）、数字化交付资料、风险分析单元划分、隐患排查清单、岗位安全风险责任清单等，分角色制定巡检任务、规划巡检路线，匹配巡检清单及制度规范。巡检人员通过移动终端自动获取巡检任务要求。支持巡检人员按规定时间、规定位置、规定要求完成数据采集，并将设备设施运行状态、设备设施故障以及各类安全生产隐患等信息实时传输回管理后台，从而实现内外操作人员、管理人员、企业各个信息化系统间共享巡检数据。为了实现上述功能，需要开发相应的智能巡检系统，同时应有专人对智能巡检系统进行管理，并将智能巡检系统接入企业中控室，确保及时处置巡检过程中的预警信息和隐患情况，实现闭环管理。智能巡检系统建设应与双重预防机制系统、设备完整性管理系统等有机结合、互联互通。企业采用 AI 音视频分析系统、轮式机器人、轨道机器人、无人机等无人化巡检方式[44]，提升巡检作业效率，降低人员暴露危险。

（2）基于系统协同融合的智能安防需求

智能工厂的建设需要提升企业安防系统的智能化，而且要求从开始的单纯的界区隔离、安全确认逐步向与消防安全管理及其他各类与安全有关的系统相融合的方向发展，以期形成具有快速感知、实时监测、超前预警、智能决策、敏捷响应、全局协同、动态优化、系统评估等网络能力的新型大安防体系。安防系统的设计是人防、物防、技防三者的有机结合。在侧重技防内容的同时，充分兼顾与人防、物防系统的整体协调。在实际应用中，人防、物防、技防部分的具体实施需遵守企业的管理要求、地方法规及相关国家法律。企业安防应用需求包含防止无人机从外部直接侵入被保护对象围墙内空域进行破坏；防止外部人员或物品（爆炸物、易燃物、放射物、腐蚀物等）通过周界围墙、出入口进入厂内进行破坏；防止通过外部或内部网络侵入本文所述企业安防系统主干网络及下属安防子系统网络进行破坏；监控和制止企业内部人员可能发起的内部破坏活动；精确实施企业内人员实时定位，人员统计，可视化，活动轨迹的判断；实现企业内任意线路规划的智能巡检监控；实施企业内人员不安全行为的管理等方面。为了实现上述功能，需要设计基于系统协同融合的智能安防系统[45]。

（3）基于信息集成联动的智能应急需求

智能工厂的建设需要以企业事件应急预案体系为依据，合理利用现有的应急指挥场所、通信网络设施及信息化成果，增强工业安全生产的感知、监测、预警、处置和评估能力，从而加速安全生产从静态分析向动态感知、事后应急向事前预防、单点防控向全局联防的转变，提升工业生产本质安全水平。完成监测报警、统一接警、联动处置、应急演练、应急地图、资源智库、应急监控、现场视频、应急会商、事件管理等功能模块及配套移动应用 APP 的建设。完成对企业重大危险源的视频监控图像、可燃有毒有害气体监测数据、工艺实时数据，以及火灾监测、门禁监测、设备状态监测、现场作业监测、环保监测等监测预警数据统一集成，并对各监测数据制定指标分级、指标联合，结合风险区域级别，分区域报警，第一时间触发警情，通知相关接警人员，异常情况第一时间发现，并迅速开展初步处置。因此，需要设计基于信息集成联动的智能应急系统。

（4）基于人流、车流、物流自动管控的智能进出厂需求

智能工厂的建设需实现相关区域物流系统的智能管控。通过车牌识别对车辆信息进行记录和比对，同时通过人脸扫描的方式核对司押人员信息，称重及装车过程实现车辆、人员状态全程监控，各类物流步骤实现语音、信号灯及 LED 显示的有序调度，通过智能化终端实现检查人员移动和无纸化办公，三方信息确认采用电子确认方式。为了实现上述功能，需要设计基于人流、车流、物流自动管控的智能进出厂系统，其中包括：电子提货子系统、排队叫号子系统、汽车衡器

集中管理子系统、装车区衡器无人值守以及装车撬系统集成、ERP 系统集成等。

2.2.6.2 设计方案

（1）智能巡检系统设计

智能巡检系统应根据《接收站工艺巡检管理规定》及《接收站风险分级管控和隐患排查治理》等文件具体确定设计方案，确定巡检任务、巡检路线、巡检清单等。智能巡检系统应确定信息采集来源，一般分为人员位置、设备状态及就地仪表信息采集。

① 人员位置。企业设置统一的人员定位，通过设计人员定位胸卡、高精度防爆手持机、定位基站、NFC 及蓝牙信标等基础设施，实现对厂区内部人员位置进行实时跟踪。人员定位的功能主要包括：人员基本信息管理、人员实时位置显示、人员历史轨迹查看等。

② 设备状态。仪表及动设备信息采集通过与 DCS 等系统建立通信联系，系统汇聚现有储罐、装置、危险化学品库等的液位、温度、压力、火灾报警、可燃有毒气体浓度的实时监测数据、报警数据。

③ 就地仪表。就地仪表信息采集可通过分别设计巡检机器人及音视频分析数据采集的方式，主要对异常现象场景（人、车、静物占压、施工、可见泄漏等）及高点进行自动识别。

机器人全自主模式包括例行和特巡两种方式。例行方式下，系统根据预先设定的巡检内容、时间、周期、路线等参数信息，自主启动并完成巡检任务；特巡方式由操作人员选定巡视内容并手动启动巡视，机器人自主完成巡检任务。摄像机可控制云台按提前设定预制位或人工控制转动到指定方向，通过拍摄各类仪表和设备的可见光视频图像，通过图像分析识别等智能化功能发现异常，读取仪表数值，并将采集到的数据传输到其他系统进一步应用。拾音器通过采集设备区的背景音频数据，可存储大量数据并自动学习、处理和分析，分辨出正常声音和异常声音，为操作人员提早发现设备异常提供有效手段。

（2）智能安防系统设计

针对企业智能安防需求，识别各区域安防风险，根据不同安防等级制定智能安防系统设计方案及设备选型。应设计好电视监视系统、出入口控制系统及入侵报警系统等主系统[46]。电视监视专网之上，采用开放的 IP 架构、基于全 IP 交换技术实现所有业务流的交换分发。系统由核心层、汇聚层和接入层三级架构组成。摄像机的视频及控制信号通过系统专用光纤网络上传至生产管理中心，由生产管理中心的网络视频及存储服务器进行统一管理。在生产管理中心配置存储管理服务器、视频管理服务器、数字编码器、数字解码器、数字光端机、网络交换机、光纤收发器和网络存储设备，用于全厂的监控管理以及监控数据的存储。为实现对重点区域的自动化出入管理、登记及人员考勤管理功能，设置人员出入口控制系统。在厂区主出入口设置防尾随速通门，出入双向人脸识别及刷卡。建筑物出入口（如机柜间、配电间、中心控制室、生产办公楼等）设置刷卡控制电锁门。在生产办公楼、中心控制室主出入口设置带人脸识别功能的人行摆闸。为实现车辆出入自动化管理功能，设置车辆出入口控制系统。在车辆出入口设置车行道闸机，具有车牌拍照识别和车辆刷卡出入功能。在厂区围墙上设置防入侵系统。此系统利用电视监视专网传输。在厂区围墙上采用热成像摄像机，并带有越界入侵视频智能分析功能，每个分区内至少设置1台高清球形摄像机，摄像机内嵌的分析软件进行各类入侵动作的报警分析。

（3）智能应急系统设计

智能应急系统[47]应结合各企业的应急管理预案进行设计，工程设计一般包括：应急指挥平台、融合通信平台、可视化中控系统、气象信息系统、车辆定位器、信息安全设备及电信线路。应急指挥平台实现各类应急资源基础信息统一管理，将危险化学品在线监测系统、调度电话系统、电视监视系统、火灾自动报警系统、广播系统、出入口控制系统、入侵报警系统、GDS系统、气象信息采集系统、雷电预警系统（GDS系统、气象信息采集系统、雷电预警系统不在电信系统设计范围内）各系统进行集成，根据系统功能和管理要求进行早期事故预警和事故应急预案联动，各类严重异常信息集中监测报警，快速接警以及及时判断现场情况；建立有效的通信手段实现进展及时跟踪反馈、快速组织应急会商达到联合救援目的；实现企业、现场、外部专家之间跨地域、跨设备之间的实时通信、现场视频回传、应急指挥指令下达等功能。融合通信平台一般部署在厂区虚拟服务器中，平台集成厂区视频会议系统、短信平台及厂行政电话系统，能够为上层应急指挥平台提供API（应用程序接口）等标准开发接口。平台需要提供虚拟会议室、会议预约及会议控制等功能，能提供录播、录屏服务。可视化中控系统为实现各操作人员座席间任意信号调用，直接推送上屏，企业危机指挥中心与应急指挥中心信号共享，画面平稳切换，实现生产应急指挥互动。气象信息系统收集风速、风向、雨量、温度、湿度、气压等气象信息。车辆定位系统采用全球定位系统（GPS）技术，满足园区车辆管理对位置信息的需要。系统包括定位服务器及智能定位终端。平台各接口条件应与相关专业和企业进行详细对接，集成企业各类监测信息，消除信息"孤岛"，融合多方位数据支撑应急指挥平台，全面提升应急救援能力。

（4）智能进出厂系统设计

智能进出厂系统设计应针对现有汽车装卸流程管理进行方案提升。智能进出厂系统以汽车衡器集中管理子系统为核心，上层电子提货子系统为现场衡器提供过衡依据，由衡器自助终端将现场设备实时数据传输至远程集中控制中心，实现远程计量。同时在厂内物流过程中，通过排队叫号进行现场管理，使用身份证作为整个提货业务的唯一识别方式，贯穿车辆进厂后的各个环节，确保车辆过衡、撬位装货的安全性与人员的一致性。并采用衡器计量集中管控，将现场计量业务、衡器环境监控实时画面与过衡实时/历史曲线集成联动，通过远程语音对讲进行远程过衡业务指导，真正实现远程计量管控。以称重业务为中心线条，按照智能物流系统业务流程，串联系统内部各个子系统，实现业务数据共享、业务流程协作、与相关业务系统的数据互通。

2.2.7　电气设计

电力是工业生产的核心驱动力，供电可靠性对工业生产的安全稳定运行尤为重要，对石油化工行业更是如此。供电中断对石化企业影响巨大，轻则造成重大经济损失，重则发生重大安全事故。如何保证供电系统的稳定可靠，是电力行业长期研究的主题。

石油化工智能工厂的电气部分即石油化工智能电网工程，其核心思路是将以前由技术人员完成的一些工作，通过智能化终端监测设备，进行长期连续监测，并将信息集中分析，以求提前发现隐患，将各类隐患消除在萌芽状态，减少供电事故发生频次和影响范围。

炼化企业应更重视供电可靠性和电气安全性，通过石油化工智能电网工程建设，建立一套利用智能电气终端进行在线信息采集，利用数据库进行设备管理，利用大数据进行电网和设备状态分析的石油化工智能电网，对炼化企业供电安全具有极大的促进作用。

2.2.7.1　设计需求

石油化工企业用电设备繁多，一般一个炼化装置的用电设备数以千计，大型炼化一体化工厂用电设备将达到上万台，加上为其服务的供配电设备，电气运维人员需要管理的设备非常多。而对如此庞大数量的设备的管理，难免会存在盲区，而且由于人力的限制，很多设备只能进行周期性运维，无法早期发现并分析出可能出现故障的预警信息。

目前正在运行的石化企业电网的各类系统间大多处于割裂状态，各类信息量大且繁杂，缺少数据提炼和探索，造成信息冗余；变电和用电设备已有的监测系统数据没有得到充分利用，目前仅是存储和展示，缺乏数据挖掘和深层分析，造成信息浪费；变电和用电设备监测信息难免存在误报情况，由于缺少综合评估，造成设备运行状态的错误评判；变电和用电设备故障的产生往往体现在多类监测信息中，但由于缺乏信息联动分析，只有当某一参量恶化到阈值时才产生报警，造成了预警延迟；当变电设备出现故障时，目前只能通过单一的系统信息诊断设备可能出现故障的多种原因，无法通过多信息的状态融合得到故障精准定位，易错过维修时间造成更大隐患。

电气设备的稳定可靠运行是工厂安全生产的重要环节。传统电气自动化系统仅仅收集配电系统运行信息，缺少对设备的监测。现如今的设备都高度封装于机械外壳之中，很多时候出现问题如变压器过负荷运转时，很难通过人工方式快速发现，而当人工方式可以察觉时，大多为时已晚，造成了不可估量的损失。当设备处于故障的初级阶段时，往往是修复和排除故障最简单也是最黄金的时间，问题在于当故障处于初级阶段时，表现特征并不十分明显，大多仅仅是数据的小幅度变化，而传统的 SCADA 系统并不能敏锐察觉这些数据小幅度变化背后的意义，往往等到故障升级，积重难返时才能发现问题。有必要利用各类配电设备和用电设备的监测装置，对所有设备实时数据进行采集，结合历史运行数据进行分析，通过一定的算法，对设备生命周期和设备状态进行预测。终端监测设备是数据采集的基础，电气设备智能化管理系统对各类监测提出了新的需求。

石化企业电网为树状结构的配电网，一般按电压等级分为三到五级。从其结构上来说，建立全厂智能电网系统具备可操作性。基于全厂电力系统结构，建立一套能够实现生产操控智能化、设备管理智能化、能源管理智能化、故障预测与诊断智能化的智能电网是有必要也是可行的。

按照石油化工智能工厂设计总方针，石油化工智能电网工程设计同样分为以下几个主要部分。

① 硬件设置支持状态感知。智能终端是智能工厂设计的硬件基础，对石油化工智能电网工程而言，需选用具备实时监测、数据采集和传递、远程操控功能的智能化供配电和用电设备，或者为已有设备加装智能终端。

② 操作或控制设计方案支持智能化操作。运行安全要求进行常态化巡检，智能化的供配电和用电设备仅仅能反映设备部分运行状态，并不能减少巡检的需求，因此有必要设置无人巡检设备。

石化企业电网一般不允许通过信号进行远程操作，但随着机器人技术快速发展，通过可视化机器人实现虚拟现实，利用机器人进行远程可视化操作，从而可以更加快速地执行操作任务，特别是事故情况下，能极大地提高事故处理效率。

③ 模型、算法支持模拟、分析、优化、诊断。基于硬件实现状态感知，收集各类电气、环境信息，按照设备、位置、建筑信息进行数据分类和处理。数据库依托各类电气专业算法，对实时监测数据进行分析处理，实现运行状态分析、运行状态预测、设备故障预警、设备故障诊断、事故处理指导、设备健康分析等功能。

④ 系统设计支持数据采集、模型分析与应用。以装置为单位进行数据采集、分析、处理，同时应以全厂供电系统主接线为架构，对全厂的数据进行整合，形成一个整体的石油化工智能电网。基于全厂的数据综合处理，对设备管理、运行

维护、检修操作、员工管理、任务执行等进行指导，并开发出各类运维和管理的桌面和移动终端应用程序，真正实现智能化。

2.2.7.2　设计方案

（1）硬件设置支持状态感知

电气设备智能化的目标是构建一个将所有对象进行定义并在线监测，同时将监测数据进行实时分析的智能网络。智能化设备功能建议包括但不限于以下几类：

① 设备状态监测。智能电网对设备状态监测提出了更高的要求。从数据分析需求角度考虑，采集的数据愈丰富，数据分析结果愈准确，整个智能电网功能愈强大。各级母线进线柜宜设置电能质量监测设备。端子柜宜选用智能端子柜。重要的电动机回路宜配置电动机在线监测装置和缺陷诊断装置。避雷器宜配置避雷器在线监测装置。

② 设备温度监测。用电设备和配电设备在运行中都会产生热量，过多的热量会对设备寿命造成影响，局部高温还会破坏绝缘引发故障。设备温度监测是设备域提高电网运行安全性的重要措施。35kV及以上变压器应配置红外探头。6kV及以上空气绝缘开关柜宜配置红外视窗。电缆夹层应配置光纤测温装置。

③ 绝缘监测。绝大多数的电气故障都是由于绝缘损坏造成的，设置绝缘监测设备，能够提前发现绝缘损坏，精确指导检维修，从而将潜在的故障因素消除。重要电动机回路应配置电动机绝缘在线监测装置。110kV及以上电缆应配置电缆在线监测装置。

④ 电气保护装置监测。电气保护装置发生动作后，需要技术人员及时进行检查并排除可能存在的故障。目前一般的综合保护器动作信号均可以通过变电所综合自动化系统上传，但是还有许多保护设备并没有信号上传功能，例如避雷器。当避雷器动作后，如无信号上传，无法得知该避雷器的保护性能是否完备，有必要配置合适的监测设备对此类保护装置进行监测，防止保护装置"带病工作"。

⑤ 电阻监测。电阻是重要的电气指标，既能反映设备绝缘情况，也能反映设备的接地情况。通过对电阻的不间断监测，在出现参数偏离后，迅速采取措施整改，预防事故发生。重要的变电所、炼化装置、LNG（液化天然气）储罐、原油储罐应配置接地电阻在线监测装置。

⑥ 质量监测。对一些易老化或者寿命较短的电气设备（如变压器、蓄电池等），应配置设备、材料质量监测终端，在监测参数接近或低于规定值时，及时予以维保，保证系统可靠运行。蓄电池应配置蓄电池自动巡检装置。35kV及以

上变压器应配置变压器油绝缘在线监测装置。

⑦ 可视化设备。可视化设备是智能工厂的眼睛，通过固定摄像头、可视机器人、无人机等设备，对设备内部的开关状态、设备外部的运行指示状态、室外设备的运行状态进行巡视，能够极大地提高巡检效率，降低人员负荷，本质上也就提高了巡检频次，能够对各类隐患早发现早治理。无人值守变电所宜配置操作用摄像头，可配置巡检机器人。开关柜内宜设置断路器状态摄像头。

⑧ 特殊监测设备。电气设备中还存在一些特殊的监测需求。蓄电池应配置氢气监测装置。气体绝缘开关设备（GIS）应配置局部放电在线监测装置。GIS设备应配置 SF6 在线监测装置。低压柜应配置电气火灾监控系统。

⑨ 环境监测设备。配电间内的设备对运行环境的温湿度有严格的要求，宜配置配电间温湿度在线监测装置。电缆夹层宜配置烟感和温度监测装置。电缆夹层应设置烟感和温度探测装置。高雷暴地区应配置雷电预警装置。

（2）操作或控制设计方案支持智能化操作

针对企业电气相关设备危险性高、无人值守的情况，以各类智能终端监测设备为基础，根据电力系统网络结构建立电气设备智能化管理系统，对整个电力系统的状态、安全、健康等进行分析评估，同时实现调度、维护、管理等功能。电气设备无人值守、电气智能监控模型，对各种分析评估具有重要作用，进一步融合 SCADA、机器人巡检、高清和红外摄像监控等，实现动态监测、安全风险识别，并对异常情况报警。各种电气穿戴设备、实时视频通信、人员安全无线监测、智能识别预警、电气专用手持终端等穿戴式单兵设备，具备实时语音视频通信、实时视频采集、人员定位、人员跌落监测等一系列功能，应用视频智能分析、无线定位、三维模型和流程监控等技术手段，根据作业任务信息，智能识别人员、地点、时间的信息和违章行为，实现现场人员安全风险智能预警，为单人操作、现场监护、远程设备检查等提供条件。在变配电等设备现场巡检点安装使用无线射频技术的巡检点标识牌，通过手持巡检终端仪（应具备测温、测振、频谱分析、照相、视频、信息录入等功能），规范电气专业巡检标准，量化设备巡检过程[48~50]，全面掌握电气设备运行状态，合理有效地应对现场出现的各种问题，确保供电安全。

（3）模型、算法支持模拟、分析、优化、诊断

石油化工智能电网数据库依托各类电气专业算法，对实时监测数据进行分析处理，实现运行状态分析、运行状态预测、设备故障预警、电动机缺陷诊断、设备故障诊断、事故处理指导、全景数据分析、能源管理、设备健康分析、电气系统可靠性分析等功能。

① 状态监测与报警。对重要电气设备设置监测终端，监测其运行状态，授权人员能够方便地查询设备的各种运行参数。通过在线采集的数据与数据库中的

特征判据对比分析，对异常数据发出报警提示，提前发现潜在故障诱因，排除隐患，从而提高变电运行人员事故判断的准确性与处理故障的及时性。

② 故障诊断[51]与维修指导。当石化企业电网出现故障时，一线人员很难迅速找出故障原因，为防止故障升级，不得不采用扩大停电范围的方式进行处理，但是这样会对装置生产造成较大的影响。发生电气故障时，设备域系统根据在线监测终端采集的信息或者一线运维人员输入的故障特征，通过大数据计算，给出故障分析结果，同时给出故障排除的操作建议，提高故障排除效率，降低损失。

③ 电动机缺陷在线诊断。电动机缺陷在线诊断由电动机缺陷在线诊断采集装置及电动机缺陷在线诊断系统组成，以实现对电动机的运行状态、运行环境、诊断结果、信息参数等全过程监视和管理。电动机缺陷在线诊断应将数据转发至电气设备智能化系统中。主要适用范围：重要大功率电动机、影响安全生产的关键电动机。

④ 全景数据分析总览。全景数据分析总览通过可视化展现方式，以厂区全景地图、示意图、图表、文字标注等方式向运维人员展示变电站所有监控设备的状态及测量值，实现自动全景设备监视或根据运维计划安排、特殊巡视、节假日、重要保电任务提供动态监控、历史查询、阈值管理、报警管理等实用功能，能快速精准定位及全面掌握变电站整体的运维状态。

⑤ 能源管理。系统对整个生产负荷乃至全厂用电设备进行全方位监测，实现企业能源优化管理（如电量管理、节能策略等）。

⑥ 设备健康分析。系统对整个生产负荷乃至全厂用电设备进行全方位监测，利用大数据和学习算法，以及电气设备健康状态判据等对设备健康状态进行分析评估，对"亚健康"设备及时提出检维修建议。

⑦ 电气系统可靠性分析。电气系统可靠性分析是依托电力系统网络结构、设备故障率等数据形成的一种国际通用的可靠性分析方法。与针对单一设备的监测分析不同，电气系统可靠性分析是对大型炼化企业全厂电网状态进行综合评估，得出可靠系数。当可靠系数偏低时，提出预警，并给出合理的优化建议。

（4）系统设计支持数据采集、模型分析与应用

石油化工企业智能电网系统的数据服务架构采用数据平台的服务模式，企业用户数据服务平台提供多源数据统一定义、管理的数据库，帮助石化企业持续积累"工厂大数据"，支撑以数据驱动的工业数据智能应用。

石油化工企业智能电网系统平台架构分为业务管控与决策层、业务执行与管理层、基础数据状态感知层。基于以上的架构，根据需求建立各类应用，并按照应用的功能进行分区。

石油化工企业智能电网系统应用宜包括但不限于以下内容。

① 电气设备数字台账管理。电气设备数字台账是设备管理的基础，按照设备编号和名称，逐一建立设备数字台账，根据设备的数字标签，应能方便地查询设备的基本信息、基本电气参数、在线运行参数、历史运行信息、检维修记录、厂家信息、备品备件信息、重要联系方式等内容，为运维人员提供所需的一切数据支持。

② 智能巡检和作业管理。系统严格按照工厂运维要求，自动发布指令进行无人巡检，同时将巡检信息上传给管理人员；管理人员能够编制人工巡检计划，通过系统下发给一线运维人员；一线运维人员收到巡检计划后，系统自动到时提醒，并按照编制的作业规程，逐步指导操作，"一步一打卡"，从根本上杜绝不规范操作的隐患。

③ 任务管理。管理部门根据石化企业运维要求建立任务书系统，系统根据预设条件自动提醒任务下达，一线运维人员完成任务后提交确认，各环节均设置提醒，形成闭环管理。

④ 专家在线。充分利用行业特点，建立电气供配电系统专家库，通过设备域系统，整合设计、运行、维护专家资源，实现统筹分析，精准施策，靶向治理。当一线生产部门遇到技术难题时，能在系统上提交问题，系统根据专家知识库自动匹配解决方案，当无法匹配时，自动匹配邀请对口专家进行技术支持，迅速解决问题，将技术资源充分利用。

系统应能将各种设备状态数据进行分级管理、故障分析并提出应急解决预案。系统运用数据动态绑定的故障诊断技术和事件逻辑运算方法，通过对故障事件之间逻辑关系的分析，判断故障位置及故障性质，对报警信息进行图形化、表格化呈现、智能推送，同时根据不同的工况，提供最优处理方法及建议。

⑤ 数字孪生。对三维模型中所有电气设备进行赋值，将电气设备数字台账与三维模型有机关联，以变电站为核心建立电气数字工厂。

针对变电站进行三维数字孪生开发，将各类巡检实时图像和信息植入三维数字孪生模型中，实现在线巡检和实时监测，实现监测数据溯源。对所有用电、配电设备建立数字台账，包括但不限于设备名称、位号、基本参数、厂家和配件信息、实时运行数据、历史运行参数、检维修记录等，并将这些信息与数字孪生模型进行映射，实现整个配电系统和终端用电设备的数字孪生。在变电站 GIS 设备上加装微型摄像头，实现变电站的远程操作确认，同时大幅提高紧急情况下的响应速度；可以对开关状态、闸刀状态、全密封开关柜气体压力等电气重要参数自动比对，24h 在线工作，历史数据存储、追溯。

⑥ 移动运维终端（移动端）。通过移动端，运维人员可以更便捷地查看站内各类设备的健康状态及运行情况。运维人员在巡检过程中发现了环境异常和设备

异常，可以在移动端进行登记，并指派对应的人员进行处理。

⑦ 培训智能化。电气设备数字台账中关联设备的操作手册，授权后的运维人员可以从云平台轻松调用各设备的操作手册，以及相关的操作规程和故障处理措施，并可以进行在线虚拟操作培训，提高运维人员的职业素养。系统可关联智能仿真培训实验室，利用系统积累的各类数据，对运维、操作、故障排除等进行培训，提高一线员工的技术素养。

2.2.8　动设备设计

石油化工行业中的动设备是工厂的"心脏"，动设备的智能化运维直接关系到装置的"长、稳、安、满、优"运行。动设备智能化运维以设备完整性管理体系为基础，通过状态监测、状态预警、故障诊断、性能监测、维修决策等多种技术手段实现设备全生命周期管理。动设备的智能化需要从企业端向设计端延伸，对不同设备类别按照风险等级、故障特征、检修成本等指标分级设计设备监测点，构建诊断模型，并提出数据、文档和三维模型要求。

结合石化工厂动设备管理智能化需求，明确动设备专业在动设备完整性、监测点设置、预警诊断模型、算法、系统支撑、检维修及培训等方面的重点内容，提出相应的设计方案，介绍设计原则、系统、软件等基础支撑。

2.2.8.1　设计需求

受高温、高压、高转速、易腐蚀、易燃、易爆等因素影响，石油化工装置动设备运行中存在风险不可避免，基于设备完整性体系，通过基于工业互联网技术的智能化监测、预警、诊断是动设备智能工厂的发展方向。

（1）传统设备管理向基于风险的设备管理转变的需求

传统的设备管理是按照职能部门的管理职责和范围，对设备在不同阶段进行管理，各级人员通过制定目标，下达指标，按照相关制度、规定制定运维实施细则，完成设备管理。传统的管理模式强调部门和人员，依赖企业管理水平和人员水平。随着网络化、智能化、数字化的高速发展，以设备可靠性为中心，将可靠性理念与设备设计相结合，建立基于风险管理技术的设备完整性管理将成为石油化工智能工厂建设的重要内容。

（2）单体、分散式监测向综合监测转变的需求

随着智能工厂的发展和对设备可靠性、装置安全性的要求不断提高，单体、分散式监测已远远不能满足动设备风险管控的要求，动设备状态监测已经从离线定期监测向自动监测发展，监测仪器也相应从离线手持测量仪器发展到安装在设备上的在线传感器，并逐步向巡检机器人、危险气体监测、监控摄像头等智能化

综合监测发展。通过集散控制系统（DCS）对设备各监测点进行单一目标的监测，各监测控制回路之间不能协调工作，只是维持各自的控制任务，不能将设备监测和工艺监测耦合。智能化状态监测系统可以实现设备状态与技术人员的实时联系，从而有利于技术人员及时发现问题与解决问题。综合监测手段的应用可以快速准确识别设备潜在的故障，这样就大大降低了设备产生故障的风险，同时也延长了设备的运行周期。

（3）固定阈值报警向智能预警转变的需求

固定阈值报警主要针对动设备轴系、密封系统、润滑油系统、冷却水系统、工艺系统中的关键测点，由 DCS/SIS 控制回路实现固定设定值的报警和联锁，无法实现多参数耦合的非正常工况征兆趋势预警，存在反复报警、漏报警、假报警的问题，无法对设备的故障隐患提前进行智能报警，现场操作人员难以及时辨识风险原因并采取恰当措施消除风险，会错失人工调控或系统自调控恢复正常的机会与时间。智能预警是以将设备、工艺和控制中多参数耦合，建立影响与事故的关联预警调控模型，实现趋势监测预警，从而提高装置和设备安全、稳定操作的可控范围。

（4）离线人工诊断向智能化诊断转变的需求

传统离线诊断缺乏专家系统，依赖诊断工程师技术能力，缺乏对设备的故障预测和早期故障诊断，机理模型、数据模型、诊断案例库等未能有效沉淀，大数据分析基础薄弱，诊断模型没有和工艺操作耦合。随着动设备的大型化、复杂化、高速化、自动化和智能化发展，迫切需要融合智能传感网络、智能诊断算法和智能决策预示的智能诊断系统、专家会诊平台和远程诊断技术。针对早期故障、微弱故障、复合故障、系统故障，实现智能诊断[52]，从而使设备管理人员进行有针对性的运维决策和管理。

（5）事后/预防性维修向预知性检维修转变的需求

设备维修目前普遍以故障维修、事故维修或者预防性维修为主，需要建立以设备智能化监测、预警、诊断为技术支撑，以可靠性为中心，制定基于风险的检维修策略，实现设备预知性检维修。

（6）培训、运维向可视化发展的需求

动设备培训及仿真主要面向内操人员、外操人员、设备管理人员。通过将设备性能计算融合到仿真系统中，实现指定工况下的动态仿真、二维仿真和三维仿真，满足内外操人员培训需求。

2.2.8.2　设计方案

设计阶段在装置的全生命周期中占很短的时间，但是却对装置、设备的长周期平稳运行起到了至关重要的作用。为了满足智能工厂中对动设备智能化运维及全生命周期管理的要求，需要从规划阶段开始贯穿整个设计过程，分阶段实施。

（1）设备完整性

设备完整性管理以风险管控为核心，通过集成技术分析工具和专业管理系统实现对设备的风险评估、管控、预测以及事务管理，主要包括基础数据、知识管理、组织人员、设备分级、风险管理、过程质量管理、缺陷管理、变更管理、实时事务等内容。设计阶段应评估各类动设备风险等级，确定设备分级，为设备选型、配置、技术要求、数字化交付深度提供依据。

设计阶段应根据工艺要求确定设备重要性、设备对生产过程的重要性、设备使用频率，根据操作条件和介质条件确定设备故障后产生的安全及环保危害性，根据设备选型确定设备可靠性、设备维修经济性、设备维修费用、设备维修复杂程度及故障频次。根据以上指标初步确定各设备分级，设备定级的过程应遵循相关标准，并和生产企业充分对接，确保各设备定级与设备风险等级匹配。

（2）智能监测、预警、诊断

动设备智能监测、预警、诊断应在统一平台集中管理，主要包括设备运行参数监控，故障趋势预警，对故障发展趋势进行预测。设计阶段的一个重要建设内容是设备感知层的建设，即设备本体、辅助系统、相关工艺管路配置了满足智能监测、预警、诊断的传感器，特别是大机组机身上的传感器，如果在工程设计阶段没有配置，设备投用后再增加传感器现场实施较为困难，导致工程设计和智能化需求不匹配。因此在工程设计阶段应根据设备分级制定监测策略，不同类别的设备根据故障特点设置监测点，设备本体的监测点、工艺测点都应作为监测内容，振动、位移等测点所产生的原始实时频谱数据和特征值数据应能够满足智能化预警和故障诊断的要求。这些测点的配置关系到设备投资、工程设计、设备制造、现场施工、数字化交付等内容。

工程设计阶段要充分考虑不同类别设备监测系统的集成和整合，对于不同系统应要求分供应商开放数据接口，提出统一的数据要求。按照工业互联网架构，状态监测系统通常部署在企业管理网，数据来源为企业数据湖，在设计阶段需要对数据湖容量、数据采集频率等内容提出技术要求。对于新建状态监测系统应在设计阶段统一设计，对于老厂已有状态监测系统，设计阶段需要提供满足监测系统要求的各类监测数据。

工程设计数据作为智能工厂完整数据的静态部分，与运维中产生的动态数据共同组成实体设备的数据孪生体，静态数据用于描述设备的原始属性，如操作参数、设备性能、振动指标等等，这些数据作为智能监测、预警、诊断[53]的基准数据，在设计阶段应提供满足监测、预警、诊断需求的结构化数据。

　　智能预警主要为了提高动设备早期预警能力，解决反复报警、漏报警、假报警等问题，智能诊断在设计阶段应对诊断模型提出技术要求，工艺测点数据均应引入诊断模型。对于机组如离心式压缩机、往复式压缩机、离心泵的监测点、预警、诊断示例如表 2-1～表 2-3，在设计阶段应要求动设备供应商提供结构化的出厂性能试验数据，通过建立与工艺耦合的机理模型实现设备性能监测。

表 2-1　离心式压缩机监测点、预警、诊断示例

诊断模型	诊断模型	监测点
测振表面电气不平度大	电动机/压缩机基础不平,存在软脚	轴振动
旋转失速	离心带液	轴位移
喘振	压缩机带液	壳体振动
轴瓦间隙较大	仪表信号干扰	键相
轴瓦损伤	联轴器损伤、误差	转速
瓦背紧力不足	分数倍频共振	轴承温度
动静摩碰	倍频共振	干气密封
转子质量偏心	支撑松动	工艺测点
转子临时性弯曲	转子部件松动	电动机电流
转子永久性弯曲	转子结垢	
油膜涡动	机组吸入异物	
气流激振	转子部件或结垢脱落	
油膜振荡	管道应力	
轴裂纹	电动机电气故障	
对中不良或同轴度差	性能监测	

表 2-2　往复式压缩机监测点、预警、诊断示例

诊断模型	监测点										
	机身振动	活塞杆沉降	键相	气缸动态压力	气缸振动监测	填料函温度	气阀温度	示功图	主轴轴瓦温度	连杆大头温度	十字头销温度
连杆气缸振动过大	√				√						
磨损		√						√			
活塞杆弯曲		√						√			
十字头间隙大		√	√					√			
十字头销间隙大			√					√			

续表

诊断模型	监测点										
	机身振动	活塞杆沉降	键相	气缸动态压力	气缸振动监测	填料函温度	气阀温度	示功图	主轴轴瓦温度	连杆大头瓦温度	十字头销温度
连杆负荷过大			✓	✓				✓			
气缸吸气阀故障			✓	✓			✓	✓			
气缸排气阀故障			✓	✓				✓			
填料函泄漏			✓	✓		✓					
压力密封环泄漏			✓					✓			
主轴承温度过高									✓		
连杆大头温度过高										✓	
十字头销温度过高											✓

表 2-3　离心泵监测点、预警、诊断示例

诊断模型	监测点	诊断模型	监测点
转子不平衡	振动	抽空/汽蚀	温度
对中不良	键相	松动	电动机电流
轴承故障	转速	性能监测	工艺测点

（3）检维修和仿真培训，可视化应用

针对内操人员的 DCS 培训及仿真，通过结合 OTS 开展，实现正常开停机、正常操作、设备切换、紧急停机等内容的培训。

针对外操人员，随着数字化交付对于工厂三维模型和设备三维模型的要求不断提高，通过采用虚拟现实、仿真、三维可视化等先进技术，构建装置、设备三维虚拟场景，结合三维模型实现动设备的模拟操作，包括主机、驱动机、辅助系统、就地控制盘架、就地电气仪表等设备的仿真模拟操作，以人机交互方式实现外操人员试车、正常开停机、设备切换、紧急停机等内容的培训。

面向设备管理人员通过二、三维仿真和可视化模拟，可实现预案制定、事故模拟等内容的学习及训练，可有效增强培训效果。

通过采用 AR、VR 等技术，将设备本体和辅助系统的三维模型用于现场检

维修，按照设备位号和类型，以数字化交付文档和模型为基础，对二维图纸、三维模型、材料清单（BOM）进行关联，利用三维结合多媒体的方式，利用 AR 技术和移动设备，为各类压缩机、泵、驱动机、辅助系统的检维修过程提供辅助支持，包括检修方案、拆装过程、关键部件检查方法、质量控制点、工具使用等内容，通过工业互联网与企业完整性管理系统、ERP 系统相结合实现智能化维修。

设计阶段绘制的三维模型主要应用于管道设计和设备布置，工厂模型中通常动设备的颗粒度较低，为了满足构建虚拟场景的高精度三维模型又可满足三维设计软件对单体模型的精度限制，在设计阶段需要通过相关技术手段实现数字化建模，既满足工程设计要求又满足虚拟场景需求。单体设备用于检维修的三维模型由供应商提供，在设计阶段应根据用户的实际需求定义不同类型设备的模型精度。在设计阶段需要定义设备三维模型精度等级，按照设备类型确定对应的精度等级，根据规则对三维模型建模、命名，按照相应的零部件号，编制 BOM 表、备品备件清单、检维修件清单，实现上述零部件的关联，满足后续可视化应用。

2.2.9　静设备设计

结合石化工厂静设备管理智能化需求，明确了静设备专业在设备完整性、腐蚀监测点设置、腐蚀监测方法、腐蚀风险评估等重点设计需求，提出相应的设计方案。

2.2.9.1　设计需求

早期设计时，静设备的管理未形成规范，数字化交付没有统一的标准格式，有效利用率低。根据智能化工程需求，需建立炼厂静设备腐蚀管理系统[54]，集腐蚀监检测、腐蚀评估、腐蚀控制、防腐管理及远程诊断与服务于一体。一方面实现腐蚀动态量化评估与监控，及时发现静设备腐蚀隐患，采取针对性防腐措施，同时实现静设备的预防性维护，协助制定检维修计划；另一方面基于静设备腐蚀评估建立静设备管理规范，实现设备标准化管理，同时基于腐蚀回路进行工艺防腐管理，保障静设备运行安全，从而满足静设备管理及防腐需求，实现设备完整性的目标。

腐蚀监测技术，就是利用各种仪器工具和分析方法，对腐蚀介质、材料在工艺介质环境中的腐蚀过程与腐蚀速率、对腐蚀结果与减薄隐患进行监测与分析，及时为工程技术人员反馈腐蚀相关信息，预测设备和管线的剩余寿命，从而采取有效措施减缓腐蚀、及早发现隐患，预防腐蚀事故发生。通常，腐蚀监测主要目的是：识别装置的腐蚀隐患并进行预警；监测腐蚀控制方法的使用效果（如选材、工艺防腐等）；评估设备和管道使用状态，提高设备和管道可靠性；预测设备和管道的剩余寿命。通过腐蚀监测，炼化企业不仅可以预防腐蚀事故的发生，还可以及时调整腐蚀控制方案，减少不必要的腐蚀控制费用，获得最大的经济效益。另外，通过收集和积累腐蚀监测数据，可以为装置检修提供基础数据，为下一生产周期积累经验。

腐蚀监测点早期主要依靠方案制定者的经验及装置历史发生的腐蚀问题为基础，综合其他同类装置的腐蚀问题来设置监测点。但由于腐蚀的多样性，腐蚀重点部位会因工艺条件、材质、结构等的不同而变化，无法有效实现腐蚀的动态管控。随着技术进步，目前腐蚀监测点的制定不再以经验为主，而是采取腐蚀风险评估、腐蚀回路分析、腐蚀机理判定、腐蚀模拟计算、腐蚀实践分析等方法精准识别高腐蚀风险隐患部位，实现腐蚀风险部位的分级，从而尽可能地避免监测选点错误，提高腐蚀监测的效率。

2.2.9.2　设计方案

智能工厂设计阶段实施静设备风险评估技术，主要目的是在设计阶段全面分析设备和管道在建造和使用过程中可能存在的失效模式和失效风险，提前明确高风险工况和部位，一方面可降低设计、制造、安装过程中的缺陷所导致的风险，从源头控制；另一方面有利于在装置的高风险部位建立监测点，提前预防失效事件的发生。风险评估工作目的如图 2-3 所示。

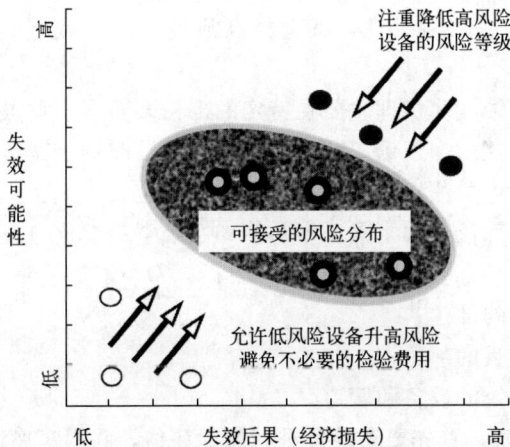

图 2-3　风险评估工作目的示意图

风险评估工作包括设计资料及数据的收集、腐蚀研究、风险分析、制定检验和监测管理计划等环节。其中设计资料及数据包括设计文件、工艺参数、设计变更管理、项目现场条件、经济影响等。腐蚀研究是以腐蚀回路为基础，在腐蚀回路中识别设备和管道的腐蚀损伤机理并预估腐蚀速率。风险分析就是将失效可能性和失效后果结合起来，进而确定每个设备和管道元件的风险等级。风险评估工作流程如图 2-4 所示。

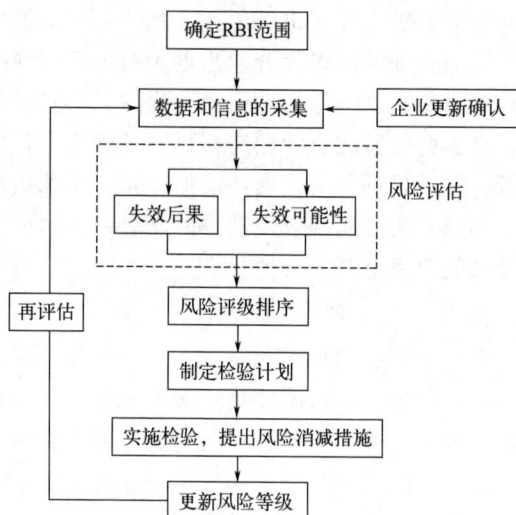

图 2-4 风险评估工作流程示意图

腐蚀监测部位的选择通常需要遵循以下几个原则。

① 对于均匀腐蚀减薄机理，宜选择高流速、湍流或涡流等部位进行优先布点。

② 对于局部腐蚀减薄机理，要在特定的部位多布点，单点检测可能会无效。

③ 应根据原料性质、现场工艺操作等变化，及时动态调整布点方案。

④ 设置时应重点关注以下几个腐蚀严重的部位：
- 有水凝结的部位，如常减压塔顶冷却系统空冷器出口及水冷器出入口；
- 高流速部位、存在冲刷腐蚀的部位；
- 存在多相流的部位；
- 高温腐蚀严重的部位；
- 事故发生频繁的设备和管道。

腐蚀监测设计时，首先要对装置进行腐蚀评估，找出高腐蚀风险部位，设置便于实施的监测点，根据腐蚀类型采取合理的腐蚀监测措施。腐蚀评估的方法包括腐蚀回路分析、腐蚀机理识别、腐蚀发生程度评价、腐蚀发生导致的危害等。设计中重要的一点是根据装置现场运行的实际腐蚀监测情况，及时对腐蚀监测方案进行不断完善和优化。

确定好腐蚀监测点之后，选择合适准确的腐蚀监测方法决定了设计采用单一的腐蚀监测方法不能满足炼化企业的要求，通常需要同时采用多种监测方法才能获得比较准确可靠的腐蚀监测信息。例如，电阻探针或电感探针腐蚀监测数据通常需要用腐蚀挂片数据进行校正，以防止由于探头污染等造成的数据偏差。另外，工艺介质分析和腐蚀产物分析也十分重要，可以反映出腐蚀发生的主要原因和腐蚀状况，与腐蚀监测数据相关联后，这些数据可以用于预测腐蚀发生的可能性及程度。随着技术的不断进步，新的监测技术不断出现，监测效率、监测精准度都大幅度提高。为了实现高效监测的同时降低监测成本，炼化企业通常会采用多种监测组合方法，如点监测、面监测的结合等。

腐蚀监测的频率也是设计时需要考虑的一个重要因素。腐蚀监测[55]可以周期性进行，也可以连续性进行，其频率由腐蚀监测方法、被监测部位腐蚀程度及腐蚀监测费用三方面确定。腐蚀监测方法决定着腐蚀速度的响应时间。腐蚀监测频次一般较低，如腐蚀挂片的监测周期通常为一个月以上，定点测厚的监测周期通常为三个月以上。在线腐蚀监测频次较高，如电阻探针或电感探针的监测周期可以缩短到几小时至几天。此外，被监测部位腐蚀加重时应加大腐蚀监测频率，而腐蚀比较轻微的部位其监测频率应相应减少，这可以根据现场情况动态调整，或者结合 RBI 或者腐蚀风险分级，实现监测效率的最优化。腐蚀监测费用对于炼化企业十分重要，过于频繁地采用高成本的腐蚀监测方法，其费用是相当巨大的。在目前阶段，连续性在线腐蚀监测费用比周期性腐蚀监测费用高，因此，多数炼化企业仍采取后一种方法，并且在允许的情况下尽量减少监测频率。

腐蚀监测数据通过专业软件统计、分析、整合可用于分析确定影响腐蚀关键要素，进行风险识别、隐患定位等，指导制定或修订腐蚀监测方案（包括腐蚀监测部位、监测方法及监测频率的选择），判断腐蚀发生的程度和腐蚀形态，监测腐蚀控制方法的使用效果（如选材、工艺防腐等），对腐蚀产生的系统隐患进行预警，判断是否需要采取工艺防腐措施，评价设备和管道使用状态，预测设备和管道的使用寿命，并有助于制定设备和管道的检维修计划。

2.2.10　工业炉设计

2.2.10.1　设计需求

结合石化企业工业炉运行、管理智能化的需求，以工业炉"安全、低碳、高效、节能"为主导，工业炉专业针对工业炉燃烧智能化控制、乙烯裂解炉实时优化控制、工业炉先进控制等一系列全方位、多维度的工程实践提出相应的设计方案。与工业炉智能运行相关的设计需求如下。

（1）工业炉燃烧安全控制系统

工业炉的操作过程，从安全性上说：在燃烧器的启动、工作、停用等整个过程中，根据所使用的燃料特性，安全燃烧装置必须能够确保最安全和最合理的操作。设置安全燃烧控制系统的目的是防患于未然，实现工业炉运行全过程的自动化控制，尽最大努力避免由于人为的误动作或由于燃烧设备的故障引起爆炸或其他事故。从高效性上说，随着信息技术和大数据技术的进步，工业数字化进程不断深入，计算机控制技术应用于工业炉的运行优化已经慢慢成为国外先进炼厂的共识。借助工厂智能化操作平台，通过计算机分析控制工业炉燃烧过程的氧含量、炉膛温度、管壁温度等相关核心控制参数，可以准确、长期地保证工业炉高效运行，解决人为控制易偏离最佳工况且操作调节频繁、滞后的弊端，实现氧含量的闭环控制，有效提高工业炉热效率，减少 SO_x、NO_x 等废气排放。

工业炉作为一种连续运行的设备，其燃烧过程需要根据燃烧状态需要进行实时监控和调节。从安全高效、节能减排等方面对工业炉进行全方位、多角度的智能控制已经成为国外先进炼厂的普遍共识，工业炉燃烧安全控制系统正是基于此而产生的一种智能化的工业炉燃烧综合控制技术。

（2）在线实时优化（RTO）系统

在线实时优化（RTO）系统是化工板块数字化战略的重要举措。乙烯装置产品种类多、市场波动大，因此装置优化空间大、投资收益高，应用 RTO 可以取得更显著的效益。乙烯装置特别是其中的乙烯裂解炉是 RTO 建设的主要方向之一。

通过以乙烯裂解工艺为研究对象，研发适用于乙烯裂解装置实时优化的反应模型和附属设备模型，并开发配套的高性能求解器和在线优化组件，实时跟踪乙烯装置的生产情况，使装置的生产运行更好地接近工艺约束，更好地响应工艺的扰动，以装置的原料、产品和公用工程价值为导向，持续不断对装置进行实时优化，提高高附加值产品的收率，使装置的操作达到最佳的经济效益操作点。

（3）智能化烧焦技术

原料油经乙烯裂解炉高温裂解生产出乙烯、丙烯等产物。裂解炉因连续生产，炉管内壁会逐渐积结焦质，因此裂解炉需定期进行烧焦操作，以保障裂解炉的长周期运行。但是目前一般每台裂解炉每次通过内外操配合手动烧焦时长平均为 2 天，劳动强度大，需要开发自动烧焦技术。目前如镇海炼化乙烯装置已经在应用程序化的自动烧焦技术，将替代现有手动烧焦技术，使操作更加自动化，减少大量人工操作。除此之外，半自动或全自动程序烧焦，仍然无法避免烧焦操作时间长的问题。因此，为了使裂解炉烧焦操作能够安全、灵活、快速进行，乙烯装置需要采用更加智能的快速烧焦控制技术。随着在线分析检测技术的发展，目前气体 CO_2 含量的在线分析技术逐渐发展成熟。在烧焦过程中对烧焦尾气进行分析，监测并控制烧焦过程的热量释放，则能实现对烧焦过程的闭环反馈控制及操作优化。同时得益于热辐射成像测温技术的成熟和应用，部分裂解炉装置已具备了实时检测裂解炉管壁温度分布的技术条件，可实现裂解炉烧焦过程中的关键变量的实时测量、反馈以便进行监测和控制，为开发出高效、智能裂解炉自动烧焦控制和优化系统提供了条件，可促进乙烯裂解炉达到节能、降耗、减排、提质增效的目标，进一步推进智能工厂的建设。

2.2.10.2　设计方案

（1）工业炉燃烧安全控制系统设计

① 基于国产化核心监测设备的工业炉的安全燃烧监测。国内一些燃烧监测设备制造厂也在不断发展壮大，许多过去只能依靠进口的火焰监测、控制设备都已完成国产化，极大地降低了设备采购成本。这一切，都为我国石化行业全面提升工业炉燃烧监测[56,57]及控制水平，保障炼化企业的安全生产，实现节能降耗提供了有利条件。工业炉燃烧安全控制系统的实施必须建立在燃烧监测设备稳定数据输出的前提下，完成核心监测设备国产化就为将来的工业炉设计中全面增加燃烧监测设备提供了条件。

工业炉安全燃烧控制系统融合工业炉现场运行状态实时监控技术，工业炉三维温度场监测技术、炉内外火灾报警监控技术等。结合工业炉数据采集、分析、诊断技术，实现实时监控、优化建议、维修保养、安全警报等目标的工业炉数据采集、分析、诊断技术，精准掌握、调控工业炉节能、环保、安全等关键指标。

建立以炉管受热面壁温、风量、氧量、介质流量、介质入口温度等参数为基础的工业炉燃烧状态智能检测模型，应用数据挖掘技术深度分析信息特征，从各个特征出发可以全面了解工业炉各类工况下的工业炉燃烧状况，为燃烧状态分析、调整准备数据基础。工业炉运行过程中，不同工况下其控制特性差异较大，通过在线数据分析模型提取运行数据特征，采用智能模式识别技术可以在线分析得到运行的各类特征工况，为后续控制特性分析提供数据基础。建立基于工况参数、指标参数、操作指令参数的智能寻优模型，系统以工况识别为基准，通过多维寻优算法，进一步在线识别各个工况下的多维指标的最优值，并确定该工况下最优指标的最优操作指令。通过机器学习模型自动识别工艺 P&ID 中各阀门特性曲线，当更换阀门或性能变化时，可以自动修正阀门特性曲线，同时还可以给出阀门内漏等预警提示。在不同的工况下，工业炉燃烧所能达到的最佳性能也各有差异，通过燃烧性能智能模型评价模式实现工业炉燃烧性能指标（包括能耗、效率、排放等）各类工况下的最优性实时检测分析，实现实时评价性能的优劣评判，并给出各类工况下最优的运行模式。

② 在燃烧器的主燃料气线和长明灯燃料气线上增加自动切断阀。设置安全燃烧控制系统不仅要求整个系统安全可靠，还要求构成该系统的各个设备都极为可靠。点火前或熄火后，如有燃料泄漏到炉内，也会直接引起爆炸，必须绝对避免。尤其是在熄火后不久，如有泄漏燃料，而此时炉内还保持高温，更容易发生

事故。美国、日本以及欧洲国家的有关标准均规定了需设置安全装置，其中燃料切断阀是保证安全的最重要装置，不仅要求阀门本身极为可靠，还要防止自动装置被管道内的杂物卡住而出现意外事故。为了避免出现这类情况，设计过程中将设置两个相邻的切断阀，以免燃料从切断阀漏入炉内。不仅对于切断阀本身有可靠性的要求，还制定了严格的操作程序并采用自动控制系统进行控制以避免误操作造成的安全隐患。

③ 安全可靠且适合国内石化企业的工业炉燃烧控制方案。从目前的情况来看，各国炼厂所采用的燃烧控制系统的设计方案及深度不尽相同，对于工业炉控制自动化程度也千差万别。另外，国际上对于该系统的设计要求，控制逻辑，软、硬件的安全等级要求也没有统一的标准界定。目前我们通过借鉴国外先进的燃烧控制技术，结合我国炼厂的操作实际、控制方案特点、工艺流程以及国内燃烧监控设备、控制软硬件系统的发展水平已经研发出了一套适合我们国家自己的燃烧控制系统。未来在工业炉智能化的大目标下，项目以工业炉运行数据为基础，采用大数据分析技术以及人工智能技术，充分挖掘运行数据信息融合工艺机理，进一步研发集机理分析技术、数据分析技术、人工智能技术为一体的具备自学习、模型自校准、安全稳定、智能优化自决策、精准控制自执行特点的工业炉智能燃烧系统。

（2）工业炉在线实时优化系统设计

在实现在线实时优化系统过程中，需要将乙烯装置运行生产数据由 DCS 系统传递到实时数据库，导入基于在线优化平台的装置模型中，由装置模型实时进行模型整定、仪表误差诊断并优化操作点。因此需要将裂解炉操作的关键工艺参数通过在线仪表实时上传至 DCS 系统，关键工艺参数如进料油品性质的在线分析、燃料气组成的在线分析、横跨物料温度、横跨烟气温度、裂解炉炉管出口温度（COT）、裂解气在线分析等都需要实时上传至 DCS 系统，以对在线实时优化模型进行校正。

投用 RTO 系统需要以现场操作数据、产品及原料分析数据、物料价格数据为计算输入，以装置模型为计算依据，以效益最大化为目标，对生产装置关键工艺参数进行优化计算并自动执行，使装置始终处于高效、低耗和安全的运行状态。在生产计划限制约束下，装置生产安全范围内，以效益最大化为目标，挖掘装置各区域的优化潜力。RTO 技术和 APC 构成在线、实时优化、闭环控制的实时优化系统。在线性规划的计划优化模型中构建符合机理的结构形式，从而能够对馏分的关键物性进行精确计算和性质传递，能够较为准确地表达原料组成、关键操作参数对装置产品分布、产品质量的影响。

结合裂解炉结构数据和装置运行数据（原料分析数据、裂解炉操作参数和裂解气分析数据），开展乙烯裂解炉模型研究，为裂解炉模拟和优化、仪表监控、结焦速率计算、能耗计算、裂解气组成计算等提供基础模型；利用乙烯裂解炉模型，实时计算裂解炉炉管结焦厚度，为裂解炉清焦预警提供参考，确保裂解炉安全稳定地运行；结合裂解气 LIMS 分析数据，实时校准乙烯裂解炉模型，精确计算裂解气的详细组成，为后续装置优化计算提供数据基础；通过多目标优化技术，结合乙烯裂解炉模型，实现乙烯装置的实时优化控制，使装置的生产及时响应原料、产品和公用工程的市场价格变化；利用在线实时乙烯装置模型，对装置关键仪表进行实时监测，及时发现仪表故障，确保装置的长周期运行。

（3）智能化烧焦与焦粒处理相关技术

为实现裂解炉的智能化烧焦，在设计时需要考虑增加高精度在线分析仪及基于炉膛监控的高精度炉管壁温监测系统，并可实现监测数据实时上传至 DCS 系统，以作为烧焦过程预测的重要数据支撑。

对裂解炉的智能运行还可以结合现有的裂解炉先进控制、常规裂解深度控制、炉膛监控［辐射炉管管壁温度（TMT）分布、燃烧状态及炉膛温度场、烟气组成］等信息参数，在自主开发的裂解机理模型和动态模型基础上，对裂解原料选择、裂解深度控制、裂解周期控制等指标进行智能化分析并给出操作优化建议；根据操作参数进行智能化监测、分析，实现裂解炉智能化运行和智能化烧焦。

2.2.11　信息化设计

结合石化智能工厂状态感知、智能操作、优化诊断、系统设计等智能化需求，确定信息专业信息技术设计、总体方案、技术路线及数据标准等重点内容，提出详细的设计方案或要求。

2.2.11.1　设计需求

在智能工厂建设过程中，需要在早期工厂规划阶段明确建设目标、技术方案及概预算等重点内容，信息技术（IT）与运营技术（OT）的融合过程会产生诸多业务方面的需求，以石化生产运营实际业务需要和工艺技术安全为导向，落实业务驱动要素和必要条件。涉及集团、管理部门、生产企业等多层级、多领域的技术工作，是一个复杂、长期、系统的工程。推动智能化建设，要做到全面把握、融会贯通，按照集团相关政策、路线，制定具体的实施方案，高标定位、缜密谋划，全面统筹落实智能工厂设计工作。

① 智能工厂顶层设计需求。石油化工智能工厂建设需求源于炼化企业，普遍侧重于生产运营和经营管理等信息系统的建设，与工程设计脱节，在设备感知、智能操作、优化诊断等方面缺乏相应的技术支撑，需要将智能工厂建设需求

与工程设计充分融合，全面推进设计运营的全生命周期一体化建设，培育并构建智能工厂优秀基因。坚持业务驱动导向，目前国内智能工厂项目的工程设计与建设脱节，导致无法满足智能工厂成熟度的要求，多数项目存在逆向工程，造成了智能工厂建设成本高、改造困难、效率低等问题。因此，需要以设计为源头，围绕工厂、装置到装备层级，从工厂规划初期做好以业务驱动的方案规划、技术引领和概算优化；结合专业设计，明确整体架构，应用功能，及对感知、控制、操作、模拟模型等设计的整体要求。

② 智能工厂平台化设计需求。坚持问题导向，随着产业信息化和信息产业化的高速发展，以及部分历史遗留，石油化工企业目前存在多个信息系统并存，功能重复建设或者冲突的问题，不同信息系统之间数据流打通困难，逐步形成了多个信息孤岛。因此，需要在设计阶段，梳理资源、流程、资产等多维度的数据资产，并进行标准化设计和规范化实施。在智能工厂设计阶段，应结合专业设计，明确平台架构、业务架构、数据架构，构建统一的工厂模型。

③ 智能工厂多跨应用场景设计需求。随着新一代 IT 与 OT 融合发展，原来可能需要多个应用的业务场景逐渐走向多跨融合的方式。结合专业设计，在设计阶段明确业务需求、安全权限、场景分析及实施方案。

2.2.11.2 设计方案

构建以设计为源头的智能工厂信息化顶层建设方案[58,59]，实现正向建模、全局优化、效益最大化。传统工厂设计中的智能应用往往没有与工程设计融合，信息技术专业需要牵头梳理智能应用需求，统筹优化编制全面感知能力提升方案，与专业设计协同工作，让数据纵深到底，打通数据的堵点和断点。设计阶段以企业层面基于业务驱动编制的规划方案为开始，整体考虑智能工厂建设内容，按照企业短期规划编制物资采购计划，形成物资采购/生产方案并实施企业生产计划优化。待生产计划分解下达后实施生产资源的调度优化和效益测算。调度优化的资源配置结果被送到装置层进行实时优化，通过性能监测和操作优化，将优化设定值通过控制系统下装至 APC 控制器、PID 控制器，实现智能优化决策与智能自主调控的正向优化方案。

石化智能工厂设计从整体上可划分为数据层、平台层及应用层，设计产生的工程数据（及其关联关系）、文档、智能 P&ID、三维模型、机理模型，设备厂商交付的设备信息等，经解析后处理成统一工厂信息模型沉淀到平台业务中心，统一由整体平台层向上为各种应用提供各项能力的支撑，保证数据同源和模型统一。工业知识库承载数字化交付的装置静态数据，与工业数据湖存储的动态数据共同为上层工业应用提供数据服务。

石化智能工厂多跨应用场景设计，在数字底座及工业互联网平台的有力支撑下，对传统信息化建设的各系统进行数据读取，按照工业互联网的架构重新建模，加入智能优化、机理模型等智能化决策的因素，逐步取代当前人工决策的传统模式，变为机器智能决策。解决以往分散建设形成的信息化孤岛问题，真正实现数据和信息的互联互通与实时共享。在此基础上，进一步通过整合与集成，打通 IT 与 OT[60,61]，搭建起模块化的数字基础平台，为在智能应用层上构建面向未来的敏捷化、场景化应用设计提供方便工业应用软件开发的可复用组件。

在应用层面构建起从一到 N 的智能化应用场景，这些场景广泛分布于采购、销售、生产调度、工艺管理、质量管理、仓储物流、设备管理、能源管理、应急管理、园区管理等各个业务域，它们有机地交织在一起，共同构筑起智能工厂的总体框架。通过基于中台的模块化可复用组件，可以根据未来新涌现出的场景不断生长发育出新的应用，持续丰富智能工厂的整体应用。

2.3　智能工厂设计实施

智能工厂设计与工程设计结合，以可行性研究、总体设计、基础工程设计、详细工程设计四个阶段，对智能工厂设计过程的规划设计、专业内容等实施重点进行说明。

2.3.1　实施内容

2.3.1.1　可行性研究

由于项目可行性研究报告中存在智能工厂建设需求不明确、投资效益计算分析不充分等问题，同时为了适应智能工厂建设新的变化，满足高效科学投资决策的需要，做到业务驱动、需求明确、投资合理、促进融合建设、提高质量效益，需要在可行性研究阶段综合考虑多方面要素。

（1）编制"智能工厂设计专篇"

为了强调可行性研究阶段在智能工厂规划设计中的重要作用，同时为了提高可行性研究阶段智能工厂规划设计的标准化、规范化水平，确保智能工厂设计从规划抓起，可考虑在可行性研究报告中增加"智能工厂设计专篇"，以信息技术专业作为主导专业编制。

（2）明确智能工厂设计水平

由于建设单位的智能化现状基础不同，人力资源结构不同，智能工厂建设的进程不同，项目的智能工厂设计水平会有所不同。可行性研究阶段，应结合建设单位智能工厂建设的现状及目标具体情况，对智能工厂建设的业务驱动进行分析，在需求工程阶段明确项目的智能工厂设计水平，作为智能工厂规划设计的基础。

（3）实施智能工厂专业设计

各相关专业应在可行性研究阶段专业方案设计中同步规划与智能工厂设计水平相当的，满足生产操控智能化、设备管理智能化、能源管理智能化、安全管理智能化、环保管理智能化需要的设计方案和设备配置，提出与智能工厂设计有关的设备清单和投资估算条件。

① 信息技术专业。信息技术专业应发挥智能工厂方案设计全专业协同的作用。负责调研建设单位智能工厂建设的现状基础，结合企业实际情况，与业主协商确定项目的智能工厂设计水平。与工艺、设备、仪表、电气等专业充分结合，协调各装置、各专业人员制定有关硬件设施及软件接口标准。对行业智能化需求进行分析归纳，与建设单位对接顶层设计并进行需求分析，完成智能工厂建设目标和范围。结合工艺流程、设备感知层和系统控制层设计，在工艺包阶段落实到相关专业设计内容中。

在可行性研究阶段，结合建设单位信息化建设可行性研究程序，对信息系统层应用系统建设内容和实施范围进行明确，并落实到信息专业设计内容中。

② 工艺专业。以智能工厂设计为导向，执行设计过程数字化和协同化，设计成品数据化、结构化和模型化，为后续阶段搭建全厂总工艺流程机理模型、装置投入产出机理模型（分牌号）、项目（全厂）主项标准化结构化模型、项目（全厂）公用物料统计机理模型和公用工程系统平衡机理模型、项目（全厂）能耗/排污/碳排放统计机理模型、项目（全厂）投入产出机理模型创造条件。

③ 安全专业。汇总安全基础信息中的生产工艺基础信息，包括危险化学品，危险化工工艺等信息。危险源监控在前期阶段可根据经验判断全厂重大危险源情况。

④ 环保专业。环保专业配合工厂设计专业的工作，首先确定项目的智能工厂环境保护系统设计水平，规划与环保管理智能化需要相适应的设计和设备，考虑与智能工厂设计水平相匹配的投资估算。

⑤ 仪表自控专业。应根据工艺要求或建设单位的智能化要求，确定仪表自控专业的智能化、标准化水平，说明采用的智能化设计和方案；简要说明主要智能仪表的选型原则（包括流量仪表、物位仪表、压力仪表、温度仪表、控制阀、在线分析仪等）、防爆等级、信号类型等；简要说明数字化设计用到的一些软件和功能；简要说明对仪表设备运行状态监控、诊断及预维护的原则；将复杂控制回路在工艺流程图（PFD）上表示出来；最后在可行性研究报告中考虑智能化要

求的投资估算。

⑥ 电信专业。明确智能工厂设计依托条件、需要设置的各电信系统，对各电信系统的结构进行方案对比并提出推荐方案，明确各电信系统的重要功能与技术指标。

⑦ 动设备专业。和生产企业对接，确定各动设备分级，初步规划各动设备现场感知、数据采集设备，主要包括传感器、数据采集器等设备，涉及的设备费用、施工费用计入工程投资中。

⑧ 投资估算专业。统计与智能工厂设计有关的投资费用。

(4) 夯实智能工厂设计基础

以智能工厂设计为导向，在可行性研究阶段尝试利用现代信息技术，集成软件、过程、知识，创新工作流程，重构业务模式，深化各专业间的设计协同模式，使数据传递更加便捷，条件互提更加高效，设计工作更加智能，逐步实现设计过程数字化和协同化，设计成品数据化、结构化和模型化，为全过程的智能工厂设计奠定坚实基础。

(5) 智能工厂的投资估算

可行性研究阶段应考虑与智能工厂设计水平相匹配的投资估算，并单独统计与智能工厂设计有关的投资，衡量项目的智能化投资水平。

2.3.1.2　总体设计

各相关专业应在总体设计阶段专业方案设计中同步规划与智能工厂设计水平相当的，满足生产操控智能化、设备管理智能化、能源管理智能化、安全管理智能化、环保管理智能化需要的设计方案和设备配置，提出与智能工厂设计有关的设备清单和投资估算条件。

① 信息技术专业。在总体设计阶段，基于专业统一规定，针对应用系统，明确各装置配套设计内容或者提出设计要求。

② 工艺专业。在总体设计阶段应与业主确定装置需达到的智能化水平、优化目标数量、涉及的数据点位及范围，用于投资估算。如果智能化部分建设开发时间长于常规建设部分，可将智能化部分按阶段进行设计，分阶段建设实施。

工艺包阶段应对装置智能化提出需求分析和建设方案，并在设计文件中给详细设计承包商提出具体的优化目标条款，以及满足智能化水平的软、硬件要求，并在图纸和文件中预留增补的位置。对各装置的控制优化提出具体需求，从而在基础设计阶段进行相应方案设计，并为下游装置提供顺控说明，或复杂控制条件。还需要考虑分析化验无人化的方案如何落实，并在基础设计和详细设计阶段具体实现。

③ 安全专业。根据安全基础信息、危险源分布情况等规划工厂总平面布置，

并运用 Phast 等模拟软件计算，初步确定厂内人员集中场所的安全防护距离。统计危险化学品数量、存储要求，规划全厂性化学品库、放射源库等重点监控场所的面积、布置。

④ 环保专业。总体设计阶段环保专业应在收集上游工艺装置的三废排放资料基础上，对全厂环保设施和排放源的智能化管理提出需求分析和建设方案，包括系统基础设施的构成、采用的技术、设计原则、配置原则、主要功能和性能要求等，并结合业主或最终用户的需求，在"专业设计统一规定"中将其明确。

⑤ 仪表自控专业。应根据工艺要求或建设单位的智能化要求，确定仪表专业的智能化、标准化水平，说明采用的智能化设计和方案；简要说明主要智能仪表的选型原则（包括流量仪表、物位仪表、压力仪表、温度仪表、控制阀、在线分析仪等）、防爆等级、信号类型等；简要说明数字化设计用到的一些软件和功能；简要说明对仪表设备运行状态监控、诊断及预维护的原则；将复杂控制回路在工艺 PFD 图纸上表示出来；最后在总体设计报告中考虑智能化要求的投资估算。

⑥ 电信专业。总体设计阶段应在可行性研究设计的基础上确定智能工厂电信系统结构、基本功能与主要设备的技术指标，明确智能应用场景，明确各界区单元的设计界面及整个项目的主要线路敷设路由图。

⑦ 电气专业。在可行性研究文件或总体设计说明书中明确项目智能化的需求，根据石油化工智能工厂设计方案，编制简要的石油化工智能电网设计原则、功能描述。

根据智能化水平要求，对智能终端的配置、智能电网系统应用开发需求进行阐述。简要说明主要智能化设备的选型原则。

⑧ 静设备专业。总体设计阶段是设备完整性管理的第一个阶段。在这个阶段，应明确投用后潜在的腐蚀问题，将需要采取的选材优化、工艺防腐、监检测措施等进行提前布局，并建立合理的管理制度，可降低装置运行风险，大大减少后续运行可能出现的维修/改造费用。在可行性研究或总体阶段确定智能工厂设计水平后，需相应规划静设备专业的智能化设计内容和深度。

2.3.1.3 基础工程设计

各相关专业应在基础工程设计阶段专业方案设计中同步实施与智能工厂设计水平相当的，满足生产操控智能化、设备管理智能化、能源管理智能化、安全管理智能化、环保管理智能化需要的设计方案和设备配置，细化落实与智能工厂设计有关的设备清单和建设费用。

① 工艺专业。工艺专业应在基础设计或详细设计阶段开发出完善的流程模拟机理模型（必要时混合数据模型），以提供给实时优化等智能化平台使用。考虑装置的能量优化和公用工程优化：各装置能量优化需要考虑换热网络是否合

理；公用工程优化不仅是单个装置的用能优化，还需要全厂统筹考虑各等级蒸汽、水如何在各装置间利用。

② 安全专业。需要收集化学品安全技术说明书（SDS），提取设计过程中需要的物性参数，作为基础设计的输入资料。根据各单元（装置）的危险化学品存量计算重大危险源等级。

对工艺装置、公用工程和辅助生产设施内的容器、危险化学品库（包括放射源库）等处的液位、温度、压力和可燃有毒气体浓度的实时监测数据、报警数据汇总，实现报警监控、报警管理、运行监控等功能。

通过风险评估方法识别危险场景并对风险进行定级。以 HAZOP 分析为例，依据风险矩阵，对 HAZOP 分析过程中识别出的危险场景进行定级，可形成风险清单，后续可实现动态跟踪各风险项的状态。对于企业不可接受的风险，提出整改措施，并在设计过程中落实。组织并汇总各项风险评估的结果，搭建各生产装置与储存设施的风险库，可实现风险场景的智能检索、高风险项的调取与汇总、整改措施的跟踪落实情况等功能，同时该风险库还可以为工艺异常工况提供早期预警及处置方案，为事故原因排查提供参考，为操作人员培训提供素材，提升企业的安全管理水平。

基于基础设计深度的设计资料，利用二维/三维模拟软件进行泄漏、火灾和爆炸的模拟，预测发生事故后，火灾、爆炸和中毒事故的影响范围。模拟结果不仅可用于设计中，还可为突发事件应急演练提供参考。

③ 环保专业。在基础工程设计阶段应为后续详细设计搭建出智能化设计的模型或框架，并在设计图纸和文件中给出具体的体现，如设计说明书、系统技术规格书、主要设备布置图等。

④ 仪表自控专业。仪表设计说明（或规定）中应包括智能化设计的依据、总体设计审查意见的执行情况，并增加对智能工厂设计的相关内容。主要包括以下内容：

- 生产过程装置对智能化水平的要求和适用范围；
- 生产过程装置对报警优化系统的要求；
- 对全厂控制系统的网络架构的要求；
- 对现场智能仪表的选型等的要求；
- 对数据平台、数据治理和数据安全等的要求；
- 对仪表设备运行状态监控、诊断和预维护的要求；
- 对安全仪表系统的全生命周期状态监测的要求；
- 对其他智能化应用的要求。

复杂控制说明中增加对复杂控制回路和 APC 的文字说明，并协助工艺专业完成 P&ID 图纸内复杂控制回路绘制。

顺序控制说明中增加对先进控制的文字说明，表示先进控制中相关设备的操作状态及各个控制模块之间的逻辑关系。

集散控制系统（DCS）规格书中说明系统总体要求、智能化的要求及硬件组成；增加对仪表设备运行状态监控和预诊断等专家应用软件的说明；增加对报警优化系统功能的说明；增加对先进控制等应用软件的说明；附上全厂控制系统的网络架构图。

安全仪表系统规格书中增加对全生命周期状态监测方案的说明。

⑤ 电信专业。基础工程设计阶段应明确智能工厂电信各系统的功能、技术指标、各单元的设备布置图和系统结构图，基础设计文件应包括设备选型，宜满足设备采购的深度；设计说明应说明电信设计范围和内容，结合智能工厂设计内容说明工程特点和全厂电信系统依托条件，说明电信系统的组成和依托情况。

行政电话、调度电话和直通电话：说明装置所设电话的种类、与全厂总机的关系、语音出线口的设置原则。直通电话应说明实现方式。

无线通信系统：说明系统方案、系统组成、工作方式、使用场所的特征、使用频率、功率。

火灾自动报警系统：说明火灾报警系统的组成，电话报警系统与火灾自动报警系统的设置原则。

扩音对讲系统：说明系统方案、系统构成、功能、控制方式、容量、回路数量、电源，主机安装位置，对讲电话的设置原则，与其他系统的连接关系。

电视监视系统：说明系统方案、系统构成、控制方式、容量、电源、供电方式，监视器、控制器、操作台和摄像机的设置地点，摄像机的观察对象、传输方式、与全厂系统的联网关系、与其他系统的连接关系。

⑥ 电气专业。根据可行性研究或总体批复意见，在专业统一规定中对石油化工智能电网设计原则、功能进行初步说明，主要包括以下内容：

- 硬件需求，对所有智能化终端设备配置和选型进行描述；
- 软件需求，对智能电网系统架构进行描述；
- 应用需求，对智能电网应用配置和功能进行描述；
- 网络安全，对智能电网系统数据库和网络安全方案进行描述。

依据上述配置方案，列出石油化工智能电网建设所需设备材料清单和概算。

⑦ 动设备专业

- 和生产企业对接，核对动设备分级。
- 细化各动设备测点，在请购和招标技术文件中规定测点内容、数量、技术要求。
- 在请购和招标文件中规定监测和诊断系统功能要求和技术条件。
- 依托设计软件进行动设备数字化建模。

⑧ 静设备专业。完整性管理中的风险评估（RBI，基于风险的检验）是为了确定装置预期的腐蚀状态、设备关键部位存在的潜在危害，确定装置特定运行条件下腐蚀机理的变化，这样在设计阶段，设计团队可以利用评估结论来合理选

材，在运行阶段，腐蚀工程师可以利用评估结论来审查腐蚀监测的数据，并评估设备是否适于运行期间的变化。图 2-5 为某静设备的安全风险矩阵。

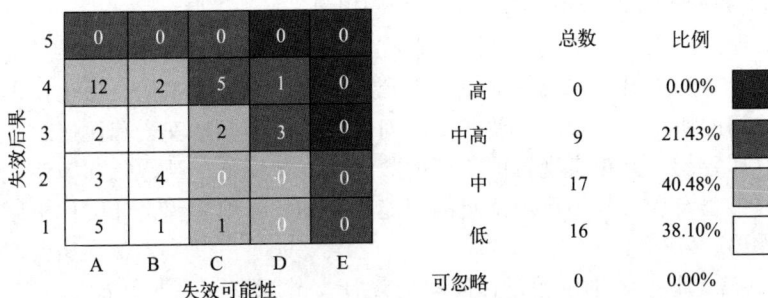

失效后果	A	B	C	D	E
5	0	0	0	0	0
4	12	2	5	1	0
3	2	1	2	3	0
2	3	4	0	0	0
1	5	1	1	0	0

失效可能性

	总数	比例
高	0	0.00%
中高	9	21.43%
中	17	40.48%
低	16	38.10%
可忽略	0	0.00%

图 2-5　设备安全风险矩阵

设计阶段的选材至关重要，需要综合考虑正常操作条件、特殊操作条件以及基于设备生命周期成本的经济评估。在设计阶段基于腐蚀风险评估结论，选择合理的检查和监控技术，说明监控的原因、频率、异常数据的报警点设置、多监控数据的互相验证等。除此之外，还需对监控的数据进行分析和对比，以便在发现异常情况时，可以及时采取补救措施，并制定例行报告，就异常情况及处于可接受状态的所有系统进行说明，同时，利用数据库系统完成该流程的自动化操作。

腐蚀监测技术方法不仅包括腐蚀监测技术，还包括腐蚀回路分析、腐蚀机理识别、流态模拟分析、腐蚀数据分析等理论与实践相结合的腐蚀评估技术。腐蚀监测从生产装置的设计阶段开始建立，通过腐蚀机理识别、腐蚀回路分析等方法，找出装置高腐蚀风险部位，并设计腐蚀监测方案，尤其是需要在设备和管道上开口安装的腐蚀监测设备，一定要在基础设计阶段做好规划。

⑨ 信息技术专业。在基础设计阶段，按照统一规定和可行性研究批复意见，针对应用系统、基础设施及专业配套进行技术方案及概算编制。

2.3.1.4　详细工程设计

各相关专业应在详细工程设计阶段专业方案设计中同步实施与智能工厂设计水平相当的，满足生产操控智能化、设备管理智能化、能源管理智能化、安全管理智能化、环保管理智能化需要的设计方案和设备配置，进一步落实与智能工厂设计有关的技术方案和软硬件设施。

① 工艺专业。开发出完善的流程模拟机理模型（必要时混合数据模型），以提供给实时优化等智能化平台使用。

② 安全专业。对基础设计阶段的设计内容进行细化。

③ 环保专业。在详细设计阶段，在完善基础工程设计基础上，还要完成智

能化部分的设计，以提供给全厂环保智能化管理平台使用。

④ 仪表自控专业。在仪表设计说明中应包括智能化设计的依据、基础工程设计审查意见的执行情况、智能化设计的范围、复杂控制回路说明（含先进控制等方案）、智能仪表的选型、施工时注意事项等。

以智能工厂设计为基础，仪表专业在详细设计阶段充分利用现代信息技术，集成软件和各种工具，在统一的设计平台上开展相关设计工作，深化仪表专业与其他专业间的协同设计模式，使各专业间的数据传递更加安全和便捷，互提条件更加高效和智能，真正实现智能工厂的数字化、智能化、结构化和模型化。

基础工程设计文件中已经确定的智能化方案，详细工程设计文件中原则上不再重复详述。

⑤ 电信专业。详细工程设计阶段的设计文件深度应满足智能工厂施工安装的要求。说明书包括各类与智能工厂有关的系统，如有线语音、无线语音、数据系统、火灾自动报警系统、扩音对讲系统、电视监视及接地等系统、线路敷设方式、电信用户表以及设计衔接、订货和施工有关事项说明等。设备材料表，包括各类有线语音、无线语音、数据系统设备及材料。各类有线和无线电话、火灾自动报警、监视电视、扩音对讲、智能巡检、应急指挥等电信系统应提供系统图。

⑥ 电气专业。根据基础设计批复意见，在专业说明书中对石油化工智能电网设计原则、功能进行细致说明，并在各类设备、材料、软件的请购技术文件中详细描述相关技术要求。

⑦ 动设备专业。设计数据结构化，满足监测和诊断系统要求。

⑧ 静设备专业。进入详细设计阶段后，在基础设计工作的基础上，进一步细化。首先是腐蚀监测技术的确定，常用的腐蚀监检测组合技术见表2-4。确定好腐蚀监测技术之后，还要细化选择的腐蚀监测点。合理的腐蚀监测布点，不仅可避免装置运行期间的频繁开孔、拆保温、搭架子，节省临时检维修及固定检修过程中产生的二次费用，而且对于预防性维修的实现更为有效。图2-6为某炼厂装置的在线腐蚀监测布点图。

表2-4 常用的腐蚀监检测组合技术

腐蚀监检测内容	组合技术
壁厚检测/监测	低风险：定点测厚
	中高风险，且温度≤130℃：贴片式无源测厚
	极高风险或中高风险，且温度＞130℃：在线壁厚测量系统
保温层下腐蚀检测	目视检查
	红外热成像
	超声波测厚/电磁超声测厚
	超声导波检测
	脉冲涡流检测

腐蚀监检测内容	组合技术
空冷及换热器管束的检测	宏观检查：目视检查、内窥镜检查
	超声波测厚
	管束涡流/旋转超声/超声导波检测
	管子-管板角焊缝 X 射线拍片检测
	管板表面磁粉/渗透着色检测

图 2-6　某炼厂装置的在线腐蚀监测布点图

在设备和管道寿命周期的不同阶段，腐蚀监检测体系关注的重点和采取的技术方法也不相同。在制造安装阶段，应重点关注容易导致后续腐蚀的设备和管道制造质量、安装质量问题，如不锈钢管件（弯头、三通等）的固溶处理、湿硫化氢环境下碳钢管道的焊后消除应力热处理等。对这些可能存在的隐患，要采取有效的技术方法进行检测排查，包括材质校验、硬度检测、磁性检测、超声探伤抽测、射线检测等。在装置运行阶段，应重点关注工艺操作条件变化可能带来的腐蚀问题，尤其要关注注入点、高流速、死区等部位，采取的技术方法包括腐蚀介质分析、腐蚀相关工艺操作参数监测（如露点温度、结盐温度、pH 值、流量等）、腐蚀速率监测等。

⑨ 信息技术专业。在详细工程设计阶段，针对建设范围，分装置、全厂范围进行设计条件提出，并完善信息专业基础设施设计和应用系统开发组织工作。

2.3.2　实施方式

石化工程设计需要工艺、设备、仪表、配管、材料等多专业协同配合，共同开展工艺包设计、基础工程设计及详细工程设计等一系列设计工作，涉及的专业广、软件杂、界面多。传统工程设计存在"信息孤岛"、集成化程度不高等问题，信息不能有效提取和应用，严重影响设计效率。通过数字化手段，在系统化、标准化的工作流程的基础上，进行集成化设计，是提高生产效率、降低生产成本、提升工程公司竞争力的有效途径。石化工程项目设计集成化[62]，是指在工程实体标准化定义基础上，以数字化技术为支撑，进行各专业设计软件的整合和集成，构建工艺设计集成化、工程设计集成化和三维设计协同化三大平台，将传统工程设计过程相对孤立的阶段、活动及信息有机结合，实现设计信息的同源和共享、设计过程的集成和协同、设计知识的传承和智能应用，为数字化工厂和智能工厂的建设提供高质量信息，是智能工厂设计的必要手段。

2.3.2.1 设计集成化总技术路线

石化工程项目设计集成化总技术路线如图 2-7 所示，其核心是构建工艺设计集成（i-Process）、工程设计集成（i-Engineering）和三维设计协同（i-3D）平台，其中工艺专业的各项设计活动集中在 i-Process 中进行，工艺、设备、仪表、配管等专业的集成化设计在 i-Engineering 中进行，配管、仪表、结构、给排水等专业的协同建模在 i-3D 中进行。

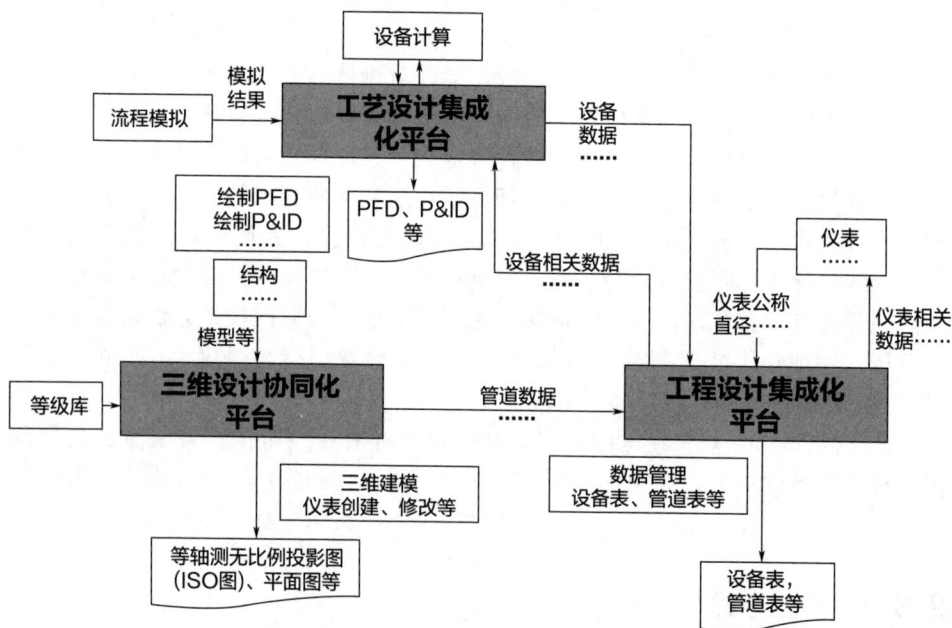

图 2-7　石化工程项目设计集成化总技术路线

2.3.2.2 设计集成化标准化定义

石化工程设计过程涉及大量的工程实体（包括设备、仪表、管道和阀门等）、海量的工程信息和几十个自成系统的工程软件，因缺少标准化的定义，其相互之间的关系较为松散，不利于设计集成化工作的开展。为此，设计集成的前提是进行标准化定义。

① 建立标准化工程实体分类和描述。对具有独立编号的工程实体及其属性进行标准化的分类和描述，使不同软件或平台均基于统一的工程实体分类和属性定义，确保信息准确、高效地传递。

② 定义标准化的工作流和信息流。通过数字化技术，基于系统化和优化后的工作流和信息流，在设计集成化平台中定义标准化的工作流程，使信息管理更有效，工作过程更高效。

③ 建立统一的编码规则。基于相关标准或要求，统一设备、管道、仪表和文档等的编码规则，并将其内置于相关软件和平台中，使设计工作标准化。

④ 建立标准化模板库。根据相关标准，建立标准化模板库（包括文档模板库、图例库、材料等级库和模型库等），使设计工作更加规范和统一。

2.3.2.3 工艺设计集成化

工艺专业是工艺设计集成化的主体，其集成化设计重点侧重以下几方面：

① 信息流和工作流的优化。根据设计集成化总技术路线，对工艺设计过程的信息流和工作流进行优化，如图 2-8 所示。i-Process 是优化后的工艺设计信息流的核心，同时它也是以设计数据和设计文档为核心的项目管理平台。工艺设计的所有设计信息通过 i-Process 在不同的设计软件、文档以及软件和文档之间共享和自动传递，提高了信息的准确性和一致性。

② 构建工艺设计集成化平台 i-Process。基于优化后的工艺设计信息流，结合石化工艺设计过程特点，构建的 i-Process 如图 2-9 所示，它是在工艺设计系统和智能 P&ID 系统的基础上，将工艺专业的计算软件、计算方法、设计标准、设计成品内容、设计互提资料等进行集成，并将优化后的工作流和信息流固化其中，形成标准化的工作流程，实现对工艺设计过程的有效管控。

依托 i-Process 平台，工艺工程师不再基于一个个分散的设计软件和设计文档，而是在统一的平台中开展各项工艺设计工作：工艺流程图（PFD）和工艺管道及仪表流程图（P&ID）的设计，流程模拟数据导入，设备计算、物流和设备数据完善等，自动生成 PFD、P&ID、物料平衡表、设备表、管道表和仪表工艺条件表等各类设计文件。

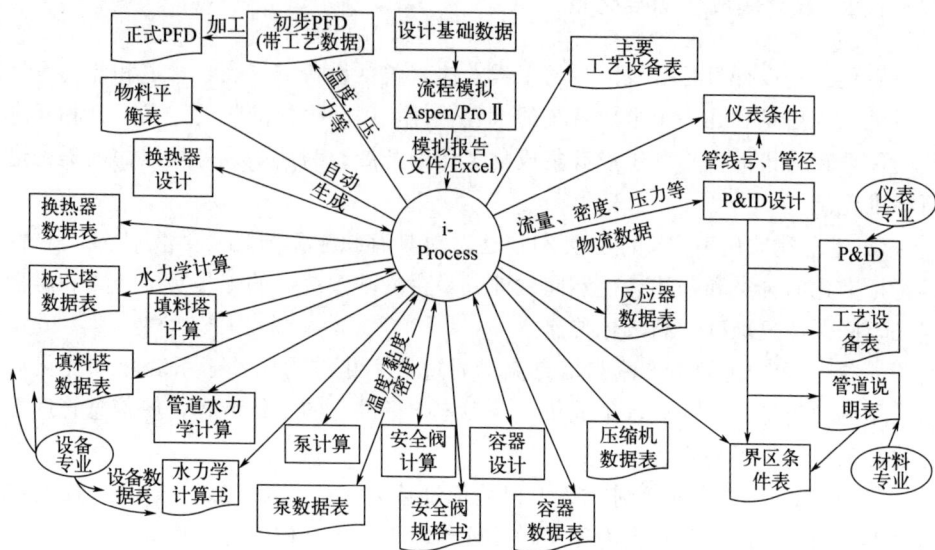

图 2-8　优化后的工艺设计信息流

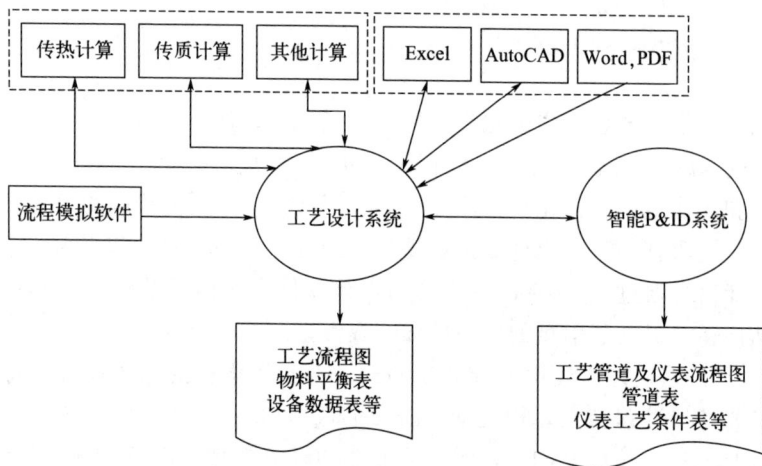

图 2-9　i-Process 架构

2.3.2.4　工程设计集成化

　　工程设计集成化涉及配管、工艺、设备、仪表、结构、给排水等设计全专业设计业务，各专业都应用了相应的计算机辅助设计软件，但各类软件应用的深度和广度差异较大，各专业所具备的集成化条件也不尽相同，为此工程设计集成着

电气单线图

电气系统分析

高、低压系统图

开关柜排列图

高、低压原理图

变电所布置图

电缆表

动力平面与配电箱系统图

爆炸危险区划分图

照明平面与照明箱系统图

接地平面图

专业数据库

用电负荷表

成品文件、数据

变电所条件图、表

爆炸危险区条件图

设备布置图建筑平面图

释放源表

项目数据库

项目管理信息及设定

电气专业输入条件：用电负荷表、联锁关系表、释放源表、建筑平/剖面图、设备布置图

电气输出条件：变电所条件，爆炸危险区

电气请购、询价文件：规格书、数据表、材料表、附图等

电气制造厂资料：外形图、基础图、接线图等

上游专业：工艺、机械、机泵、设备、配管、仪表等

下游专业：建筑、结构、暖通、水道等

控制、导购部门

数据接口

文件输出

成品图

计算书

i-Engineering

电气专业设计集成化平台

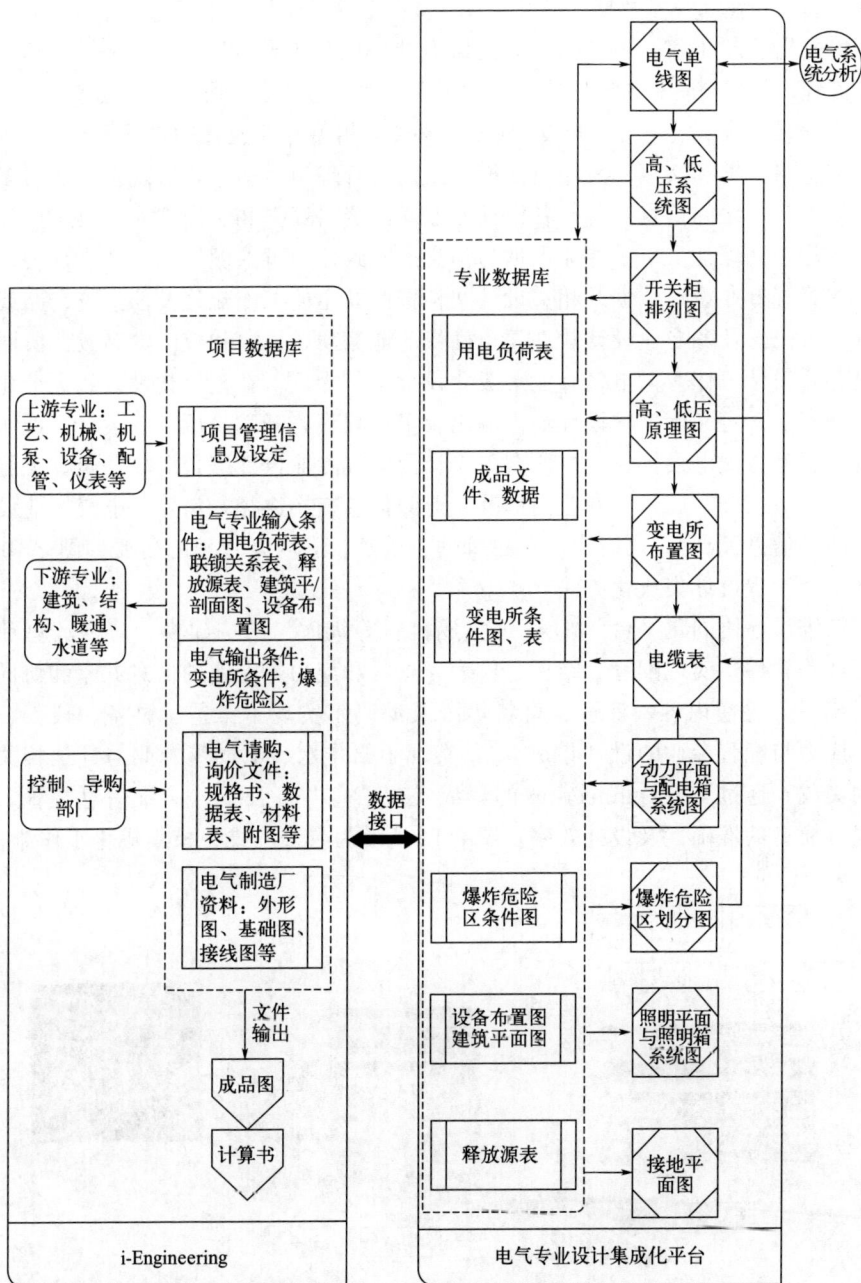

图 2-10　电气专业工程设计集成化方法

重解决各专业设计软件独立应用、信息不能高效沟通、不同专业间的信息往来依靠文件传递、专业间海量数据交换及条件互提主要靠手工抄录等问题。通过建立工程设计集成化平台（i-Engineering）和三维设计协同化平台（i-3D）固化了工程设计业务流程、信息与资料流转路线，强化了专业间信息共享与协同工作效率。

工程设计集成化平台 i-Engineering 通过与相关专业设计软件或平台的集成，进行信息（数据和文档）发布与交换，跟踪与管理项目信息，实现多专业、多部门、多参与方之间信息共享，各设计专业间的资料互提和协同工作，及对设计变更进行管理，保证上下游专业数据与信息的一致性和可追溯性。工艺、设备、仪表、配管等专业设计数据及相关设计文档按照既定的工作流程及信息流转路线在 i-Engineering 及各专业设计软件间正确快速地流动、提取和应用，高效、协同地完成各项设计工作。以电气专业集成化设计工作为例，在模块化设计和标准化设计的基础上，定义标准化设计输入输出及工作程序，开发高压系统设计、低压原理设计、动力配电设计、变电所布置设计及电气专业设计综合等软件包，无缝集成 i-Engineering，通畅了专业内部及专业间信息交换途径，消除了电气专业设计过程的"信息孤岛"，同时满足项目管理、质量、进度等管理的需要。图 2-10 为电气专业工程设计集成化方法。

三维设计协同化平台 i-3D 通过集成材料等级库、结构建模、应力计算和材料管理等软件，实现配管、结构、仪表、材料和应力等专业的信息共享和协同建模，统一了建模内容、深度、材料等级及编码，实现了工艺、设备、仪表、结构、应力与配管专业的设计集成[63]，实现了给排水、电气等专业与其他相关专业的集成。通过与 i-Engineering 的集成实现信息共享及二、三维信息校验，全面提升模型的准确性及设计效率。图 2-11 所示为仪表三维建模集成化工作流程。

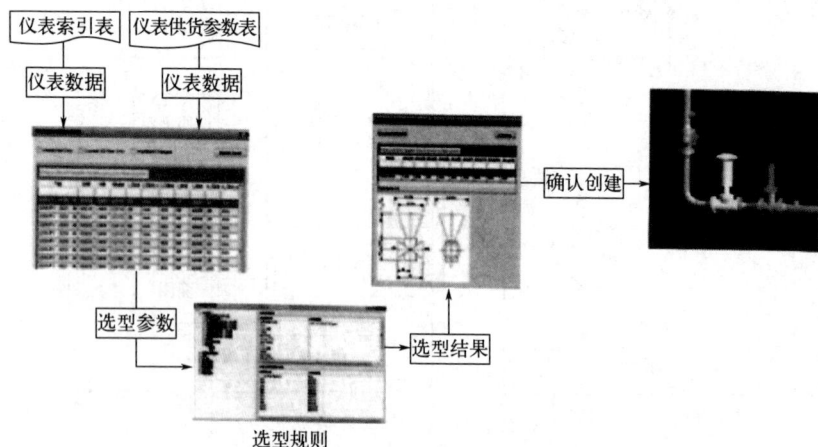

图 2-11　仪表三维建模集成化工作流程

参考文献

[1]　高立兵,蒋白桦,索寒生.石化行业智能制造体系建设初探[J].当代石油石化,2021,29(2):46-50.

[2]　高立兵,刘东庆,高瑞.石化行业智能制造发展现状及技术趋势[J].流程工业,2021(8):16-21.

[3]　夏茂森.流程工业智能工厂建设技术的研究[J].信息化技术与信息化,2013(6):46-52.

[4]　吴青.智能炼化建设[M].北京:中国石化出版社,2018.

[5]　戴厚良,陈建峰,袁晴棠等.石化工业高质量发展战略研究[J].中国工程科学,2021,23(5):122-129.

[6]　王子宗,高立兵,索寒生.未来石化智能工厂顶层设计:现状、对比及展望[J].化工进展,2022,41(7):3387-3401.

[7]　王晶.浅析石油化工企业智能工厂建设的基本思路[J].中国科技信息,2013(14):118-119.

[8]　褚健.流程工业智能工厂的未来发展[J].科技导报,2018,36(21):23-29.

[9]　钱锋,钟伟民,杜文莉.流程工业智能优化制造的基础理论与关键技术[J].Engineering,2017,3(2):154-160.

[10]　褚健,谭彰,杨明明.基于工业操作系统的智能互联工厂建设探究[J].计算机集成制造系统,2019,25(12):3026-3031.

[11]　李蕾.以设计为源头的数字孪生工厂建设研究[J].石油化工自动化,2022,58(04):73-77.

[12]　孙宝平.数字交付与工厂运维衔接优化方案研究[J].石油化工自动化,2022,58(03):65-68.

[13]　张华.以集成化设计为源头的数字化工厂建设探索与实践[J].石油化工设计,2022,39(02):1-4.

[14]　邹桐.工厂石化工程信息管理的探索[J].石油化工设计,2016,33(04):73-76.

[15]　李德刚,谢腾腾.石油化工智能工厂工程设计阶段工作的探讨[J].石油化工自动化,2020,56(05):41-44.

[16]　汪燮卿.中国炼油技术[M].第4版.北京:中国石化出版社,2021.

[17]　孙丽丽.新型炼油厂的技术集成与构建[J].石油学报(石油加工),2020,36(01):1-10.

[18]　吴群英,孙丽丽,祖超,尹忠辉.新型千万吨级炼油厂加工方案的研究[J].石油炼制与化工,2020,51(07):86-92.

[19]　高雪颖.基于HYSYS机理模型的催化裂化工艺参数研究与优化[J].石油化工设计,2020,37(04):1-6.

[20]　王银银.在线快速分析仪在实时优化系统中的应用[J].化工设计通讯,2021,47(10):55-56.

[21]　邓昌付.常减压装置实时优化中的先进控制系统提升[J].中外能源,2022,27(07):89-94.

[22]　谢勇勇,费彦仁,谢六磊.重整连续装置实时优化系统应用[J].炼油技术与工程,2021,51(10):59-64.

[23]　王长军.乙烯裂解炉裂解深度控制与实时优化[J].石化技术,2021,28(05):33-34.

[24]　孙丽丽,蒋荣兴,魏志强.创新系统化节能方法与应用方案研究[J].石油石化节能与减排,2015,5(04):1-6.

[25]　周建辉.碳减排背景下炼油厂公用工程系统运行优化[J].化工管理,2021(26):189-190.

[26]　李世垚,吕天逸,董校,孙焘,王开宇.人工智能实验室智能配送机器人设计[J].实验技术与管理,2022,39(07):248-252.

[27] 褚健.工业互联网时代工厂安全生产的思考与实践[J].科技导报，2019，37（12）：92-96.

[28] 李卫涛.石化安全技术及安全控制方案[J].化工管理，2020（06）：90-91.

[29] 李少鹏.健康风险分析（HRA）在石化工程项目中的应用[J].中国安全科学学报，2002（05）：26.

[30] 贾斌斌，陈飞.安全风险矩阵在石化企业物资供应管理中的应用[J].石油化工技术与经济，2020，36（03）：34-36.

[31] 孟祥震，司治晓，刘志雄.常减压在役装置HAZOP分析与安全预警技术[J].广东化工，2015，42（18）：145-146.

[32] 赵洪祥.不同后果模拟软件在爆炸冲击波近/远场的适用性研究[J].石油化工安全环保技术，2021.

[33] 许祺，夏涛.石油罐区应急操作仿真系统设计[J].化工自动化及仪表，2020，47（06）：518-522.

[34] 单丹.定量风险分析在总体设计总图布置上的应用[J].石油化工安全环保技术，2021.

[35] 王倩.炼化企业大气污染网格化监测[J].石油化工安全环保技术，2022，38（02）：57-61.

[36] 吴宗奎，范玉峰.基于机器学习方法的有毒有害气体监测系统设计[J].消防科学与技术，2020，39（11）：1550-1553.

[37] 颜萌.基于传感视觉智能化的工业污水监测系统设计[J].现代电子技术，2016，39（14）：143-146.

[38] 中国石油化工集团有限公司.关于印发中国石化"无废集团"建设试点工作方案的通知[Z].中国石化能〔2022〕201号.2022.

[39] 中华人民共和国国家发展和改革委员会.中国石油化工企业温室气体排放核算方法与报告指南(试行)[Z].发改办气候〔2014〕2920号附件2.2014.

[40] 范宗海，贺文敏，冀晓举，王颖，黄步余，陶兴文.先进报警管理系统的设计实施与应用研究[J].石油化工自动化，2018，54（01）：7-17.

[41] 靳亚铭.超融合架构在大型炼化企业的应用和展望[J].石油化工自动化，2022，58（02）：1-6.

[42] 赵霄，范宗海.石油化工装置先进报警管理系统的设计探讨[J].石油化工自动化，2017，53（01）：45-50.

[43] 王志刚.化工仪表自动化设备的预防性维护研究[J].中国石油和化工标准与质量，2021，41（05）：53-55.

[44] 李密，林旭，陈佳期，曾远强，卢雨畋.智能巡检机器人应用现状及问题探析[J].科技创新与应用，2022，12（27）：189-192.

[45] 孟艳.智能安防综合管理平台的设计[J].数字技术与应用，2022，40（04）：137-139.

[46] 张健，赵启博，巨永锋.基于边缘计算的通用智能安防系统架构设计与实现[J].电子设计工程，2022，30（07）：130-134.

[47] 林财.智能物联网在智慧应急领域中的深度应用[J].中国安防，2021（09）：67-71.

[48] 吴焱明，赵士豪，郜雄，詹晨.变配电智能应急操作机器人控制系统设计[J].机械工程与自动化，2021（04）：163-165.

[49] 陈志清.配电室智能巡检机器人系统分析与应用[J].数字技术与应用，2022，40（08）：28-30.

[50] 杨广，马颖.智能校验视频巡检在变配电室的应用[J].建筑电气，2022，41（04）：59-61.

[51] 袁苑，谢凯.人工智能技术在电气故障诊断中的应用[J].现代制造技术与装备，2022，58（02）：197-199.

[52] 程非凡.化工过程故障诊断的回顾与展望[J].石化技术，2022，29（08）：12-14.

[53] 盛林，马波，张杨.基于知识图谱的旋转机械故障诊断方法[J].机电工程，2022，39（09）：

1194-1202.

[54] 袁则名，王帅，王瑶，徐鸿志．腐蚀监测系统在胜利油田的应用设计［J］．全面腐蚀控制，2009，23（05）：29-32.

[55] 郑利锋，杨小雪，张平．管道内腐蚀监测系统的设计与实现［J］．西南石油学院学报，2002（02）：68-70.

[56] 马明荣．基于图像处理的炉膛火焰监测系统研究和设计［D］．兰州：兰州理工大学，2021.

[57] 樊汝森，王勇，魏大乡，徐东辉，杨恒，陈帅．基于BP神经网络锅炉炉膛火焰可视化监测方法研究［J］．计算机应用与软件，2015，32（02）：101-104.

[58] 桂宁．石化信息系统高可用智能基础设施设计与实现［J］．计算机工程与设计，2006（22）：4369-4373.

[59] 陈泫文，曾铭衡，王小平．面向多信息系统集成的信息化设计与应用［J］．电子技术与软件工程，2022（16）：208-211.

[60] 石永杰．工业互联网环境下IT/OT融合的安全防御技术研究［J］．信息技术与网络安全，2019，38（07）：1-5.

[61] 洪学海，蔡迪．面向"互联网＋"的OT与IT融合发展研究［J］．中国工程科学，2020，22（04）：18-23.

[62] 孙丽丽．石化工程整体化管理与实践［M］．北京：化学工业出版社，2019.

[63] 胡素萍．工程设计中二三维校验的探索和实践［J］．石油炼制与化工，2009，40（8）：71-73.

第三章

石化智能工厂工程建造

石油化工工程建造数字化转型[1]是一项复杂的系统工程，是成功打造石化智能工厂的重要环节，是我国实现石化工业高质量发展的有效途径和必由之路。伴随着各类数字技术的广泛应用，把传统施工技术和规模化生产管理深度融合，加强工程项目在建造阶段的集成化管理[2]，保证项目全生命周期中目标、组织、过程、责任体系的集约性、连续性、协同性、集成性和整体性，推动工程建造相关核心业务数字化，驱动工程设计、工程制造、工程采购、安装施工等传统业务转型，逐步形成全链条数字化协同、全周期集约化管理、全要素智能化升级[3]等新模式，带动石化工程建造领域生产力和生产关系的巨大进步，实现高质量、高效益、低消耗、保安全、保工期的工程建造目标。

本章将围绕石油化工行业工程建造核心业务数字化转型，聚焦一体化工程采购、标准化标识解析、精益化管道施工、可视化设备吊装、模块化现场安装、智能化施工装备、平台化智慧工地等应用重点，介绍在石油化工工程实践中总结提炼出来的具有一定先进性、实用性、实效性、可行性的典型做法，供读者参考。

3.1 智能工厂装备制造与采购

石油化工行业工程设备材料制造与采购业务主要依托于工程物资供应链协同管理平台的应用，该平台衔接国家设备运营标识解析定级节点，构建工程材料编码与物料编码融合应用的标准化体系，为工程建造参建各方（业主、总包方、设计分包方、供货方、施工方）营造业务流程互通、数据共享的协同管理生态环境。

3.1.1 标识解析体系

石化智能工厂工程建造全链条数字化协同是以工程数字孪生技术为核心，以工程主数据标准化为基础，通过采用统一的工程数据模型（按照《石油化工工程数字化交付标准》定义工厂对象的分类、标识及属性[4]），融合国家设备运营标识解析体系，工程设计材料编码体系，石化行业采购目录框架体系，建立工程材料编码、采购物料编码、设备运营编码映射关系，实现设计、建造、交付、运营的业务关联，使数据在各环节间高效流转，进而实现工程参建各方业务协同。

3.1.1.1　标识解析

标识是指赋予人、事、物的独一无二的数字身份证。通过将数字身份证（标识）的详细信息（如产品编码、产地、品类、生产、加工信息等）存储在服务器中，可通过扫码等方式对标识进行解析，获取到服务器中的详细信息。

为实现工业生产中的信息共享，在工业互联网中占据主动权，建立了国家标识解析体系，为石化行业建设自己的标识解析体系提供了良好的生态。石化行业生产工艺流程复杂，装备普遍具有跨行业、跨地域、跨领域的特点，建立面向石化行业领域的工业互联网标识解析二级节点，对接国家顶级节点，为石化企业和用户提供灵活的标识编码注册和标识解析服务，对于拓展不同设备、信息系统之间数据互联互通，加速产业聚集，推动标识产业生态培育具有重要意义。

（1）标识解析能力

石化行业标识解析[5]应用实施以产业链核心环节为主，建立企业节点的标识赋码、数据采集能力，并与标识解析体系基础设施对接，提供全产业链的信息互通和数据共享能力。目前主要提供标识注册能力、标识解析能力、标识代理服务能力、数据同步能力和业务综合管理能力。

① 标识注册能力：包括企业前缀及产品/设备标识的注册变更、实名审核、数据查询等服务，同时提供给各企业 API 接口，可实现移动端标识管理和查询。

② 标识解析能力：系统可为相关应用或用户提供标识解析的能力，满足不同应用间信息协同和共享需求。

③ 标识代理服务能力：提供基于浏览器的查询服务，不需要通过专用软件，用户可通过浏览器向代理服务器发起标识解析请求，代理服务器向标识解析系统发送请求，并通过解析系统将结果返回给用户。

④ 数据同步能力：在系统实际运行过程中可为用户提供不间断、快速的解析服务，通过多台服务器负载均衡保证高可靠、高性能，防止单点故障造成无法提供解析服务的风险。

⑤ 业务综合管理能力：承上启下，打通与工业互联网标识解析国家顶级节点的系统对接，承载企业标识分配以及审核的任务。

除以上能力外，标识二级节点还可通过标识解析接口功能，对外提供解析公共查询服务，主要为满足国家工业互联网标识解析体系的技术标准、体系架构的解析请求，提供解析查询响应。

（2）标识解析应用

基于互联网标识解析编码体系[6]，开展标识解析编码与设计材料编码、物资采购编码、设备运营编码、财务资产编码的对照应用，目的是从设备规划设计开始，通过赋予它唯一识别标识来确保设备设计、制造出厂、采购、安装、使用、检定校准、维修、报废等各环节标识唯一性，从而打通工程项目 EPC（设计-采购-施工）各阶段之间的数据壁垒，通过 EPC 各平台间的数据传输和操作实现工程建造过程参建各方的数据协同，为确保工厂对象数据资产的一致性、完整性创造有利条件，探索采用全厂信息化的 EPC 模式将更好地保障智能工厂建设，提升交付质量，缩短建设周期[7]。具体做法是在设计阶段对所设计规划的对象进行赋码，并将设计材料编码作为工厂对象编码的属性字段进行管理，从而实现设计材料编码与设备编码对应，而在采购阶段，利用设计材料编码与采购物料编码的对照应用成果，实现设备编码与采购编码对应。

设备主数据编码映射应用主要体现为在建装置设备主数据、在役装置设备主数据映射应用两种场景。

在建装置设备主数据映射应用场景主要基于工厂数字化交付成果，融合工程全生命周期信息管理和智能关联，自动采集设备前期全过程数据信息，为 EM（设备管理）提供设备编码、分类属性等数据服务，为设备完整性管理应用提供分类分级等数据服务，为关键机组状态监控、泵群状态监控、挤压机状态监控等应用提供爆炸图、三维模型等数据服务，为静设备腐蚀管理应用提供智能 P&ID 等数据服务，为移动巡检应用提供二维码赋码等数据服务，为维修备件采购管理应用提供物料编码等数据服务，同时根据运营过程中的设备最佳参数设置数据为工程设计种子文件提供优化设计依据。

在役装置设备主数据映射应用场景主要是基于 EM 数据，对设备状态及设备分级数据进行重新评估治理，并依据标识解析编码体系进行标识赋码，在应用的过程逐步完善分类信息，如提取对应关键机组状态监控应用、泵群状态监控应用的动设备模型数据，提取对应静设备腐蚀管理的 P&ID 数据，并对更新改造的设备按照在建装置设备数字化交付要求进行映射设计编码、采购编码，为后续的设计采购沉淀数据基础。

3.1.1.2 主数据管理

（1）物料编码

《中国石化物料分类与代码》标准与数据库是中国石化行业标准体系的重要内容之一，是中国石化为满足生产企业 ERP 等管理信息系统应用与发展需要，涵盖中国石化的物资与原料，广泛应用于生产企业的物资采购、生产经营管理等相关业务，已经作为中国石化 ERP 系统、电子商务系统、合同管理系统、财务核算系统等多个系统的基础数据（主数据），共有 56 个大类、840 个中类、4589 个小类、5459 个模板、485 万条编码，配套有《中国石化物料分类说明及编码提报指南》等规范。

物料编码应用于中国石化油田、炼化、科研、销售等业务板块的物资供应、生产经营相关业务，是 ERP、易派客平台、电子招标投标平台、电子商务系统、合同管理系统、供应资源管理系统、物资供应管理数据仓库（BW）、财务核算系统等多个信息系统的基础主数据。

物料编码模板的特征量以自然属性为主，原则上不能使用供应商名称、品牌、型号、进口/国产等作为特征量，为指定采购和独家采购提供支撑。物料编码具有自动赋码功能，提高了编码的审核效率。2015 年，易派客平台上线运行，将物料编码作为平台商品分类体系的基础，提高了企业采购需求与平台商品自动匹配准确率。

（2）工程材料编码

《工程材料分类与编码》标准与数据库是中国石化为满足工程建设企业的设计、采购、施工生命周期信息系统应用与发展需要，参照国际大多数工程公司成熟的工程材料分类与编码体系，涵盖工程建设阶段的工程材料，范围较窄，自 2010 完成初版后，还未进行过修订。目前，该编码广泛应用于工程企业的设计、采购及 EPC 业务，已经作为中国石化工程建设企业二、三维工厂设计系统与工程主数据系统以及材料管理系统的基础数据（主数据），在工程建设企业的设计、采购及 EPC 业务中发挥着重要的支撑作用。工程材料编码主要应用于工程设计、材料管理、请购工作，同时应用于配管专业设计软件。

工程材料编码设有 16 个专业、262 个大类、2433 个小类、448 个申请模板、200 余万条编码[8]。配套有《工程建设材料编码规则》《中国石化工程材料编码编制规定》《中国石化工程材料编码使用说明》等规范，但未正式发布。各专业物资均分为大宗材料和设备非标件两类。其中大宗材料的编码描述中包含类别及工程设计和物资采购所需主要属性，编码可以复用。设备非标件的编码描述中包含类别、位号及少量属性（类似于特征量）或没有属性，编码无法在不同工程公司、不同项目之间复用。除上述规则统一的编码外，各工程公司还在使用自编码，即材料管理系统（SPRD）生成的一种流水码（如"I"＋9 位数字：I100136427），或设计人员自行编制的编码。自编码中不含类别、位号及属性等信息。

3.1.1.3　多编码融合应用

随着建设工程规模的扩大，受专业细分、专利限制等因素影响和约束，一个工程项目通常需要由多家设计、监理和施工单位共同参与。国内外设计院经过多年管理和技术积累，基本上都建立起了一套相对独立、自成体系的工程物资编码体系且已在其系统中运行。在同一工程项目上协调所有设计院执行统一的物资编码难度较大，往往会因为打乱设计人员既有工作习惯而增加出错率，对设计效率和设计质量产生不利影响。中国石化结合自身业务特点，研发应用编码对照工具，该工具融合材料编码等级库，建立工程设计材料编码与物资采购物料编码的对应规则，推动大宗材料的自动对照。编码对照工具契合国家标识解析编码的应用推广，逐步向设备运营编码融合延伸，已完成设计、建造、交付、运营各阶段主数据的协调统一、编码一线贯通，当前编码对照成果在各新建项目的复用率能够达到85%，较大提升了工程建造效率。

（1）编码管理应用

编码管理应用包括三部分：一是国家标识解析二级节点应用系统，该系统通过对编码的标识解析，获得设备、物料、产品的国家标识备案，在石化行业建立统一、唯一的编码解析应用，为设计单位、制造单位、运营单位的数据连通提供服务。二是材料编码管理系统，该系统已实现工程材料统一编码规则，具备赋码管理等功能，可对材料进行统一管理和控制，确保项目运行的各个阶段（设计、采购和施工等阶段）都使用统一编码，便于材料分类、数量统计、费用计算、报表生成和识别[9]。三是物料编码网站，该网站可实现对企业采购物资进行统一分类、规则与编码管理，通过类别建立集中采购目录，管理采购权限，支撑物料申请、需求计划、招投标、采购订单、收发货等采购业务的开展，全面落实目录采购、阳光采购的管理政策。

（2）编码对照应用

编码对照应用主要实现对物料编码与工程材料编码对照过程与成果进行管理，对照的原则是按照工程材料编码体系与物料编码体系的分类、规则（模板）、属性及属性值（特征量及其参数）等建立规则，如在管道专业主要是通过管道等级标准库[10]与物料编码属性间建立对照规则，从而确定类别、模板、编码对应关系。对照过程中能够确定规则的，依据规则进行对照（如大宗材料）；无法建立确定规则的，采用手工对照模式（如设备、非标件、未使用中国石化工程材料统一规则编码的企业自编码）。编码对照可避免对工程材料和物料编码体系形成大的冲击。

工程材料与物料编码对照工具主要是实现工程材料编码与物料编码对照的功能。主要功能有：对照规则申请、对照规则变更、对照规则查询、编码对照、配置管理等。对照规则申请包括类别对照、属性对照、属性值对照等主要功能。对照规则变更主要包括类别对照关系、属性对照关系、属性值对照关系发生变更后的申请和审核等功能。对照规则查询包括查询审核通过的对照规则、导出对照规则，以及与标准化网站同步物料特征量及特征量取值等功能。编码对照包括工程材料原始数据导入、解析、转换、手工对照、提交标准化配码等功能。

（3）编码运维应用

编码对照的运维流程涉及工程公司的设计部门、材料控制部门、采购部门、供应商以及设计专业工程师、材控工程师组成的编码对照组与审核组。

具体流程由设计工程师编制发布技术规格说明书，然后由材控工程师根据材料表下达请购单，采购工程师根据技术规格说明书，确定物料类别和模板，编码组收到模板信息后根据对照规则对照出物料编码，对于型号待定物资由中标供应商补充信息，结果经由审核组审核后对照成功，再分发工程编码与物料类别对照关系到 EC、ERP、MARIAN 等系统，满足采购工程师招投标下达采购订单要求。

3.1.2 设备成套与监造

3.1.2.1 设备成套与集成

石化行业是工业设备种类最齐备的行业之一，国内大型石化企业一般设备数量、种类众多，大机组、机泵群、电机、变压器、变送器、分析仪、加热炉、换热器、管道、阀门、监测仪表等各类设备数量往往要达到 400 多万台，其中关键及重点设备 60 多万台。近年来，随着大数据、人工智能、5G 等信息技术将世界推向万物互联、虚实融合、敏捷开放和协同共享方向发展，传统的生产模式正发生着改变。为落实党中央关于"推动传统产业高端化、智能化、绿色化，推动全产业链优化升级，积极培育新兴产业，加快数字产业化和产业数字化"的数字化转型工作部署，中国石化大力发展智能制造装备，聚焦感知、控制、决策、执行等核心关键环节，推进产学研用联合创新，攻克智能制造关键技术，装备发展了一批适合中国国情、顺应企业特点、融合先进制造技术、优化和集成的生产设备。智能设备应用体现在两个方面：一方面是对设备本体运行状态进行自主状态监测、智能故障预警，主要包括沈鼓 S8000、陕鼓 SG8000、博华 BH5000、HOLO3000 等厂家的监测设备；另一方面是通过智能仪表在生产工艺过程控制系统中进行开、闭阀等自动化控制操作。包括在反再单元采用智能函数控制，增加本质安全阀位约束控制，分馏单元实现汽包液位控制、温度控制，吸收稳定单元增加压力、补压、放火炬控制器，精确控制汽油和液化气质量等自动化控制应用。

（1）材料专业分类

石化行业设备及材料管理专业[11]包括配管、给排、电气、仪表、电信、静设备、机泵、机械、工业炉、热工、结构、储运、暖通、建筑、环保、分析化验等专业。涉及大宗材料 68 个大类、718 个小类，涉及设备及非标件材料类 183 个大类、1493 个小类，如表 3-1 所示。

表 3-1 工程材料分类统计表

序号	专业	大宗材料类		设备/非标件材料类	
		大类	小类	大类	小类
1	配管专业	10	196	2	39
2	给排水专业	6	124	19	84
3	电气专业	12	112	18	71
4	仪表专业	14	133	10	254
5	电信专业	1	2	15	176
6	结构专业	14	94		
7	静设备专业	2	4	12	55
8	机泵专业			4	24
9	机械专业			15	114
10	工业炉专业	4	30	13	89
11	热工专业			7	65
12	储运专业			21	88
13	暖通专业	5	23	13	60
14	建筑专业			2	8
15	环保专业			13	42
16	分析化验专业			19	324
	合计	68	718	183	1493

（2）设计工艺包要求

石油化工装置工艺包设计中，需出具工艺流程图（PFD），列出：工艺设备及其位号、名称；主要管道（包括主要工艺管道、开停工管道、安全泄放系统管道、公用物料管道）及阀门的公称直径、材料等级和特殊要求；安全泄放阀；物流的编号、操作条件（温度、压力、流量）；工业炉、换热器的热负荷；公用物料的名称、操作条件、流量；主要控制、联锁方案。

工艺设备表：列出 P&ID 中的设备的位号、名称、台数（操作/备用）、操作温度、操作压力、技术规格、材质等。

专利设备：列出推荐的供货商，应给出不同工况的数据。

设备布置图及说明：列出主要设备相对关系和建议的相对尺寸，说明特殊要求和必须符合的规定。

工艺设备说明：说明 P&ID 中的工艺设备特点、选型原则、材料选择的要求。

工艺设备数据表：对 P&ID 中的工艺设备按容器（含塔器、反应器）、换热器、工业炉、机泵、机械等分类逐台列表。对于主要静设备应附简图：

工艺设备容器——位号、名称、数量、介质物性、操作条件（温度、压力、流量等）和机械设计条件、规格尺寸和最低标高要求、主要接口规格和管口表、对内件的要求、正常和最高/最低液位、主要部件的材质及腐蚀裕度、关键的设计要求及与工艺有关的必须说明等内容；

换热器（工业炉）——位号、名称、台数、介质物性、热负荷、操作条件（温度、压力、设计条件、形式、传热面积、主要部件的结构和材质、腐蚀裕度、污垢系数，力、流量等），对于有相变化的换热设备，应提供气化或冷凝方面的5点以上数据（包括流量、物性、热力学性质等数据）或曲线等内容；

转动机械——位号、名称、台数、介质物性、操作条件（温度、压力、流量等）、设计条件、机械和材料规格、驱动器型式、对性能曲线的要求等内容。

仪表索引表：列出 P&ID 中的控制回路的编号、名称。

主要仪表数据表：列出 P&ID 中的控制仪表的名称、编号、工艺参数、形式或主要规格等。

联锁：说明主要的联锁逻辑关系。

特殊管道材料等级：规定特殊管道的材料等级及相应配件的要求，不包括一般的、公用物料的管道。

特殊管道表：应包括管道号、公称直径、P&ID 图号、管道起止点、物流名称、物流状态、操作压力、操作温度等内容。如果有特殊管道附件，要逐个提出工艺和机械要求，必要时附简图。

物流数据表：列出各主要物流数据，包括每股物流的起止点、相态、组成、总流量、气相流量、液相流量、温度、压力、分子量、气相密度、液相密度、气相黏度、液相黏度、气相热焓、液相热焓等内容。

主要安全泄放设施数据表：列出安全阀、爆破片、呼吸阀等名称、位号、泄放介质、工艺参数、泄放量等内容。

（3）采购策略管理

采购策略是通过分析外部环境和内部需求特点，根据生产建设物资需求编制的采购工作规划，对物资采购工作进行指导和约束。采购策略分为年度采购策略和总承包项目采购策略、施工项目采购策略。

年度采购策略是指全年所需的集团化采购物资和公司集中采购物资的采购策略。年度采购策略包括上年度采购工作总结分析、本年度需求分析、经济环境综述、主要原材料市场分析、采购工作难点、采购风险控制、采购实施策略（物资分级、采购类型、采购方式与价格确定、供应商选择）、过程控制策略（采购HSE控制、质量控制、进度控制）、物流策略、仓储策略、材料控制策略、工程余料控制策略、采购信息和文档管理、物资清册等内容，体现年度管理指标（平台采购率、招标采购达标率、框架协议采购达标率、采购资金节约率、独家采购率）和工作思想。总承包项目采购策略是项目采购实施的依据，主要通过细化年度采购策略（如具体的采购方式、询价供应商名单等），制定采购主要环节的实施计划。

3.1.2.2 设备监造

为保证重要设备材料加工制造过程质量、进度得到有效控制，符合设计、施工进度的要求，石化行业工程建造项目一般设置第三方监造管理。监造是指委托具有相应设备监理资质的第三方专业监造单位，按照规定的设备材料监造质量计划，对石油石化设备材料生产制造工序中的关键点实行文件见证（R）、现场见证（W）和停止点见证（H）的监督与管理工作。第三方监造单位要求是具有独立法人资格的专业检验机构，持有政府指定机关颁发的检验机构资质证书，配备与委托检验设备相适应的专业检验人员、与委托检验设备相适应的专业设备和仪器。

（1）监造工作内容

第三方监造的形式是驻厂监造，即监造单位根据监造合同所规定的进驻时间或节点（如设计审查或工艺制定或生产开工等），选派监造人员持续驻守在制造厂内，并按照监造合同规定的关键监造点实行监造见证和日常巡视检查，直至出厂见证。驻厂之前，首先由业主、制造厂、监造单位共同确定必须由监造人员实行见证的关键工序或节点，即关键监造点。国际通用的关键监造点采用 R 点、W 点、H 点和 S 点。其中：R 点是文件见证 Review，即监造人员必须核查的制造厂的检验记录、质量证明文件等；W 点是现场见证 Witness，即监造人员必须参加现场见证的工序或节点；H 点是停工检验（停止点见证）Hold，即采购单位或使用单位和监造人员共同参加现场见证的工序或节点，未经见证，制造厂不得继续下道工序；S 点是监造人员现场巡查的重点。

监造主要任务是根据项目要求编制监造质量计划及管理程序，要求各制造商编制提交制造质量计划和制造大纲。审查通过后发布 IDRS，确定见证点，并按要求派遣监督员到现场监督检查，如发现不合格项即开出不符合项通知 NCN，整改完成后关闭 NCN，发布质量放行单，货物放行。在监理的过程中要求监造单位定期向项目采购部提交电子版的项目设备材料监造周报，每月提交设备材料监造月报。项目监造任务结束后 30 天内，提交所有周报和月报的硬版报告一份，同时提供一份硬版项目设备材料监造总结。发生重大质量问题及严重延误工期的情况时，监造单位应立即上报项目采购部并提供处理建议。监造报告（周报和月报）应如实反映设备材料制造进度、质量状况；监造报告必须经监造单位项目总监审核后方可提交，应由监造单位指定专人提交给对口项目采购部催交检验工程师。

（2）监造设备目录

工程项目第三方监造管理的对象主要是重要设备材料。重要设备材料是指对石油石化产品质量和生产过程有直接影响、结构复杂、加工及装配精度高、材质特殊、制造周期长、造价高的设备材料。石化行业按出现质量问题对生产建设影响的大小，将所有设备材料分为 A、B、C 三类。A 类是指用于生产主流程，如出现质量问题，对安全生产、石油石化产品质量有重要影响的物资；B 类是指如出现质量问题，对安全生产、石油石化产品质量有较大影响的物资；C 类是指一般材料、备件和易损、易耗物资。其中 A 类和 B 类设备材料为重要设备材料，重要的监造设备目录[12] 如下。

① 催化装置的三（四）机组、增压机组、富气压缩机组、反应器、再生器、外取热器。

② 加氢装置的加氢反应器、高压换热器、高压容器、新氢/循环氢压缩机组、加氢进料泵、高压空冷器。

③ 重整装置的重整反应器、再生器、立式换热器、新氢/循环氢压缩机组；制氢转化炉炉管。

④ 焦化装置的富气压缩机组、焦炭塔、高压水泵、辐射进料泵。

⑤ 乙烯装置的三大压缩机组、裂解炉炉管、冷箱、废热锅炉及重要低温设备；聚丙烯装置的反应器。

⑥ 精对苯二甲酸（PTA）装置的干燥机、过滤机、主要换热设备、空气压缩机组；聚酯装置的反应器；丙烯腈装置反应器、主要换热设备。

⑦ 化肥装置的压缩机组、大型高压设备；气化炉、变换炉。

⑧ 空分装置的大型压缩机组、冷箱；氯碱装置的聚合釜、压缩机。

⑨ 电站锅炉、汽轮发电机组；钻机（井深大于 7000m）、大型压裂设备、关键井控设备。

⑩ 其他需监造的设备材料。

3.1.3 采购供应链管理

一体化工程采购是以项目业务驱动工程设备材料采购业务（业务过程包括物资需求计划、采购计划、采购进度检测、询比价、招投标、采购合同、催交催运、货物接收、库存发货、转储、盘点、报废、发票接收、付款申请等），通过数字技术搭建统一的工程物资供应链协同管理平台，为工程建造参建各方（业主、总包方、设计分包方、供货方、施工方）提供工程采购业务流程，实现数据共享和协同管理，并满足项目层面集约化管理和企业层面集团化管控的要求。当

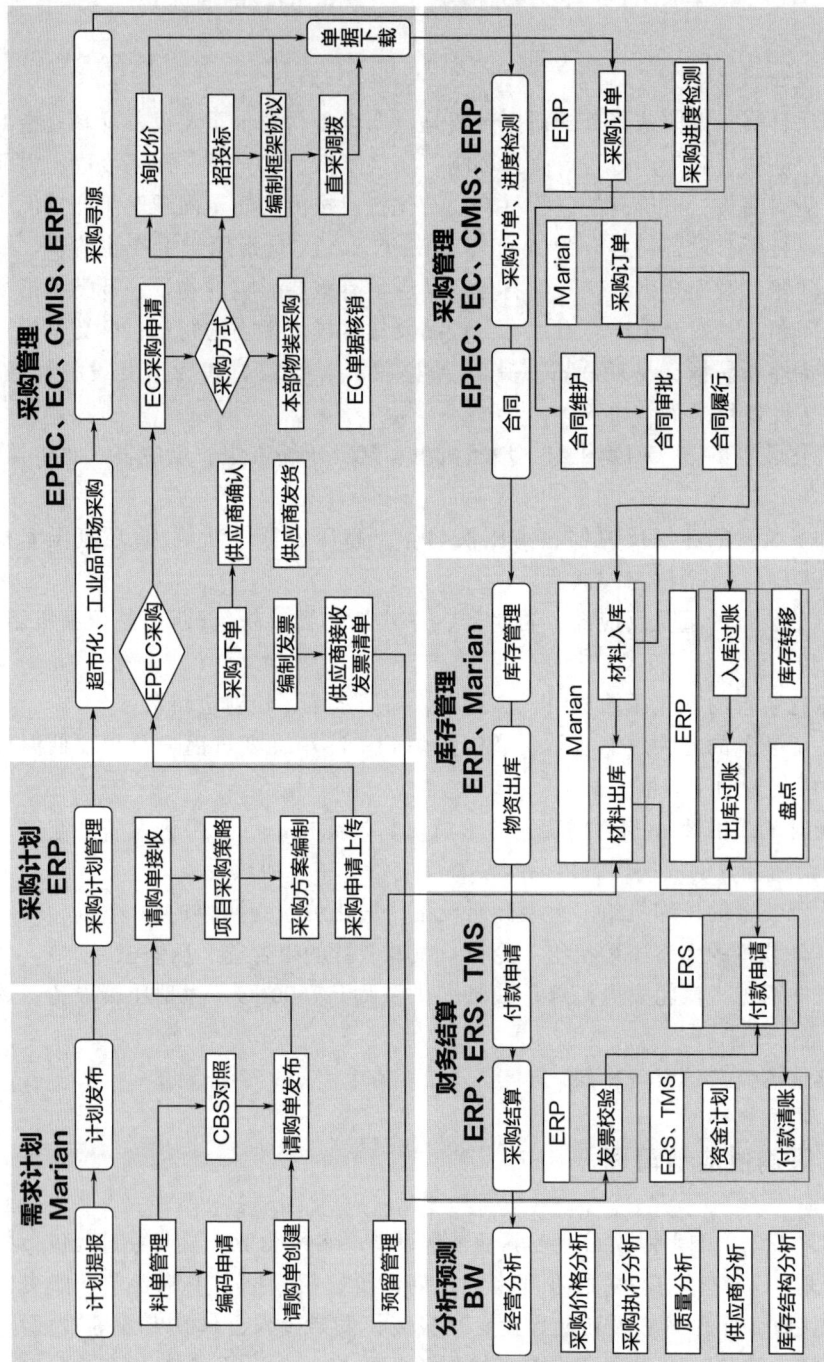

图 3-1　采购一体化应用示意图

前在石油化工工程项目建设中，设备材料成本投入在工程项目物资采购中所占比例越来越大，其采购成本是直接或间接影响炼化工程项目投资效益的重要因素[13]。工程设备材料物资采购业务的应用核心是建立统一的工程物资供应链管理平台，加强集团化工程物资采购管控，发挥多项目集约化采购优势，同时与业主方管理平台的相一致，有利于信息共享，构建项目建设各方（业主、总包方、设计分包方、供货方、施工方）协同工作平台，为业主构建数字化工厂建设提供数据基础。图 3-1 为采购一体化应用示意图。

具体应用为工程设计部门使用材料管理系统进行材料清单（BOM）管理，材料控制部门根据材料表在系统中发布请购单，请购单信息集成到标准化管理平台进行材料编码与物料编码对照，对照结果返回材料管理系统及 ERP 系统后，材料管理系统将请购单发布到 ERP 系统，物资采购部门根据 ERP 系统请购单进行采购业务。采购过程中首先由采购计划员编制采购计划并形成采购申请，上传总部 EPEC 系统，EPEC 系统根据物装采购目录管理要求判断是否进行超市化采购，需要采购员在 EPEC 系统中选择商品下采购订单，采购订单同时集成到 ERP 系统完成采购过程。如果不在采购框架协议内的商品集成到 EC 系统进行采购寻源。在 EC 系统与供应商业务协同，完成询价、报价、招投标、竞拍等业务，业务结果的关键要素传输到 ERP 形成询报价单，根据招投标、询比价等寻源结果集成到 ERP 编制采购订单。所有类型采购订单编制完成后，由 ERP 将采购订单信息集成到 CMIS 系统办理采购合同。合同审批完成后集成到 ERP 系统下达采购订单。采购订单关键信息反馈到材料及采购管理系统，由材料及采购管理系统完成催交、催运、入库等工作。施工配料通过接口传输到 ERP 中形成材料预留，控制项目领料。

3.1.3.1　材料管理

工程材料管理业务涉及各个专业的设备/材料，包括配管材料、电气材料、仪表材料、钢结构材料、主要位号设备、次要位号设备（如仪表和配管的特殊件）等，管理内容包括材料接收、验收入库、预留、预测、材料需求计划、材料领用、施工消耗等。目的是协调施工方、设计方、业主方的材料信息集成度不高、编码不统一、材料代码转换等问题，强化计划与跟踪，避免停工待料的现象。

（1）材料 BOM

材料 BOM 是指工程设计材料清单表，是工程设计的三大要素（模型、计算表、材料表）之一，材料 BOM 管理是指各专业对在项目的不同阶段产生的材料种类及数量、版次信息及材料的其他相关属性的有效管理。在传统二维 CAD 软件设计中，物料清单的编制长期困扰着设计人员，因为二维 CAD 软件在完成管道工程图设计时，设计人员还要根据工程图纸上的零件进行工程物料清单编制（一个个地清算管件阀门等），设计人员耗费大量的时间和精力在这种毫无创新的工作当中。三维 CAD 软件使用的是单一数据库，因此设计人员在完成管道设计时，三维 CAD 软件就会准确无误地自动生成工程物料清单[14]。具体应用措施是：材料 BOM 管理软件（SPMAT）与三维工厂设计模型系统（SP、SP3D、PDS 和 PDMS）、SmartPlant P&ID（工艺设计系统）等实现集成，通过集成将工程数据转化为采购清单需要量，并按材料编码和尺寸分类汇总，监控材料量，找出短缺量与富余量，支撑材料的请购、采购及现场仓库管理等业务的执行。

（2）材料汇总

由于现场的材料管理的需求，通常把管道单线图（ISO 图）上的材料表作为控制工厂管道制造和现场管道制造和安装材料管理的最小单位，依据 ISO 图来进行配料、发料以及检测。但是这些单个 ISO 图上的管道组件不适于整个项目计划、材料采购、材料配置、预测等管理的需求，此时就要对管道材料进行汇总分析，主要包括按 ISO 图、按管线号、按设计分区、按装置、按单元进行汇料。

（3）材料接收／入库管理

多样化的材料接收模式，可以在订单、运输、放行通知的基础上接收设备/材料，也可以接收从业主或其他项目转来的设备/材料（直接接收）。SPMAT 在接收设备/材料时按预先定义好的编号规则生成材料接收报告（MRR），将材料接收报告入库后（POST），即可得到入库单，在库存中可以看见接收的设备/材料。SPMAT 可以管理和查询材料的到货/接收/入库信息。

（4）库存管理

工程项目库存管理主要是对现场工程材料进行仓库、盘点、移动管理。生成运输途中、材料接收与入库过程中及在仓库里发生的 OSD（盈、缺、损），并记录 OSD 的数量、原因、责任人、要求采取的行动、已采取的行动及是否已解决等信息。

特别的是在工程项目库存管理业务中，仓库是一个抽象的概念，与实际的材料存储位置不一定一一对应，除了通常意义的实际仓库外，在材料发放时必须为每个公司类型为"分包商"的材料领用单位指定一个"虚拟仓库"。"虚拟仓库"，就是"超量发放仓库"，用来记录施工承包商多余材料的领用情况，如对于以长度计算的材料（管子）来说，由于不能切割或拆分等原因而导致过多发放了材料：工厂定尺是每根 12m，但是图纸施工量可能是 8.5m，库房发料是按照整根数（12m）发放的，这样就产生了 3.5m 的多余发放量，这部分数量将会记录在该施工方的"虚拟仓库"中，所有这类情况下产生的多余材料数量都会被准确记录，便于施工结束后的工程结算。

（5）材料预测／预留

SPMAT 可以根据材料的订单签订情况、运输情况、到货情况安排现场施工计划，反过来也可以根据现场的施工进度要求来预测材料的短缺情况，调整材料计划。

（6）材料出库管理

SPMAT 可以在材料预测/预留的基础上安排现场施工计划并发料，也可以按图纸发料。SPMAT 可以管理和查询材料的各种出库信息。

3.1.3.2　物资采购

石化行业工程项目物资采购业务已满足统一平台、统一物资编码、统一供应商管理等管理要求，实现了 MDM（主数据）、编码网站、GSN（全球供应商）物料、供应商、供应资源目录等主数据的统一，实现了规范化物资管理，提升了物资供应管理水平，契合了价格监管、目录监管、业务公开等管控要求。

（1）采购计划管理

采购计划工程师根据项目进度计划信息等编制年度采购策略、项目采购策略，并与采购计划形成业务衔接。采购执行时，项目材料控制工程师根据材料清单、请购单信息提交标准化组进行工程材料编码及物料编码的编码对照，编码对照完成后，将对照结果发布到材料管理系统及 ERP 系统，在请购单集成到 ERP 系统时，能自动对应物料编码并生成采购申请数据，采购计划员在审批完成采购申请后上传 EPEC 系统，执行采购过程。

（2）采购合同订单管理

采购计划员在审批完成采购申请后上传 EPEC 系统，EPEC 系统将根据物料编码判断是在 EPEC 采购还是在 EC 采购，如果在 EPEC 采购，则由采购员在EPEC 系统中选择商品并形成采购订单集成到 ERP，如果在 EC 采购，则由采购员在 EC 系统中进行采购方案的编制、寻源等业务执行过程，寻源结果下载到 ERP 系统，并建立采购订单。采购订单建立后提交到合同管理系统进行合同准备及评审，评审结果回传到 ERP 系统，并集成到材料管理系统，执行现场材料管理。

（3）采购催交检验管理

现场材料管理中一大关键业务就是材料的催交与检验。催交工程师在收到订单后，编制催交计划，发出首次催交传真。根据催交等级，判断是否需要驻厂、访厂催交：如需要就进行驻厂、访厂催交并定期提交催交报告；如不需要，催交工程师与供应商保持联系、掌握进度情况。根据了解的供应商进度情况，判断进度是否发生偏差。如发生偏差，需要及时反馈并落实整改措施，必要时需要驻厂催交，最终在收到供应商提供的检验测试申请后转检验人员进行后续检验工作。

催交过程中，催交工程师经常与供应商保持联系，及时跟踪供应商进度状态，实时更新催交状态表，判断进度偏差，如发现重大偏差，供应商不能及时纠正的，应签发"警告通知"，必要时进行访厂或驻厂催交，以确保关键节点进度。偏差主要分为：重大偏差——供应商实际进度与催交计划时间相比存在偏差，供应商不能及时纠正，可能会对整体进度产生影响；或者供应商实际进度严重晚于计划进度，并对整体交货进度有较大影响；非重大偏差——供应商实际进度晚于计划进度，但不影响整体交货进度。

物资检验是质检员在收到催交工程师转来的检验测试申请后开展检验工作，并发布质检结果，合格的物资开具检验放行单，转催交工程师，催交工程师签署放行书，通知供应商发货，进入发货流程。

（4）采购结算管理

现场材料管理员通过材料管理系统实时进行库存收、发货管理，并集成到ERP系统生产财务核算凭证，库存数量和价值同时发生变化，真正实现账务一致。采购支付过程由ERP合同信息集成到费用报销系统，采购工程师在费用报销系统中根据合同信息填报支付申请单，提交财务人员款项支付。

3.1.3.3　智能仓库

仓库自动化是自动化技术在仓储管理中的重要应用。仓库已经历了许多阶段的变迁，如手动仓库阶段、机械仓库阶段、自动化仓库阶段。随着工业2.0的提出，现在已进入智能仓库阶段[15]。智能仓库阶段，可基于二维条码或射频识别（RFID）技术进行智能仓储管理，在物资到货后可初始化电子标签，将物资信息写入标签，然后采用粘贴或悬挂的方式将电子标签与实物绑定，在进行入库、移库、出库、盘点等作业任务时，使用手持数据采集器对标签进行读取，并在手持数据采集器上完成相应业务操作。另外，安装门式阅读器，带有RFID电子标签的物资通过仓库出入口时对相关信息进行读取，确保出库物资的规格和数量符合要求，可有效避免夹带物资或盗取物资的情况发生。图3-2为智能仓储应用示意图。

（1）物资流动条码（二维码）化

智能仓储应用建立了设计方、供应方、业主方、施工方协同应用体系，优化供货执行流程，设计方根据编码对照成果发出的物资需求能够直接形成条码（二维码）信息，并贯穿于采购执行过程，通过发货通知单发送给供应商，在交货时直接绑定物资实物，并在后续库存管理、入库补单、退货申请、现场发货以及物资平衡监控、施工质量追踪中全部实现条码（二维码）化、移动化应用。施工方通过扫描实物条码（二维码）可快速确定生产厂家和供货批次，实现对工程材料的逐批追踪，对发现质量问题的物资进行追根溯源，把相关问题附件的来源和去

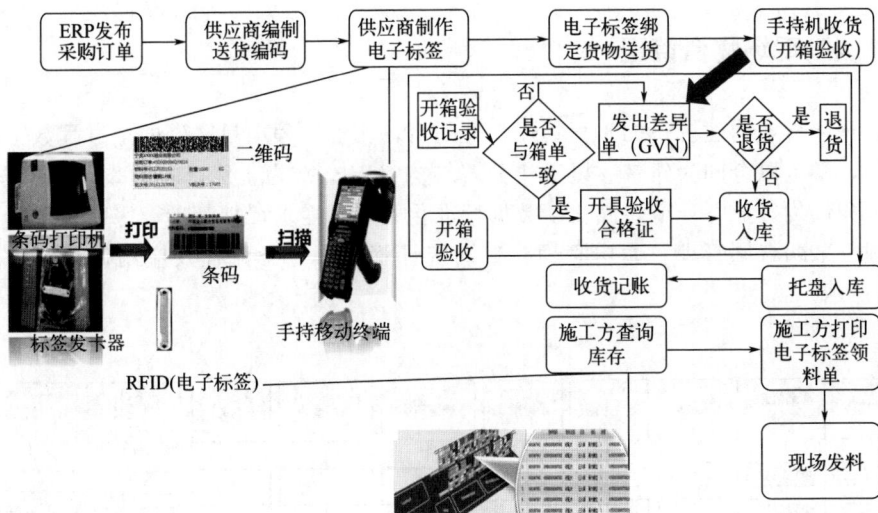

图 3-2　智能仓储应用示意图

向逐一列出、定位，在问题解决方法的评估、决策结果确定后，按照定性分级（可以按品种、批次、合同、厂家等控制范围）配合有关单位进行后期处置，成功消除工程项目隐患。

（2）管理操作智能化

智能仓库根据条码化物资数据，对库存操作智能化、库存动态可视化、配送管理协同化实现智能化应用。

① 库存操作智能化。使用二维码、条码或 RFID 技术进行物资出入库管理，仓储操作智能化，对物资到货清点、质检、上架、收货完成直至 ERP 入库完成全程实时记录，实现物流与信息流同步，确保管理部门及时准确掌握物资到货的真实情况，提高物资管理工作效率和数据录入准确率。

② 库存动态可视化。在智能物资管理平台中建立企业仓储分布模型，对仓库货位进行标准化规划，对仓库/货位进行数字化编号，并将库区、仓库、仓库区域、货位作为主数据管理，物资存放位置以标准的数字化货位体现。按照仓储模型，将库存物资进行分类管理，实现在库实物在线规范管理。在库管理包括库存转储管理、物资存放货位调整、盘点、报废等，直观显示库存物资存储情况，实现库存动态可视化管理。

③ 配送管理协同化。配送管理依据系统生成的领料申请单开展作业，系统提供车辆维护功能，可以维护车辆的吨位、驾驶人员、隶属单位等信息，以便统计分析；物管员在系统确认要配送的领料单并创建配送申请，调度员在系统对配

送申请进行派车调度，生成配送单；驾驶人员依据配送单完成配送。

3.1.4 现场物资管理

石化行业构建统一的工程物资管理平台，实现工程项目物资的全过程数字化管理，平台以合同为纽带、以工作分解结构（WBS）为主线，打通设计、采购、施工和供货等业务环节，固化了数据标准化管理、需求计划管理、采购执行过程管理、采购合同管理、库房管理、查询统计管理等业务流程及应用模块，如图3-3所示。

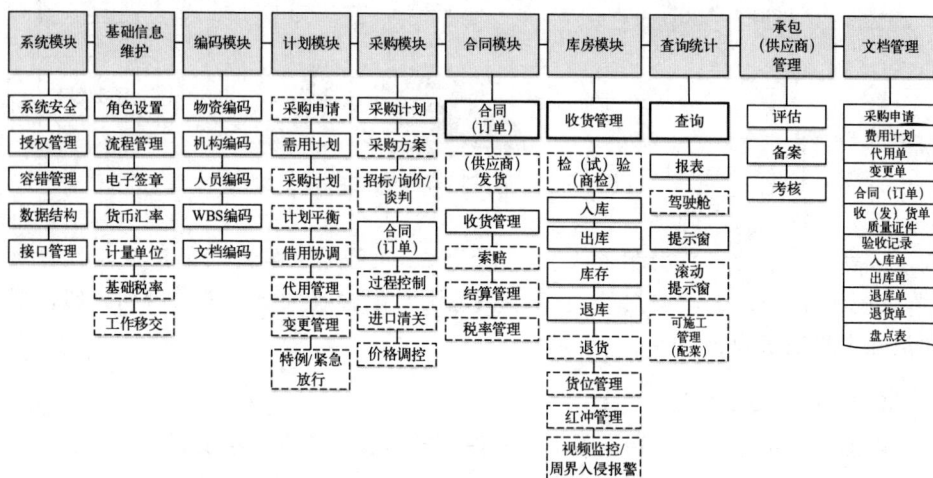

系统模块	基础信息维护	编码模块	计划模块	采购模块	合同模块	库房模块	查询统计	承包（供应商）管理	文档管理
系统安全	角色设置	物资编码	采购申请	采购计划	合同（订单）	收货管理	查询	评估	采购申请
授权管理	流程管理	机构编码	需用计划	采购方案	（供应商）发货	检（试）验（商检）	报表	备案	费用计划
容错管理	电子签章	人员编码	采购计划	招标/询价/谈判	收货管理	入库	驾驶舱	考核	代用计划
数据结构	货币汇率	WBS编码	计划平衡	合同（订单）	索赔	出库	提示窗		变更单
接口管理	计量单位	文档编码	借用协调	过程控制	结算管理	库存	滚动提示窗		合同（订单）
	基础税率		代用管理	进口清关	税率管理	退库	可施工管理（配菜）		收（发）货单质量证书
	工作移交		变更管理	价格调控		退货			验收记录
			特例/紧急放行			货位管理			入库单
						红冲管理			出库单
						视频监控/周界入侵报警			退库单
									退货单
									盘点表

图 3-3 工程项目物资管理模块应用示意图

3.1.4.1 采购信息共享应用

工程采购信息应用包括对设计数据、实物数据、需求数据、采购过程数据、设备采购包内备件数据的管理及共享应用，通过应用可自动生成各类信息统计表，如材料清单、流向关系表、管线设备连接关系表、管线工艺参数表、焊接工艺参数表等，支撑采购及现场材料管理应用。

工程物资信息的数据源头是设计数据。应用时集成各专业设计系统，导入设计材料表等设计数据，编制需用计划和采购计划等后直接利用前端设计的基本物资信息，进行简单汇总和信息补充，既保证了数据格式的统一，也提高了作业人员的工作效率。

物资实物信息包括设备、采购的规格型号，设备属性、三维模型等信息，根据实际需要开放集成端口给供应商（或对接供应商的管理信息系统），由供应商把包装、发运信息及时录入平台，实现数据源头共享，既能实现实时跟踪物资发货单证、查询物流节点、跟踪合同状态、采供双方账务核对等管理数据共享，也能为数字化交付提供设备交付共享数据。

物资采购需求信息及采购过程信息实现过程化管理，施工方引用前端的设计数据或使用单位直接按需求线上发起需求计划申请，线上进行数据流转及审批。采购计划（方案）的编审、订单物资的催交、重点物资的监造、现场物资的收货和验收等中间环节也实现全过程应用支撑及数据共享，各相关人员可以随时查看与需求相对应的领用、核销及材料平衡、缺口等信息，极大地提高了施工管理的效率，降低了停工待料的风险。

工程设备（化工类大型静设备、压缩机组和电仪盘柜等），有的分多个组件到现场组装，有的存在不计其数的内件，还有的存在专用工（机）具和备品备件。通过平台化应用，对接供应商发货信息，实现对设备包内部的数据结构化管理，有效实现了采购过程与运营过程的数据共享。

3.1.4.2　采购过程协同应用

物资管理从来不是孤立的，尤其是工程物资管理经常涉及建设单位、设计单位、采购单位、供货单位、监理单位和使用单位，有的还有监造催交单位和第三方服务单位等。在传统管理模式下，物资信息传递往往是有限数量的、非即时的；由于信息源和获取方式不同，不同的管理者知晓的物资状态信息经常是滞后的甚至是相互冲突的，物资管理信息不能快速共享，直接导致了管理和沟通效率不高，有的甚至出现决策失误。为贯彻"既能满足领导对数据收集的需求，也能完整贯彻管理制度，还能兼顾人机交互等员工的使用体验，提升各层级人员和各参与单位协同工作效率"的管理初衷，创新"完全工具"和"全员共享"理念，通过工程物资管理信息化应用，打通了单位间、部门间的信息壁垒，激发和培养基层管理和作业人员"我为人人、人人为我"的使用氛围，彻底地消除工程物资管理的信息孤岛问题。

3.1.4.3　计量单位统一应用

物资计量体系在统计、生产（销售）、工程等领域因管理目的的不同，所使用的计量单位存在差异［如：工程投资及费用管理在概（预）算定额中的管材计量单位常用"m"或"km"，而生产和统计等领域的管材计量单位却习惯用"kg"或"t"］。受生产工艺限制，工程材料在生产过程中普遍存在一定程度的制造偏差，计量单位的不统一客观上造成采购量和工程量（需求或结算）数据一致性难以核对，给物资采购和工程后期结算带来一定的困扰，有时还可能引发合同争议。通过引入"多计量单位"同步计量的方法，数量由系统自动换算。在物资需求阶段，可以按设计或定额中的常用单位进行计量，系统可以自动换算各计量单位之间的数量（不再需要另外按采购用计量单位进行换算备注）；采购人员收到的需用计划中同时提供了两个数量（工程用量和采购用量）；在收货和发放使用时也提供有两个数量和计量单位；在工程结算阶段，建设单位和使用单位可直接进行需求计划量和领用出库量的汇总核对，消除了因单位数量换算引发的不一致性。依托平台，各参建方的采购、施工、费控人员均可按自己的工作习惯和相关标准要求开展数据交互和业务协同，有效消除结算争议，节约结算成本投入。

3.1.4.4 全专业"配菜"应用

材料的齐备情况是影响工程施工进度的前提条件。通过精准的施工"配菜"，即按工程计划安排、把库存物资按设定的开工条件对应到相关图纸位号，根据可施工条件进行可施工性的计算，提出合理的施工计划调整及精准的工、料、机资源优化配置方案，能够实现项目施工的精细化管理，避免施工资源浪费和人员窝工现象。

管道材料在工程项目所占的比重达到 60% 左右，管道施工专业也是较先开展精细化"配菜"管理的专业。系统通过建立工程材料库，实现材料入库、出库、库存量及汇总统计管理，及时掌握材料到货和实际库存情况。系统通过自动汇总计算施工管线所需的材料量，对比现场库存情况和项目到货情况，向施工方推荐可施工的管线，辅助施工方制定合理的管线施工计划和管线配料信息，有利于管道工厂化预制的生产管理，有助于材料领用过程精细管理（详细记录材料的领用单位、领用人员、领用数量、领用时间等信息），便于后续查询与追踪，杜绝材料损耗。

主要应用环节如下。

① 材料统计：从设计文件中提取完整的管线工艺参数与组成件及其属性信息，包括管子、管件、阀门、法兰、垫片等，并生成材料表，进行需求量与采购量自动比对，保障物资供应。

② 领用计划编制：施工单位进行管线施工计划的排序，并按照管线的施工计划进行材料匹配，生成材料领用计划，并推荐可领料管线以及生成领料单。

③ 材料"配菜"管理：根据排好的管线施工计划自动进行材料配置，并自动监控物资到位情况；按照管线与元件两个维度监控所需总量、已领数量、库存数量等信息。

在管道施工"配菜"功能的基础上，通过总结提升，进一步提升精细化"配菜"管理施工专业覆盖度，覆盖了所有专业施工，针对个别装置关键路径上出现材料短缺的特殊情况，还可以通过高级"配菜"功能查询可以跨装置协调解决的材料，全面提升了施工效率。

3.1.4.5 特殊应急场景应用

现场工程材料管理特殊及应急场景主要是材料更改、替代利用。由于采购周期或库存压减等原因，工程建设中会发生需要跨装置或跨单位进行材料借用，也可能发生用高等级材料代替的情况。系统通过探索和实践，实现了跨专业、跨装置库存查询、调配，较好地解决了此类情况的应急处置。

3.1.4.6 现场 5G 移动应用

随着建设工程规模越来越大，物资管理体量剧增，工程物资仓储场地占用面积持续增加，而现场总平面规划的集约程度不够，使仓储场地分布往往比较分散，可物资管理要求却不断提升，导致物资收发批量显著增加。上述各种因素导致基层仓储管理人员往返劳顿，每天频繁往来于办公室记账和库区发料，工效呈现下降趋势。通过工程物资移动管理应用软件（APP），借助遍布库区的无线网络，实现在移动办公平台上在线实时发料记账，避免了大量二次录入的重复性操作，减少了人员往来奔波，实现了现场材料数据实时采集和业务同步。

3.2 智能工厂工程安装施工

通过施工管理数字化协同平台，数字化管道设计、工厂化管道预制、可视化运输吊装、模块化现场安装等施工业务实现了信息化、集成化，传统的安装施工技术与规模化工厂生产得到充分融合，工程建造模式也随着三维模拟等信息技术的应用得到创新发展。

在施工管理数字化协同平台应用中，把整个管线分解成数字化的管线、管段、焊口、管件等数据对象，进行数字化管道深化设计，为大规模工厂化预制提供了数据支撑。工厂化预制大量采用自动化焊接技术，按照标准化、模块化、流水化作业方式组织生产过程和质量控制，产出合格的管线管段成品。可视化运输吊装、模块化现场安装则是把成品化的管线管段安全运输到施工现场指定位置并及时装配就位。与传统施工方法相比，基于数字化的模块化施工，大大提高了石油化工工程建造的生产效率，确保了建造工期，提升了工程质量，改善了作业环境，缓解了焊工劳动力紧缺现状，减少了材料损耗，降低了工程建造成本[16]。

3.2.1 精益化管道施工

精益化管道施工从读取管道三维设计文件（PCF/IDF），建立三维设计模型开始，经过管道焊口细化设计、管道配料、领料、预制焊接、热处理、无损检测、试压吹扫等工序。各工序信息采用标准化编码，设计软件与材料管理应用自动集成，实现高度协同化管道施工过程管理，如图 3-4 所示。

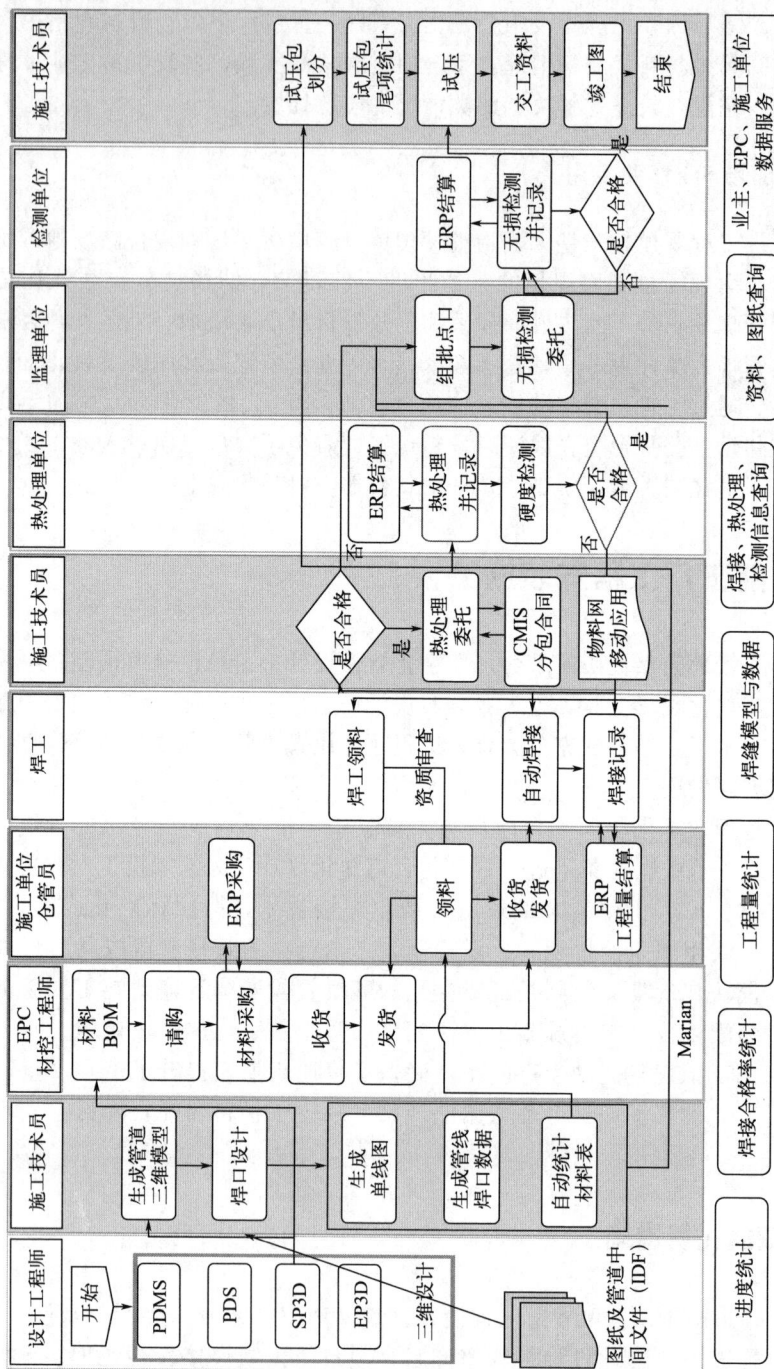

图 3-4　管道施工业务示意图

3.2.1.1　管道细化

在管道专业施工过程实践中，首先需要对原管道设计模型进行可施工性的细化设计。主要内容包括：以创建数字化管道施工模型为目的的设计文件自动解析，以工厂化预制为目的的管段设计，以满足材料运输和焊材要求的预制焊口设计，以及为便于现场组对安装而进行的固定口设计。管道细化设计产生的数据模型成果，为管道专业施工作业实施精益管理打下坚实基础。

（1）管道三维设计文件（PCF/IDF）导入

管道施工数字化协同作业平台的系统流程始于设计文件的读取、解析和建模。系统能够读取并解析来自设计单位提供的由不同种类国外三维设计软件（PDMS/SP3D/PDS 等）生成的管线描述轴测图文件（PCF/IDF），在解析时自动提取完整的管线工艺参数及元件属性信息（包括各类管段、管件、阀门、法兰、螺栓、垫片等的规格、材质、介质、流向、连接关系、设计温度、操作温度、材料等级、设计压力和操作压力等信息）；基于内置的国际、国家、石油化工行业标准库和图形库，自动还原并创建管道施工的三维模型，为下一步开展管道细化设计提供作业基础。

（2）管道细化设计

管道细化设计是在管道设计模型的基础上进行管道焊口细化设计，开展施工生产作业管理，并根据实际施工进度完成数据更新和模型修正，同时，将施工设计数据作为数字化工厂数据资产的一部分，提交至数字化工厂交付平台之中。

管道焊口细化设计要依据相关的标准规范要求，适应现场真实的工作环境，完成焊接作业详细设计。设计工具需要具备焊口规则管理、在线修改焊点、增加焊点、修改管线、设计割口、一键焊缝编号、一键生成施工图纸等功能。

① 焊口规则设置

a. 自定义焊口编码规则。系统可根据项目或企业要求按照自定义方式进行焊口编号规则设置，根据模型中焊口焊接类型设置焊口编号前缀，满足用户对灵活性的要求。内置中国石化标准《石油化工工程焊接通用规范》（SH/T 3558—2016）进行自动编号，参照标准列进行自定义设置更改，以便满足不同企业的要求。

b. 焊口距离设置。为了自动分段时焊口与焊口、焊口与支吊架以及焊口和 D 类口等相邻元件的焊缝保持一定距离，系统根据《石油化工有毒、可燃介质钢制管道工程施工及验收规范》（SH/T 3501—2021）规范给出一个默认的距离，可以修改自定义距离。

c. 支架焊口设置。配置解析设计文件中的支架型号信息，统计整个区域上的支架类型，对焊接支架进行统一的焊口数量设置，批量插入区域内支架焊口，管线编号时自动对支架焊口并编号，节省每张图纸添加支架焊口时间。

② 焊口二次设计：根据设计模型自动/手动设计焊点信息，并自动获取焊口的材质、规则等工艺参数，根据指定规则，配置软件的焊口分类、编号逻辑。

a. 自动设计焊点。施工技术人员可以根据采购素材管的长度（如碳钢12m、合金钢9m等）设置直管段，系统会自动对管子进行分段，实现焊点的自动插入，并按照事先定义好的焊口编码规则实现自动编号，系统可设置焊口与焊口、焊口与支架、焊口与支管的距离，自动避开，满足规范质量要求。图3-5为管线二次设计应用示意图。

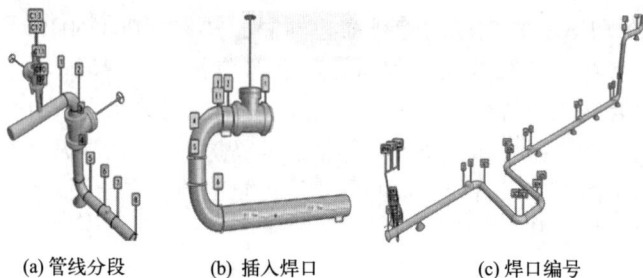

(a) 管线分段   (b) 插入焊口   (c) 焊口编号

图3-5　管线二次设计应用示意图

b. 手动设计焊点。在管子的合适位置手动插入焊口，建立焊口与两侧管子的连接关系，选择焊缝可以拖动焊缝到适合的距离，保存焊缝并进行编号及属性设置。

设计完焊点之后，在管线参数下会自动生成对应焊口的工艺参数信息。添加支架焊缝，在管子的支吊架位置插入支架焊缝，一个支吊架可以根据支吊架的类型插入多个支架焊缝，保存支架焊缝进行编号以及属性的设置。安装管线设置：可以将管线设置成安装管线，安装管线的焊口全变为安装口，焊口变为红色。因安装口一定是固定口，故焊口加后缀"G"，设置及时保存。当管线安装口较多时，可利用此功能对焊口进行批量安装口设置，以便减少施工人员设置次数。预制管线设置：与安装管线相同，可以将整根管线设置成预制管线，管线上焊口变成预制口，焊口的颜色为绿色。放置后要及时保存。当管线预制口较多时，可通过此功能进行批量设置。

同时，现场发生变更后，当管线设计升版时，系统能够兼容已有焊口编号设计信息。设计院提供新版IDF文件后，系统会对上传的新模型与原模型进行对比：若模型发生变化，则删除原焊口；若模型未变化，焊口将继承到新模型上，属性变化会进行更新，从而减少纸质图纸升版后焊口信息的抄图工作。

（3）一键出图

施工二次设计应用满足快速一键出图，可基于事先定制好的模板自动生成各类图纸和表格，生成图纸的数据均来自管道施工数据模型。在对工厂模型进行基于规范的平、立、剖面图自动消隐处理的基础上，通过智能化的尺寸标注和图纸定义等功能，生成符合要求的平、立、剖面图和管道单线图（ISO图）与管线材料清单（BOM），所生成的图纸符合国内外工程规范，材料表模板可按照实际管理需要定制。

① 图纸模板自定义：以设计文件模板为基础，快速定义图纸（ISO图，平、立、剖面图以及管口方位等）样式，作为项目出图初始化文件，定义完成供整个项目使用。

② 表格模板自定义：定制各种样式的材料表格模板，从而根据定制的表格模板准确无误地统计出模型中的材料数量，以满足设计、采购和施工的需要。

③ 单线图自动生成：以自定义或者系统自带模板为基础，自动生成ISO图、ISO材料表；可以根据需要设置或取消分图点，重新生成ISO图。材料表统计精确，格式可自定义，包括表头、排序规则和填写方式等。

④ 平、立、剖面图自动生成：以自定义的方式对视图方向、视图类型、图纸比例等进行定义，按项目要求进行消隐以及自动标注，自动生成符合要求的平、立、剖面图。

⑤ 管口方位图自动生成：在出图模块，点选设备位号，自动生成管口方位图，图纸格式可采用默认或者自定义。

⑥ 材料表自动生成：自动生成满足工程设计规范的材料表，也可以对材料表的样式和排序方式等进行定义，如图3-6所示。

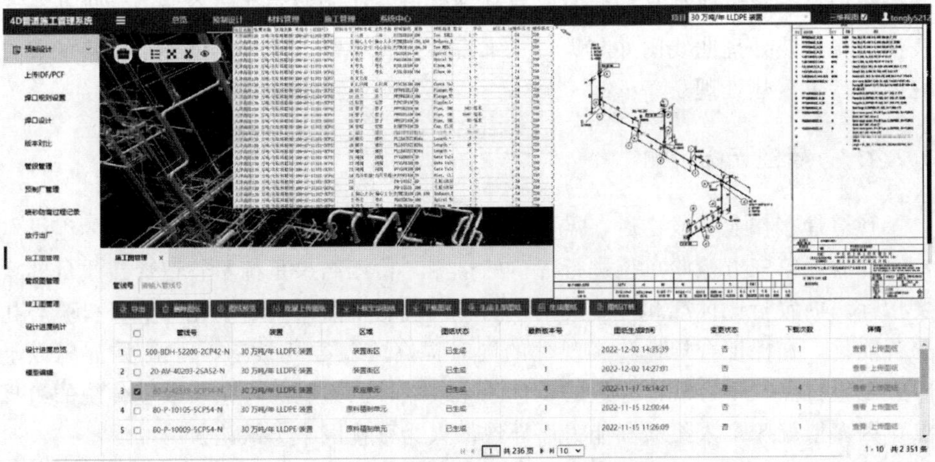

图 3-6　一键出图并自动生成材料表

3.2.1.2　管道预制

管道工厂化预制的数字化管理，是管道施工过程的标准化、规范化、一体化管理的关键环节，直接影响整个施工过程的生产效率、工程质量和管理水平，是石油化工工程建造信息化的重中之重。管道施工质量直接影响整个装置的运行安全，一个装置与多个管道相连，管道由多个管段焊接而成，即使是一个小型装置都有几万到十几万道焊缝；管道材质种类繁多，焊接的工序多，作业量大，作业面广，参与人员多，工期长，资料多，尤其是有毒有害或高温高压的管道，须有专门的政府部门进行监管备案。管道施工作业中对焊缝的管理一直是影响炼化企业工程建设单位和施工单位生产效率的痛点和质量管理的难点，得到建设单位、施工单位、政府机构、监理单位的高度重视。

① 焊接工艺管理。焊接工艺管理包括所在装置的材质、分类、焊丝牌号/型号、焊条牌号/型号、热处理温度、恒温时间、布氏硬度、先热处理后检测等信息的管理。

② 焊工管理。焊工管理就是对焊工人员、资质、证书进行维护管理。系统可自动判断超资质焊接，及时发现质量隐患及不合规操作，保证施工质量。

③ 焊接过程管理。包括焊工、焊接、热处理、返修等一系列管理。覆盖完整的管道焊接作业流程，集成过程化数据，监控焊接进度、质量检测情况。

④ 焊接检查。当焊接记录进入系统后，自动提醒质检员，对焊接完成的焊口进行外观检查。检查合格后的焊缝才能正常进入后续流程，否则需要进行返修，很大程度上规范了焊缝的合格管控。

⑤ 管道热处理。管道在焊接完成后，对于一些焊口需要进行焊后热处理，以达到强度要求。热处理过程管理包含热处理委托、热处理记录、硬度委托、硬度检测记录、重复热处理记录等。热处理完成后要按照行业或企业内部规范生成表格，管理热处理曲线图并与焊口三维模型进行关联，对于热处理不合格的焊口需要进行重复热处理。

3.2.1.3　管道无损检测

管道焊接作业完成之后，需要依据行业标准规范，按比例进行焊缝的组批点口，并委托第三方检验单位进行焊口的检测，检测结果是衡量管道焊接质量的重要指标。内置行业标准和检验规则，能够实现组批点口的自动化和焊口检验委托的智能化，在保证合规性和客观性的同时提高检验委托效率，可减少90%以上因人工组批点口不客观而导致的质量隐患或额外的检测工作量，改变传统的组批点口因多依赖于个人经验和能力而导致的人为干扰因素等缺陷。

① 组批点口。内置规范以及计算规则，可综合考虑管线、焊工、时间三个

组批维度，实现所有检测类别内焊口自动组批，并能够根据权限进行焊口修改及手动组批点口，保证检验的合规性及客观性。

② 无损检测委托。无损检测组批后可自动生成委托单，委托单的内容及格式可以根据项目要求自定义；检测单位同时会收到委托提醒，根据已委托的委托单进行检测，检测单位对焊口检测之后，将结果进行线上反馈。系统支持 RT、PT、UT、MT、TOFD、PAUT 等多种检测方式对检测结果进行录入。

③ 判断检测结果。根据检测反馈结果判断焊口焊接是否合格。如不合格，会自动提醒施工单位该焊口需要进行返修，及时指导施工单位施工。

④ 扩探返修。系统内置 SH/T 3501—2021 施工规范，对不合格焊口进行累进检查规定，如在一个检验批中检测出不合格焊接接头时，会在该批中对焊工焊接的不合格接头数加倍进行检测，自动匹配可扩探焊口，规范扩探过程，提高工作效率。系统对返修之后的焊口进行自动委托送检，对此焊口再次进行检测。

3.2.1.4　管道试压吹扫

石油化工工程建造中的管道收尾与试压是管道施工管理中相对复杂、程序繁多、难以控制的重要过程，借助数字化管理，在管道施工计划中按试压包划分焊接管道（对于一套中型装置可以优化到几百个试压包实现化繁为简），可实现按计划开展管道试压、快速收尾，避免在管道施工的最后试压阶段出现大量试压包积存尾项，造成整个施工工期紧张的现象。同时，施工方将试压包作为管理的最小单元，可达到责任到人、分工明确、提升效率的目的，取得节省人力与物力投入、缩短工程收尾时间、提高管道安装质量的效果。

① 试压包自动划分。系统根据划分试压包原则（相连的、同管道级别、同材料等级、同介质和同压力等级）等，在三维可视化模型中实现试压包自动划分，自动标注黄金口、注水点、压力表和盲板位置指导试压。

② 试压包进度管理。系统根据施工进展情况、材料到货情况和试压完成情况，生成试压包进度报表。

③ 试压尾项清单。以试压包维度查看试压包内管线和焊口焊接完成情况、材料到货情况、无损检测进度情况，自动生成统计对应试压包的尾项，以便快速集中处理，为试压做准备。

④ 黄金口管理。试压过程中占用的焊口，纳入系统焊接、检测等相应的过程管理，并要求进行 100% 检测，以保证焊接质量。

⑤ 试压记录。对试压结果进行记录，包含日期、人员、结果等。

3.2.1.5　管道细化设计项目实践

中国石化某施工单位在海外项目实践中，通过运用管道数字化技术助推工艺管道集约化方法，按"自动化、流水化、信息化、智能化"的模式实施，工效提高 5 倍，工期缩短 6 个月以上，总体施工进度在 15 家国际知名工程公司同场竞技中排名第一。该项目累计完成管道预制 472266.75DIN（吋径），预制比例达到 52.09%；其中自动焊焊接完成 206462.5DIN，占预制工作量的 43.7%。高峰期预制最高月产能达到了 73576DIN。从国内项目预制厂向现场发运物资共计 74 批次，704 个集装箱。50%的管道工作量从高空作业转移到地面上实施，减少了大量的现场作业人员和高处作业工作，大幅降低了工程实施安全风险，预制厂实现了安全人工时 146.19 万，实现安全人工时 2062 万，无上报损失工时事故。提高了工程质量保证，焊接一次合格率按片数统计 98.93%，按焊口统计 97.86%。

工艺管道集约化方法实行以"流水作业、工序分解、体系封闭、成品出厂"的施工组织模式，以"管理标准化、预制工厂化、作业流水化、焊接自动化、工序产品化、检验程序化"的管理组织模式开展，包括管道详图设计、管道施工管理及材料信息生成、材料接保检、管道预制、管支架预制、热处理、无损检测、防腐、包装、装箱、集港与海运、资料递交等一体化业务。应用成效显著，主要体现在以下几方面。

① 管道预制作业可以提前开工，与其他专业施工同步开展，平行施工，有效缩短了工程工期。

② 管道工厂化预制，大量使用管道切割、打磨、组对和焊接机械，减轻工人的劳动强度，提高工作效率。

③ 在工厂内生产作业，减少了大量的现场及高空作业量，降低了安全、质量管理风险。

④ 预制采取"自动化、流水化、信息化、智能化"的模式实施，节约工、料、机成本，综合效益显著。

⑤ 对于海外工程项目，将大量预制（制造）工作放在国内完成，将国内强大的生产制造能力和原材料供应优势输送到海外项目，提高了工程领域的国际竞争力，也为国内提供了不少就业机会。

3.2.2　可视化设备吊装

在石化行业工程建造的核心业务中，大件吊装运输方面的业务数字化转型，关系到我国石油化工智能建造核心能力的提升。目前化工、炼油、机电等大型设备日益增多，有的大型设备单件质量已超过 4000t，对这些设备的吊装作业需要有成套的大型起重设备来承担。大件吊装作为一门专业性很强的综合性技术，在吊装方案中的各个关键环节（包括吊点的选择、吊具的设计、吊索的配备连接、挂钩等）都需要根据大件的结构特性经过一系列科学周密的工程计算，不仅需要认真细致地逐一校核每个吊点的局部强度及大件的整体强度，还要在吊装作业中时刻关注吊装设备自身的纵、横倾角的变化过程并随时予以修正，才能确保大件被安全、稳妥地吊放在预定位置上[17]。

我国石油化工工程建造企业，拥有世界最大的 4000 吨级履带式起重机、超 3400 吨级的大型设备承运能力，可提供从工厂到现场的完整吊装运输工程服务。围绕大件吊装运输业务执行，借助数字化、可视化、智能化技术和软件应用体系（AutoCAD 方案绘图、SolidWorks 三维建模、Abaqus 及 Ansys 应力分析），实现对大件运输车辆在运输运行过程中的移动定位、工况信息、运行油耗、作业监控等实时数据进行采集、传输、解码、集中存储、集成整合，通过建立专业化的机械模型数据库，开展紧密结合施工现场的起重运输模拟分析和吊索具设计，实现在虚拟作业环境下的吊装设备模型、吊索具校核计算及有限元分析、起重机机型选择、吊装作业过程仿真模拟等数字化应用。可视化设备吊装技术的成功应用，提升了吊装方案的可行性、安全性，探索出吊装业务数字化转型的新模式。

3.2.2.1　车辆定位

因起重运输业务特点，参与施工作业的吊装设备和运输车辆地域分布相对比较分散，在工程实践中运用数字化技术实现设备资源的集中管理和统一调度，解决了设备资源管理上的难点问题。借助信息系统实时采集到施工设备当前的位置信息、工况信息、作业情况以及吊装协同作业组合信息等数据，按照时间成本和费用成本最小化原则，开展多项目之间施工设备的调度优化，大大提高了施工设备利用率和资源配置合理性，同时节约了设备运行和动迁转移的成本。

（1）实时监控

以北斗监控数据为载体，通过安装智能定位终端实现对正在运输的大件、公司的各种车辆实时查看位置信息，对吊装车辆及运输资源进行全天候实时监控（速度、方向等），开展对车辆信息管理、车辆超速报警，标注最佳路线图、发布文字调度通知、超速报警统计、跟踪行车路线、区域报警、统计里程油耗等各类管理应用。

（2）车辆巡检

通过对车辆粘贴 RFID 标签，对每辆车按公司要求设定巡检规则，提示相关人员对车辆进行巡检。对没有按照规则进行车辆巡检的人员进行报警。对巡检过程中发现的问题进行提报。按照每日、周、月、季度、年度等时间维度以车辆维度、巡检人员维度分别形成巡检报告，进行多维度巡检报表统计和展示。

（3）油耗监测

定时测量油箱内油量，并上传油量信息。加油结束时上报加油的开始时间、结束时间及油量信息。当油位产生异常变化时，进行油量异常变化报警。拆除油量监测终端时进行拆除报警。通过油量变化曲线为车辆提供使用情况分析数据。

（4）车辆工况

通过智能终端收集车辆的所有工况数据。通过对车辆设置工况预警规则，超过规则设定的阈值则进行工况报警。对车辆运行过程中产生的工况数据进行统计，生成各种维度的报表，使公司相关人员能够清楚地了解车辆的工况情况。

3.2.2.2 吊装方案设计

随着石油化工建造技术的快速发展，吊装工作现场环境日益复杂，使用多台起重机的协同作业也越来越普遍，施工企业为能安全顺利地完成吊装工作，必须统筹安排起重机资源，精确详细地设计吊装方案，以保证吊装工作可靠、合理和高效地进行。随着三维数字化交付的广泛执行，三维虚拟仿真系统正普遍应用于吊装方案的设计过程中，逐步取代了简单的手工计算、二维图绘制等传统模式，适应了平衡梁、索具、吊耳等辅助设备繁多、起重机的起重性能参数数据量巨大的计算模式，并且实现了快速直观的实施效果模式。

三维模拟吊装方案设计集作业环境和吊装设备参数化绘制、吊索具校核计算及有限元分析、起重机选择、起重机建模、吊装仿真模拟于一体，拥有智能的数据库选型、交互式图形渲染、准确的分析计算和快捷输出处理等功能，让现场吊装工程师直观地看到该吊车实施吊装作业过程及吊装作业过程中可能发生的情况，提前排除不可行的吊装方案，通过仿真和比较寻求最佳吊装方案，如图 3-7 所示。

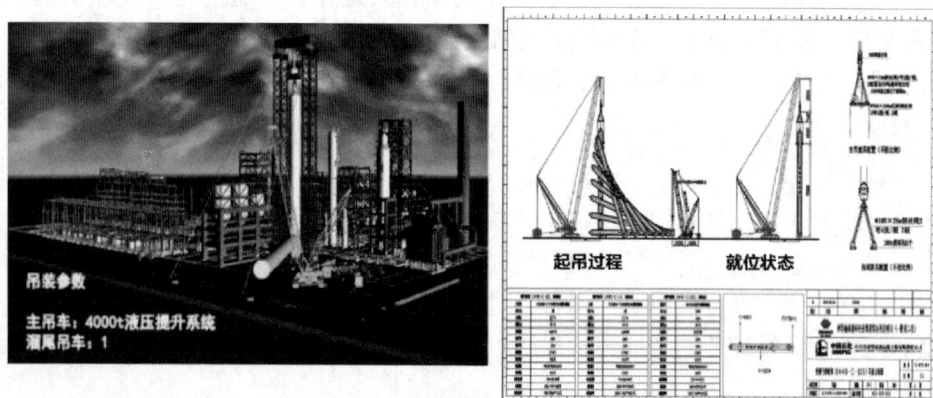

图 3-7　三维模拟吊装应用示意图

（1）三维建模

创建吊装行业各种作业环境和吊装设备三维模型，为吊装仿真提供必要的三维环境模型和被操作对象模型。三维建模能够提取数字化交付的三维模型并与工程进度相结合，自动实现环境建模，并根据三维环境模型开展碰撞检测及距离计算。同时，为了更好地支持手工参数化创建环境及起重机模型，内置了模板环境库，设置一些标准的、常用工机具（如履带起重机、桁架臂汽车起重机、箱型臂汽车起重机、门式桅杆起重机等）或子场景，从基础模型派生实际模型，通过修改相关参数形成新物体，为吊装仿真业务提供吊装环境及起重机模型基础。

（2）吊装仿真

进行起重机模型显示及各种吊装工况的模拟，通过相应的力学和数学计算建立各种吊装工况的仿真数学模型，包括单台起重机的吊装模拟、单台起重机与溜尾小车协同吊装模拟、主起重机与溜尾起重机对吊装设备翻转竖立的吊装模拟、多台起重机协同吊装模拟等。

（3）理论设计及有限元分析

开展吊装设备附件应力参数理论计算和有限元分析，理论计算部分包括平衡梁、索具、吊耳和吊盖等附件的理论数据设计，有效取代了手工计算。有限元分析部分主要通过 Ansys 软件对细长吊装设备、吊耳和吊盖等附件进行分析，把细长吊装设备和辅助构件的各个局部受力情况展现给用户，为用户设计或选择辅助构件提供参考依据。

（4）结果输出

输出方案设计中基本信息、计算书、起重机的占位图和立面图、吊装设备图、各种吊装设备附件图（如平衡梁、索具、吊耳、吊盖等）以及吊装仿真结果（如仿真录像、图片等内容）等信息，直接指导吊装作业的实施。

3.2.2.3 吊装作业视频监控

为确保施工现场的安全生产，按照 HSE 管理的相关要求，工程建设工地须建立可视化监控管理平台，对吊装作业的全过程实施远程监控。工程实践中，通常是在吊装车辆上安装一定数量的摄像头实现对吊装车辆的近端、远端监控、安全预警、远程对讲等应用；同时为施工人员配备一定数量的移动视频记录仪及移动布控相机设备，实时记录整个施工过程的安全作业画面。通过可视化监控技术与人工智能识别技术的结合应用，包括采用音视频智能算法及数据分析技术，对施工作业区域进行机动车管控、人员管控、人脸检测、周界防范、作业监测，实现了在指定的施工作业区域内的安全布控及周界报警，提高了施工现场设备吊装作业安全管控水平。

3.2.3 模块化现场安装

模块化施工是一种较为先进的施工理念，是对传统施工的优化，其先进性在于它大量地引入了平行作业，施工进度快，劳动力窝工减少，交叉作业方便有序，高空作业大为减少，作业环境改善，安全保障有力，现场噪声小，材料利用率高，短期内完成交付使用有保证，施工成本降低非常可观[18]等。数字化技术的应用，为模块化施工过程中的信息共享和专业协同创造了有利条件，推动了自动焊技术与工厂规模制造的深度融合，带动模块化施工方法从理论到实践、从探索到成熟、从普及到创效由量到质的飞跃。

3.2.3.1 模块化安装工程应用

模块化施工主要应用于混凝土、钢结构、设备安装、炉类工程等相关专业。

（1）混凝土工程

混凝土工程以预制模块设计为主导，结合结构状态的可分割性进行预制化施工。现场临时预制场或就近位置预制半成品、成品，运至现场进行埋设与组装，做到平行施工，与现场同步甚至可以提前，保证流水作业、现场预制场两不误。预制模块的体积要满足运输要求；设备基础螺栓宜在一个模块上，模块间的连接处理需要考虑结构整体性能要求；地下结构的防水处理及模块的连接方式，宜采用灌浆料等防渗快硬性材料；模块需要合理考虑安装吊环的设置位置、强度及抗裂要求。

混凝土工程模块化施工在结构柱、管廊、厂房、沟槽及小型井类、化粪池等混凝土工程中得到广泛应用。钢筋混凝土管廊、混凝土柱及梁采取集中制作方式，较长的沟槽进行分段预制，预留衔接杯口，进行湿接头连接，具有耐腐蚀、造价低、施工周期短等特点。

（2）钢结构工程

钢结构模块需根据结构形式，结合模块化后需满足结构吊装的性能来划分，以减少高空作业，提高作业效率。模块划分须考虑设备的安装，必要时需预留设备安装空间。需根据现场的作业环境，确定模块组对的作业区域，同时考虑结构成片、成框后是否具有足够的运输能力与现场机械的吊装能力，要综合考虑作业的经济性和可操作性。

钢结构工程模块化施工主要应用于框架钢结构、火炬塔架等施工场景。钢结构管廊及框架依据各装置区现场实际条件，可采用成片或成框预制，在施工现场的吊装机械、运输条件、安装环境等各类资源满足钢结构框架模块安装的情况下，可将预制成型的相邻两片模块间的连接梁进行组装，形成钢结构框架模块。

有条件的可将劳动保护、电缆桥架、管道、设备等安装到框架模块上，实现多专业的组合。火炬塔架分段在地面组对，分段吊装。吊装前在分段位置的上口搭设组对用架设。

（3）设备安装工程

整体到货设备可在地面将设备管线、电气、仪表、保温、劳动保护等安装完成后再进行整体吊装，其中的管道、梯子等可分别预制成单个小单元模块后再整体安装到设备上。中小型冷换设备、容器、空冷器及其附属管线、电气、仪表等进行整体撬装，整体安装。

（4）炉类工程

石化工程的加热炉，目前常用的是圆筒形加热炉和箱式加热炉，且一般由对流段和辐射段组成。根据现有施工经验，炉类模块一般按其结构特点划分为：辐射室炉底钢结构、辐射室炉壁、辐射室炉顶、辐射炉管、对流、烟道及烟囱等模块。主体模块可在异地制造，后船运到项目周边码头，然后陆运至现场直接就位，能够有效提高效率、提升质量、缩短周期，避免交叉作业，提升安全系数。

3.2.3.2　模块化安装工程拆分

模块化施工的前提条件是模块化设计。在设计阶段能否把整个项目按照一定的要求进行有效模块化设计是实施模块化技术的主导和关键。

模块化施工的拆分需要对整个项目有深入的了解，目前国内整体投资最大、工程量最大的项目非炼化一体化莫属，项目规模大小决定了模块化拆分的细化程度。2000万吨规模炼化一体化项目一般包括常减压蒸馏装置及轻烃回收装置、煤柴油加氢装置、蜡油加氢裂化装置、柴油加氢裂化装置、渣油加氢装置、汽油加氢装置、延迟焦化装置、催化裂化装置（气分装置）、芳烃联合装置［石脑油加氢、连续重整、PX（对二甲苯）分离、芳烃抽提、重整油脱烯烃装置］、碳二回收装置、产品精制装置、变压吸附（PSA）装置、硫黄回收装置、酸性水汽提装置、溶剂再生装置等炼油生产装置；乙烯装置、1-己烯装置、裂解汽油加氢装置、乙苯/苯乙烯装置、聚乙烯、聚丙烯、碳四联合装置等化工生产装置；煤制氢联合装置（含煤制氢、合成气、燃料气、硫黄回收装置）、甲醇装置等煤化工装置及公用工程。以上构成装置中，有可拆分为模块化施工的单元，也有需要工地现场完成的部分。一般来说生产装置基本由动静设备、钢结构（包括管廊、框架）、管道（包含消防管道、给排水管道）、仪表电气（包含火灾报警）、防腐保温专业组成，最为复杂的专业在炉类设备、管廊、框架等部位。静设备又可分为炉类设备、塔器、容器、换热器等，大型塔器一般在工地现场交货，地面完成模块化后安装就位。地面容器、换热器设备制造出厂时已经整装交货，可直接就位后完成保温工作。表 3-2 是可模块化施工的工程类别表。

表 3-2　可模块化施工的工程类别一览表

工程类别名称	装置部位	模块化程度	运输及就位条件	备注
炉类设备	地面基础	工厂模块化	运输就位	
塔类设备	地面基础	现场模块化	吊装就位	
容器、换热器	地面基础	现场模块化	吊装就位	框架运输
动设备	地面基础	无需模块化	吊装就位	特殊专业
管廊	地面基础	工厂模块化	运输就位	
框架	地面基础	工厂模块化	运输就位	

　　确定完装置可模块化部分后，再次进行细化，形成模块化目录，根据工艺流程、设备重量、模块化大小确定模块化进场顺序，制定相应的三级网络计划。2000 万吨/年炼化一体化项目中，生产规模及工程量最大装置为乙烯装置。乙烯装置模块化分解一览表见表 3-3。

表 3-3　乙烯装置模块化分解一览表

单元名称	模块编号	可模块化部位	主要工作明细	备注
裂解 001	LJL1-N	整体模块	炉本体、炉配管、仪电、试压吹扫、防腐/防火保温	裂解炉模块
	JLKJ-1-N	分段模块	钢结构、管道、电仪开点、试压吹扫、防腐/防火保温	管廊模块
急冷 002	JILKJ-1-2	整体模块	钢结构、管道、电仪开点、试压吹扫、防腐/防火保温	框架模块
	JLGL-1-N	分段模块	钢结构、管道、电仪开点、试压吹扫、防腐/防火保温	
冷区 003	LQCF-1-N	分片模块	钢结构、彩板	现场模块
	LQKJ-1-N	整体模块	钢结构、管道、电仪开点、试压吹扫、防腐/防火保温	框架模块
	LQGL-1-N	分段模块	钢结构、管道、电仪开点、试压吹扫、防腐/防火保温	管廊模块
热区 004	RQKJ-1-N	整体模块	钢结构、管道、电仪开点、试压吹扫、防腐/防火保温	框架模块
	RQGL-1-N	分段模块	钢结构、管道、电仪开点、试压吹扫、防腐/防火保温	管廊模块

续表

单元名称	模块编号	可模块化部位	主要工作明细	备注
反应压缩 005	FYGL-1-N	分段模块	钢结构、管道、电仪开点、试压吹扫、防腐/防火保温	管廊模块
	YSCF-1-N	分片模块	钢结构、彩板	现场模块
	YSKJ-1-N	整体模块	钢结构、管道、电仪开点、试压吹扫、防腐/防火保温	框架模块
	YSGL-1-N	分段模块	钢结构、管道、电仪开点、试压吹扫、防腐/防火保温	管廊模块
废碱氧化 006	YSGL-1-N	分段模块	钢结构、管道、电仪开点、试压吹扫、防腐/防火保温	管廊模块
辅助设施 007	FSGL-1-N	分段模块	钢结构、管道、电仪开点、试压吹扫、防腐/防火保温	管廊模块
主管廊 008	ZGL-1-N	分段模块	钢结构、管道、电仪开点、试压吹扫、防腐/防火保温	管廊模块

3.2.3.3　模块化安装工程组合

在模块化拆分完成以后，进入专业组合阶段，管廊、框架施工不仅是钢结构组模，还包括配合管道分层施工、电仪支架（槽盒）、仪表开点、管道分段试压吹扫、防腐保温、防火等一系列工作。遵循一层钢结构完成焊接随之安装一层管道的原则，以减少管道穿管周期，便于实现最大可能的管道焊接二次深化模块化，加大自动焊接的应用范围，为整个工序提供充分保障。

管廊模块组织方法：管廊模块化施工，以厂区最大拐弯半径计算，一般设置在 70～100m 为优，装置管廊模块应按照从内向外、先低后高、先大后小的原则，一般情况下装置管廊标高在 20m 以内，所以考虑净空距离在 20m 以内为佳，必要时分层施工紧靠大件吊装时间来安排。因管廊模块以钢结构和管道为主，所以施工最优化的目标要达到试压吹扫、防腐保温、防火全部完成后进行运输就位，管廊模块虽然长度大但吨位较小，且管道焊接时径较多，运输环节中是最为简单、直接的模块组织模式。

框架模块组织方法：框架模块长度不大但是高度较高，陆路运输必须要考虑净空高度，必要时需排除或预留空间障碍，海运情况下则不需考虑此类问题，因框架不仅包括结构、管道专业，同时要考虑设备重量及仪电、防腐保温、防火等全部完成后运输就位。如因条件制约无法达到整体模块要求，可采取分层模块的方法，但需要充分考虑大件吊装的时间安排。

裂解炉整体组模：裂解炉模块是炼化项目的核心装置，裂解炉模块是至今规模与重量最大、结构最复杂、专业最多的单一模块，模块化设计、建造（材料采购和施工）、验收、运输等各环节必须高度一致和统一。

3.2.3.4 模块化安装工序衔接

裂解炉模块属于炼化一体化项目中最具代表性的模块之一，运用 Tekla 模型将裂解炉结构拆分成可施工模块，用管道焊接可视化管理软件拆分管段，确定预制口、固定口，以便达到加大管道预制深度、减少固定口比例的目的。运用 SACS 软件对模块进行建模后，进行强度校核、重心确认，为模块分解、吊装、运输提供精确的理论数据支持，确定自行式模块化运输车（SPMT）载重，选择运输车辆装配方案，确保每个环节万无一失。树立结构施工全面贯彻"积木式"施工理念，大小模块组合施工、严控材料到货与施工需求的材料匹配；管道施工全面实施"流水作业模式"，配料、清洁、穿管、组对、焊接、报验等工序全面达到专人化。利用三维模型及施工经验将管廊施工由穿管模式变为铺管模式，在吊装前提前固定摆放调节阀组所在层管道，减少管道安装施工难度，提升施工效率。主要执行的安装工序如下。

① 编制四级网络计划，细化并要求严格执行各节点目标，提出采购计划书，根据先下后上原则确定供货顺序。

② 根据设计说明书及图纸，编制模块建设方案，充分利用采购周期，组建模块化总装场地，并将水、电、气、网等集输完成。

③ 根据模块建设方案开展施工组织，遵循先里后外、先大后小、先下后上的原则，实现深度交叉，采用上下道工序间互检、工序交接共检、停检必检等管理方法，保证"道道工序都是承诺"，工序间绝不留尾项。

④ 严格质量控制环节，材料存储、发放保护、组对、焊接、检验、巡线、放行、试压、吹扫、保温等均需要书面确认，现场签字并扫描存档，作为工序关闭依据。

⑤ 把握安全管理重点，采取"积木式"管理，尽量做到地面模块主体及平台同步完成，空中对接采取封闭式满堂铺设。

⑥ 加大信息化管理，采取数据传输及现场对比，用可视化管理代替图示，做到数字化交付。

3.2.3.5 模块化安装项目实践

在某联合装置项目实践中，大量采用三维数字化模型辅助模块化的建造方式，具体做法如下。

（1）钢结构模块化施工

该联合装置共 9 个钢构架、2 个管廊（包括分支）、2 个厂房，共计约 17000t 钢结构，工程量大、装置紧凑、施工难度大。在模块化施工过程中，对反再楼梯间、汽包框架 33～56m 成框安装，每段吊装之前将斜梯、扶手、电气穿线管、照明灯具等完成无误。其余钢结构根据实际情况成片模块化安装，对现场共计 6 个框架/管廊 194 个钢结构模块的节点进行优化，根据节点实际采用弱轴或强轴成片（大部分采用弱轴），使原来必须散件高空吊装的钢结构变为地面成片模块后整体吊装，吊装次数由原来的 14406 次优化为现在的 194 次，同时焊接效率由于从高空调整到地面亦提升 300%，提高了工作效率，降低了施工成本及安全风险，保证了施工进度及施工质量（见图 3-8）。

图 3-8　钢结构模块化施工

（2）设备模块化施工

设备模块化施工包括反再两器及塔器的模块化施工，反应-再生系统是催化裂解装置的核心，主要由反应沉降器、再生器、烧焦罐、外取热器、三旋和多条斜管组成。反应沉降器、再生器直径大，内件工艺复杂，施工质量、安全要求较高。反应沉降器安装在反应器框架 51m 层，规格 $\phi18000mm×54770mm$，材质为 Q345R，壳体分 5 段交货；顶部标高 85850mm；主提升管 $\phi7240mm×26271mm$，材质 Q345R/Q245R，分 5 段到货，现场拼接为 2 段；再生器规格 $\phi17200mm×55448mm$，材质为 Q345R，壳体分 6 段交货；顶部标高 67m。运用模块化施工技术，做好现场施工协调，反应器、再生器壳体在预制场组装，反应器汽提段、主提升管段及其内件在分馏塔框架北侧空地组装成模块，反应器、再生器封头及旋分在催化剂罐北侧组装成整体吊装，同时，封头吊装前，将封头衬里、旋风及邻近段筒节地面完成后整体吊装，大大降低了安装难度，提升了安装效率（见图 3-9）。

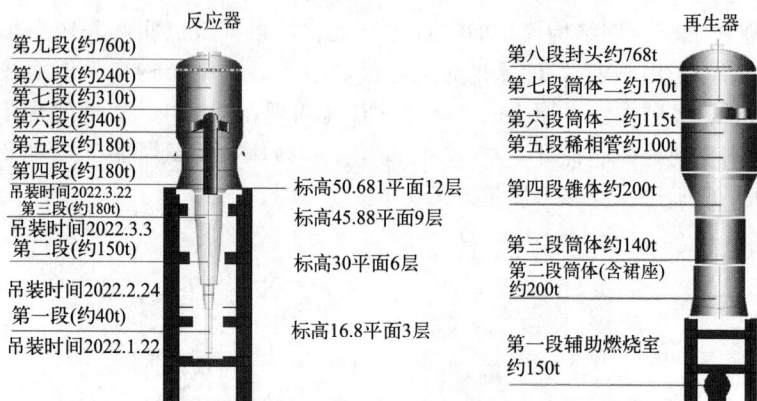

图 3-9　反再两器模型及模块化拆分、安装

塔器模块化施工用于除分馏塔、氧化再生塔（位于框架内、不具备吊装条件）的 14 台塔器，吊装前，将附塔管线、梯子平台、电气灯具及防腐保温工作均在地面完成（除吊装影响外），极大地减少了高空作业风险，做到了标准化施工，达到了塔器灯亮的效果，如图 3-10 所示。

图 3-10　塔器模块化施工

（3）管道模块化施工

针对装置管道大型化、设备化的特点，一方面采用大型管道随钢结构、设备安装同步进行（如管廊管线随管架层间梁安装同步，附塔管线随塔器安装同步完成），另一方面结合单线图、平面图及模型，对空冷器及其他部位的集合管管道进行模块化预制，采用大型吊车进行整体安装，以提高施工效率，同时减少高空作业，以降低安全风险。

3.2.4　智能化施工装备

石化智能工厂具有典型的自动化、数字化、模型化、集成化、孪生化、自主化六化特征，其中的数字化是指对人、机、料、法、环等核心生产要素的全面感知和数据采集，包括通过物联网、智能传感器、移动终端、机器视觉、智能仪器仪表、在线检测分析仪、可穿戴设备等获取数据。通过提高全面感知能力，实现设备数字化、资源数字化、业务数字化、流程数字化、管理数字化，形成数字资产[19]。

近年来，人们在石油化工工程建造过程中，加大了研究开发的力度，运用了一系列具有国产自主知识产权的智能化施工新技术装备，参与其中的不乏在工程专业技术领域发挥领军作用的工程院士和国家高技术人才。具有典型代表的有：由潘际銮院士带领博清科技团队研发成功的国产无轨道全位置爬行焊接机器人，由广州中石科技团队为施工现场定制的智能穿戴系列装备，由清华大学团队研发的施工现场智能巡检无人机，以及我国首创居世界领先水平的智能折叠式升降脚手架[20]等。国产焊接机器人已经在石油化工施工现场储罐焊接中得到了实践应用，成效显著：稳定和提高焊接质量；提高劳动生产率；降低工人劳动强度，杜绝了在有害环境下的工作伤害；降低了对工人操作技术的要求；缩短了产品改型换代的准备周期，减少相应的设备投资[21]。

3.2.4.1　国产焊接机器人

目前智能特种机器人技术已在石油化工、船舶制造、核电工程、能源电力、轨道交通、建筑钢构等多个领域得到了推广使用。在石化行业工程建造领域也大量采用了国产焊接机器人开展施工作业，典型代表有无轨道全位置爬行焊接机器人（见图 3-11）、建筑钢构爬壁焊接机器人、管道焊接机器人等，其中无轨道全位置爬行焊接机器人是在潘际銮院士二十余年研究的基础上孵化的全球首创产品，是国家自然科学基金科技成果，填补了国内外技术空白，是解决大型结构件及特殊条件现场自动化焊接的强大武器。

2021 年，该无轨道全位置爬行焊接机器人成功应用于某原油库区项目，在

图 3-11　国产无轨道全位置爬行焊接机器人

储罐自动化焊接作业中大显身手，在质量、安全、工效、成本等各方面表现优异（安全零事故、施工高效率、焊接一次拍片合格率达 98％以上、成本优势突显）。同年 5 月，在中国石化"无轨道全位置爬行焊接机器人"项目应用结题鉴定会上，鉴定委员会 15 位评审专家一致认为项目成果中的焊接与传统焊接相比，具有焊接质量好、综合效率高及人工成本低等优点。经济效益与社会效益显著，成果及工程化应用达到国际领先水平。经鉴定会鉴定建议进一步在油气、化工领域推广应用。

（1）应用场景

石油化工工程建造中，储罐设备主要是在现场安装，储罐焊接工作量非常大，焊接一台 $150000m^3$ 的原油储罐所需的焊材能达到 6.6t 之多。采用手工焊接的作业方式很难同时兼顾焊接作业的效率与质量，表现在：储罐焊接作业的工作环境恶劣，焊接过程中的弧光、烟尘对人体会产生潜在危害；储罐焊接作业对焊工施焊的技术水平要求很高，一般的焊工很难长时间地保持高水平作业状态；现有手工焊接、半自动焊接效果不佳，储罐焊接过程中容易出现焊接变形，这是焊接工艺必须要突破的难题；在社会人口老龄化加剧的大背景下，我国一线储罐焊工数量正逐渐呈现减少趋势。针对这些问题，可行的解决办法是采用自动化焊接设备替代传统的手工焊接。

（2）解决方案

推荐采用无轨道全位置爬行焊接机器人的储罐施工方案。该焊接机器人自带防风工装、一体化转运设备，可解决部分户外施工、转运的问题。以 $5000m^3$ 储罐为例：①每圈板由 8 块板组成，有 8 条纵缝，针对储罐整体变形的控制，采用 4 套自动焊设备进行焊接施工，每套设备焊接 2 条纵缝，4 台设备对称且同时施焊及完成焊接；②每圈板环缝长约 60m，每套设备负责 15m 的焊接量，4 台设备对称且同时起焊及完成焊接；③储罐采用倒装法，且多台储罐同时施工，在完成每圈板的纵、环缝焊接后将设备转运至另一个作业面或安全位置，以便于后续带板组对安装。采用无轨道全位置爬行焊接机器人的储罐施工方案的应用效果：操作便捷、提高焊接熔覆效率；自主识别、跟踪焊缝，在弧光、飞溅和金属反光等干扰条件下稳定抓取不同规则坡口，连续识别焊缝；全位置自动调参，降低人工干预，确保焊缝的高质量焊接和稳定合格率。

3.2.4.2　智能安全带

高处坠落事故占我国建筑施工主要事故的 53%，位居首位。高处坠落占中国石化典型生产安全事故的 14%，仅次于火灾及爆炸。在施工现场，高处作业、重叠交叉作业比较多，为避免作业人员发生坠落事故，作业人员在高处作业时，必须系好安全带，而新型智能防坠落安全带能够创新安全带使用意识，变被动使用为主动使用，提升安全系数。智能安全带采用了蓝牙、GPS 等多技术融合，通过实时定位系统（RTLS）和危险区域判定及规范穿戴等智能监控技术，实现主动感知及危险预警，有效解决作业人员在高危环节作业时安全带系挂不及时和穿戴不正确的隐患，提高现场安全管控，图 3-12 所示为智能安全带。

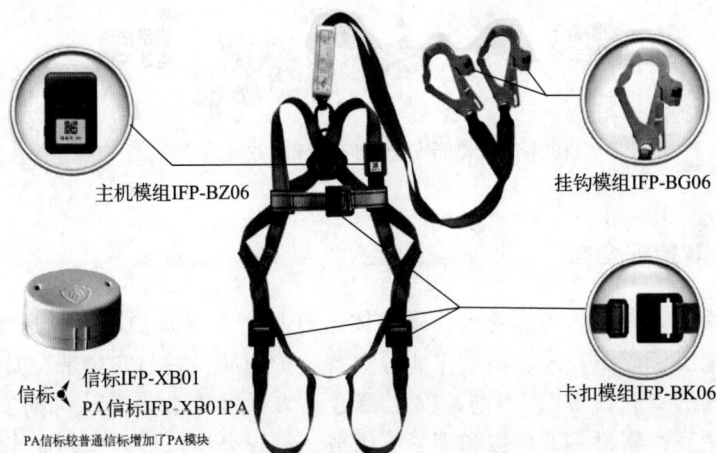

主机模组 IFP-BZ06

挂钩模组 IFP-BG06

信标　信标 IFP-XB01
PA 信标 IFP-XB01PA
PA 信标较普通信标增加了 PA 模块

卡扣模组 IFP-BK06

图 3-12　智能安全带

（1）应用场景

智能安全带的应用场景包括高空作业、工程建造、外墙清洗、人工救援等，主要应用的细节点有安全带佩戴识别：高空作业时明确工作人员是不是在可调式查验地区，人员是否系好安全带并报警。建设工程应用通过系统配置的一键呼救功能和后台统计管理功能，安全带卡扣与挂钩异常时可以实现现场报警及信息实时上传功能，对保障施工人员生命安全、提升现场管理效率具有积极作用。

（2）解决方案

智能安全带应用的解决方案（见图3-13）是：①通过蓝牙信标、GPS等多技术融合，实现各种复杂环境下的危险区域标定与感知；②通过在卡扣、挂钩加入检测模块监测闭合，实现穿戴、系挂感知；③当施工人员在危险区域未正确穿戴、系挂安全带时，安全带发出声光预警；④将报警信息上报管理员，有利于做出行动干预；⑤如发生坠落事故，系统自动推送管理员，提高事故响应效率；⑥系统通过挂钩与主机的高度传感器，识别安全带是否处于低挂高用状态；⑦随时查询施工人员的历史行走轨迹、报警记录、事故地点，以便发现工人的不良行为及事故后取证。

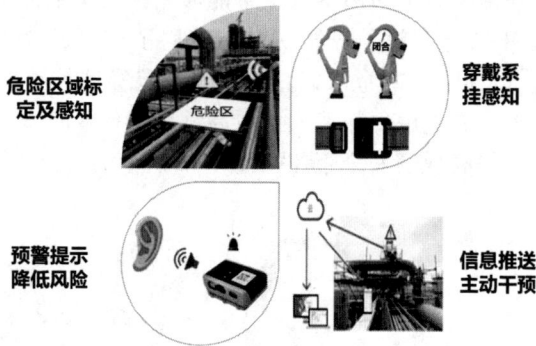

图 3-13　智能安全带应用解决方案示意图

3.2.4.3　智能安全帽

安全帽是防御人体头部受到外来物体击打和伤害的防护用品，是建筑施工、隧道涵洞施工、矿山开采、高空作业等必备防护用品，它与安全带、安全网并称为安全生产的"三件宝"。当前，安全帽已成为了世界上最受认可的安全产品。安全帽由帽壳、帽衬、下颊带和锁紧卡组成。帽壳呈半球形，坚固而光滑，而且富有弹性。帽壳和帽衬之间留有一定空间，可缓冲、分散瞬时冲击力。随着时代的发展和科技的创新，在保障人身安全的基础上，安全帽被赋予了更多的功能要求，具备如激光、扬声器、摄像头、耳机、充电供电、麦克风、通信等功能的智能安全帽也应运而生。

（1）应用场景

智能安全帽是由安全帽、控制芯片、云服务器组成的物联网安全管理系统，它既是一套独立的安防设备，又是智慧工地的移动信息发布和接收终端。主要应用场景包括：施工现场管理，如定位人员位置、监控人员分布、监控作业现场、主动问题纠偏、统计作业数据、策划实施计划等；查看活动轨迹，进行原因分析；开展远程巡查，实时提醒作业人员规范行为；内置 SOS 求助系统，遇险一键求助；开展电子围栏，进行危险区域周界预警。

（2）解决方案

智能安全帽的技术主要包括以下几个。

① 人工智能技术。采用先进的人工智能技术（深度学习、语音识别、图像识别），让多种操作更加智能。

② 云技术。采用云计算和云存储技术，在 Wi-Fi 环境下可自动上传所有数据，让传输和储存更便捷。

③ 分离设计。智能头盔可挂在腰上和戴在安全帽上，同时也可以支架式安装，安装方式多样灵活。

④ 轻量化技术。智能头盔模块整体质量约为 135g，基于人体结构力学设计，大大减轻穿戴人员的颈椎负担。

⑤ 远程通信技术。实现现场前端与后台，远程实时的对讲和视频通信。

⑥ 人脸识别技术。系统后台存储现场人员的人脸照片，终端摄像机自动识别人员姓名。

⑦ 二维码技术。终端摄像机自动识别二维码，系统后台与安全帽编号、使用者等信息进行自动关联。

⑧ 语音识别与管控。通过语音命令，即可控制操作终端。

图 3-14 为智能安全帽解决方案示意图。

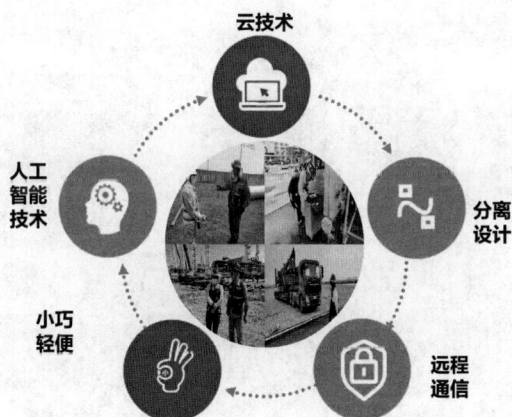

图 3-14　智能安全帽解决方案示意图

3.2.5 平台化智慧工地

智慧工地通过物联网、互联网、云计算等技术，全面感知工地现场施工各环节信息，建立信息共享和协同管理，实现工地作业智能生产、科学监管、辅助决策等功能的系统工程[22]。智慧工地平台是用于支撑智慧工地应用部署和运行的基础环境，应用的范围包括智慧监控、进度管理、安全管理、质量管理、人员管理、设备管理、物资管理、绿色施工管理、资料管理等。

3.2.5.1 智慧指挥云中心

智慧工地的指挥监控应用是建立智慧云中心，依托物联网技术和无线智能设备，对项目概况、施工进展以及其他过程数据进行采集、分析和展示，为公司各层级、各部门根据需要对项目的管理提供数据支撑。数据由项目获取后层层汇总，平台依据数据汇总路径设置三级展示层级，每个层级显示各层级所需的个性化展示数据，贴合公司由机关到二级单位再到项目部最终至现场的多层级管理模式。平台数据获取的范围包括人员管理、车辆管理、现场管理、安全管理、绿色施工等项目过程管理的各个方面，为公司强化施工建设现场监管提供助力，实现了公司对项目上人、机、料、法、环的全方位监管。同时，平台整合构建了工地现场智能监控和控制体系，支持多业务系统、市场主流硬件设施多种方式的接入以及视频大流量、远距离可靠传输，是有效支持"功能集成、数据集成、数据展示"的"物联网＋展示"平台。智慧云中心应用示意图如图 3-15 所示。

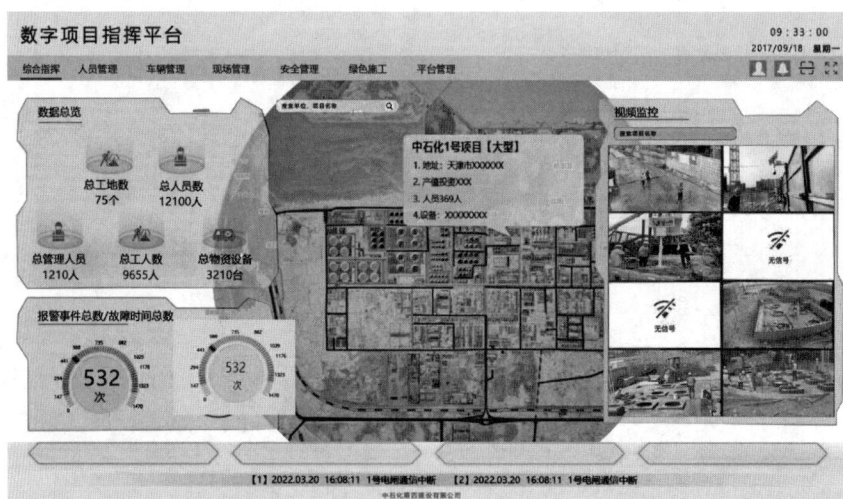

图 3-15 智慧云中心应用示意图

3.2.5.2 智慧工地物联感知技术

智慧工地应用技术包括建筑信息模型、地理信息管理、射频技术等。

建筑信息模型是指在建设工程及设施全生命周期内，对其物理和功能特性进行数字化表达，并依此设计、施工、运营的过程和结果的总称。

地理信息管理以地理空间数据为基础，在计算机软硬件的支持下，运用系统工程和信息科学的理论，科学管理和综合分析具有空间内涵的地理数据，为管理、决策等提供所需信息。

射频技术是可以通过无线电信号识别特定目标并读写相关数据，而不需识别系统与特定目标之间建立机械或者光学接触的一种无线通信技术。

智慧工地数字技术应用清单见表 3-4。

表 3-4 智慧工地数字技术应用清单

序号	数字化应用技术名称	类别
1	智能碾压数字化施工技术	技术类
2	强夯数字化施工技术	技术类
3	水泥土搅拌桩数字化施工技术	技术类
4	挤密砂桩(SCP)数字化施工技术	技术类
5	深层水泥搅拌桩(DCM)数字化施工技术	技术类
6	后张预应力智能张拉技术	技术类
7	桩基自动控制系统	技术类
8	沉箱无人出运系统	技术类
9	水下抛石振平系统	技术类
10	大型沉箱移运平台	技术类
11	数字喷淋养护系统	技术类
12	双轮铣数字施工平台	技术类
13	隧道衬砌台车数字施工	技术类
14	红外光谱快速检测技术	技术类
15	灌注桩智能检测技术	技术类
16	路面无人施工技术	技术类
17	路面 3D 摊铺技术	技术类
18	电子签名	技术类
19	实名认证	技术类
20	可信存证	技术类
21	安全风控管理 AI 分析技术	技术类

序号	数字化应用技术名称	类别
22	旋喷桩数字化监测技术	监测类
23	深基坑数字化监测技术	监测类
24	高支模数字化监测技术	监测类
25	隧道安全数字化监测技术	监测类
26	沉井下沉数字化监测技术	监测类
27	施工电梯数字化监测技术	监测类
28	塔吊群防碰撞监测技术	监测类
29	隧道超前地质预报与变形评估技术	监测类
30	混凝土数字温控监测平台	监测类
31	光纤光栅数字化监测平台	监测类
32	地基加固数字施工平台	监测类
33	连续梁转体数字化监控平台	监测类
34	基坑降水数字化监控平台	监测类
35	管道机器人数字化监测平台	监测类
36	视频监控及分析平台	监测类
37	人员定位管理平台	监测类
38	环境监测管理平台	监测类

所有应用于智慧工地的信息化技术通过集成化开发统一构建成智慧工地平台，平台各子系统具备实时采集、传输、显示、存储、统计分析、提示或报警功能。平台面向不同使用方的需求，具备划分权限和授权的功能。平台用视频分析等人工智能技术，对工地存在的各类安全隐患、施工不规范现象进行预警和监管。平台基于 GIS（地理信息系统）＋BIM（建筑信息模型）平台，实现数据互联互通。平台具备协同工作功能，具备与各子系统数据交互的功能；平台具备移动端、个人计算机（PC）端操作功能；平台适应集团型建设单位对多工地的集成管理，实现数据的整体统一与各工地的个性化需求。

3.2.5.3 智慧工地场景化应用

智慧工地应用系统主要功能包括：扬尘监测、噪声监测、温湿度监测、喷淋管理等环境管理；方案模拟、工艺模拟、模型验证等施工辅助策划管理内容；物料进出、物料验收等物料管理内容；工程质量监测、工程量测量、工地巡检、日常报告等工程管理内容；视频监控、塔吊监控、升降机监控、出入口监控、设备设施监控等安全管理内容，人员考勤、人员排班、门禁管理等人员管理内容。通过 BIM 技术和 PC、智能云端的融合将会实现质量、安全管理等施工现场管理，为基于实时系统的智慧工地现场管理体系提供技术支撑[23]。图 3-16 为智慧工地场景化应用示意图。

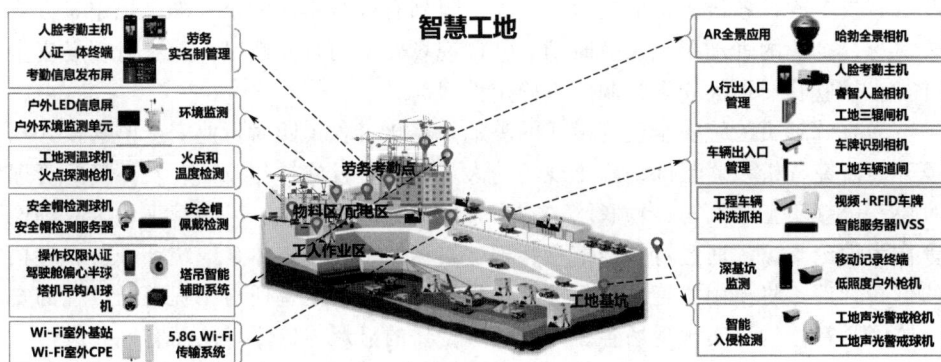

智慧工地

人脸考勤主机　人证一体终端　考勤信息发布屏　——　劳务实名制管理

户外LED信息屏　户外环境监测单元　——　环境监测

工地测温球机　火点探测枪机　——　火点和温度检测

安全帽检测球机　安全帽检测服务器　——　安全帽佩戴检测

操作权限认证　驾驶舱核心球机　塔吊吊钩AI球机　——　塔吊智能辅助系统

Wi-Fi室外基站　Wi-Fi室外CPE　——　5.8G Wi-Fi 传输系统

劳务考勤点　物料区/配送区　工人作业区　工地基坑

AR全景应用　——　哈勃全景相机

人行出入口管理　——　人脸考勤主机　睿智人脸相机　工地三辊闸机

车辆出入口管理　——　车牌识别相机　工地车辆道闸

工程车辆冲洗抓拍　——　视频+RFID车牌　智能服务器IVSS

深基坑监测　——　移动记录终端　低照度户外枪机

智能入侵检测　——　工地声光警戒枪机　工地声光警戒球机

图 3-16　智慧工地场景化应用示意图

（1）工地视频监控技术应用

对工地各重要节点和关键作业进行实时监控，并通过数据采集终端，构建智能监控的安全管理体系。同时，项目管理人员还可以通过 PC 端和手机 APP，实时查看项目现场情况，对项目的安全管理、质量管理、进度管理、人员安全防护、安全帽与安全带佩戴识别、特种作业施工情况和人员管理等实现有效管控，变被动"监督"为主动"监控"，降低了潜在风险，管理效率得以大幅提升。

施工人员进入现场后，系统可以利用摄像头人脸识别技术进行现场人员情况统计，通过 AI 算法智能识别出未佩戴安全帽等劳保着装情况，及时消除了施工人员不安全行为，有效降低现场作业风险。

（2）工地精准定位技术应用

施工现场定位管控采用先进的 UWB 技术，对现场作业人员精准定位，实现施工区人员实时定位、实名制考勤管理、危险区域人数监控、设备物料管理、电子围栏边界预警等应用功能，有效保障施工现场安全管理效率。

（3）"安全眼"现场监管技术应用

石化工业是高危险性行业，一旦发生事故，往往造成较大的伤亡或财产损失，或造成重大环保事故[24]。石油化工建设行业是一个双重高危行业，既有建筑施工行业特点，又面临石油化工行业接触高温、高压、易燃易爆、有毒有害介质的危险，同时施工现场分散、点多面广、人员、设备设施、作业环境、活动繁杂无序动态高度变化，分包商众多、管理难度巨大，从业人员素质低、技能差、安全意识淡薄，同时工程项目建设规模不断扩大，工期紧，任务重，施工作业风险越来越高。工程建设企业所面临的安全管理的压力和难度越来越大。而目前相对应的安全管理模式大多是一种粗放的、被动的和事后的管理模式，安全管理人员素质的高低直接决定了现场安全监管能力强弱，现场存在的各类问题不能得到及时有效整改，各级人员的安全责任无法得到有效落实，安全标准、规定难以有效执行，企业的管理层无法及时动态掌握现场安全的真实状况，无法对现场安全进行有效监管，现场安全控制的不确定性很高。

为有效解决传统安全监管模式的弊端，炼化工程集团对行业安全监管模式积极开展研究分析，紧紧围绕施工现场的人员、设备设施、作业活动及环境等管理对象；依赖于互联网＋、物联网＋技术，以安全管理原理、风险管理、事故理论等作为理论支撑；通过对基础信息管理、培训体系、检查体系、统计分析、考核的创新管理，将模糊的管理对象清晰化呈现；通过安全责任与工程现场过程的安全监管紧密挂钩，实现现场各级人员安全责任的显形与追责，从而有效破解传统的安全监管模式的弊端[25]。

现场"安全眼"监管平台（见图 3-17），充分应用物联网技术、移动智能网络技术和（移动）互联网技术，给工程现场所有的管理对象（人员、设备、设施等）以电子标签的形式赋予唯一电子身份，通过移动智能终端的 RFID、超宽带等技术，实现了现场管理对象的立体跟踪定位，同时为现场人、设备、设施、作业环境和作业活动等现场要素的科学化、系统化、信息化、可视化管理提供有力支撑。平台充分应用了风险管理技术，真正将风险管理的思想和方法嵌入现场安全管理[26]的全过程，实现风险的前置管理。通过现场各类问题、考核等倒逼式

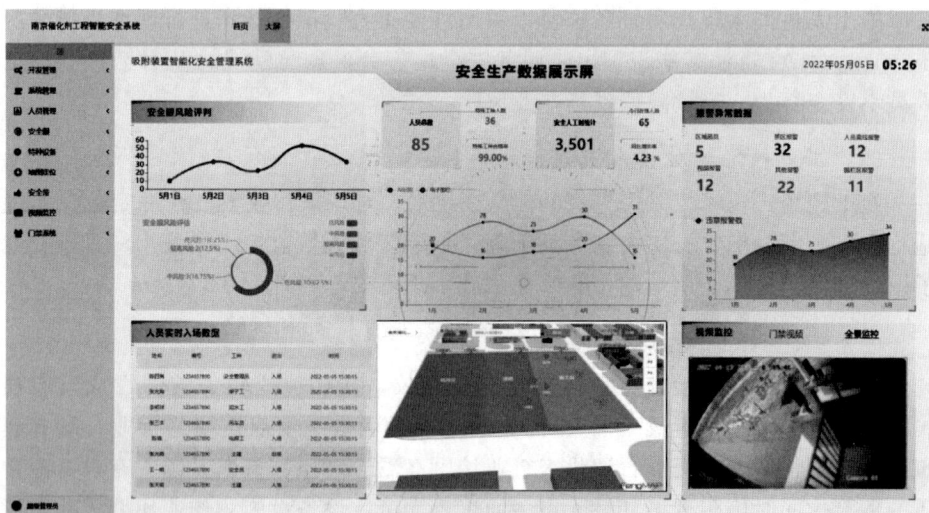

图 3-17 现场"安全眼"监管技术应用

管理，实现了现场各级人员安全责任的显性化。

（4）劳务实名制管理

劳务人员管理功能内容应包括但不限于人员信息管理、人员实名制管理、考勤管理（实名制考勤进退场管理）、门禁管理、人员定位、关键岗位操作人员资格预警、劳务管理、培训教育。并根据国家信息安全相关法律法规，实现人员信息数据采集、传输、存储、使用、销毁全生命周期安全保障，确保人员敏感信息不被泄漏和滥用[27]。

施工现场劳务实名制管理设备应实现与政府综合信息管理平台等外部系统之间的数据对接，与智慧工地管理系统自动同步数据。人员进出施工现场应采用人脸识别进行实名制管理，并配置不同时段权限开放时间。宜设置防尾随功能，防止替刷脸情况发生。

劳务实名制管理采用人脸识别、IC卡考勤等多种技术手段，设备安装应符合技术标准要求；每套门禁管理设备人员进出通道数量应根据施工高峰期施工人员数量而定，且不少于2个；房屋建筑工程门禁管理设备应设置在工地主要出入口；市政基础设施工程门禁管理设备宜设置在工地主要出入口或办公区；人员定位管理应具有提前设定危险区域、预警提示的功能，具有反映施工人员所在位置、工种、进入施工区域时间和停留时间的功能。

（5）安全实操培训

安全实操培训[28]是以提升学员解决实际问题的能力，帮助学员更好地适应工作、履职尽责为教学目标；在初始能力评估的基础上，以能力培训为主线，灵活教学课程安排，因需施教；充分引进现代化的教学手段，利用现代化的教学设施和多媒体教学手段，将抽象问题形象化，引进VR、机器人等现代化技术，将枯燥内容趣味化；教学方式上，变"说教"为"互动"，让学员走出教室，进入模拟施工现场、虚拟作业环境，在实际操作中发现问题，通过"理论讲解→实物操作和展示→模拟现场作业→事故体验→案例教育"，不断加深对知识点的记忆，提升对知识点的实际应用能力，使学员能够用理论指导实践，在实践中消化理论。

制定有针对性的培训教学计划与课程。对企业负责人，侧重对宏观安全形势的分析、安全法律法规、现代安全管理方法、安全经济学和事故赔偿、事故应急救援等方面的内容；对专、兼职安全管理人员突出安全管理能力培养，侧重安全管理方法、安全管理手段、安全标准规程、综合安全管理知识等方面内容；对特种作业人员突出实践能力培养，侧重安全操作规程、技术规范、劳动安全防护知识等内容。

安全实操培训围绕"提升学员解决实际问题的能力"开展，在初始能力评估的基础上，结合培训对象培训需求、专业技术能力、曾经接受过的培训以及受教育水平和接受能力等因素，制定有针对性的教学计划，因需施教。对安全意识高、能力差的学员，侧重安全知识传输和能力培养；对安全意识淡薄、技能好的学员，侧重安全意识和事故教训方面的培养。如消防培训，对消防从业人员，重在职业技能培训，让消防从业人员持证上岗制度落地生根；对社会人员，则重在消防安全教育，旨在教授学员正确使用消防设施，具备逃生技能等，提高在灾难中应变能力和生存能力。

（6）智能化设备管理

智能化设备管理包括利用信息化手段管理设备进出场、监测设备使用安全及使用状态等、建立车辆等设备自动识别等应用。

① 设备进出场报验。当存在多种设备以及集群作业时，设备进出场报验宜采用信息化的手段。记录进出场设备名称、设备型号、进场时间、退场时间、机操人员、设备类型、品牌型号、生产厂家、合格证、有效年限内的检测报告、使用说明书、保养记录、设备来源、设备照片、操作规程等内容。

② 设备安全检查。采用电子文件、电子单据等方式建立电子档案，记录设备检查、维护、保养过程；通过 AI 监测，监测大型设备的各种指针类仪表，如电压表、压力表、温度表、流量表等，转化为数值上传，并进行阈值预警；自动采集的设备使用时长、行驶里程等数据，通过系统制定维修保养计划，派单至指定负责人，计划完成后自动生成记录。

③ 车辆识别系统。存在场地封闭要求的区域，应设置车辆识别系统。

④ 设备使用管理。基于 GIS 和车辆定位的电子围栏，提供准确的设备定位，记录设备的运行轨迹，支持轨迹回放，支持电子围栏、路线规划，对违规进出围栏、超速行驶等行为进行报警；精准识别设备处于何种状态（运行、怠速或静止），记录每一种状态的持续时间，对长时间怠速、长时间闲置（静止）的情况进行报警；油耗监测，准确记录设备加油、耗油情况，自动计算并分析设备油耗，对油量异常等情况发出报警，支持手动录入加油量，自动分析人工加油值与系统采集值的误差，避免加油误报；对自卸车、搅拌车等运输设备，记录位置、轨迹、里程、趟数、搅拌罐正反转姿态。

（7）绿色施工管理

绿色施工管理包括环境监测、水电使用和能耗监测。

① 环境监测。在施工现场设置扬尘、噪声、气象监测设备，实时采集现场 PM2.5、PM10、噪声、气象单元（温度、湿度、气压、风速、风向）等相关环境数据并进行处置，同时将现场监测数据实时传送至政府综合信息管理平台。

② 水电使用能耗监测。能耗监测采集数据应包括但不限于：用电量、用水量、区域地点、责任单位、时间周期等，应对项目运行中各种功能各个区域的水

电应进行实时监控及数据统计，最终经过分析制定有针对性的节水节电措施，创造一定的经济效益；应设置单日用水、用电量异常报警，通过系统消息、短信等方式通知到相关责任人和责任部门。

3.3 智能工厂工程建造项目管理

石化工程项目通常具有加工流程长、工艺过程复杂苛刻、工程量大、投资高、建设周期长、工程复杂以及项目运营环境高温高压、易燃易爆等突出特点，少投入、多产出、快建设、高质量也是工程建造项目管理的突出命题[29]。工程建造项目管理业务包括采购业务及施工业务两方面的管理业务。项目采购业务集成化是指建立集中的采购体制、标准化的编码体系、一体化业务平台，通过信息和资源共享，统一组织和协调采购运作、合同管理、物流操作等采购过程，将活动过程中工作流、物流、信息流和资金流等要素加以整合，供应链管理目标是在总成本最小化、顾客服务最优化、总库存最少化、总周期时间最短化以及物流质量最优化等目标之间寻求最佳平衡点，实现供应链整体绩效的最大化。工作重点是谋求和寻找采购活动中的"潜价值力"，从而实现采购的价值增值[30]。项目施工集成化是为适应石化行业工程项目向全厂化、大型化、一体化方向发展，众多千万吨级炼油、百万吨级炼化一体化项目相继开工建设，项目出现工期紧、工程量大、施工现场地理位置偏远、参建施工单位多、施工作业面高度交叉、施工技术管理难度大等业务特点，从而推动施工管理组织模式从传统独立承包向集成化管理转变，混凝土集中化供应、大型设备结构模块化吊装、管道工厂化预制与集中防腐、现场临时设施规划建设等施工集成化管理措施，实现大量工程资源利用效率最大化，缩短了工程建造周期，创造了工程建造效益。

3.3.1 项目采购管理

工程项目采购集成化是在基础理论指导下，在实践中逐步形成并完善的，其基础理论包括：供应链管理理论、物流运作一体化思想、量价杠杆原理、智能经济等，其中供应链管理理论是其核心内容。

供应链是通过对物资供应的协调与控制，将原材料变成最终产品，再把产品送到顾客手中。将这个过程中涉及的所有相关企业连接起来，形成一个整体的功能网络结构。供应链管理就是整合供应链中各个企业成员的资源，优化运作流程，优质高效地满足最终客户的需求，实现供应链总成本最低和整体运作绩效最佳的效果[31]。供应链管理反映的是一种集成、协调的管理思想和方法。工程项目的采购集成化正是供应链管理思想的反映，把过去"照单抓药"的采购管理和执行模式向前、向后延伸，符合当今工程项目采购管理的潮流。

石化工程项目采购集成化能够促进企业整体最优化，提升企业的核心竞争力，其中主要实施措施是：建立"归口管理、集中采购"的采购管理体制，增强企业利用社会资源的能力；建立一支拥有采买、检验专家、进度管理、物流管理、现场物资管理等专业专家在内的专业化、复合型采买团队；提升标准化设计能力，支撑采购业务信息需求；构建一体化采购应用业务平台，提升设计、采购、施工、交付等业务协同能力。

3.3.1.1　采购集成化管理体制

具有稳定、可靠的供应资源体系是工程企业的核心竞争能力之一。工程建设企业采购业务通过整合外部市场物资供给、物流、质量监造服务等资源，为企业获取资源提供可靠途径。通过与供应商合作开发新产品、提供新技术，为工程建设企业运用新技术和技术创新提供支撑，增强企业利用社会资源的能力。采购集成化的核心理念是"归口管理、集中采购"，通过集中的组织机构形式和专业化流程化业务操作模式，实现需求的集中和资源的优化配置，从而大幅提高整体绩效。归口管理能够强化物资采购的专业化，增强协调与控制能力，实现决策高效、政令统一、资源统筹优化，提高项目采购的整体绩效。集中采购能够有效整合企业的物资需求，充分发挥规模采购优势，增强对供应市场的影响力，更好地控制资源风险，降低采购成本。

3.3.1.2　采购集成化组织机构

根据采购集成化的思想，组建由采购部统筹下的集中采购运作组织机构。项目采购组是采购部的下属机构，由采购部实行归口管理，并接受项目经理的矩阵管理。

项目采购组由采购部为项目专门组建的临时专设机构和部门常设机构共同构成。

项目采购专设机构一般设有项目采购管理组和项目现场采购组两个职能组，由采购部派出的专职人员构成。项目采购管理组负责本部门项目采购工作的管理和监控，项目现场采购组负责项目现场与采购相关的工作。

参与项目采购的各专业组人员一般实行多项目兼职，在部门的统一统筹下，其工作安排和调度由采购部门负责，同时也接受项目采购经理的矩阵管理。

3.3.1.3　采购集成化管理运行模式

采购集成化管理运行模式中，采购部门作为公司各类工程总承包项目物资供应的归口管理、集中采购责任部门。通过构建工程材料编码体系标准化、物资技术要求和请购文件标准化、技术评审标准和流程标准化以及供应商设计文件资料管理界面标准化等体系，推动多项目、多部门、多专业业务协同，实施多项目集中采购，并对各项目采购组进行归口管理。采购部门统筹各项目的物资采购工作，包括人力资源配置、任务分配、多项目集成化的采买管理、集成化的过程控制、集成化的计划及进度检测、绩效考核、合同管理等。

3.3.1.4　采买集成化

采买是指接收请购文件之后，经过采买准备、询比价或招标等过程选定供货厂商，并与之签订采购合同的整个过程。传统采买仅仅关注采买结果是否满足请购要求，而缺乏整体性的考虑和前瞻性的规划。而集成化的采买则在行动时间上向前延伸，在运作空间上向前端的项目业主方和后端的供应商靠近，追求整个供应链的价值最大化，在具体操作上摒弃"一事一办"的思维方式，提前整合需求以增强议价能力，提前锁定资源以应对市场波动，简化操作以提高采买效率。

在项目执行前期针对大宗和通用材料开展框架协议采购工作，也是集成化采买的重要内容之一。框架协议采购使采购活动由过去简单的"招投标、询比价"操作，转变为市场调研、价格研究、策略研究、供应商管理等，使其真正体现了科学采购的思想。框架协议采购是从企业层面集合物资需求，通过公开竞争的方式，确定一定数量的优秀供应商，与之签订一定时期内的一揽子采购协议，并在协议项下执行采购订单操作的一种采购业务模式。通常适用于框架协议采购的物资主要集中于项目内技术要求统一、采购频次高、能形成一定采购批量、供求市场相对稳定的物资（如通用仪器仪表等），或者多个工程项目相同需求能形成一定批量的物资（如建筑结构钢、电缆等），以及集团企业间相同需求能形成一定批量的物资（如炉管、阀门、管件等）。框架协议采购应带量采购（尽可能减少非标采购），只有让供应商根据框架协议采购数量进行报价，才能发挥框架协议采购集成批量、降低采购成本的优势。框架协议采购管理制度严谨缜密，操作流程标准，采购价格透明，采购手段公正，将采购操作置于"阳光"之下，从深层次杜绝关系采购、人为采购、价格不实等采购问题。

3.3.1.5　物资供货状态集成化

随着石化及制造行业技术的进步和现代石化工程项目对物资供应要求的提高，设备或者功能单元的整体化交付，甚至模块化交付成为可能。

设备或者功能单元的整体化交付，是设备框架和设备整体组合的一种形式，是指一组实现某种功能的设备固定在一个框架或底盘上，以利于整体移动和就位。在此基础上，把原本应该在工程建设现场进行零散安装的设备和材料，以可以单独完成一个基本石化工艺功能或一个相对规整的组合架构为标准，在模块化工厂将成套设备、撬块、容器、机泵、管道、阀门、仪表、电气等建造安装在同一结构框架内成为一个独立模块单元，称为模块化建造。在现场施工窗口期短、施工基础设施差、当地劳动力效率低下或者成本高昂、政治形势不稳等情况下，使用模块化建造可大大缩短项目建设工期，也是现代工程项目降低建设过程健康、安全与环境风险的一种途径。

3.3.1.6 订单执行过程控制集成化

采购订单执行过程控制包括采购订单的进度控制和质量控制。进度控制主要包括：确定物资的催交等级，编制催交计划，实施图纸资料和供应商制造状态的监控，指导监督供应商的更正措施以及与检验、运输及现场的信息沟通和协调。

质量控制主要包括：以编制项目检验监造计划，规划组织预检验会议和其他质量会议，监督检验供应商的设备及材料制造，监督供应商对不符合项的更正措施，发出物资放行报告和必要的信息沟通与协调。

当进度控制和质量控制相互矛盾时，采购集成化可以站在更高的层次将二者追求的目标很好地统一。同时，在标准化的进度控制流程和质量控制流程下，采购集成化更容易集中进行各种控制要求的活动，有效利用有限资源，实现既定的目标。

在采购集成化理念下，统一组织采购订单的过程控制，按照区域、厂商来确定催交、检验负责人员的管理范围，实现多项目集成化的统一操作。

3.3.1.7 全球物流集成化

工程物流是现代物流的重要组成部分，它以第三方物流为主要运作模式，将运输、储存、装卸搬运、包装、流通加工、配送、信息处理等基本功能有机结合起来实现用户要求。每个工程物流都由多个环节或多个部分组成。这些环节或部分存在相互关联，牵一发而动全局。随着石化工程项目的发展，项目工程物流也逐步从过去的"供应商物流"向统一运作的项目集成物流转变。

集成化的物流操作能够在一定程度上规避国际政治局势和航运经济带来的项目执行风险，减少承包商在物流上的投入，极大地提高了运输资源的使用效率，明显降低运输成本。同时由于设备的大型化、模块化以及设备材料供应商的国际化，集成的工程项目物流对石化工程项目尤其是海外石化工程项目的成功实施有着至关重要的影响。

3.3.2 项目施工管理

项目施工管理涵盖现场施工准备、开工条件确认、施工组织设计与方案编制、施工技术管理、大型吊装设备管理、施工调度与现场协调、中间交接等业务范围。项目施工管理是一个动态循环过程，由制定目标、责任落实、过程管理和成果评价等几个活动组成。首先需要制定管控目标，保证目标的科学性和可行性；其次要在施工过程中，对各项施工业务的执行进行监控、协调和管控，使包括人力、物力、财力等方面在内的各个要素得到合理的分配，并且控制在合理范围内；最后是施工完成之后的验收管理工作，保证验收的科学公开，避免违法违规操作。项目施工管理依托多专业协同实现施工管理数据高度集成，全面提升施工报告编制效率与数据准确度。

3.3.2.1　现场人员管理

施工人员管理包括：对现场管理人员、各专业施工作业人员进行人员基本信息统计（资质、业绩、能力、效率、年龄、工资、稳定性）；对在场人员进行考勤，收集整个项目用工情况；培训统计，对各类人员参加的培训、交底的内容、时长等进行记录，可以甄别新手和熟练工以及培训情况，入场培训在公司所属项目互认；利用多媒体和远程监控系统保证实时成像，对进场施工人员资质与系统自动匹配，资质不匹配则不允许进场，对会议进行统计，刷脸后自动生成签到表；对作业人员的作业行为、奖惩情况、作业能力进行统计，并进行项目评价。设置了黑名单功能，对严重违章人员进行黑名单记录，禁止黑名单人员在公司所属项目入场。同时对施工现场周围环境进行有效和全面的监控，一旦发现异常情况，立即与工作人员进行沟通，以便快速处理异常情况。

3.3.2.2　施工设备管理

施工设备包括脚手架、施工车辆及施工机械设备，通过建立相应的信息系统实现设备的实物、使用、资产管理应用。

（1）脚手架管理
脚手架管理系统具有对现场脚手架需求的位置、施工内容、脚手架规格、形式、搭设要求、搭设时间、使用时间、拆除时间等进行手机在线申请，安全员、施工经理现场手机确认，技术员工程量计量等功能，确保搭设的脚手架符合技术、安全、施工要求。通过手机 APP 进行使用单位下单、施工经理派单、安全人员验收、技术人员计量，可以提高脚手架的利用率和周转率。对脚手架进行拍照并上传系统，具有可追溯性。

（2）施工车辆管理
车辆管理系统可以实现现场施工车辆、办公车辆的信息化管理，对驾驶员信息、车辆信息、数量、状态、需求部位、施工内容、使用时间、设备调遣等进行实时监控，自动生成派车单、任务单和验收单，可以生成各种统计报表，提高车辆的周转率和使用率。

（3）施工机械设备管理

物联设备管理系统可以实现对公司所有的机械、设备、装备的数量、分布、使用状态、使用效率、检维修状态、定期检验、定期保养、项目需求、设备调遣、设备质量管理等进行实时监控，自动生成统计报表、见证资料和费用摊销明细，可以提高机械设备的周转率和使用率。支持机械设备报验交工资料一键生成。

3.3.2.3　专业施工管理

专业施工管理涵盖管道、仪表、电气、设备安装、防腐等业务管理，专业施工管理通过建立相应的信息系统，管理施工技术、程序，开展专业施工进度检测、质量检验，形成专业施工报告。

（1）管道施工管理

管道施工管理包括平台设置管理、文档管理、基础数据库、施工管理、交工资料、统计分析等主模块。支持焊口的焊接、无损检测、热处理等全过程数据信息化操作；系统与设计深度结合，可自动解析并提取单线图中的管线、材料和设计参数等数据信息，生成管线台账，支持 PDF 轴测图和数据库完全融合，在 PDF 模式下可进行焊口标注，图纸会自动同步焊口数据。支持试压包统计分析、交工资料一键生成及单线图交工贴图功能，可减少技术员工作量。能对焊接合格率和焊工水平进行分析，也可以动态监控每条管线完成情况，甄选出最先具备试压条件的试压包，提高了管道施工管理效率，促进现场技术质量和进度管控。

（2）仪表施工管理

仪表施工管理包括：仪表设备、接线箱、各种电缆、盘柜等设备基础数据管理和资料管理（含甲方提供资料）、安装施工交工资料一键整理等资料图纸分类管理功能。同时利用移动技术完成所有仪表施工工序的报验、内部共检、表格填写、资料自动送达管理方等工作；自动形成原始数据，做到项目部的数据同源、数据共享、简便录入与上报。移动图纸查阅、施工进展查询、仪表设备信息查询等，信息共享和移动技术应用能极大提高仪表施工及管理效率。

（3）电气施工管理

电气施工管理包括施工进度管理、盘柜管理、电缆管理、电气设备管理、物料管理、图纸管理等功能。自动生成电气设备二维码，包含电气设备位号、名称、规格、型号、电缆规格、接线表等相关信息，手机扫码即可查询相关信息及参数、施工进度、安装状态、设备图纸、流程图等，支持过程及交工资料自动生成。

（4）设备安装施工管理

随着石化工厂生产能力的持续提高，石化装置的工艺设备单体尺寸和重量显著增加，便利的交通和吊装机械的吊装能力不断提升为大型设备的整体安装提供了保证。大型设备吊装集成化管理对安全按时交付合格的产品并实现效益最大化至关重要。大型设备吊装集成化管理模式需要做好几个方面的工作：大型设备吊装工作范围的确定；大型设备吊装承包商的选择；大型设备吊装承包商应参与可施工性研究；优化大型设备吊装方案。经国内外多个大型石化工程项目的实践证明，大型设备吊装集成化项目管理，是适应社会发展的先进管理模式，对进一步提高项目管理水平具有重要的意义。

（5）防腐施工管理

大型项目防腐工作量大，各施工承包商分散防腐难以满足项目要求。根据防腐的质量、数量和进度等要求，专业化、机械化和批量化处理才能适应项目的特点。集中防腐采用的是在集中防腐厂房进行环保型的抛丸除锈，具有集中、高效、环保、规模化和专业化的特点，且能将环境因素（温度、湿度、风速等因素）对防腐的影响控制在最低程度，获得以往传统模式所不能达到的效果[32]。

防腐集成化模式在川气东送普光气田天然气净化厂、元坝气田天然气净化厂等大型项目中均得到成功实践，保证了工程对防腐质量和进度的要求[33]。

3.3.2.4　施工质量管理

施工质量管理为各个项目的质量管理提供统一的规范、标准和体系文件。保证公司的质量管理体系在各个职能部门和项目部的执行。汇总各个项目的质量管理数据，进行查询统计分析。质量检验和评定能够与计划 WBS 联动，质量验评结果能够作为计量支付的依据。质量文件、验评结果等以台账和填报的方式进行管理，能够将质量验评标准导入系统中进行过程跟踪，具有不合格及整改管理功能，系统自动统计结果。依据国家标准及工程实际灵活定义质量验评分类及质量检查项，形成项目质量验评分类分解结构（QBS）、质量检查项（QI）的定义，并结合项目施工计划，编制出质量检查计划，开展质量签证、质量验评、不合格项整改、质量报告提交的闭环管理。

质量管理系统可以进行现场质量管控。质检员检查发现问题后，拍下照片，在手机 APP 上操作选择→装置→单元→专业→标签→质量类型→严重程度→整改要求等，然后再选择整改责任单位→责任人→抄送相关责任人，责任人根据要求组织整改，完成后用手机拍摄上传回复，质检员检查验收后进行问题闭合，实现 PDCA（计划-执行-检查-处理）闭环控制。提高质量检查和问题整改的工作效率，实现质量问题数据集成和共享。

3.3.2.5　现场 HSE 管理

项目 HSE 管理业务是通过工地智能化设备，自动采集工地前端信息数据，视频监控、人员信息、车辆信息、物资信息等，通过统一管理，实现工程管理精细化、参建各方协作化、行业监管高效化、安全建设智能化的建设目标。主要实施内容包括：集成工地的安防信息，集成施工分包和企业管理人员的信息统一管理和调派信息，完成现场 HSE 的统一管理，整合各应用系统数据，彻底打破信息孤岛，实现工地现场和企业级别看板功能，使相关领导可快速查看工地状况及进度。

具体的管理内容包括：具有危险因素定义、识别，安全作业票、培训教育、安全文档台账及事故填报功能，具有危害因素识别、评估、安全措施和预案管理、安全防护计划与评价等功能，通过 HSE 应用建立一套以预防为主，减少和消除工程项目实施过程中安全危害、环境污染的管理手段。

项目 HSE 管理贯穿于项目发展的全过程，从项目招投标阶段就必须有 HSE 管理的参与。项目 HSE 管理的重点和任务随项目进展的阶段发展而调整，HSE 管理的主要任务应根据项目的 HSE 管理策略确定。

在项目的策划阶段，依照 HSE 法律法规及标准规范，项目合同要求和项目特点，项目制定的 HSE 管理的方针和目标，编制 HSE 管理计划；维护 HSE 知识库，便于对现场人员进行安全培训学习；搭建安全培训管理功能，记录人员安全培训信息。

危险源辨识是识别危险源的存在并确定其特性的过程，是开展 HSE 风险管理的重要基础和起点。为了能对项目 HSE 管理体系的建立提供有效输入，在项目的前期阶段由项目经理负责组织总体的危险源辨识和风险评价工作。依据危险源辨识和风险评价工作结果，对危险因素定义进行管理，同时记录人员、机具、材料、作业方法的危险因素识别方法。应急预案的编制应基于危险源辨识和风险评价报告里的重大危险源。危险源识别后应编制应急预案，并根据应急预案安排应急演练，并记录应急演练信息。

若在项目实施中发生了安全事故，应维护事故台账，并记录事故处理结果。要制定 HSE 检查计划，并依据计划进行现场巡检，记录每日现场巡检结果。对各类 HSE 检查（包括项目 HSE 检查、当地政府、业主、集团公司、公司内部、内审、外审等检查）提出的检查意见进行整改，并记录整改记录。根据事故台账、巡检记录、整改记录等信息，自动形成安全人工时统计、事故统计、HSE 绩效考核报表。

借助安全管理系统，可以利用手机将现场的安全隐患和安全违章行为进行拍照上传，生成安全记录和问题整改单，并推送给相关责任人，待问题整改完成后再拍照上传，实现安全问题发现-整改-验收闭环控制，同时还可以进行安全问题分类统计，进行安全大数据分析，强化现场安全管控。

参考文献

[1]　梁进．工程建设行业信息化发展趋势与企业数字化转型 [J]．中国勘察设计，2020（12）：58-62.

[2]　孙丽丽．石化工程整体化管理与实践 [M]．北京：化学工业出版社，2019.

[3]　数字建筑发展白皮书 [R]．北京：中国信息通信研究院，2022.

[4]　GB/T 51296—2018．石油化工工程数字化交付标准 [S]．

[5]　王佳慧，陈玉英，谢家贵等．AII/003—2021．工业互联网标识解析　二级节点测试规范 [S]．

[6]　刘阳，田娟，池程等．工业互联网标识行业应用指南（石化）[R]．北京：工业互联网产业联盟，中国信息通信研究院，2021.

[7]　黄威，刘暄．全厂信息化 EPC 开启智能工厂建设新模式 [EB/OL]．石化盈科视窗电子杂志，2021（67）[2022-12-3]．http://www. yunzhan365. com/basic/48033103. html.

[8]　中国石化工程建设有限公司．SHSG 055—2012．石油化工工程材料编码管理规定 [S]．

[9]　梁维民，张宁夏．基于 EPC 工程材料编码系统的研究 [J]．化工设计，2005（6）：38-44.

[10]　中国石化工程建设公司．Reference Data 系统工程建设材料编码用户手册 [R]．2019.

[11]　赵金立，孙丽丽，王励端等．SHSG 052—2003．石油化工装置工艺设计包（成套技术工艺包）内容规定 [S]．

[12]　中国石化物资装备部．重要设备材料监造管理办法 [S]．2006.

[13]　曹森，谢斌．炼化工程项目物资采购管理提升实践 [EB/OL]．[2022-12-3]百度文库．

[14]　钟建强．三维 CAD 软件在管道设计中的应用 [J]．中国高新技术企业，2019（14）：51，52.

[15]　徐炜．智能仓储控制系统的设计与实现方法 [J]．科技资讯，2020（13）：44，46.

[16]　齐涛．施工企业全员目标成本管理体系的构建与实践 [R]．北京：中国石油化工集团有限公司管理现代化创新成果二等奖，2016.

[17]　王梦祥，戴杰，马俊达等．SH/T 3515—2003．大型设备吊装工程施工工艺标准 [S]．2003.

[18]　李海荣，黄修振．模块化施工在工程实践中的应用 [J]．今日南国：理论创新版，2009（5）：223，224.

[19]　王子宗，高立兵，索寒生．未来石化智能工厂顶层设计现状、对比及展望 [J]．化工进展，2022，41（7）：3387-3401.

[20]　苏少文．浅谈智能折叠式脚手架在高建筑施工中的应用 [EB/OL]．[2022-12-3]．百度文库．

[21]　杨晓林．现代工业机器人在箱型结构件焊接领域的工艺研究 [J]．中国高新技术企业，2014，（20）：29，30.

[22]　由广君，陈亮，张辉等．T/CIIA 014—2022．智慧工地总体规范 [S]．

[23]　张琪，江青文，张瑞奇等．基于 BIM 的智慧工地建设应用研究 [J]．建筑节能，2020（1）：142-146.

[24]　覃伟中，谢道雄，赵劲松等．石油化工智能制造 [M]．北京：化学工业出版社，2018.

[25]　田建军，齐玉宏，王建军等．安全监管模式在工程建设企业的应用．北京：中国石油化工集团有限公司管理现代化创新成果一等奖，2015.

[26]　王帅．BIM 与物联网在智慧工地建设中的联合应用探讨 [J]．江西建材，2020（2）：8，9.

[27]　潘伟，周明，吴正中等．T/CIIA 016—2022．智慧工地应用规范 [S]．

[28]　杨继民，石林峰等．安全实操培训模式的探索与应用 [R]．北京：中国石油化工集团有限公司管

理现代化创新成果三等奖，2021.

[29] 王基铭.中国石化石油化工重大工程项目管理模式的创新［J］.中国石化，2007（7）：45-49.

[30] 李必强，潘小勇.集成供应链中的增值采购［J］.物流科技，2004（12）：72-75.

[31] 毛子楠.炼化工程项目采购管理中的问题与策略分析［J］.中国石油化工，2016（S1）：131-132，125.

[32] 冉高举，刘风云，杜永智.浅谈新建炼油化工装置的集中防腐［C］//中国石油和化工工程研究会，中国石油工程建设协会，中国化工机械动力技术协会.2011年石油和化学工业腐蚀与防护技术文集，2011：4.

[33] 郑立军.大型石化工程项目管理"四集中一尝试"的创新与实践［J］.石油化工建设，2011，33（02）：27-30.

第四章

石化智能工厂数字化交付

　　石化智能工厂数字化交付，是智能工厂建设的承前启后的重要枢纽。以设计为源头的智能工厂建设解决了传统工程设计中缺失智能工厂建设需求的问题，在感知、控制、集成方面得到了全面提升。石化智能工厂工程建造，将设计意图全面落实到采购、施工等过程中，并将传统业务与智能工厂充分结合，实现新模式转型。石化智能工厂数字化交付，是将智能工厂设计、建造成果的信息整合，以智能工厂需求为导向，实现工程建设阶段数据向生产运维阶段流动，解决了大型石化工厂智能应用系统全面建设缺乏数据有效支撑、系统冷启动困难的问题。通过数字化交付赋予智能工厂数据、模型、知识，使得工厂运营阶段的生产管理、设备管理、安环管理等应用系统可以持续、高效运转。

　　近些年来，炼化工程项目数字化交付已经成为炼化企业主流交付形式。现已从设计、采购、施工等方面实现数字化交付，智能工厂数字化交付是交付物数字化、集成化协同设计的目标之一。本章将聚焦数字化交付，深入讨论智能工厂数字化交付的概念与标准、交付要素、总体规划、工作流程和过程管理以及后服务等内容。

4.1　数字化交付概述

　　随着企业数字化转型的持续推进，石化行业智能工厂建设对工程建设阶段产生的信息（包括数据、文档和模型）提出了数字化交付的要求，并且随着智能工厂建设的不断升级，对工程建设信息的需求也在不断调整和深化。新建炼化工厂数字化交付已经成为必选项，在役工厂的数字化重建探索已经逐步开始。

4.1.1　数字化交付概念与标准

　　在数字化交付实践基础上，由中国石化工程建设有限公司牵头应用信息技术创新构建了一套新型的信息组织、交换和利用的标准，形成了为数字化交付项目执行提供了标准遵循。

4.1.1.1　定义与内涵

国家标准《石油化工工程数字化交付标准》（GB/T 51296—2018）给出了"数字化""数字化交付"和"数字化工厂"等术语和定义。对数字化交付定义如下："以工厂对象为核心，对工程项目建设阶段产生的静态信息进行数字化创建直至移交的工作过程。"

由上述定义可以看出，数字化交付对前承接项目建设期的工程数据成果，对后支撑工厂运营维护期的业务应用数字化需求。业主有了足够的数字化信息，可对其方便、高效地进行整合、检索、提取和分析等，并应用于生产运行、设备维护等工作，可明显提高管理效率，降低成本。

随着数字化相关技术的快速发展和数字化工厂、智能工厂的持续建设，建设单位对数字化交付的意识越来越清晰，需求越来越明确，交付内容不断深化，将促进相关标准和细则的进一步发展，使实施过程和步骤的可操作性更强，从而有效保障数字化交付信息的完整性、准确性和一致性，提升交付价值[1]。目前，石化工程数字化交付项目的交付内容仍然聚焦于设计、采购和施工等工程建设阶段产生的静态信息，在中交和将管理权转给建设单位后。随着建设单位对其数字化工厂和智能工厂建设需求的逐渐明晰，数字化交付内容将逐渐向预试车、试车和完工等方面延伸，实现工程项目的数字化交付[2]。

工程公司具有丰富的设计经验，对装置的工艺流程理解更深，因此具备更强的流程优化、设备故障分析和解决等能力。数字化交付将逐渐向生产企业端延伸，结合工程公司的专家知识，与数字化工厂一起，在生产运维阶段为企业提供预防性维修维护、专家诊断、远程优化、扩能改造等方面的增值业务[3]。

4.1.1.2　国外标准

在 20 世纪 90 年代初，国际上开始提出"全集成和项目自动过程"（FIAPP）概念，即基于工厂全生命周期的数字化模型，并制定了 ISO 15926《工业自动化系统与集成 流程工厂（包括石油和天然气生产设施）生命周期数据集成》[4]，用于规范设计、构建和管理流程工厂过程中所涉及的计算机系统之间的数据集成、共享、交换和移交。该标准建立了标准的工厂对象信息化模型（OIM），全行业业务对象引用字典（RDL）以及数字化工厂模型中的关联关系模型（relationship），将传统的各单位之间点对点的信息流转变成了基于统一平台上的信息流转，降低在不同的专用系统之间迁移信息时密钥更新及格式更改方面的高投入。

ISO 15926 标准最初仅包含一个数据模型和一个参考数据库，现在包括以下 7 个部分：概述和基本原理、数据模型、几何和拓扑的本体论、参考数据、参考数据的注册和维护程序、参考数据的开发和验证方法、分布式系统集成的实现方法。

CFIHOS 是流程工业领域制定的更有用、更务实的数据移交标准。该标准的制定降低了项目的整体成本，改善了项目日后的经营业绩，为工业设施的设计、施工和运维等各个阶段提供保障。在 CFIHOS 中，数据来源于四个方面：拥有者/操作者、EPC/容器、拥有者/操作者或 EPC/容器、CFIHOS RDL，这种分类方式更有利于模块间的沟通。CFIHOS 项目的目的是"为运营商、承包商和设备制造商和供应商创建移交（HO）规范，以规范项目信息移交要求的规范"。它旨在实现各方之间的自动信息交换，而不是，也从未旨在迫使运营商、承包商、设备制造商或供应商采用数据结构作为其内部应用程序的基础。CFIHOS 数据模型主要旨在成为工程师和项目从业者可以理解和表示的通用业务规则的概念业务模型。CFIHOS 将平台与各个来源的数据进行连接，可以从定义或关系角度进行联系。

德国的 DEXPI 是基于 ISO 15926 工厂数据传输标准的，它已经达到了一个重要的里程碑：定义涵盖完整 P&ID 的标准规范。它定义了一个数据交换、数据互通性和数据集成的规则，独立于所有设计软件之外，每个设计软件都有接口能接收和解读。DEXPI 信息模型中使用了 XSD，数据比较灵活，可查询，但是定义 XSD 结构比较复杂。其目标是为流程工业开发和推广一种通用的数据交换、数据互通性和数据集成方法，为从工艺设计延伸到生产运行的石油化工厂全生命周期提供数据价值。

4.1.1.3 国内标准

在 ISO 15926 标准诞生后，中国标准化研究院开展了对其的研究和引入工作，在 2003 年发布了《工业自动化系统与集成 流程工厂（包括石油和天然气生产设施）生命周期数据集成 第 1 部分：综述与基本原理》（GB/T 18975.1—2003），在 2008 年发布了《工业自动化系统与集成 流程工厂（包括石油和天然气生产设施）生命周期数据集成 第 2 部分：数据模型》（GB/T 18975.2—2008）。

由 SEI 牵头主编于 2018 年发布的《石油化工工程数字化交付标准》（GB/T 51296—2018），为工程建设过程的数字化交付工作提供了标准指导，为数字化工厂建设奠定坚实基础。标准涵盖信息交付策略制定、信息交付基础制定、信息交付方案制定、信息整合与校验、信息移交和信息验收，明确了交付基础、交付内容与形式、交付过程及交付平台要求等。

其他行业如中国能源建设股份有限公司等公司联合编制《发电工程数据移交》（GB/T 32575—2016）2016 年 4 月 25 日正式发布，2016 年 11 月 1 日正式实施。中国建筑标准设计研究院编制《建筑工程设计信息模型交付标准》《建筑工程设计信息模型分类和编码标准》。

4.1.2 数字化交付现状与趋势

数字化交付的驱动力很大程度上来自于炼化企业智能工厂建设的需求，早期尝试智能工厂建设大多是以业主方为主导对已建工厂进行数字化建设，在建设的过程中由于缺乏工程建设阶段的数字化交付，只能通过逆向的方式进行数据结构化、图纸的数字化、模型的重构等重复工作，消耗了大量的人力、物力和财力，而且数据质量无法保证，早期建设虽然取得了一定的成效，但建设效率低，成本高。因此，正向数字化交付成为智能工厂建设的重要基础。

4.1.2.1 数字化交付项目情况

（1）国外项目情况

目前国外执行数字化交付的项目越来越多，如 BP、SHELL、SABIC 等国外大型企业近几年的很多项目都要求数字化交付[5]，交付的需求比较明确，深度相比国内的更深。尤其是近年来随着对数字化交付认识的不断加深，数字化交付中对生产运维期数字化工厂建设所需信息越来越多，除了传统物理工厂建设所需的信息外，在设计阶段增加了设备可靠性分析、安全环保评估和工艺模型等要求，使得工程建设期的数字化交付更好满足了生产运维的需求，为后续数字化工厂建设奠定了良好基础。

（2）国内项目情况

国内的数字化交付在近几年才逐步快速发展。SEI 自 2013 年开始依托元坝天然气净化厂项目基于集成化设计的数字化工厂建设，其显著特征是通过集成化设计，将工程建设信息数字化和模型化，降低业主进行数字化工厂建设的重复工作，也从工厂建设源头保证了数据质量，首次成功实践了物理工厂与数字化工厂同步建设[6]。基于该项目的成功经验由 SEI 牵头主编的国家标准《石油化工工程数字化交付标准》（GB/T 51296—2018），为石化企业智能工厂建设提供了基础，并规范了工程建设过程的数字化交付工作[7]。大型全厂性石化工程项目，如古雷、镇海等项目，均在工程建设招标过程提出数字化交付需求[8]。

随着企业数字化转型的持续推进，包括万华化学、中海壳牌、镇海炼化、茂名石化等企业已经陆续开始在新建项目中探索和尝试采用数字化交付[9]，通过项目的建设逐步积累相关经验。以中国石油化工股份有限公司镇海炼化分公司为例，数字移交项目涉及新建的石油焦制氢（POX）、渣油加氢、烷基化、生物航煤四套装置，涵盖设计工程建设、采购全过程的数据、文档，采用数字化接收、运营一体化平台开展数字化接收及运营的应用，实现全生命周期的数据管理。中科炼化是中国石化首个炼化一体化全厂数字化交付项目，SEI 作为数字化交付拿总单位从交付标准的制定、交付过程的管控以及最终交付平台信息整合关联，成功实现了全厂 31 套装置及配套工程的数字化交付，成为新的里程碑。

中国石油兰州石化公司（简称兰州石化）于 2013 年实施了"数字化工厂研究与试点应用"项目，系统构建了与现实装置完全一致的 550×10^4 t/a 常减压三维虚拟装置和兰州石化数字化工厂平台，并集成了生产执行系统（MES）、设备管理平台（EAM）、实验室信息管理系统（LIMS）、高清视频、地下管网及文档管理系统（EDMS）等，建立了与生产、设备和安全相关的重点系统数据。同时，开展深化数字化工厂系统应用工作，并研究如何基于三维数字化工厂进行生产与管理模式创新，使之为生产管理发挥强大的支撑作用。兰州石化以"数字化工厂研究与试点应用"项目上线为契机，探索大检修的规划、调度、技术交底、三维检维修方案和数据处理，并形成配套的管理模板，建立大检修全生命周期知识数据库，从而规范大检修管理流程，节省人力和物力资源，提高工作效率和大检修的整体质量水平，确保装置安全稳定运行的同时积累了很好的经验[10]。

目前工程建设项目数字化交付未能完全满足智能工厂建设的需求，主要因为还存在以下不足[11]：①工程信息相对孤立，缺乏有效共享和工作协同；②未与企业核心系统（如 ERP 系统）集成；③技术标准不统一，系统间的互联互通存在较大问题；④缺少必要的标准、规范和管理制度基础。

4.1.2.2　数字化交付发展趋势

（1）国外发展趋势

在流程工厂行业（包括石油、石化、化工、电力、核电、造船以及轻工等），工厂的全生命周期主要分为建造和生产两个大的阶段。很长一段时间内，这两个阶段相互独立：一旦建成，建设单位（包括设计、施工、监理等单位）将不再关心工厂的生产运行情况；同样，在建设期业主和运营方也很少参与设计方案和施工方案的确认，很少了解和熟悉施工过程中隐蔽工程的处理情况，无法提前为生产进行必要的准备，无法进行建设期的精细化管理。不同单位之间唯一的连接纽带就是工厂竣工时进行的资料移交。

图 4-1 所示的是鹰图公司给出的工厂数字化交付全生命周期的主要任务。

Javari's 提出了基于全生命周期目标的一般项目管理模型[12]。这个模型用来推动基于全生命周期目标的建设项目管理方法的使用，以此将整个项目的过程集成起来。这个模型已经从传统的费用、时间和质量目标转变为全生命周期的目标，与过去的项目管理模型进行对照，描述了一般全生命周期项目管理的基本原理和框架。这个模型在一个大型基础设施建设项目中应用，取得了很好的效果。

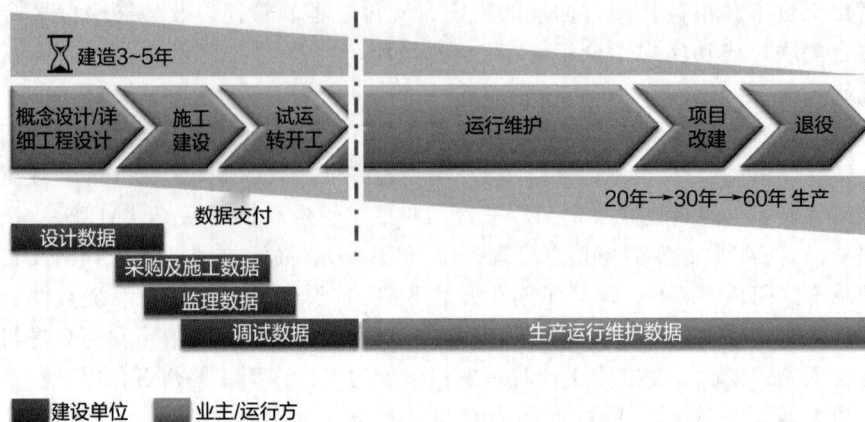

图 4-1　工厂数字化交付全生命周期的主要任务

同时，Javari's 研究了"并行建设（concurrent construction）"及其在基础设施的全生命周期管理中的应用。"并行建设"的潜在益处毋庸置疑，但这个构思并没有摆脱传统项目管理的束缚，现存的合同方式、组织方式和工作方法都阻碍其实现。

1994 年，美国佐治亚理工学院的 O. D. Bosch 在题为《面向对象环境下的实时设计/施工过程仿真》（Design/Construction Processes Simulation in Real-time Object-oriented Environments）的博士论文中，将虚拟的交互环境引入施工过程仿真系统中，从而使用户可以进入其中。他还构思了一种叫做 CADA（computer aided design and assembly）的新技术，即计算机辅助设计及安装，以使用 CAD 技术来简化仿真中优化目标的定义及实现过程。

Anna Mc Gea 和 Alastair Mc Lellan 提出的建立信息流集成体系的思路对于设计和施工阶段都有重要的意义，他们认为需要对施工过程重新进行反思，把施工过程分成项目前（pre-project）、施工前（pre-construction）、施工中（construction）和施工后（postconstruction）四个阶段，强调各个阶段信息流的集成，同时认为四个阶段需要不同的 IT 技术，比如项目前阶段主要是获得项目的场景图像，仿真、虚拟技术是主要的工具，施工前阶段需要用到人工智能、CAD 和虚拟现实技术等。

基于数字化的数据交换标准需要流程工厂全产业链参与制定，像硬件数据采集标准的制定者 Honeywer、Simens，软件厂商 Autodesk、Aveva[13]、Bentley、Intergraph、Oracle、达美盛，工程公司 Jacobs、Fluor，施工企业 Bechtel，业主单位 DNV、ExxonMobil、Shell，科研机构 NIST、Carnegie Mellon University 等都参与了标准的制定和应用。

（2）国内发展趋势

目前，国内石化工程数字化交付项目的实施依据为《石油化工工程数字化交付标准》（GB/T 51296—2018），每个项目在具体实施时，结合项目具体需求，将其细化为十余项项目级交付规定或细则。

4.1.3　数字化交付对于智能工厂的意义

数字化交付是这些基因在工厂生产运维过程发挥作用的基础和前提。数字化交付以集成化设计为源头，对于项目及智能工厂建设具有以下意义。

（1）以工厂对象为核心进行信息组织

集成化设计实现了传统的以文档为核心的设计模式向以工厂对象为核心的设计模式的转变，相应地，信息也转变为以工厂对象为核心来进行组织、存储和关联。

（2）以集成化设计为基础，实现工程建设数字化过程管理

将数字化交付与设计前端深入结合，通过集成化设计，把数字化交付融入项目执行阶段。传统设计过程的数字化交付大多以手工方式进行数据的整合和校验，工作量巨大。以集成化设计为源头的数字化交付因在设计阶段即对信息进行了有效组织、存储和关联，将设计成品通过数据接口直接发布至数字化交付平台，显著提高了交付的效率和质量。

（3）实现数字化工厂与实体工厂的同步建设

以设计集成化为基础的数字化交付，实现了工程设计、工程建设等过程的有机衔接，确保实体工厂和数字化工厂信息的一致性。通过数字化交付，企业可以获得与实体工厂相对应的数字化工厂，不再需要重构三维模型、图纸等重复性数字化工作，降低数字化工厂和智能工厂建设的成本并缩短建设周期。

（4）为智能工厂建设提供基础，提升运维水平

基于同一标准的集成化设计和数字化交付是信息数字化的有效途径和重要手段，可贯穿工厂全生命周期信息流，使之变成宝贵的虚拟资产，为工厂的日常精准运行与维护、安全防护管理提供合理的信息支撑，实现工厂的精细化管理。

4.2　面向智能工厂的交付要素

本节从数据、模型、知识三个要素全面剖析交付内容与交付重点，详细描述

了交付要素的知识与整合，并对比较知名的数字化集成系统进行深度分析，阐述知识要素整合的必要性与重要性以及交付要素的优化与迭代方式，从技术以及生产层面举例说明迭代优化的方式方法，提升数字化交付对生产的帮助。

4.2.1　数据、模型、知识

智能工厂是运营技术（OT）与信息技术（IT）的深度融合，并向更高阶段迈进的表现，是基于智能制造先进技术的新型生产方式，贯穿于设计、建设、生产、管理、维护、服务等制造活动的各个环节，具有自感知、自学习、自决策、自执行、自适应等功能的技术平台，构建高效、节能、绿色、安全、舒适的人性化工厂。具体来讲，智能工厂是汇集工程设计、采购、施工、建造、安装全生命周期的信息，形成企业静态数字化资产，在此基础上整合产品生产、运维数据集成生产控制的自动化系统、制造执行的 MES 系统、生产管理的 ERP 系统、设备状态监测工具，在计算机虚拟环境中，搭建可同步运转的数字虚拟工厂，实现对历史数据的回溯、实时数据的管理和未来趋势的预测。数字孪生工厂：通过构建全厂的数字化模型，整合工程建设各阶段数据，接入实际生产数据，构建与实际工厂一致的数字孪生工厂[14]。

4.2.1.1　数据

数字化交付是构建智能工厂过程中必经的第一步。数字化交付是指以"工厂对象"为核心，将工程设计、采购、施工、制造、安装等阶段产生的数据，进行结构化处理，建立以"工厂对象"为核心的网状关系数据库，存储于工程数据中心，并基于统一的数据接口完成数据交付，为业主提供可靠的工程基础数据，形成构建数字化工厂的企业静态数据资产。

收集到的信息是杂乱无章，格式各异的，需要经过统一接口的一致性处理，转化为可以为企业所用的数据资产。其中的"工厂对象"是指构成工厂的设备、管道、仪表、电气和建（构）筑物等具有编号可独立识别的工程实体。在数字化交付的条件下，不仅仅是将这些文档转成 PDF 格式存储起来，为便于文档内容的索引，还应处理文档和工厂对象的关联关系。数字化交付条件下需要完整的文档编码系统，来适应文档分类管理与查询的要求。

图 4-2 中从工厂对象提取出的所有内容都是可以为我们所用的数据，也就是原始数据。原始数据的形式可以分为结构化数据与非结构化数据，结构化数据是行数据，可以用二维表结构来逻辑表达实现的，而非结构化数据包括所有格式的办公文档、文本、图片、XML、HTML、各类报表、图像和音频/视频信息等不能用二维逻辑来表示的数据。对于工程公司来说，工程设计数据异构化严重，信息颗粒度大，数据结构不一致，因此需要提取信息中的数据，构建一致化

的数据结构、标准化的数据传输接口、定制化的使用界面，提高数据的使用效率，将数据变成真正可用的资产。

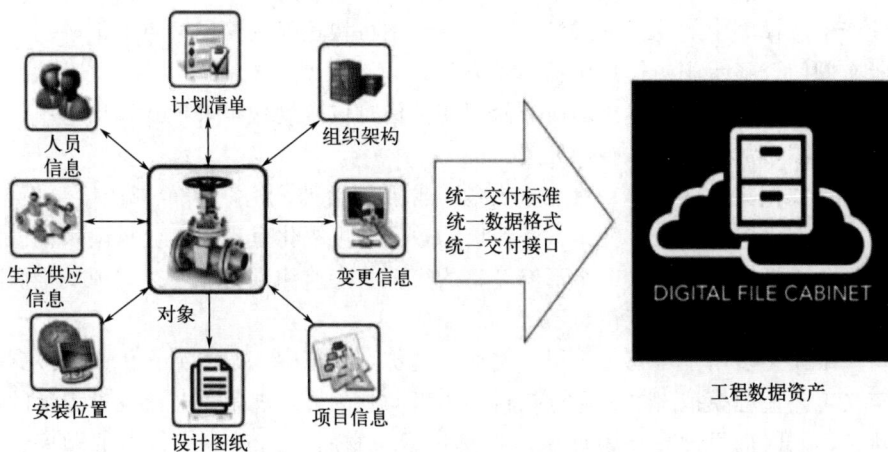

图 4-2　数字化交付原始数据处理

　　在通过各种模块方法收集到数据，例如合同、三维模型图纸、工厂对象类库等信息后，需要在数据库模块中按照业务性需要对其进行数据整理，首先需要设计数据库表结构，再入库处理。数据库模块可以支持数据查询、文档查询、数据下载等功能。运用这些数据信息，可以进行模块开发、需求分析、程序开发等活动。关系数据库的查询效率很高，但对于部分要求结构灵活的数据而言构建结构比较困难，所以经常采取别的方式进行数据存储和管理，如 XML（extensible markup language，可扩展性标记语言），或者 JSON 进行存储或图像关联标记。

　　在资产信息模型交付中，数据也就是其中信息，伴随在资产的全生命周期中。在这里资产指的是对工厂有潜在价值或实际价值的物品、事物或实体。关键资产是对安全、环境或绩效起关键作用的，也可能与法律规定有关的。信息模型是工程数字化交付中建立的以工厂对象为核心的数据、文档和三维模型及其关联关系的信息组织，应用信息模型对建设工程项目的建造和运营全过程进行管理和优化的过程、方法和技术。在资产全生命周期中，我们可以获取几何信息、属性信息、规则信息、行为信息等数据信息。

　　对工厂对象进行一定规则的分解，可以设置行业或装置的层级或者和设备有关的层级。对于那些独立的维护单元，即物理上独立、可单独发挥一定功能的设施，是被维修、检测及检查的技术对象。设备主数据包括设备的一般数据、位置数据、组织机构、位置机构、技术参数等信息。企业所有需维护的设备，都必须在系统建立设备主数据并安装在对应的功能位置上。

209

4.2.1.2 模型

在资产信息模型交付领域中，三维模型的应用较为广泛。在管网管理中，基于资产信息模型中的管网三维模型，在平台中可快速找到管网某点上下游同一管网所有阀门，显示阀门信息包括但不限于厂家、大小、规格、材质、设计温度、设计压力等，而且能将找出的所有阀门相关信息以定制化报表形式输出，用于辅助管网泄漏事故的快速排查和处置。

在可视化集成应用中，对于重大危险源及预警监测时，基于资产信息模型，在三维模型中实现安全、健康、环保监测数据的可视化呈现，融合风险预警模型和风险分级模型，形成从上至下的完整的安全生产监测预警体系，实现安全风险监测预警的可视化和智能化。

三维模型多用于可视化应用，例如工艺仿真模拟中，工艺流程仿真模拟支持自定义工艺流程模拟脚本，通过执行脚本以动画的形式展示工艺流程过程中的运动轨迹，同时应通过高亮闪烁展示仿真过程中材料所通过响应设备的顺序[15]。以 SmartPlant Foundation 为数据连接、协同设计及管理平台，构建协同设计的架构，即数字化工厂的设计技术数据架构[16]。

在资产信息模型中，根据装置生产工艺流程，进行可视化操作培训，为装置的开车、停车、异常工况处理等生产操作方法与要求提供可视化的技术支持，可根据操作控制程序，在三维场景中仿真阀门开/关、动机器（泵）的启动/停止、物料走向、容器液位变化等运行情况。

资产信息模型通过建立与现场设备完全一致的精细化拆解级模型，向设备人员、检修人员、操作人员提供直观、准确的认知培训和维修培训，并可进行实操模拟，提高管理、技术、操作人员业务水平和应变处置能力。

对重大危险源基于三维模型上实现事故模拟动画，以动画形式模拟火灾、泄漏、爆炸等事故发生，将突发事件危害程度及波及范围、应急操作和救援方法展示出来。

4.2.1.3 知识

对于智能工厂建设来说，不仅有生产过程中收集的数据、长时间以来利用的机理模型、数据模型等，还有工作过程中一代一代传下来的知识。这些知识可以对智能工厂建设起到指导作用，对刚进入这个领域的新人来说非常有指导意义，可对今后的工作流程起到对照作用。智能制造的技术将数据和知识转化为可以广泛应用的有用手段。智能制造中体现的知识和专业知识需要成为关键的下一代运营资产和投资。

知识可以转换成模型，如果操作模型被定义为对象、资产或流程及其交互的表示，我们可以想象未来将获得知识并将其应用于创建此类模型：模型准确地表示流程中的组件和材料以及它们在过程中的作用和相互作用。在未来的状态下，标准材料和转换过程的模型将在整个过程工业中共享。这些模型将被验证和集成，以填充流程制造企业的虚拟流程组织的基本框架，并将用于制定业务决策和运营物理设施。基于经过验证的模型的操作将产生对问题和成本的更早和更好的理解，从而实现总价值优化。

美国某国际跨国化工公司，建立了数字化的知识管理体系和标准，通过先进的技术，建立了一个跨越地理和组织边界的虚拟知识库，以分享经验、技能和协调工作。该虚拟知识库可以利用传感网络获取数据并进行实时监控，找到偏差及故障原因，并将偏差检测知识进行存储；专家可远程协同诊断和解决现场故障；通过一系列自动化知识管理系统，核心业务知识快速地被捕获并分享，提高了团队工作效率和公司员工的技能，增强了企业的市场地位。在虚拟知识库及传感网络投入使用后，工程师利用监控系统来检修故障设备，并可通过卫星通信系统与英国分公司的虚拟工作组的基地相连。通过实时的电视系统，千里之外的专家与现场的工程师共同诊断设备故障，故障在短时间内得以解决。

基于知识，在数字化交付领域多应用于企业安全管理领域，通过建立知识库，借助积累的经验帮助数字化工厂管理工作。例如企业智能安全管理系统，主要包括基础数据库及采集模块、风险识别评估模块、风险管控模块和隐患排查治理模块。风险是指企业生产安全风险，可能导致人员伤害、财产损失、环境或社会影响等危险事件发生的可能性。

4.2.2　交付要素的整合与迭代

上节所提到的交付要素：数据、模型、知识，需要在一定条件与环境下进行组织整合，才能更好地利用。这几个要素是相辅相成、互相配合、缺一不可的。各个公司都有自己的方法来进行信息整合，信息如果不进行有效整合，就不能发挥出它最大的作用，其中包括各种数据的关联与利用。

谈到建立智能工厂的部分，则需要准备建立"虚拟工厂"的必要数据。一是完全与工厂建设相关的虚拟炼化与工厂项目相关的部分。这部分的目标是数字化交付，其中的数据包括基础设计、详细设计、工程项目的采购、施工等相关管理数据，它们一般以二维、三维图形与文档的模式形成相关数据，汇总到统一的数字化交付平台中[17]。二是比传统意义上的项目中交、调试、开工更为深远，即以"无缺陷开车"为目标的项目管理，同样集成在这个平台中，既是工程项目管理的一部分，也是延伸到生产管控、市场营销的重要接口。

有些软件专门为工程公司、工厂业主/运营商设计的系统，是一个针对所有信息管理集成解决方案的通用基础平台，这个通用体系结构使数据结构、格式、数据在系统间按照标准协议进行转换，从而用低廉的成本提高了协同工作的效率。

在交付数据收集并组织导入系统后，很可能会面临需要迭代优化的情况，因为所有数据并不会一次性完美导入，数据信息的数字化交付获取时间可能是不一样的，许多文件都需要分批获取与处理，这时就需要信息的更新与系统的优化迭代。

4.3　数字化交付总体规划

4.3.1　工程数字化整体规划

4.3.1.1　交付需求

为了确保数字化交付高质量地完成的信息一致、合规和完整，进行数字化交付整体规划，规范和指导数字化交付拿总单位（简称拿总单位）及承包商（含EPC总包商、专利商、供应商、制造商、施工分包商等）的数字化交付工作，主要内容包括：

① 工程信息交付与接收方式和流程；

② 如何存储及管理承包商所提交的数字化工程信息；

③ 数字化交付应遵循的国家标准、项目标准以及为管理信息的其他数据标准；

④ 数字化交付的实施策划、流程、技术方案等。

数字化交付是对工厂全生命周期的信息完善与积累，交付信息应涵盖建设过程中的设计、采购、施工，满足各承包商在询价文件、技术条件、项目标准、工程设计图纸等文件的最低要求，包含从供应商的设备/材料采购、制造、检验、试验、组装、验收和交货的过程中产生的工程信息[18]。数字化交付内容应与竣工资料一致，保持数字化工厂与物理工厂一致，为工厂全生命周期管理提供完整的信息基础，为构建智能工厂提供更好支撑。

4.3.1.2　实施目标和策略

（1）数字化交付实施目标

① 各承包商在本项目使用标准化、智能化的应用软件和系统，保证项目顺利进行，并提高工程质量和工作效率。

② EPC承包商全面应用项目规定的设计工具软件。

③ 交付三维模型，实现工程数据的可视化和智能关联。

④ 通过制定统一的数字化交付标准，实现各个 EPC 承包商交付数据的标准化。

⑤ 实现以设计为源头的正向数字化工厂建设，实现无缝、快捷、低成本的以工厂对象为核心的标准化的智能移交[19]。

⑥ 通过数字化交付平台，构建以工厂对象为核心的信息组织模式，实现信息以工厂对象为核心的智能关联和管理，为后续工厂运维提供信息基础，方便运维期间工程数据的管理和查询[20]。

⑦ 满足工程项目数字化交付需求的同时，满足向智能工厂的拓展应用需求，提升业主的生产、运维管理水平。

（2）数字化交付实施策略

① 建议数字化交付的范围为项目范围内的全部新建装置及装置的配套设施部分。

② 充分考虑各个承包商的信息化现状，保证工程项目进度要求。

③ 承包商的设计工具软件及版本应尽量统一。

④ 承包商应采用智能化的设计工具软件。

⑤ 三维模型交付竣工模型，模型格式为 review 格式。

⑥ 不在设计工具软件中的数据，拿总单位提供数据导入模板，EPC 承包商将交付的数据以模板要求的格式进行交付，由设计工具生成的数据尽量以数据库的形式进行交付。

⑦ 采购和施工信息以电子文档及数据形式交付，并实现与工厂对象的关联。

⑧ 以数字化交付平台作为数字化交付信息的载体，同时充分考虑未来的数字化工厂应用，为智能工厂信息集成平台及工厂运维系统预留接口。

（3）EPC 全过程工程信息

数字化交付信息涵盖 EPC 全过程的工程信息，即指各类工程数据、图纸、文档、三维模型、采购信息、施工信息，包括这些信息的属性参数及关联关系，数字化交付最终交付给业主的工程信息全部是最终竣工版，不包括项目过程中产生的中间版本信息。

① 工程数据。包含项目建设过程所产生的工程数据。每一类设备、仪表、管线等工厂对象及其属性数据集在类库中作了定义和描述。

② 工程文档。包括项目建设过程所产生的交付文档，范围包括设计、采购、施工文档等。

③ 三维模型。除了包括工厂设计的 3D 模型图形外，还包括工程实体的属性等信息。

4.3.2 设计工具软件及版本要求

设计采用数字化工具，形成智能的带有数据库的设计成果，所有装置应尽量采用统一的设计工具软件及版本。应统一规定智能 P&ID 软件、三维建模工具、仪表设计软件等专业设计软件。

4.3.3 交付过程

交付过程如图 4-3 所示，首先拿总单位对 EPC 承包商的设计和移交提出详细的要求和规定，并报业主审批后发布给 EPC 承包商。各个 EPC 承包商按照数字化设计及移交的要求进行工程设计和成品交付。拿总单位将各个 EPC 承包商交付的数据、文档和模型导入数字化交付平台，并进行校验和整合。拿总单位通过数字化交付平台将整合后的信息交付给业主。

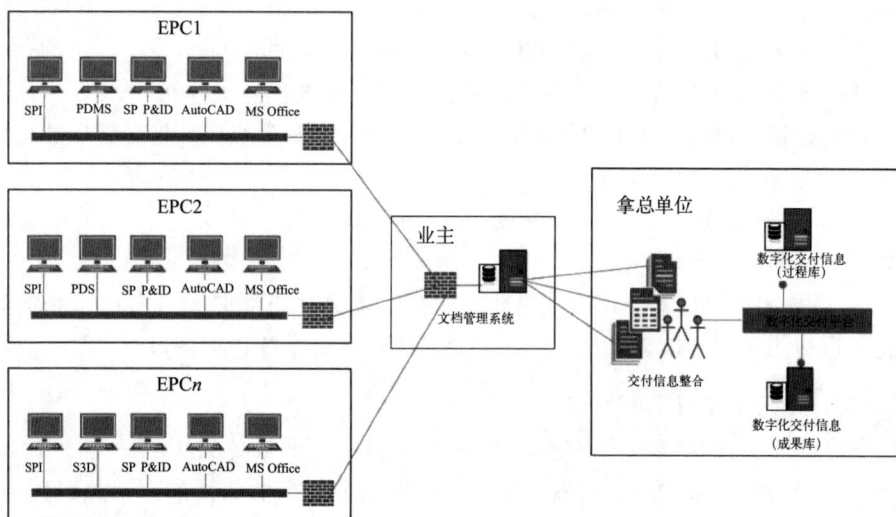

图 4-3　交付过程

4.3.4 信息标准

数字化交付项目应遵循的标准包括：

GB/T 18975.1—2003 《工业自动化系统与集成 流程工厂（包括石油和天然气生产设施）生命周期数据集成　第 1 部分：综述与基本原理》

GB/T 18975.2—2008　《工业自动化系统与集成 流程工厂（包括石油和天然气生产设施）生命周期数据集成　第 2 部分：数据模型》

ISO/TS 15926.4　《工业自动化系统与集成 流程工厂（包括石油和天然气生产设施）生命周期数据集成　第 4 部分：初始参考数据》（GB/Z 18975.4—2023）

ISO 14224　《石油、石化产品和天然气工业. 设备可靠性和维修数据的采集与交换》

GB/T 51296—2018　《石油化工工程数字化交付标准》

SPMP-STD-EM 2015—2019《石油化工工程数字化交付执行细则（试行）》

数字化交付项目实施过程中，应重点制定下列数字化交付规范：

- 交付策略；
- 交付总体实施方案；
- 数字化交付管理程序；
- 数字化交付工厂对象分类规定；
- 设计单位数字化交付规定；
- 供应商数字化交付管理规范（承包商版）；
- 供应商数字化交付管理规范（供应商版）；
- 施工单位数字化交付规范；
- 智能 P&ID 应用规定；
- 三维模型内容规定；
- 仪表内容规定；
- PCF/IDF 交付规定；
- 项目文档数字化交付规定；
- 数字化交付质量审核规定；
- 数字化交付验收规定。

4.3.5　数字化交付信息要求及管理

针对具体设计软件，工程公司需要交付的三维模型相关文件格式见表 4-1。

表 4-1　三维模型文件格式

设计软件	要求提交的格式	说明
PDMS	RVM＋ATT(参数数据文件)	RVM 文件和 ATT 文件都是由 PDMS 从原设计数据库中导出
SmartPlant 3D（简称 S3D）	VUE ＋ XML/MDB2（参数数据文件）	VUE、XML 和 MDB2 文件都是由 S3D 从原设计数据库中导出

针对具体设计软件，工程公司需要交付的智能 P&ID 图纸相关文件格式见表 4-2。

表 4-2   智能 P&ID 图纸相关文件格式

设计软件	要求提交的图纸文件格式
SmartPlant P&ID	数据库备份

项目文档（包含设计、采购、施工阶段各类文档）应提供原始格式（如 docx、xlsx 等）或 PDF 格式（非扫描版）电子文件，具体详见《项目文档交付内容规定》。

对于包含位号的各类数据表、规格书、清单及索引表，应提供其原始的 xlsx 格式电子文件。

原则上业主只需要最终版本的数据，即最终工程设计成果，设计过程中产生的中间版本不需向业主移交。但为了及早检验移交要求的贯彻程度和适当分散数据移交负荷，各 EPC 承包商应按以下几个节点向业主移交。

① 预提交。按照各装置设计进度要求，在进度达到 30% 时，将该装置的所有数据进行一次预提交，拿总单位在接收到预提交的数据后，进行检查和审核，提前检查数据的合规性，配置相应信息系统。之后拿总单位将审核意见反馈给各 EPC 承包商进行整改，并要求各 EPC 承包商将整改结果再次提交。这可能是一个多次反复的过程。在预提交中收到的数据，拿总单位只会用于测试与检查，不会将其作为正式交付的数据进行存储和管理。

② 按需交付。按照业主和拿总单位的临时要求，提交反映指定装置或设备当前技术状态的数据。

③ 正式交付。按照各装置设计计划（或采购计划、施工计划），将进度达到 100%（反映装置最终技术状态）的全部技术资料进行提交，拿总单位在接收到正式交付的数据后，导入数字化交付平台进行整合，进行全面检查和审核，将审核意见返回给各 EPC 承包商进行整改，并要求承包商将整改结果再次提交。这可能是一个多次反复的过程。详见拿总单位发布的交付计划。

拿总单位在编制《三维模型内容规定》《智能 P&ID 应用规定》《仪表内容规定》《项目文档交付内容规定》《供应商数字化交付规范》《项目施工信息交付内容规定》等文件中，对需承包商交付的信息内容，如需交付的文档类型、图纸类型、数据表类型、建模深度等内容进行详细、明确的规定。

承包商交付信息的内容应满足拿总单位制定的上述规定要求，同时还应根据实际设计情况，编制详细的图纸、文档交付清单，并依据此清单交付图纸、文档。

拿总单位收到承包商提交的工程信息后，将组织审核人员对所收到的信息进行检查，生成检查报告，并将检查报告反馈给提交信息的承包商。承包商应根据检查报告，及时对工程信息进行修正后，再次提交修正的结果。这可能涉及多次的反复。

拿总单位在项目执行过程中，协同软件供应商将各承包商提交的最终完整工程信息整合并导入数字化交付平台的成果库中，进行数据校验及关联，将最终成果交付给业主。

为了保证业主方能够使用、维护数字化交付平台，拿总单位将联合软件供应商向业主提供相关人员的培训。包括：a.业主数字化平台维护人员培训，通过为业主方维护人员进行系统管理、数据维护、用户支持培训，向业主转移数字化交付平台维护的必要知识。b.业主数字化信息关键用户培训，通过为业主关键用户进行系统架构、操作使用等培训，向业主转移数字化交付平台使用、扩展等方面的必要知识。

完成平台交付后，业主组织对工程项目数字化交付成果进行验收，确保所有数字化交付内容符合各相关交付标准的要求，并与竣工资料一致。由业主审核数字化交付项目的相关文档，并审核交付过程中的检查报告。保证业主人员经培训后，具有数字化交付平台的基本维护能力。在合同质保期内，协调软件供应商解决发生的技术问题。在合同质保期内，拿总单位负责对前期交付的内容进行维护。

知识产权保护内容如下。

① 通过业主与各承包商签订的保密协议，确保各承包商交付的数字化信息未经许可不能扩散至第三方。

② 通过业主与数字化交付平台软件商签订的保密协议，确保业主数字化交付平台中的项目资料未经许可不能扩散至第三方。

③ 通过业主与数字化交付拿总单位签订的保密协议，确保业主数字化交付平台中的项目资料未经许可不能扩散至第三方。

4.3.6　各主要阶段的主要工作项内容

（1）前期策划（见表 4-3）

表 4-3　前期策划

工作项	工作项内容说明	主要负责单位
提出数字化交付要求	对数字化交付项目、项目规定、交付内容等提出要求	业主
制定相关程序文件	制定数字化交付项目的规定与程序文件	拿总单位

（2）技术准备（见表 4-4）

表 4-4　技术准备

工作项	工作项内容说明	主要负责单位
移交要求培训	发布项目规定与程序文件给各承包商 为各承包商讲解培训规定与程序文件	拿总单位

工作项	工作项内容说明	主要负责单位
基础交付平台实施	安装部署数字化交付平台 实施基础配置 安装部署业主文件交付平台	软件商 拿总单位
编制详细交付进度计划	根据移交要求文件、总体进度计划,编制每套装置的详细交付进度计划	各承包商

（3）数据交付（见表 4-5）

表 4-5　数据交付

工作项	工作项内容说明	主要负责单位
交付平台配置、开发、调整	明确项目需求 针对项目需求在交付平台基础上进行配置、开发 在项目进行过程中,根据实际收到的设计、采购、施工数据调整之前的配置与开发内容	拿总单位 软件商
设计数据（三维模型/P&ID/数据/文档）预提交	在工程项目设计工作 30% 与 60% 阶段将已完成的、具有典型代表性的、一部分设计数据(提交的数据种类应包括三维模型/P&ID/数据/文档),通过执行数字化交付过程进行提交。使拿总单位能够根据预提交的数据对各承包商所负责的不同装置的设计数据的合规性进行预先检查、评估和反馈,以便及时发现并纠正存在的问题,减少后续返工	各承包商
准备设计数据数字化交付	在工程项目设计工作进行的同时,依据数字化交付的要求进行设计,准备设计交付物	各承包商
设计数据正式提交及修正	在工程项目设计完成之后,执行设计数据的数字化交付 根据拿总单位的审核反馈,进行必要的修正 这一工作的结束时间依赖于需要修正的工作量	各承包商
数字化交付数据处理、发布、校验、反馈、整合	根据各项规定和程序文件、交付执行计划和交付清单,由拿总单位专业人员,利用数字化交付平台处理、发布、校验、整合各承包商预提交/正式的设计、采购、施工数据 编制审核报告并反馈给各承包商 将经过审核确认认可的、正式的设计、采购、施工数据发布至数字化交付平台成果库 此项工作是与设计数据预提交开始同步进行的。与所有阶段的数据交付同步进行 软件商将根据此项工作,对数字化交付平台的配置、开发内容进行相应的调整	拿总单位 各承包商 软件商
采购数据预提交	在工程项目采购阶段工作进行过程中,将已完成的、具有典型代表性的、一部分采购数据,通过执行数字化交付过程进行提交。使拿总单位能够根据预提交的数据对各承包商所负责的不同装置的采购数据的合规性进行预先检查、评估与反馈,以便及时发现并纠正存在的问题,减少后续返工	各承包商

工作项	工作项内容说明	主要负责单位
准备采购数据数字化交付	在工程项目采购工作进行的同时,依据数字化交付的要求进行设计,准备采购交付物	各承包商
采购数据正式提交及修正	在工程项目采购完成之后,执行采购数据的数字化交付 根据拿总单位的审核反馈,进行必要的修正 这一工作的结束时间依赖于需要修正的工作量	各承包商
施工数据预提交	在工程项目施工阶段工作进行过程中,将已完成的、具有典型代表性的、一部分施工数据,通过执行数字化交付过程进行提交。使拿总单位能够根据预提交的数据对各承包商所负责的不同装置的施工数据的合规性进行预先检查、评估和反馈,以便及时发现并纠正存在的问题,减少后续返工	各承包商
准备施工数据数字化交付	在工程项目施工工作进行的同时,依据数字化交付的要求进行设计,准备施工交付物	各承包商
施工数据正式提交及修正	在工程项目施工完成之后,执行施工数据的数字化交付 在投料试车阶段完成后,可以根据需要交付试车数据 根据拿总单位的审核反馈,进行必要的修正 这一工作的结束时间依赖于需要修正的工作量	各承包商

（4）项目验收（见表4-6）

表4-6　项目验收

工作项	工作项内容说明	主要负责单位
交付内容验收	业主检查待交付内容	拿总单位 业主
交付平台交接	编写并交付数字化交付平台手册 数字化交付平台培训 数字化交付平台迁移 业主数字化交付平台上线运行 签署项目验收报告	拿总单位 业主 软件商

4.4　数字化交付工作流程

　　近年来,国内外很多业主都在探索和尝试数字化工厂建设,但由于项目建设没有统一的信息交换标准,致使建设期间、工厂运维期间信息不统一,不能很好地被利用,致使业主在建设数字化工厂时必须做大量的重复工作,例如图纸的数字化、模型的重建等,而且信息还存在不一致性、不完整的现象。因此急需利用信息技术创新构建一套新型的信息组织、交换和利用的标准。由中国石化工程建设有限公司主编的《石油化工工程数字化交付标准》（GB/T 51296—2018）已于

2019 年 3 月 1 日发布执行。

数字化交付业务是在工程项目设计、建造过程中同步开展，通过汇集工程设计、采购、施工、建造、安装全生命周期的信息，形成企业态数字化资产，构建与实际工厂一致的数字孪生工厂，为智能工厂运营奠定模型与数据基础。数字化交付项目管理主要对交付过程中的标准、内容、质量、进度、交付方、业务协同、交付平台等内容进行管理，主要包括承包商数字化交付管理、智能 P&ID 的交付管理、三维模型的交付管理、PCF/IDF 交付管理、供应商数字化交付管理、施工单位数字化交付管理、数字化交付质量审核与验收等内容，通过数字化交付项目管理保质保量完成数字化交付，实现装置同步建设，同步交付。

4.4.1 制定数字化交付策略

数字化交付策略是数字化交付过程的管理基础。为了确保能够高质量地完成数字化交付，首要工作是结合项目具体特点制定交付策略，从而规范和指导项目数字化交付拿总单位（简称拿总单位）及承包商（含 EPC 总包商、专利商、供应商、制造商、施工分包商等）的数字化交付工作。

根据业主数字化工厂乃至未来智能工厂建设的需求，在数字化交付策略中应明确以下内容。

（1）确定数字化交付的目标

根据项目的特点及业主需求确定项目数字化交付的目标，主要包括：统一应用智能设计工具；构建以工厂对象为核心的信息组织模式，实现信息以工厂对象为核心的智能关联和管理；通过制定统一的数字化交付标准，实现各个工程承包商交付数据的标准化；工程承包商交付三维模型，实现工程数据的可视化和智能关联；满足工程项目数字化交付和向智能工厂拓展的需求的同时，提升业主的生产、运维管理水平。

（2）确定整体组织机构

数字化交付是一个复杂的系统工程，为保证工作的顺利开展，业主有必要委托富有经验的数字化交付管理服务商来承担数字化交付的管理工作。

（3）明确交付信息的组织方式、存储方式和交付形式等

各承包商以信息模型形式进行交付。在执行过程中，各承包商使用业主的电子文档管理系统交付平台，按数字化交付规定要求的信息组织方式提交原始电子文件，这些电子文件包括三维模型、图纸、设计文件、工程数据表、采购文件和施工文件、SP P&ID 数据库等。

应对各承包商提交的终版交付物进行校验、处理，并将其整合到数字化交付

平台中，最终形成包含完整工程项目信息的数字化交付平台[21]。

（4）明确信息交付验收标准

验收信息时应确保下列方面达到要求：工厂对象无缺失，且类型正确；工厂对象数量符合规定要求；工厂对象属性完整，必要信息无缺失；属性的度量单位正确，属性值的数据类型正确；无文档缺失；文档命名和编码符合规定要求；工厂对象与工厂分解结构、工厂对象与文档间的关联关系正确；数据、文档和三维模型符合交付要求。

4.4.2 建立标准化类库

类库，即项目工厂对象分类，定义了工厂对象的"类"、属性、项目文档类型，以及类、属性、文档、计量单位间的关联关系的信息集合。

数字化交付项目中，应基于石化工程整体化管理与实践对工程对象进行分类和整理，以《石油化工工程数字化交付标准》为依据，形成一套包含工厂对象分类及其属性和关联文档的企业级标准化类库。

标准化的类库可以实现对工厂数据的提取与校验，保证数据的一致性、准确性和完整性。标准化类库不仅可以指导设计的数字化，同时也可以作为数字化交付的标准。

（1）类库建立原则

类库的建立需要遵循一定的原则，具体如下。

① 结构合理、层次清晰、内容完整并支持扩展。

② 工厂对象类应有继承关系。

③ 工厂对象类、属性、计量类、专业文档类型的名称应唯一、易识别且无歧义。

④ 类库设计应支持信息校验。

⑤ 工厂对象类宜根据工厂对象功能或结构等分类，可分级建立。

⑥ 属性应包括工厂对象类具有的典型特征，宜分组管理并设置交付级别。

⑦ 计量类应包括所有属性涉及的计量单位分类。

⑧ 专业文档类型应由专业和文档类别共同确定。

⑨ 确定工厂对象编号原则，且工厂对象编号应满足唯一、快速定位和检索的要求。

⑩ 确定文档编号原则，且文档编号应包含专业类别、文档类别、版本等信息，满足编号唯一、快速定位和检索的要求。

（2）类库建立

根据以上原则，类库应包括工厂对象类、属性、计量类、专业文档类型等信息及其关联关系。以板式塔为例，板式塔与其属性、计量类、专业文档类型的关系示例如图 4-4 所示。

序号	名称	计量类
	通用属性	
01	位号	——
02	用途	——
03	数量	——
04	安装位置	——
05	类型	——
06	型号	——
07	供应商	——
08	制造商	——
	工艺属性	
09	介质名称	——
10	主要组分	——
11	介质毒性	——
12	塔顶操作密度	密度
13	塔底操作密度	密度
14	塔顶操作温度	温度
15	塔底操作温度	温度
16	塔顶操作压力	压力
17	塔底操作压力	压力
	机械属性	
18	塔板类型	——
19	直径	长度
20	简体切线高度	长度
21	壳体材质	——
22	塔板材质	——
23	塔板数量	——
24	壳体腐蚀裕量	长度
	设计属性	
25	设计温度	温度
26	设计压力	压力
27	设计负荷	——

序号	名称	文档类型
	设计类-工艺专业	
01	工艺设备数据表	DS
02	分类工艺设备表	ID
03	工艺管道及仪表流程图（P&ID）	DW
	设计类-静设备专业	
04	静设备设计说明	DP
05	装备图（总图）	DW
06	部件图	DW
	设计类-管道专业	
07	设备布置图	DW
	设计类-电气专业	
08	爆炸危险区域划分图	DW
	设计类-结构专业	
09	设备基础图	DW

序号	名称	文档类型
	采购类-静设备专业	
01	压力容器制造许可证	DP
02	无损检测报告(RT/UT/MT/PT)	DP
03	热处理报告	DP
04	耐压试验报告	DP
05	备品备件清单	ID

序号	名称	文档类型
	施工类-综合	
01	防腐工程质量验收记录	RE
02	隔热工程质量验收记录	RE
03	安全附件安装检验记录	RE
	施工类-土建专业	
04	设备基础复测记录	RE
	施工类-设备专业	
05	立式设备安装检验记录	RE
06	塔盘安装检验记录	RE

图 4-4　板式塔类库

4.4.3　建立工厂分解结构

工厂分解结构是数字化交付及数字化工厂建立的前提，工厂对象、文档和数据等应与工厂分解结构建立管理关系。

4.4.4　制定数字化交付方案

应制定数字化交付方案，在方案中进一步细化落实交付策略内容，形成具体的可执行的方案。方案的重点要素归纳如下。

（1）明确各相关方组织机构及界面关系

典型的数字化交付管理服务商组织架构如图 4-5 所示。业主及工程承包方也应建立与数字化交付管理服务商相对应的组织机构，并明确各方的界面关系。

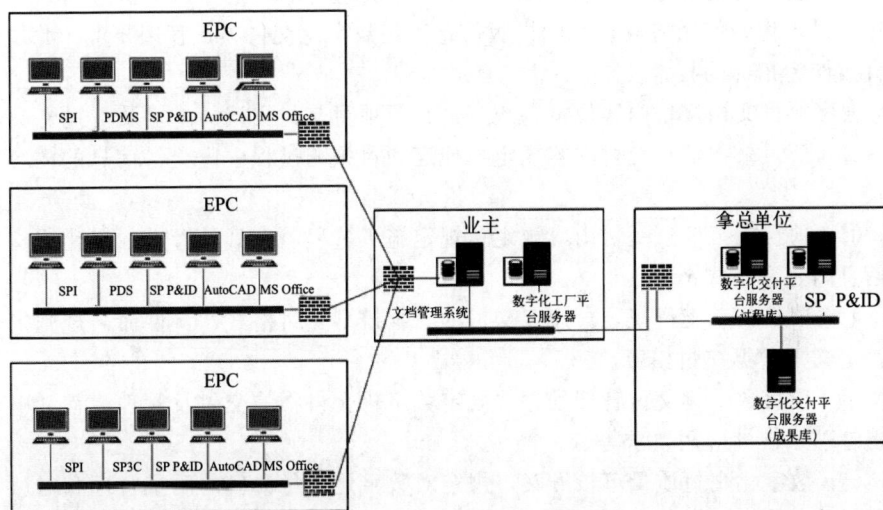

图 4-5　典型的数字化交付系统架构

（2）编制数字化交付规定程序

为保障数字化交付项目的顺利实施，应编制下列项目规定与程序文件，各承包商在项目执行过程中应严格遵循相关规定。规定与程序文件主要有以下几项。

①《项目数字化交付策略》主要定义工程数字化交付的总体策略，是编制后续规定与程序文件的基础和指导原则。

②《项目数字化交付总体实施方案》包括数字化交付项目的实施目标、组织

223

机构及职责、工作范围、工作流程、进度计划等，指导项目具体实施。

③《项目工厂对象分类及属性移交规范》（类库）主要定义工厂对象的"类"、属性、项目文档类型，以及"类"、属性、文档、计量单位间的关联关系。类库为项目过程中保证不同承包商、不同系统间信息一致，提供了统一的信息交换基础。

④《项目文档编码规定》定义工程项目中文档的命名编码规则。

⑤《设备编码和命名规范》定义设备、电气、仪表及管道的编码规则。

⑥《三维模型内容规定》统一规定工程项目三维模型的内容和深度，明确各承包商在执行项目的三维模型设计和交付时所应达到的标准。

⑦《智能 P&ID 规定》统一规定承包商使用的智能 P&ID 设计软件，并对工作方式、交付内容和交付时间等进行了规定。

⑧《供应商数字化交付管理规定》（供 EPC＋供应商）规范并指导承包商及供应商开展数字化交付工作，使供应商提交的终版信息满足数字化交付项目管理要求。

⑨《供应商数字化交付管理规定》（仅供供应商）规范并指导供应商开展数字化交付工作，使供应商提交的终版信息满足数字化交付项目管理要求。此规定可直接作为招标的技术要求。

⑩《项目文档交付内容规定》统一定义了项目交付文档的内容及格式要求。

⑪《项目采购信息交付内容规定》规定项目采购过程中应交付信息的内容和格式。

⑫《项目施工信息交付内容规定》规定施工过程，尤其是管道数字化应交付的信息内容和格式。

⑬《项目信息交付规定》规定交付的三维模型交付格式、文件命名规则等要求，定义了数据交付模板。

⑭《项目数字化交付管理程序》规定数字化交付物的交付及管理流程、电子文档管理系统的应用要求等。

⑮《数字化交付质量审核方案》规定对数字化交付项目的质量管理和对数字化交付物的审核、反馈工作流程。

⑯《数字化交付验收方案》规定数字化交付项目完工验收的工作内容和相关规定。

（3）制定数字化技术方案

项目应用软件通常包括三维建模软件、智能 P&ID 软件、智能仪表软件、智能电气软件、通用绘图工具软件、信息集成平台、电子文档管理系统等。

（4）数字化交付要求

① 三维模型交付要求。针对不同三维建模设计软件，承包商需要交付的三

维模型相关文件格式可不同。

② 智能 P&ID 的要求。承包商通常需要交付工程项目的 P&ID 数据库，作为智能 P&ID 图纸的交付物。

③ 项目文档的要求。通常项目文档（包含设计、采购、施工阶段各类文档）应提供原始格式或 PDF 格式（非扫描版）电子文件。

④ 工程数据的要求。为满足数字化交付对提取结构化工程数据的要求，应根据《项目工厂对象分类及属性移交规范》（类库）制定工程数据收集模板，各承包商应认真整理并填写，保证这些工程数据的完整性和一致性。

4.4.5　装置承包商数字化交付的管理

为规范设计单位开展数字化交付工作，阐明交付的内容和格式，确保数字化交付信息质量，应编制承包商数字化交付规定；明确对三维设计系统、智能 P&ID 系统、智能仪表系统以及设计数据的交付要求、交付方式和交付模板等内容；开展设计工作的 EPC 总承包单位，按照规范中对于设计单位的要求开展工作。数字化交付规定一般包含：《智能 P&ID 数字化交付规定》《智能仪表数字化交付规定》《三维模型数字化交付规定》《管道 PCF/IDF 文件交付规范》等。

4.4.6　智能 P/ID 的交付管理

《智能 P&ID 数字化交付规定》对承包商应使用的智能 P&ID、设计软件、深度要求、交付内容和交付时间等内容进行规定。

4.4.7　三维模型的交付管理

《三维模型数字化交付规定》统一数字化交付项目三维模型的内容和深度，明确在执行项目时三维模型设计和交付时所应达到的标准。

（1）所用软件

数字化交付项目采用三维设计软件，通常统一采用 Smart 3D（简称 S3D）或 PDMS/E3D。

（2）术语和定义

① 工厂对象。是指工程建设项目中具有物理尺寸的实体或者空间，如设备、管道、仪表、建构筑物、基础、操作空间和碰撞空间等。

② 三维模型。是指在工程建设项目中，对制造、施工、试车、操作、检修所涉及的工厂对象赋予可视化特征的三维图形数据的集合。

（3）数字项目的三维模型的要求

① 三维模型应能集中反映出承包商工作范围内工厂对象的主要工程特征，包括三维外形尺寸、走向、位置、相互关系（例如管道分支、管架与其支撑管道、设备的组成部分）、安全距离和操作检修空间等。

② 三维模型的设计内容深度应同时符合项目执行过程中各阶段模型审查的要求，便于更加直观地指导施工、操作、维修等人员理解设计意图。

③ 三维模型的内容应根据承包商合同内容包含（不限于）设备、管道、结构、电气、仪表、暖通、建筑、地下工程以及通用设施部分的设计与建模。

④ 三维模型设计在满足设计、施工、采购要求的同时，尚应体现操作、维护、检修、施工和消防的要求。

⑤ 承包商交付的其他设计成品图纸应以三维模型为基础绘制。

⑥ 三维模型可以适当过滤和简化对设计成品无影响的工厂对象细节和特征。

⑦ 不在设计范围内但与承包商合同内容有密切关系的工厂对象（例如包设备、界区节点、改造项目中的原有部分），应根据实际需要（例如表明主要工程特征或者提供图形参考等）建模。

⑧ 模型原点。宜将厂区西南红线平面坐标设为全厂原点（0，0），厂区建筑北为北向0°原点（顺时针）。各装置/单元的原点坐标相对全厂原点设定，以免将来项目模型合并时出现重叠或偏离状况。提交模型的同时需要提交一个装置的原点（相对全厂原点）坐标说明文档。

⑨ 装置红线模型。各设计院在模型中为装置或设施建立红线界区模型，用于检查模型原点和合并全厂模型使用，红线界区模型使用10mm的板进行建立，范围和总图保持一致，一般为矩形，板上标高为装置的地平标高。

⑩ 模型颜色。根据项目要求，三维模型中的不同工厂对象设置对应的颜色。

⑪ 项目工厂模型目录结构

a. S3D软件中工厂模型目录结构。S3D软件中工厂模型目录结构分为四级，具体见表4-7。

表 4-7　S3D 目录结构

目录级	定义	目录级	定义
第一级目录	装置代号（Plant）	第三级目录	分区代码＋专业代码
第二级目录	专业代码	第四级目录	自定义分类

b. PDMS/E3D软件中工厂模型目录结构。PDMS/E3D软件中工厂模型目录结构分为三级，具体见表4-8。

表 4-8　PDMS/E3D 目录结构

目录级	定义	目录级	定义
第一级目录	装置代号（Plant）	第三级目录	分区代码（两位数字）＋专业代码-类型-注释（Zone）
第二级目录	装置代码＋专业代码＋分区代码（两位数字）（Site）		

第一级目录定义：装置代码（见各工厂所含主项号明细表）

例如：1101　表示常减压蒸馏装置

第二级目录为 Site 定义：装置代码＋专业代码＋分区代码（两位数字）

专业代码：字母"PD"表示配管；字母"CV"表示土建；字母"STR"表示土建结构；字母"EE"表示电气；字母"IN"表示仪表；字母"WS"表示给排水；字母"FU"表示工业炉；字母"GL"表示总图；字母"MISC"表示其他。

例如：

1101PD01 表示常减压蒸馏的管道第 1 区

1101PD02 表示常减压蒸馏的管道第 2 区

1101CV01 表示常减压蒸馏的土建第 1 区

1101STR01 表示常减压蒸馏的土建结构第 1 区

1101EE01 表示常减压蒸馏的电气第 1 区

1101IN01 表示常减压蒸馏的仪表第 1 区

1101WS01 表示常减压蒸馏的给排水管道第 1 区

1101GL01 表示常减压蒸馏的总图第 1 区

第三级目录为 Zone 定义：分区代码（两位数字）＋专业代码-类型-注释（可不加）

例如：

01PD-EQUI 表示管道第 1 区的设备

01PD-AG 表示管道第 1 区的地上管线

01PD-SUPPORT 表示管道第 1 区的支架

01PD-MISC 表示管道第 1 区的杂项

01CV FOUNDATION 表示土建第 1 区的基础

c. 模型中工厂对象的编号。工厂对象编号应具有唯一性和一致性，编号规则按项目统一规定执行。

（4）内容深度要求

承包商在设计和交付时的三维模型主要内容深度应按照合同约定的设计内容

的相关规定执行。

（5）模型交付要求

① 三维模型以电子文件形式交付，交付的三维模型不应包含临时信息、测试信息以及与交付无关的信息。

② 目录层级名称要求

a. 使用 Smart 3D 软件，系统（System）的名称应唯一。命名以工艺装置或系统单元的代号开头。名称由英文字母、阿拉伯数字、"-"、"_"四种英文字符组成。

b. 使用 PDMS/E3D 软件，Site、Zone 的名称应唯一。名称由英文字母、阿拉伯数字、"-"、"_"四种英文字符组成。

③ 三维模型交付编制文件目录。承包商应对所有交付的电子文件编制文件目录，填写《三维模型交付文件目录》（Excel 格式）见表 4-9。

文件名称：3D _［主项号］_［序号］_［时间］.［后缀］

说明：

如果主项只由一个模型文件组成，序号是 0。如果由多个模型组成请从 1 开始顺序编号，并附表说明其内容。

主项中细分子项的，统一到主项中（如子项 1011、1012 的模型，改为 3D _ 1010 _ 1 _...，3D _ 1010 _ 2 _...）。

主项中各模型的格式尽量统一。

示例：

S3D：3D _ 1140 _ 0 _ 20200901.VUE

PDMS/E3D：3D _ 1101 _ 1 _ 20200101.RVM（需要附表说明内容）

表 4-9　三维模型交付文件目录

序号	文件名	描述	装置/单元名称
1	3D_1140_0_20200901.VUE	催化裂化装置模型	催化裂化装置
2	3D_1140_0_20200901.MDB2	催化裂化装置数据	催化裂化装置
3	3D_1140_0 原点坐标.TXT	催化裂化装置原点坐标	催化裂化装置
4	3D_1101_1_20200101.RVM	常减压蒸馏模型	常减压蒸馏装置
5	3D_1101_1_20200101.ATT	常减压蒸馏数据	常减压蒸馏装置
6	3D_1101_1 原点坐标.TXT	常减压蒸馏原点坐标	常减压蒸馏装置

④ 承包商将文件目录和电子文件一同按照拿总单位指定的方式交付给业主。

4.4.8　PCF/IDF 交付管理

（1）总则

① 目的。项目制定对应的《管道 PCF/IDF 文件交付规范》，明确了各工程设计单位 PCF/IDF 文件交付要求及数据标准，从而提高工厂建设阶段管道预制水平，提升施工阶段管道二次设计工作效率，发挥数字化交付的作用。

② 范围。设计单位或 EPC 总承包单位交付的管道 PCF/IDF 文件应涵盖其设计范围内的所有管道，包括工艺管线、系统配套管线、地下管线等。

《管道 PCF/IDF 文件交付规范》明确了管道 PCF/IDF 文件所应包含的内容、属性、格式，以及对于交付进度的要求。

（2）术语

① PCF（Piping Component File）。S3D 设计软件生成的管道轴测图数据文件。

② IDF（Intermediate Data File）。PDS、PDMS（或 E3D）设计软件生成的管道轴测图数据文件。

（3）一般要求

① 设计单位/EPC 总承包单位

a. 生成的 ISO 图应满足相关设计质量的要求。

b. 交付图纸的同时同步交付对应管线的 PCF/IDF 文件，并保证 ISO 图与 PCF/IDF 文件版本一致，每根管线对应一个 PCF/IDF 文件。

c. 当设计内容发生变更时，应对模型进行修改和重新生成 ISO 图和 PCF/IDF 文件，并交付变更后的新版文件。

d. 宜按照管道表中管线号并结合设计分区分段交付 PCF/IDF 文件。

e. PCF/IDF 中设计的管线号应与管道表中对应的管线号一致。

f. 对原管线进行变更时，变更后的管线号（管段号）应与原号一致。涉及新增管线时，除交付 PCF/IDF 文件外，还应提供对应的管道表。

② 施工单位

a. 在接到 PCF/IDF 文件后应及时对文件进行解析，并与管道表、轴测图中的管道属性进行核对，发现有不一致的情况时及时反馈。

b. 当只涉及简单变更时，根据设计单位提供的变更单对管道施工模型进行相应的修改。

（4）交付内容及要求

① 属性要求

a. 管线属性要求。PCF/IDF 需包含属性见表 4-10。

表 4-10 PCF/IDF 包含属性

管线属性	说明	备注
分区号	装置区域号	无分区不需提供
管线号	与管道表中管段号需保持一致	
公称直径	举例：600 或 24	
壁厚	举例：SCH40	
制造标准	举例：ASME B36.10M	
管道等级	举例：A1TB01	
介质名称	举例：燃料气	
介质状态	举例：气	
操作温度	举例：85	
设计温度	举例：200	
操作压力	举例：0.2	
设计压力	举例：1.18	
试验压力	举例：2.09	
试压介质	举例：water	
焊后热处理	举例：Y	如无：N
绝热类型	举例：ST	
绝热材料	举例：岩棉	
绝热厚度	举例：60	
维持温度	举例：50	
伴管根数	举例：1	
伴管规格	举例：DN20	
涂漆	举例：A	
管道级别	举例：SHA1	
压力管道级别	举例：GC1	

b. 管道元件属性要求见表 4-11。

表 4-11 管道元件属性要求

元件属性	说明	备注
元件名称	举例：TEE	
公称直径	举例：600 或 24	
壁厚	举例：SCH40	
材质	举例：A105	
压力等级	举例：CL3000	

c. 阀门属性见表 4-12。

表 4-12　阀门属性

元件属性	说明	备注
元件名称	举例：GATE	
公称直径	举例：600 或 24	
壁厚/压力等级	举例：SCH40/CL150	
材质	举例：A105	

d. 法兰、法兰盖属性见表 4-13。

表 4-13　法兰、法兰盖属性

元件属性	说明	备注
元件名称	举例：TEE	
公称直径	举例：600 或 24	
壁厚	举例：SCH40	
材质	举例：A105	
压力等级	举例：CL3000	

② 格式要求

a. 按照管道表中管段号给出 PCF/IDF 文件，允许按区域分段给出。

b. PCF/IDF 文件中的材料描述单项之间分隔应使用逗号（非中文逗号）进行分隔。

c. 如 PCF/IDF 文件以相对坐标值输出，需另附文件说明所建项目坐标的相对值。

d. 一个项目中的 PCF/IDF 文件，管线属性和同一类元件属性保持规律一致，以便施工单位上传解析到相应属性。

（5）模型空间位置

需提供主项原点位置，及其相对总图建筑坐标旋转量和 XYZ 坐标偏移量（Z 方向为高程，精确到 mm）。

（6）其他要求

① 支架交付要求。设计单位或 EPC 总承包单位分批交付图纸给施工单位的同时，需要同步将本批图纸所包含的支架图例提供给施工单位。

② 模型一致性要求。模型应避免出现重叠、不连续、错位、尺寸异常等情况；管道变更后应及时更新装置模型，保证现场与模型保持一致。

4.4.9 供应商数字化交付的管理

(1) 总则

① 目的。供应商的数字化交付，应制定《供应商数字化交付规范》，指导供应商开展数字化交付工作，阐明交付的内容和格式，约束供应商行为。该规范应遵循国家及行业现行保密规定及有关标准。

② 适用的供应商范围

a. 供应商类别包括单体设备供应商、包设备供应商。

b. 单体设备供应商应按照工厂对象位号进行整理并交付，包设备供应商应与设计单位或业主协商将包设备拆解为各个单体设备，按照拆包的单体设备工厂对象位号进行整理并交付。

c. 单体设备供应商涉及的设备类型示例如下：

箱式加热炉、圆筒式加热炉、其他管式加热炉……

板式塔、填料塔、混合结构塔、焦炭塔、干燥塔、冷却塔、造粒塔、氧化塔……

固定床反应器、移动床反应器、流化床反应器、釜式反应器、管式反应器……

拱顶储罐、内浮顶储罐、外浮顶储罐、球罐……

U形管式换热器、浮头式换热器、固定管板式换热器、螺纹锁紧环换热器……

关键及特殊阀门、安全阀……

单级泵、多级泵、高速泵、混流泵、轴流泵……

输油臂、鹤管……

背压式汽轮机、冷凝式汽轮机、抽/注汽冷凝式汽轮机……

油浸变压器、干式变压器、高压开关柜、低压开关柜/盘……

热电偶、热电阻、温度开关、温度变送器……

单梁桥式吊车、双梁桥式吊车、龙门起重机……

消防设备、气防设备、人身防护设施……

离心机、旋风分离器、粗/细粉分离器、过滤机（器）、搅拌机……

d. 大宗材料及没有独立编号的实体，不属于本项目中规定的数字化交付范围。此类设备的供应商应按照相关工程设计和项目管理规定执行。

(2) 定义

① 工厂对象：构成石油化工工厂的设备、管道、仪表、电气、建构筑物等可独立识别的工程实体。

② 工厂对象位号：工厂对象标识码、工厂对象编号，指物理实体的唯一

号码。

（3）职责

① 供应商应确保交付的电子文件与其交付的所有纸质文件的内容一致。

② 包设备供应商负责将附属在设备上的功能性内件、驱动设备、关键附件、特殊仪表、原始设备制造商（OEM）提供的单体设备等进行汇总并交付。如设备内件或附件不在主合同范围内，包设备供应商应通过业主或承包商获取相关信息。

③ 包设备供应商应参照规范，针对每项已拆分设备开展数字化交付工作。

④ 供应商应对其外协或原材料的提供方、加工方、检验方等交付的内容和格式进行规定，并对交付内容进行质量审查，统一汇总、整理到最终的数字化交付物中。

⑤ 供应商应按照购买方的相关要求，协商并约定数字化交付的内容，以提供业主在运维期所需的重要工程信息。

⑥供应商负责按此规定的要求提交最终版本的数字化交付文件给购买方。

⑦ 供应商数字化交付的内容应按照购买方的反馈意见进行调整直至最终交付。

（4）编号规定

① 工厂对象位号

a. 工厂对象位号应具有唯一性。

b. 包设备供应商工厂对象的编号（位号）应与业主或承包商在技术协议过程中进行商议确定，具体可参照各专业统一规定中的工厂对象位号规定。包设备需按照如下颗粒度进行划分：

泵组：泵（主体）、驱动机、润滑油站。

压缩机组：主机、主电机、油泵、油泵电机、油冷器、水泵、水泵电机、水站冷却器、注油器、注油器电机、无级调节油站、压缩机各段进出口缓冲罐、压缩机各级间冷却器、压缩机各级间分液罐、所有带位号的仪表设备等拆成单体设备。

风机：风机（主体）、驱动机、润滑油站。

发电机组：发电机（主体）、汽轮机、泵、换热器/空冷器、驱动机、润滑油站。

润滑油站：泵（主体）、驱动机、换热器、过滤器。

软化水站：泵（主体）、驱动机、换热器、过滤器。

锅炉：锅炉（主体）、燃烧器、鼓风机、引风机、吹灰装置、蝶阀。

制冷机组/工业空调系统：制冷压缩机（主体）、驱动机、换热器、容器、泵。

加药设施：加药设备（主体）、泵、驱动机。

空冷器：空冷器（主体）、风机、泵、驱动机。

冷箱：换热器（主体）、容器。

搅拌设备：釜式反应器/容器（主体）、搅拌机、驱动机、润滑油站。

其他包设备（撬装设备、成套设备）：包内所有设备及仪表拆成单体设备。

高/低压柜：高/低压柜，综保，快切（若有）。

综合自动化系统：按合同购买项拆分。

c. 所有已拆分的设备单体均需命名工厂对象位号。

② 数据类交付文件编号

a. 供应商需交付供应商数字化交付清单、供应商检维修件清单、设备属性数据的 Excel 表格文件。

b. 供应商数字化交付清单 Excel 交付文件的命名规则为：订单/合同号-VD-业主主项号。

c. 供应商检维修件清单交付文件的命名规则为：

VAS-CCCCCCCC ＿ 工厂对象位号

其中，VAS：文件类型号代码，供应商检维修件文件清单统一使用 VAS 表示。

CCCCCCCC：8 位供应商代码，确定中标厂家后由业主单位提供。

例：供应商检维修件清单文件：VAS-CCCCCCCC ＿ 1101-P-102A。如遇到 A/B 情况的位号时，应进行拆分。

d. 设备属性数据表命名规则为：VA-CCCCCCCC-业主主项号 ＿ 工厂对象分类标识码-流水号。

其中，VA：文件类型代码，设备属性数据表文件统一使用 VA 表示。

CCCCCCCC：8 位供应商代码，确定中标厂家后由业主单位提供。

流水号：为避免文件名重复，增加流水号，用 4 位数字表示。

例：某供应商 A 为乙烯装置提供热电偶温度计，该公司在中国石化的供应商代码为 12345678。乙烯装置的业主主项号为 1101，热电偶温度计的工厂对象分类标识码为 C11-01-01-01。因此，该公司提交的乙烯装置热电偶属性文件命名为：VA-12345678-1101 ＿ C11-01-01-01 ＿ 0001。

③ 文档文件编号

a. 文档资料编号规则为：VM-AAAAA-BBB-CCCCCCCC ＿ 工厂对象标识码。

其中，VM：文件类型代码，供应商文档资料统一使用 VM 表示。

AAAAA：采购文档类别号，按《关联性文档交付范围（采购）》实际位数填写；

BBB：采购文档识别号，按《关联性文档交付范围（采购）》实际位数填写。

CCCCCCCC：8 位供应商代码，确定中标厂家后由业主单位提供。

例如，1101-P-102A 急冷油循环泵产品合格证，其中，文档类别号：D0701；文档识别号：01A；工厂对象标识码：1101-P-102A。

则该位号交付文档文件命名：VM-D0701-01A-12345678 _ 1101-P-1002A。

当一份交付文档涉及多个工厂对象时，编号规则为：VM-AAAAA-BBB-CCCCCCCC _ SXXX，增加流水号：XXX。交付的电子文件应按照文件编号整理。

b. 供应商应负责维护其文件编号的连续性。

④ 三维模型交付文件编号。三维模型文件应放入文件夹中，文件夹的编号规则为：V3D-CCCCCCCC _ 工厂对象标识码。

其中，V3D：文件类型代码，供应商三维模型统一使用 V3D 表示。

CCCCCCCC：8 位供应商代码，确定中标厂家后由业主单位提供。

例：三维模型文件：V3D-12345678 _ 1101-P-102A

包设备需以包为单位进行模型交付，对应的工厂对象标识码应为包设备的位号。

（5）交付内容及要求

供应商需基于工厂对象清单开展工厂对象的数字化交付信息的整理工作，供应商交付内容包括数据、文档资料和三维模型。

① 数据。供应商数据交付包括供应商数字化交付清单及供应商检维修件清单、设备属性数据。

a. 数字化交付清单交付内容。相同类型的工厂对象的属性数据应放在一个表中，属性表通过数字化交付统一管理平台向用户推送。

供应商数字化交付清单具体填写项的说明见表 4-14。

表 4-14　供应商数字化交付清单说明

订单/合同号	指此项目涉及的订单或合同编号
工厂对象位号	指物理实体的唯一号码
工厂对象名称/用途	指设备名称，当无设备名称时填写设备用途
数据模板编号	指工厂对象分类结构中的最末端节点
包设备归属	如为包设备中的单体设备，填写包设备位号；否则填写"-"
文件名	与文件编号对应的文件名，其应能准确地描述文件的主题内容和形式特征，用于运维期检索
文件编号	文件在存储和交付时的实际编号

b. 检维修件清单交付内容。供应商检维修件清单具体填写项的说明见表 4-15。

表4-15　供应商检维修件清单说明

检维修件名称	零部件的描述，应为相关标准、规定、手册中的术语
制造标准/规格型号/工厂代号	按照是否可填的原则，依次填写其制作标准/规格型号，如为特殊非标件，填写制造工厂加工的代号
材质/形式	按照是否可填的原则，填入单一材料或标准形式
所属装配图号	备品备件在图纸上对应的装配图号
零部件号	如有，填写零部件在图纸上的具体编号
数量	备品备件的数量
是否为事故件	此件为事故件填"是"，如果不是事故件则该项不需填写
是否为易损件	此件为易损件填"是"，如果不是易损件则该项不需填写

c. 数据部分表格格式。文件格式应为 Excel，建议使用 Microsoft Office 2013 及以上版本。

d. 为满足业主在工厂运维期间对设备管理的需求，对于供应商还应根据购买方提供的数据采集模板填写业主生产运营所需的检维修设备技术参数。

e. 供应商应对设备和材料的提供方、加工方、检验方等交付的内容和格式进行规定，并对交付内容进行质量审查，统一汇总、整理到最终的数字化交付物中。

② 文档资料

a. 文档资料交付内容。供应商依据《关联性文档交付范围（采购）》的内容要求，整理提交工厂对象相关文档资料，包括但不限于产品制造过程中产生的质量证明文件、产品图纸、操作手册、检维修件清单及其他文件等使用指导性文档。

b. 文档内容整合和拆分。针对不同采购订单或合同的交付文件供应商不能合并交付。

同一类型的文档，若能单独描述一个工厂对象或几个工厂对象时，应独立形成文档。例如：铭牌复印件，每一台设备的铭牌复印件要形成独立的文档，不应把多台设备的铭牌复印件合并成一个文档。

c. 文档资料格式。交付的电子文件（除特殊格式要求外）应采用 PDF（Adobe Acrobat Standard 2017）格式。

当原版文档为纸质文档时，应扫描为 PDF 文件，文件应具备清晰的分辨率（最低要求 300 dpi）。

交付的电子文件应使所有页的文字方向与阅读方向一致，扫描类 PDF 文档的倾斜角度不应超过 5°。

铭牌拓印件或复印件应保证字符有足够的辨识度和可阅读性，适当去除图像底噪，文件中将铭牌放置正中，不留空白区域。包设备中有多个铭牌的，应与业主或供应商按工厂对象编号（位号）的约定整理文件。文件格式采用 PDF。当原版文档包含不止一种文件格式时，应统一转换为 PDF 格式的电子文件，不应含有内嵌文件及其他文档的链接。

③ 三维模型

a. 业主、承包商与供应商对三维模型交付进行协商，供应商提供包设备及单体设备的三维模型。

b. 三维模型的建模可采用工厂三维软件或机械三维软件，供应商应保证设备外形完整、准确，交付的三维模型格式应符合 STEP 标准。

c. 设备三维模型中涉及的专利技术和商业秘密应做适当的数据处理，但仍能满足相关检维修系统建设的要求。

d. 单体设备三维模型应满足模型精度要求，对于单体设备，供应商可提供三维模型、有内构件的可交付设备外形与内构件。

e. 包设备三维模型精度应满足拆分后各单体设备的深度要求。

f. 本项目模型精度分为 4 个等级，见表 4-16。

表 4-16　精度等级表

精度等级	定义	说明	适用范围举例
L1	• 简化外形：可以不包括曲面、开孔、造型等，但体现该设备大致轮廓 • 准确定位：管道走向、外形尺寸、定位尺寸，可以不包括现场调整	包设备中公用工程类工程图中引用其他供应商供货内容	包设备中管道及管道附件、结构类、仪电类 塔器中的塔盘、填料（按工程图定位）
L2	• 精确外形：外形相关所有特征，包括曲面、开孔、造型等，使外形与设备实体基本一致，可以不含焊缝 • 精确定位：将设备实测外形数据体现在模型中，包括现场定位调整	包设备中的外购设备、选型设备 包设备中的阀门、安全阀、调节阀 容器（不含内件）	泵外购的电机 压缩机外购的调节阀、安全阀
L3	• 精确造型 • 精确定位 • 特征内件（包括检维修件），建模至少表示内件的特征，以及对应的件号	容器、换热器、塔器、反应器、空冷器等 带垫板与平台的容器类，可以不建垫板与平台的模型	
L4	• 精确造型 • 精确定位 • 精确内件，包括内件的所有建模特征，及与此相关零部件的对应细节	机泵、机械、设备内件等	
LTS (technical secret)	任何涉及技术秘密或专利技术的模型特征，应做相应的处理，并有对应的在本项目中的技术秘密说明（至少包括简要外形）	技术秘密或专利技术的尺寸、特征、结构、材质、装配过程等	

备注：
• 设备内件单独请购时按照 L4 精度等级，专利特征简略
• 通常情况下的检维修件，包括易损件、事故件、备品备件
• 业主如有特殊需求，可单独与供应商签协议

模型格式：供应商应将其他软件设计的模型统一转换为 STEP 格式文件交付。

(6) 提交时间

供应商应按照与业主或承包商（以下简称购买方）规定合同中约定的时间分阶段提交相应的数字化交付文件，规定没有约定时间的，按照合同约定时间交付。规定和合同中均没有约定的，应在设备现场验收后一个月内提供。

(7) 交付文件移交

① 供应商负责按不同订单/合同将最终版本的供应商数字化交付清单及对应的电子文件汇总。

② 按照供应商数字化交付清单，将所涉及的所有数据类、文档类、三维模型类的文件打包成 zip 或 rar 文件。打包文件命名规则为"订单/合同号-VD-业主主项号"。

③ 针对不同采购订单或合同的交付文件，供应商不能合并交付。

④ 供应商最终交付的数据、文档、模型等应经过业主或承包商审查通过。

⑤ 供应商交付的打包文件经审查合格后，应按承包商指定方式提交。

⑥ 供应商使用"供应商数字化交付统一管理平台"进行交付。

4.4.10　施工单位数字化交付的管理

(1) 总则

① 目的。施工单位数字化交付的管理，应制定相应的数字化交付规范，指导施工单位开展数字化交付工作，阐明交付的内容和格式，约束施工单位和建设单位双方行为。

② 范围。适用于数字化交付项目中现场施工产生的数据信息的交付工作。

(2) 职责

① 建设单位

a. 提供本规范中由建设单位提供的编码。

b. 提供经建设单位审定的工厂对象清单。

c. 提供与工厂对象分类对应的工厂对象属性和关联性文档的交付要求。

d. 管理监督施工单位的数字化交付工作，对其交付内容进行审核确认。

② 施工单位

a. 按照规范开展数字化交付工作，整理并交付终版信息给建设单位。

b. 确保交付的电子文档与其硬拷贝内容一致并真实反映建成工厂信息。

c. 施工单位应按照建设单位的反馈意见对数字化交付内容进行调整完善直至最终交付。

③ 数字化交付管理服务单位

a. 协助建设单位对接施工单位，针对其工作范围，明确其数字化交付的具体内容。

b. 接收施工单位提交的数字化交付内容，进行数据整理和初审，对不合格的内容提出完善要求；根据需要对交付内容进行数据校验、整理和关联；对数据合规性、完整性进行审核，审核通过后再提报业主进行确认。

c. 对施工单位数字化交付的质量和进度进行统计监控，定期出具交付进度报告和质量报告。

（3）工作流程（见图 4-6）

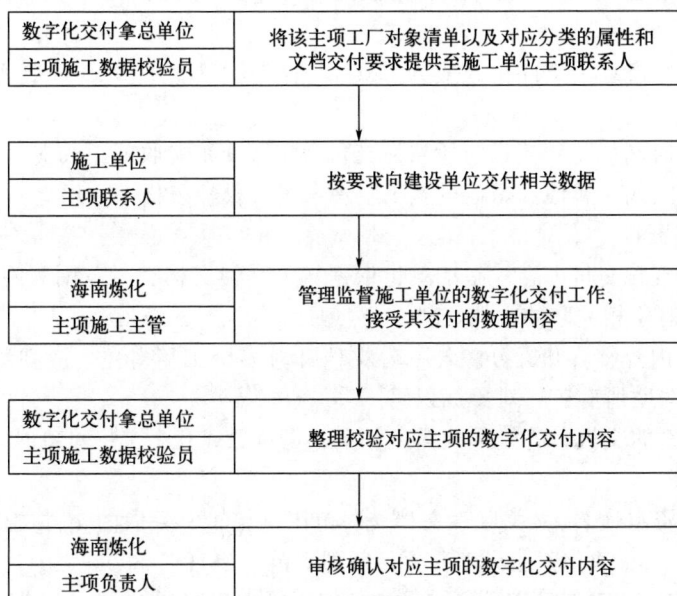

数字化交付拿总单位	将该主项工厂对象清单以及对应分类的属性和
主项施工数据校验员	文档交付要求提供至施工单位主项联系人

施工单位	按要求向建设单位交付相关数据
主项联系人	

海南炼化	管理监督施工单位的数字化交付工作，
主项施工主管	接受其交付的数据内容

数字化交付拿总单位	整理校验对应主项的数字化交付内容
主项施工数据校验员	

海南炼化	审核确认对应主项的数字化交付内容
主项负责人	

图 4-6　工作流程

（4）交付内容及要求

施工单位应基于建设单位提供的工厂对象清单开展工厂对象的数字化交付信息（均为电子文档）的整理工作，交付内容包括属性数据和文档资料。

① 属性数据

a. 属性交付内容。施工单位依据《工厂对象属性交付范围》，整理提交其中信息来源为 "C" 的属性数据，除此之外还包括管道工程施工数据和设备组焊施工数据。

相同类型的工厂对象的属性数据应放在一个表中。

管道工程施工数据交付的内容应包括管道材料信息、焊接材料信息、焊缝基础信息、焊工信息、焊接信息、检测信息、试压信息。

设备组焊施工数据交付内容应包括设备材料信息、焊接材料信息、设计焊缝基础信息、焊工信息、焊接信息、检测信息、试压信息、特种设备监检证书、设备主数据和特征值采集。

b. 属性表文件命名。属性表文件命名规则为：CA-主项号 _ 工厂对象分类标识码。

管道工程施工数据文件命名规则为：CA-主项号 _ 施工数据交付 _ 管道。

设备组焊施工数据文件命名规则为：CA-主项号 _ 施工数据交付 _ 组焊设备。

设备组焊施工数据中组焊设备主数据和特征值采集按照《供应商数字化交付规定》提交。

c. 属性表格式。文件格式应为 Excel，版本建议使用 Microsoft Office 2013 及以上。

d. 提交时间。工程建设阶段按需交付，工程交工验收前正式交付。

e. 提交方式。属性数据通过施工管理系统或模板表格进行提交。

② 文档资料

a. 文档资料交付内容。施工单位依据《关联性文档交付范围（施工）》，整理提交工厂对象相关联的文档资料。

b. 文档内容整合和拆分。若一份文档针对多个工厂对象，应在数字化交付文件清单中写明所有工厂对象标识码。

同一类型的文档，若能单独描述一个工厂对象或几个工厂对象时，应独立形成文档。

c. 文档资料命名。《关联性文档交付范围（施工）》内的交付文档执行本规范命名规则；《石油化工建设工程项目监理规范》（SH/T 3903—2017）执行建设单位 C19001-NL-EMD-MPR-0015《文件编码管理程序》。

文档资料命名规则为：CM-主项号-AAAAA-BBB _ 工厂对象标识码。

其中：AAAAA：施工文档类别号，按《关联性文档交付范围（施工）》实际位数填写；

BBB：施工文档编号，按《关联性文档交付范围（施工）》实际位数填写。

例：工厂对象泵 P-101 隐蔽工程验收记录。

主项号：1100

文档类别号：D0702（附录 C 中是 D07-02，在文档名中要删除"-"）

文档编号：J112

该位号交付文档文件命名：CM-1100-D0702-J112 _ P-101。

当一份交付文档涉及多个工厂对象时，编号中工厂对象编号（位号）后填写

"_S"。

d. 文档资料格式。文档资料应以签字盖章的 PDF 扫描格式提供，保存版本建议使用 Adobe Acrobat 9 以上。

e. 提交时间。工程建设阶段按需交付，工程交工验收前正式交付。

（5）其他交付要求

① 关联性文档清单。施工单位需记录整理施工交付文档对应多个工厂对象的文件清单，写明该交付文件涉的工厂对象编号（位号），形成施工单位数字化交付关联性文档清单，形式如表 4-17。

表 4-17　施工单位数字化交付关联性文档清单

序号	业主主项编号	工厂对象编号(位号)	交付文件名称	交付文件编号	备注
1	1100	P-101A	轴对中记录	CM-1100-D0701-J302_P-101A	
2	1100	P-101B	轴对中记录	CM-1100-D0701-J302_P-101B	
3	1100	T-1001	安装检验记录	CM-1100-D02-J356_T-1001	
4	1100	01-PL-10004	管道吹扫/清洗检验记录	CM-1100-D0601-J408_01-PL-10004_S	
5	1100	01-PL-10006	管道吹扫/清洗检验记录	CM-1100-D0601-J408_01-PL-10006_S	

表格应以工厂对象编号（位号）为单位，每增加一个编号（位号）增加一行。不允许出现在一个单元格中填写多个工厂对象编号（位号）的情况，最终每个业主主项提交一个关联性文档清单。

② 关联性文档清单命名。施工单位交付关联性文档清单命名规则为：施工单位-主项号-CDO。

③ 关联性文档清单格式。关联性文档清单应为 Excel、PDF 两种格式，保存版本建议使用 Microsoft Office 2013 及 Adobe Acrobat 9 以上。

④ 提交时间。工程交工验收前正式交付。

⑤ 交付文件存储。应把一次提交的全部文件放在同一个文件夹内，文件存放目录按主项号区分，该文件夹命名规则为：施工单位名-主项号-提交日期。

提交时，将该文件夹压缩为 ZIP 文件，文件名为：施工单位名-主项号-提交日期.zip。打包后文件的大小不宜超过 500M，若超过 500M，应压缩分拆成多个包。

4.4.11　数字化交付的质量审核

为规范数字化交付的信息质量，需要对数字化交付进行质量审核。本节将阐述数字化交付各方质量审核的责任、质量审核范围、质量审核标准、质量审核方式、质量审核的过程、质量审核报告、变更管理以及质量风险控制等内容。

(1) 质量审核各方责任

① 承包商的质量责任。承包商提供的数字化交付物，包括数据、文档及三维模型等信息，并对其提供的数字化交付信息的完整性、一致性、合规性及准确性负责。同时还要保证交付信息符合本项目的数字化交付规定、政府法规及合同相关规定。

设计单位将施工过程中产生的设计变更内容实时更新到三维模型，确保设计三维模型与物理工厂的一致性。

承包商通过供应商数字化交付管理系统对其承包范围内的供应商及业主自主采购设备供应商的数字化交付信息进行专业审核。通过数字化交付管理系统保证交付信息的完整性及合规性。

施工单位应通过管道施工管理系统对施工单位数字化交付信息进行跟踪管理。

在提交数字化交付信息前，各承包商需执行完备的内部审核流程，主要流程如下。

a. 制定内部审核流程，明确内部审核负责人及其责任。按不同的专业组，明确各组负责人及其责任；

b. 制定审核计划，审核步骤，审核方法及要求；

c. 对审核结果进行分析与记录；

d. 将不符合交付要求的数据返回各专业，进行修改完善；

e. 对数据进行二次审核。审核通过后出具审核报告；

f. 承包商依据质量审核意见进行修正并再次提交，直至校验合格。

② 数字化交付拿总单位的质量责任。数字化交付拿总单位制定审核方案，组织各装置承包商提供的数字化交付物（包括数据、文档及三维模型等信息）的质量审核。

对于设计单位交付信息，数字化交付拿总单位协同软件集成商对承包商的数字化交付信息进行关联、整合与校验，并出具审核报告。

对于供应商交付信息和施工交付信息，由数字化交付拿总单位分别在供应商数字化交付管理系统和管道施工管理系统中定制质量审核规则和校验报告模板，由平台完成完整性、合规性及准确性审核，并出具审核报告。

数字化交付拿总单位应确保所有数字化交付信息符合数字化交付规定的要求，并在审核数字化交付物后编制数据审核报告，将此报告提交给业主。业主批复同意后再发布给原装置承包商。装置承包商根据审核意见进行修正并再次提交，直至校验合格。

拿总单位下设置若干小组，具体各小组的职责分工见表 4-18。

表 4-18　小组职责分工

拿总单位管理组	职责分工
数字化交付控制组	汇总并监督项目交付整体质量情况，提交质量审核报告
设计数字化交付管理组	汇总、整理质量审核报告
采购数字化交付管理组	
施工数字化交付管理组	
文档控制组	
各专业/组的审核人员	执行必要的复核
	补充完善质量审核报告
IT 支持组	协助业主组织软件集成商处理、上传交付内容到数字化交付平台 利用数字化交付平台编写质量审核报告 指导软件集成商将质量审核规则和质量审核报告模板定制在数字化交付平台中 负责将质量审核规则及校验报告模板定制在供应商数字化交付管理系统和管道施工管理系统中

③ 业主的质量责任。业主（对于 E+P+C 模式的业主自主采购设备）通过供应商数字化交付管理系统对供应商数字化交付信息进行专业审核。

业主基于数字化交付规定规范，使用数字化交付平台，对经拿总单位审核通过的数字化交付信息进行验收，确保所有数字化交付信息符合数字化交付规定的要求。

④ 软件集成商的职责

a. 提供数字化交付平台，保证平台功能的稳定性和易用性；

b. 负责数字化交付的需求调研和方案设计；

c. 协助拿总单位完成数字化交付相关规定的编写；

d. 协助拿总单位进行基础类库，文档、工厂对象分类，工厂分解结构等相关配置；

e. 负责数字化交付平台中质量审核规则和质量审核报告模板的定制；

f. 协助业主划分用户角色权限，完成工作流程配置；

g. 协助拿总单位完成数字化交付数据处理、发布、校验、反馈、整合；

h. 负责数字化交付平台培训，并提供平台使用手册。

（2）质量审核范围

所有承包商提交的数字化交付物均需经过质量审核，以确保其满足数字化交付规定的要求。质量审核的范围包括但不限于：

① 数字化交付信息是否符合类库和工厂分解结构要求；

② 工厂对象编号、文档命名与编号是否符合数字化交付规定；

③ 数据、文档和三维模型是否符合数字化交付规定；

④ 数据、文档和三维模型的组织方式、存储方式和交付形式是否符合要求；

⑤ 交付的数据、文档和三维模型是否符合知识产权保护的原则。

（3）质量审核标准及规范

各承包商应以项目《设计单体编号规定》及《设计文件编号规定》等项目文件及数字化交付规定作为设计和交付的标准，数字化交付拿总单位也使用这些标准作为数字化交付的质量审核标准。

拿总单位和软件集成商应根据这些标准，将工厂对象及文档编码、工厂对象分类及属性、数字化交付物格式、工厂对象与文档之间的关联关系等内容分别定制在供应商数字化交付管理系统、管道施工管理系统和数字化交付平台中，形成基于平台的质量审核规则。

（4）质量审核方式

① 基于数字化交付过程管理系统审核。使用数字化交付过程管理系统检查的主要目的是在数字化交付过程中及时发现承包商交付物的质量问题，保证交付内容的完整性、合规性和一致性。

对于供应商数字化交付物，应通过拿总单位预先定制在供应商数字化交付管理系统中的质量审核规则，自动校验供应商数字化交付物的完整性、合规性及一致性，并生成校验报告。

装置承包商或业主（对于 E+P+C 模式的甲采设备），应组织专业人员在供应商数字化交付管理系统中审核供应商提交三维模型的深度及完整性、属性数据及文档的准确性等，并生成校验报告。

对于施工单位管道施工数据及文档，应通过预先定制在管道施工管理系统中的质量审核规则，自动校验数字化交付物的完整性、合规性及一致性，并生成校验报告。

对于设计单位、施工单位交付的各类文档，应通过业主预先定制在文档管理系统中的质量审核规则，自动校验文档格式和编码的合规性、文档的完整性等，并生成校验报告。

拿总单位应定期抽查承包商和供应商使用系统进行数字化交付的情况，以及 EPC 承包商或业主专业审查的情况，确保数字化交付过程质量可控。

② 基于数字化交付平台审核。为保证交付内容的完整性、合规性和一致性，需对交付内容进行质量审核。拿总单位根据数字化交付项目规定要求，在数字化交付平台中定制质量审核规则，同时制定数据质量审核方案，主要内容包括：审核方式、审核内容、审核标准、审核职责、审核报告、审核流程等。

根据实际项目节点，拿总单位定期组织各方进行交付内容质量审核工作。各方在提交信息前，应执行完备的内部审核流程，应确保交付内容符合交付规定。

完成自检后，生成各类自检报告（如文档清单、工厂对象清单及文档与工厂对象的关联关系表、数据一致性检查报告），与交付内容清单统一提交拿总单位。

拿总单位对各方提交的数据进行复核，通过数字化交付平台统计分析报表等工具，根据预先定制在平台中的质量审核规则，对工厂对象的合规性和信息完整性，文档的完整性、文档编码规则、类型的准确性，工厂对象之间关联完整性、工厂与文档等其他对象的完整性内容进行校验，形成数据审核报告，准确记录每个交付项的审核结果状态，形成阶段性数字化交付数据审核记录，并正式反馈给原信息提交单位进行整改。

各方收到审核报告后，仔细查阅审核报告、确定修正方案，预估重新提交日期，并答复拿总单位修正方案、解释及预计的再次提交日期。同时，依据修订方案进行整改，并在数字化交付数据审核记录中登记问题处理情况，之后再次将自检报告、交付内容清单在指定日期提交给拿总单位。

a. 三维模型。三维模型审核内容包括但不限于：各装置模型是否已交付完整；交付模型文件格式是否符合项目规定；各装置模型建模深度是否符合项目交付规定；模型坐标是否正确；界区管道是否能准确连接；模型中是否有无关内容未清理；模型颜色是否符合项目着色规定；模型中设备、管道、仪表、特殊件等位号是否符合项目位号编码规则，尤其是位号中是否体现装置或单元号；模型材料编码是否符合项目规定（如适用）。

b. 智能 P&ID。智能 P&ID 审核内容包括但不限于：各装置 P&ID 是否已交付完整；交付图纸文件格式是否符合项目规定；P&ID 中 PBS 结构与项目要求是否一致；P&ID 数据备份版本与项目要求软件版本是否一致；P&ID 图纸编码是否符合项目文档编码规定；P&ID 图纸描述是否完整且准确；是否存在多余或测试用图纸；所有 P&ID 图纸是否均未处于 "Out-of-date" 状态；P&ID 图框能否正常浏览；图框范围外是否有其他符号或标签；P&ID 中内容是否均通过图例绘制，而非以贴图形式绘制；P&ID 所用图例是否符合项目要求；P&ID 中位号是否符合项目位号编码规则，尤其是位号中是否体现装置或单元号；P&ID 中跨图符号是否连接准确；P&ID 中不一致性符号是否均已消除或批准。

c. 位号数据。位号数据审核内容包括但不限于：位号清单是否完整；位号编码是否符合项目编码规定；每个位号是否均按照交付标准设置了位号类型；位号必填属性是否已按照交付标准填写完整；位号在智能 P&ID 中是否存在，如不存在，需提供合理解释；位号在三维模型中是否存在，如不存在，需提供合理解释；位号在智能 P&ID 和三维模型中是否已完成二维、三维关联；位号关联的设计、采购、施工等文档类型是否符合交付规定。

d. 设计、采购、施工文档。文档审核内容包括但不限于：文档是否完整；文档编码是否符合项目编码规定；文档必填属性是否均已填写完整；提供的文档是否为非扫描版，如为扫描版文档，是否提供相应的 "位号-文档" 关联清单。

③ 拿总单位专业审核。拿总单位应组织专业人员在数字化交付平台上进行三维模型深度审查、三维模型完整性审查、智能 P&ID 合规性审查等，对数据、文档进行抽查，审核完成后应补充质量审核报告。

抽查范围由拿总单位与业主共同商定。

④ 业主审核。业主通过访问数字化交付平台，检查当前已导入的数据是否符合数字化交付规定的要求。将检查结果反馈给拿总单位，由拿总单位负责汇总、跟踪及审核。

（5）质量审核过程

① 审核流程。装置承包商基于数字化交付过程管理系统进行内部审核后，向拿总单位提交数字化交付物及内部质量审核报告。

拿总单位在执行交付物审核时，基于数字化交付平台的质量审核规则，进行数据校验，并编制初版质量审核报告。

拿总单位组织各专业审核人进行复核，并根据复核情况补充完善质量审核报告。

拿总单位根据质量审核报告以及业主的修改意见，进行汇总整理，形成正式的质量审核报告，发布给承包商。

承包商进行数字化交付物修正并再次提交给拿总单位。

经过拿总单位审核无误的数字化交付信息，提交至业主方审查，通过业主审查后，将数据发布至数字化交付平台，此成果作为最终交付数据。

具体流程见图 4-7。

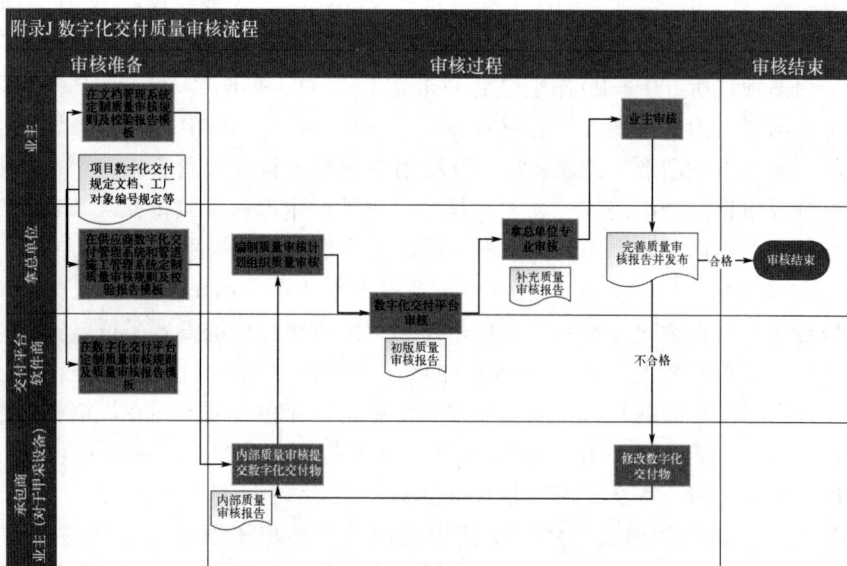

图 4-7　数字化交付质量审核流程

② 审核人构成。为满足对交付物审核的专业化要求，在安排审核人员时应按照表 4-19 的要求。

表 4-19　审核人员安排表

专业/组	人员要求	负责审核交付物
智能 P&ID 组	工艺	智能 P&ID
仪表组	仪表	智能仪表信息
3D 模型组	参加 3D 模型设计的专业	3D 模型
数据管理组	各专业	除智能 P&ID、仪表和 3D 模型外的数据
文档控制组	文档控制	文档
采购数字化交付管理组	各专业	采购信息
施工数字化交付管理组	施工	施工信息

（6）质量审核报告

在审核报告中应准确记录每个数字化交付项的审核结果状态，如果需修改，则应详细记录所发现的问题。审核报告包含如下内容。

① 对不符合编号规则的工厂对象编号、文档编号，自动生成编号合规性分析报表。

② 对不满足分类属性定义的工厂对象属性，自动生成属性合规性分析报表。

③ 对同一工厂对象同一属性不一致的值或计量单位，自动生成属性一致性分析报告。

④ 对缺失的工厂对象，自动生成工厂对象完整性分析报表。

⑤ 对缺失的文档、缺少关联关系的文档，自动生成文档完整性分析报表。

⑥ 对三维模型中各类工厂对象与交付清单中工厂对象不一致的，自动生成模型完整性分析报表。

⑦ 对不满足导入条件的数据报错，且生成详细报告。

交付项的审核结果状态分为表 4-20 所列两种。

表 4-20　审核结果状态

审核结果状态	说明
认可	交付项无问题
退回	交付项有问题，原交付方需要修正后重新提交

（7）变更管理

① 修正。装置承包商在收到拿总单位的审核报告后，确定修正方案并预估重新提交日期，通过电子邮件向拿总单位答复修正方案、解释及预计的再次提交日期。拿总单位在收到承包商邮件后，回复承包商是否同意修正方案及预估日

期，如果不同意，则双方进一步协商。

在与拿总单位确认了修正方案与重新提交日期后，承包商应立即组织资源对数字化交付物进行修正，并按期重新提交修正后的数字化交付物。

② 变更。信息变更指承包商对拿总单位已认可的交付物进行修改，变更应严格遵循变更管理流程。

a. 承包商提出变更申请并说明变更理由，拿总单位和业主书面批复同意。

b. 承包商重新提交修改后的新版电子文件以及交付清单。

c. 拿总单位对新提交的电子文件重新执行与旧版本相同的审核程序。

（8）质量风险控制

① 由拿总单位定期对数字化交付过程管理系统及数字化交付平台的使用情况进行检查。

② 阶段性进行质量审核：

a. 在详细设计30％、90％阶段进行审核。

b. 当要对工厂模型进行重大变更时，在变更后进行质量审核。

③ 所有的检查记录表均记录在案，以电子方式存储到数字化交付平台，可供追溯和业主审核。

④ 审核过程中对设计工作进行细分，确定优先级。考虑施工重点，使任何重新建模、检查都符合设计施工进度。

⑤ 拿总单位和承包商应及时向业主汇报项目过程中的质量风险。

4.4.12 数字化交付的验收

为规范数字化交付的验收工作，需要提出交付验收标准。本节阐述了数字化交付验收依据、验收流程、各参与方的责任与验收内容等。

（1）验收依据

① 数字化交付平台的相关招标文件。

② 数字化交付平台服务合同。

③ 表4-21中列出的交付规定。

表4-21 交付规定

序号	文件名称	说明
1	数字化交付策略	定义数字化交付项目的总体策略，是编制后续规定与程序文件的基础和指导原则
2	数字化交付总体实施方案	是"数字化交付策略"的细化方案，包括数字化交付项目的实施目标、组织机构及职责、工作范围、工作流程、进度计划等，指导项目具体实施

续表

序号	文件名称	说明
3	数字化交付管理程序	规定数字化交付各参与方职责及协调界面、协调方式等
4	数字化交付质量审核规定	规定对数字化交付物的质量审核范围、标准、方式、流程及管理等内容
5	数字化交付验收规定	规定数字化交付项目完工验收的验收依据、工作内容和相关规定
6	数字化交付工厂对象分类规定	定义工厂对象的"类"、属性、项目文档类型，以及类、属性、文档、计量单位间的关联关系的信息集合。类库为项目过程中保证不同承包商、不同系统间信息一致，提供统一的信息交换基础
7	智能 P&ID 数字化交付规定	规定承包商统一使用的智能 P&ID 设计软件，并对工作方式、交付内容和交付时间等内容进行规定
8	智能仪表数字化交付规定	规定承包商统一使用的智能仪表设计软件，并定义项目仪表和控制系统数字化交付的内容和深度，明确各承包商在执行项目设计和交付时所应达到的标准
9	三维模型数字化交付规定	统一规定数字化交付项目三维模型的内容和深度，交付的三维模型格式、文件命名规则等要求，明确各承包商在执行项目时三维模型设计和交付时所应达到的标准
10	管道 PCF/IDF 文件规定	规定 PCF/IDF 文件交付要求及数据标准
11	设计单位数字化交付规定	规范并指导设计开展数字化交付工作，使设计提交的终版信息满足数字化交付项目管理要求
12	供应商数字化交付规定（承包商版）	规范并指导承包商及供应商开展数字化交付工作，使供应商提交的终版信息满足数字化交付项目管理要求
13	供应商数字化交付规定（供应商版）	规范并指导供应商开展数字化交付工作，使供应商提交的终版信息满足数字化交付项目管理要求。此规定可直接作为招标的技术要求
14	施工单位数字化交付规定	规范并指导施工分包商开展数字化交付工作，规定施工交付数据、文档的内容及格式要求
15	项目文档数字化交付规定	统一定义数字化交付项目交付文档的内容及格式要求

（2）验收步骤

① 验收前提

a. 数字化交付平台服务合同规定的建设任务已经完成，并且符合项目的建设目标；

b. 项目功能、性能等指标达到项目设计要求；

c. 交付信息已经导入数字化交付平台，业主已基于数字化交付平台系统对数据、模型、文档及其关联关系进行检查，完成质量审核。

② 验收流程

a. 提出验收申请。完成数字化交付信息的关联整合，且系统运营稳定后，由拿总单位提出书面的验收申请。

b. 验收需求确认。业主单位组织人员对项目进行验收需求分析，对需求进行确认，编写需求规格说明书。

c. 编写验收计划。拿总单位和软件集成商在业主进行深入的需求分析及需求确认的基础上，编写验收计划，提交业主单位审核。

d. 成立项目验收小组。为保证验收工作顺利进行，应成立专门的验收小组。验收小组由业主单位、拿总单位、承包商、软件集成商共同组成。

e. 实施项目验收。按照项目合同、验收规定及验收计划、需求规格说明书对系统平台功能、系统文档资料进行全面的测试和验收并提交验收报告。

f. 召开验收评审会。业主单位在收到项目验收小组提交的项目验收报告后，召开项目验收评审会议。

③ 验收职责划分

a. 业主的职责

• 验收数字化交付平台系统；

• 组织承包商/供应商进行移交内容、格式审查和最终验收；

• 参加相关培训。

b. 承包商的职责

• 确保承包范围内交付数据的内容和格式满足交付规定的要求；

• 保证交付信息的准确性和完整性，所有信息以竣工版为准；

• 负责承包范围内工厂对象设计、采购信息在工具软件和元数据表中的数据录入，负责其承包范围内所有文件的数字化交付；

• 负责配合业主进行里程碑审查和最终验收审查。

c. 拿总单位的职责

• 编制数字化交付规定；

• 对交付规定进行必要的解释；

• 配合业主组织数字化交付验收工作；

• 协同软件集成商上传、整合、管理承包商/供应商移交的信息；

• 协助业主对承包商/供应商移交内容进行里程碑审查和验收审查；

• 负责起草项目数字化交付验收报告。

d. 软件集成商的职责

• 安装、配置数字化交付平台；

- 执行相关培训；
- 定制和开发部分软件功能；
- 配合数字化交付验收。

④ 验收内容

a. 数字化交付平台验收。数字化交付平台验收包括但不限于以下几方面：

- 平台功能验收；
- 平台性能验收；
- 平台实施服务验收；
- 平台培训服务验收。

b. 数字化交付信息验收

- 承包商数字化交付验收。对于承包商数字化交付验收，主要验收其交付物的完整性、合规性、一致性、准确性，按照《数字化交付质量审核规定》完成质量审核，且质量审核报告合格，即认为验收通过。
- 交付信息关联整合验收。基于各承包商所有交付物均通过质量审核的前提，信息关联整合验收包括但不限于以下几方面：

工厂对象无缺失，分类正确；

属性计量单位正确，属性值的数据类型正确；

工厂对象及文档编码的合规性；

工厂对象与工厂分解结构、工厂对象与文档之间的关联关系正确；

工厂对象的数据属性值完整性、合规性和一致性；

各类工厂对象数量统计；

各类文档数量统计；

三维模型合规性和信息完整性；

P&ID合规性和信息完整性；

文档合规性和信息完整性。

管道施工交付数据和现场组焊设备交付数据分别见表 4-22、表 4-23。

表 4-22　管道施工交付数据

序号	信息分类	属性字段
1	焊缝基础信息	装置名称、单元、分区、管线号、介质代码、材料等级、ISO 图编号、版本号、焊缝编号、规格、支管规格、壁厚等级、焊缝类型、预制/安装、是否热处理、操作温度(℃)、设计温度(℃)、操作压力[MPa(G)]、设计压力[MPa(G)]、材质 1(焊缝左侧)、材质 2(焊缝右侧)、物资分类 1(左)、物资分类 2(右)、物资代码 1(焊缝左侧)、物资代码 2(焊缝右侧)、管段号、管道级别、压力等级、页码、WBS 编码
2	焊工信息	焊工姓名、焊工代号、合格项目代号、焊接方法、材质类别号、焊接位置、证书编号、证书有效日期、批准日期

序号	信息分类	属性字段
3	焊接信息	焊接单位、焊评编号、焊接位置、打底焊接方法、打底焊工、打底焊材牌号、填充盖面焊接方法、填充盖面焊工、填充盖面焊材牌号、预热温度（℃）、焊接日期、焊接日报编号、炉批号1（左）、炉批号2（右）
4	检测信息	焊口标识、PWHT（焊后热处理）检测结果、PWHT检测编号、PWHT单位、PWHT检测日期、硬度检测结果、硬度检测编号、硬度检测单位、硬度检测日期、射线检测结果、一次射线检测拍片数量、不合格射线拍片数量、射线检测编号、射线检测单位、射线检测日期、超声波检测结果、超声波检测编号、超声波检测单位、超声波检测日期、TOFD（衍射时差法超声检测）检测结果、TOFD检测编号、一次TOFD检测拍片数量、不合格TOFD拍片数量、TOFD检测单位、TOFD检测日期、PAUT（相控阵超声检测）检测结果、PAUT检测编号、一次PAUT检测拍片数量、不合格PAUT拍片数量、PAUT检测单位、PAUT检测日期、磁粉检测结果、磁粉检测编号、磁粉检测单位、磁粉检测日期、渗透检测结果、渗透检测编号、渗透检测单位、渗透检测日期
5	试压信息	试压包号、压力试验类型、试验压力[MPa(G)]、试验时间
6	管道材料信息	材质、入场检验报告、合格证、型式检验报告
7	焊接材料信息	材质、入场检验报告、合格证、是否符合焊接工艺评定

表4-23　现场组焊设备交付数据

序号	信息分类	属性字段
1	焊缝基础信息	装置名称、单元、设备名称、设备位号、设备分类、工作介质、设备材质、全容积、分解结构自编码、版本号、焊缝编号、焊缝长度、焊缝类型、是否热处理、操作温度（℃）、设计温度（℃）、操作压力[MPa(G)]、设计压力[MPa(G)]、壁厚1（焊缝左侧）、壁厚2（焊缝右侧）、材质1（焊缝一侧）、材质2（焊缝另一侧）、物资分类1（一侧）、物资分类2（另一侧）、检测比例、压力容器类别、排板（料）及焊缝编号图
2	焊工信息	焊工姓名、焊工代号、合格项目代号、焊接方法、材质类别号、焊接位置、证书编号、证书有效日期、批准日期
3	焊接信息	焊接单位、焊评编号、焊接位置、坡口型式、打底焊接方法、打底焊工、打底焊材牌号、填充盖面焊接方法、填充盖面焊工、填充盖面焊材牌号、预热温度（℃）、焊接日期、焊接日报编号
4	检测信息	PWHT检测结果、PWHT检测编号、PWHT单位、PWHT检测日期、硬度检测结果、硬度检测编号、硬度检测单位、硬度检测日期、射线检测结果、一次射线检测拍片数量、不合格射线拍片数量、扩探射线拍片数量、射线检测编号、射线检测单位、射线检测日期、超声波检测结果、超声波检测编号、超声波检测单位、超声波检测日期、TOFD检测结果、TOFD检测编号、TOFD检测单位、TOFD检测日期、磁粉检测结果、磁粉检测编号、磁粉检测单位、磁粉检测日期、渗透检测结果、渗透检测编号、渗透检测单位、渗透检测日期

续表

序号	信息分类	属性字段
5	试压信息	泄漏试验结果、泄漏试验类型、泄漏试验压力[MPa(G)]、泄漏试验时间、耐压试验结果、耐压试验类型、耐压试验压力[MPa(G)]、耐压试验时间
6	特种设备监检证书	监检证书编号
7	设备主数据和特征值采集	设备主数据、特征值采集模板中的信息,模板见《供应商数字化交付规定》
8	设备材料信息	材质、入场检验报告、合格证、型式检验报告
9	焊接材料信息	材质、入场检验报告、合格证、是否符合焊接工艺评定

注：表 4-22 模板不包括设备主数据和特征值采集数据,设备主数据和特征值采集数据按照《供应商数字化交付规定》提交。

完成平台交付后,应对工程项目数字化交付成果进行验收,确保所有数字化交付内容符合交付各相关标准的要求,与实际完工状态一致且能够满足运营需求。经过培训,业主应能够接手数字化工厂的基本维护工作。具体的数字化交付项目验收相关工作内容需要在《数字化交付验收方案》中明确。

4.5　数字化交付的后服务

4.5.1　交付应用一体化的建设服务模式

数字化交付项目的模式大致可以分为简化数字化交付和深度数字化交付两类。

简化数字化交付模式,定位于接收设计和采购阶段的既有成果,即有什么交什么,形成具备三维可视化能力的工程数字档案系统并移交给业主,便于信息查询[22]。

深度数字化交付模式是一个系统性工程,定位于利用工程建设阶段性成果为生产准备期和运营期服务,提高生产准备工作效率和质量,为运营期构建高质量的数据基础和 IT 架构基础。其范围覆盖设计、采购、施工和试运行,在集成、结构化组织和关联各阶段数据基础上,通过数据校验、模型精细化、数据转换和发布以及工程建设过程的数字化管理形成持续交付,最终形成数据范围和内容完整、且具备高数据质量和可访问性的装置级数字孪生体。

现阶段大多数业主选择采用深度数字化交付模式,搭建统一的数字化交付平台,平台结构如图 4-8 所示。该平台可以在做好数字化接收的同时,实现工程建设期的本地化设计审查、工程可视化进度管理等应用,为工程项目管理赋能,最终交付一个与物理工厂一致的数字化工厂,为实现智能工厂奠定基础。交付应用一体化指在数字化交付的条件基础上，综合项目进程中涉及的附加应用，软件平台集成到一起，通过工程建设期实现数字化交付，构建数字底座，综合建立数字化交付平台。

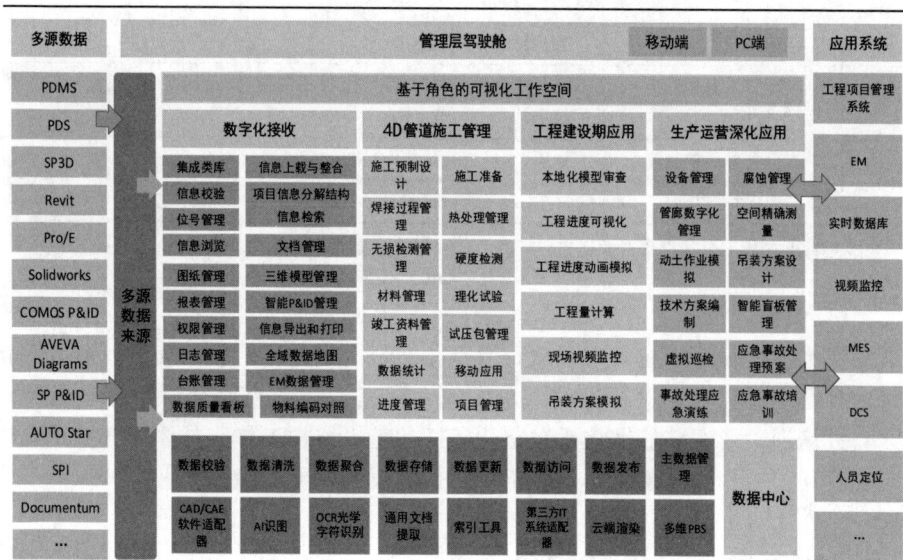

图 4-8　数字化交付一体化平台

　　流程行业数字化平台建设应采用数字化接收、运营一体化架构模式，这样企业可以在统一的一个平台上实现工程建设阶段数字化接收以及运营阶段的生产管理，从而达到真正全生命周期管理的要求。

　　通过数字化交付以三维模型作为数据集成平台，把设计数据、计算数据、统计数据、图纸信息等各类数据集成起来，为工厂生产运营阶段的各项业务需求提供数据支持和模型支持。完整的数字化交付流程含规划设计、平台搭建、工程建设、数据整合、竣工交付、运营维护等阶段，详见图 4-9。

　　同时管道施工管理是建设阶段的重要工作，完整的数字化交付同样包含建设阶段的数据整合，其中管道焊接信息管理以及数据整合是其中重要内容，基于三维数字化平台的管道施工管理如图 4-10 所示。

　　总体技术架构如图 4-11 所示。

　　新建装置的数字化交付，或者已建装置的逆向建模产生的数据均可以通过数字化接收，建立三维模型、属性数据、文档关联以及 P&ID、设备、仪表、管道等数据。施工阶段通过施工管理系统收集设备安装、管道施工、质量管理以及施工资料等数据。

　　数字化平台建设的核心是资产的全生命周期数据库（相关系统也称为数据中

确定数字化交付深度、
数字化交付规则，约
定数字化交付内容及
各项标准等

管道施工管理、施工
进度展示、交付资料
收集、工程建设期各
项业务应用支撑等

交工资料、竣工模型及数据
工程转换、数据校验、资产
目录树重构、颜色规范等，
完成工程数据中心建设

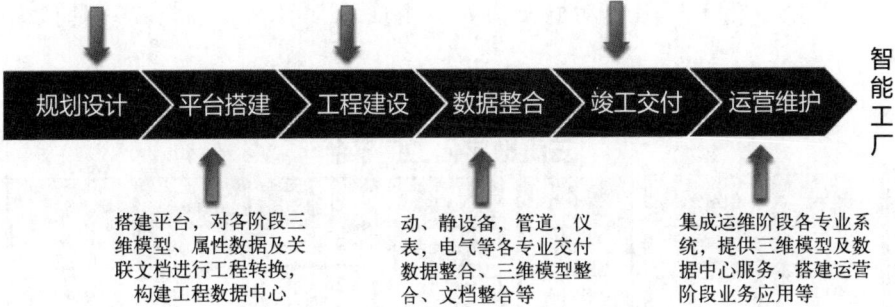

| 规划设计 | 平台搭建 | 工程建设 | 数据整合 | 竣工交付 | 运营维护 |

智能工厂

搭建平台，对各阶段三
维模型、属性数据及关
联文档进行工程转换，
构建工程数据中心

动、静设备，管道，仪
表，电气等各专业交付
数据整合、三维模型整
合、文档整合等

集成运维阶段各专业系
统，提供三维模型及数
据中心服务，搭建运营
阶段业务应用等

图 4-9　数字化交付业务理解图

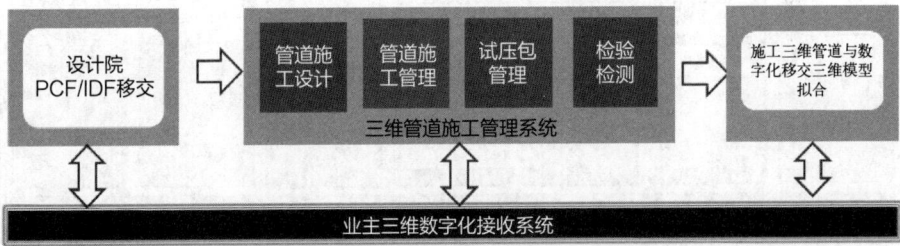

图 4-10　管道施工管理流程

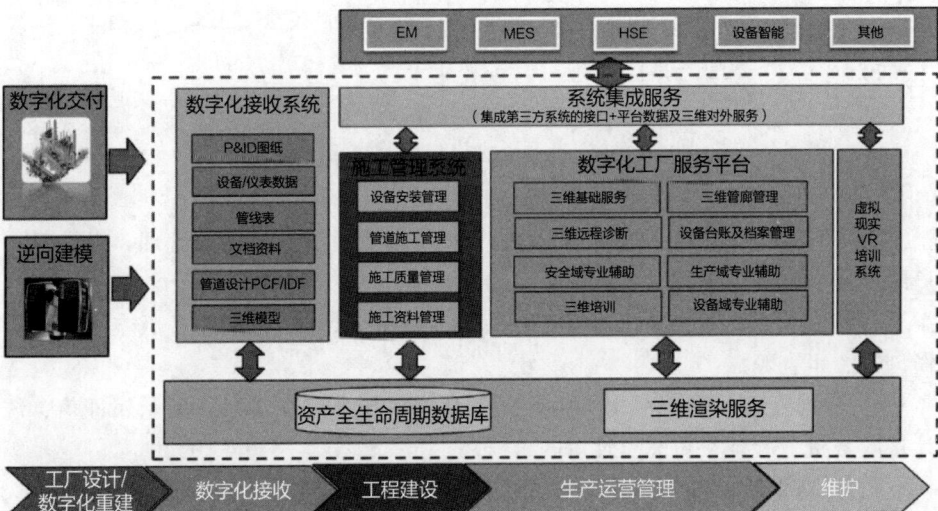

图 4-11　总体技术架构

心）。承载着数字化接收以及数字化工厂管理的数据，做到工程数据管理的统一性及数据唯一性。

数字化工厂服务平台根据资产全生命周期数据库、三维渲染服务为企业提供三维基础服务、管廊管理、远程诊断以及生产、安全、设备等域的支撑。

三维数字化工厂平台功能架构如图 4-12 所示，其中各个模块具体内容如下。

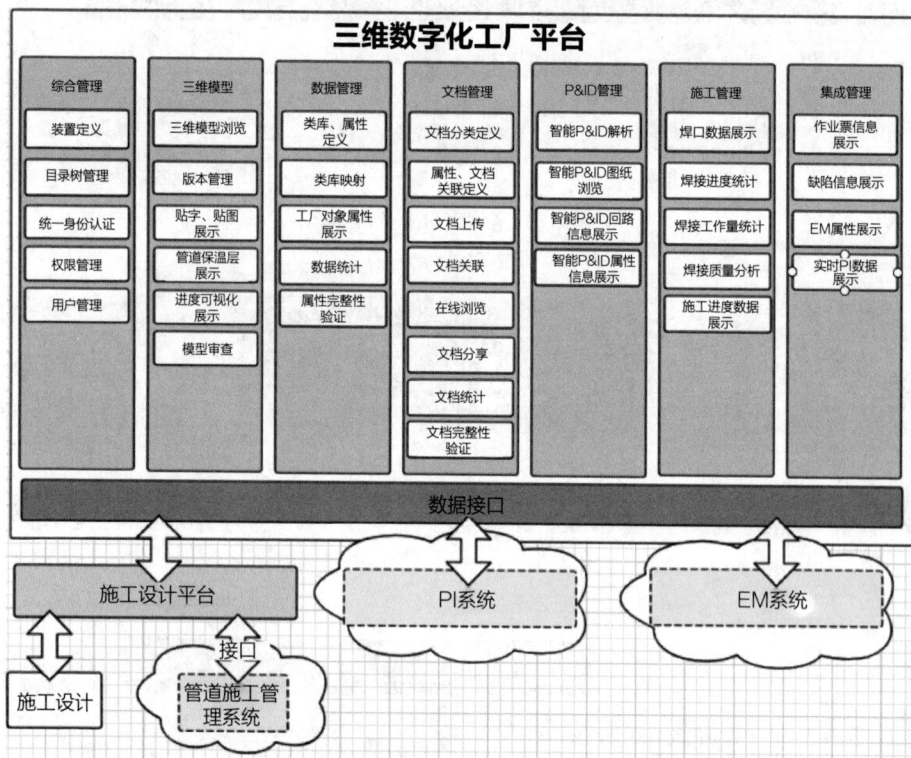

图 4-12 三维数字化工厂平台功能架构

① 综合管理。包括对装置以及使用人员的管理、目录树的管理，以及对用户的使用权限进行管理，包括统一身份认证等。

② 三维模型。模型数据文件导入后完成解析以及对模型的多版本管理、操作浏览、审查等。

③ 数据管理。以类库及属性定义为基础，基于工厂对象，展示属性值、统计接收数量、验证交付完整性等。

④ 文档管理。以文档分类及属性、文档关联定义为基础，上传文档、清单、关联关系后，可自动分类和关联工厂对象，可在线浏览，统计交付数量，验证交

付完整性。

⑤ P&ID 管理。针对智能 P&ID 的解析、图纸浏览、回路信息展示、与三维模型的联动等。

⑥ 施工管理。通过接口同步施工设计和管道施工管理系统的数据，展示焊口数据，施工进度、质量、工作量统计。

⑦ 集成管理。通过接口集成 EM、PI 系统的相关数据，结合三维模型展示作业票、缺陷、EM 属性、实时 PI 数据等。

该平台的网络拓扑图如图 4-13 所示。

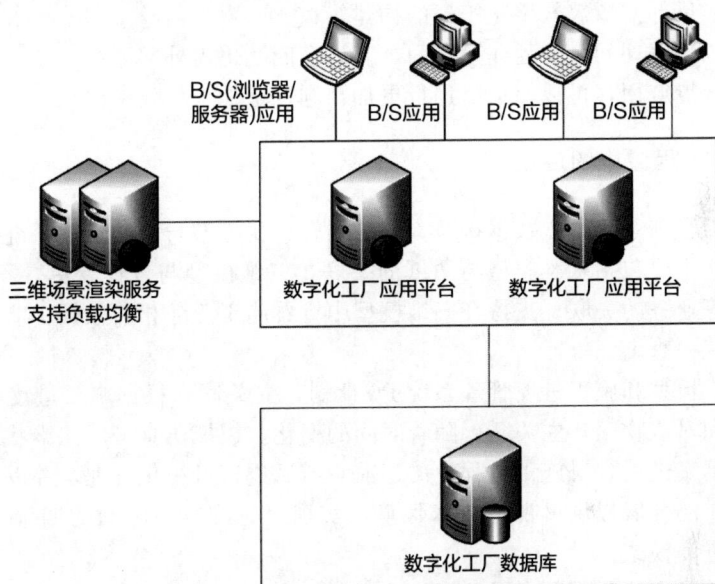

图 4-13　三维数字化工厂平台网络拓扑图

应用服务器运行平台软件，数据库服务器提供数据库服务。在没有其他服务器资源的情况下，可在同一台服务器上同时部署应用平台和数据库，这样只需要两台主机便可提供完整的主/备服务，在一台机器发生故障时，可启用另一台作为临时服务支持。

应用服务可配置渲染资源，新渲染服务器上线时，只需在应用服务中增加渲染服务器 IP 地址并分配一定压力值（可支撑的并发数）即可，应用服务根据各渲染服务器的性能指标及设置的压力值分配渲染处理工作量。应用服务检测到渲染服务不可用时，不再为其分配渲染任务，并生成提示信息。

渲染服务器负责提供三维渲染服务。无状态的渲染服务，可随时切换，随时上线下线服务，任意扩展。

4.5.2　数字化交付的应用

数字孪生是以数字化方式创建物理实体的虚拟模型，借助数据模拟物理实体在现实环境中的行为，通过虚实交互反馈、数据融合分析、决策迭代优化等手段，为物理实体增加或扩展新的能力。作为一种充分利用模型、数据、智能并集成多学科的技术，数字孪生面向产品全生命周期过程，发挥连接物理世界和信息世界的桥梁和纽带作用，提供更加实时、高效、智能的服务。在智能工厂中，建造一个以实体工厂为映射的数字工厂是我们的目标，交付数据的收集与对工厂的业务监控成果都支撑着数字化工厂的构建[23]。

在生产运营期间、工程建设期间，有许多问题仍需外部监控支持，通过数字化平台的智能应用，可以使项目进行更加顺利，增加工作效率。

4.5.2.1　工程域中的应用

与施工管理系统建立数据接口，将三维轻量化模型与施工管理系统中的业务实现关联，主要包括三维模型与图纸的关联，三维模型与设计变更、不符合项、质量计划等业务的关联，支持在三维模型中查看施工业务相关数据，能够对施工综合信息统一查询。

将三维模型和施工进度管理系统 P6 计划建立关联，根据施工进度计划，将实际时间和对应物项建立关联，随着时间的变化，模拟仿真工厂三维状态。同时记录施工真实进度，对施工过程中的超前和滞后进行可视化管理，并以此为依据为后续工作的开展提供可视化技术保障，实现"三维"＋时间的四维（4D）可视化施工进度模式。

现场技术支持和问题在线反馈模块支持快速查询及现场技术协调、管道综合及物项缺失检查、细化设计及补充设计出图及材料统计、关键部位房间优化设计。开发设计端、施工端的在线问题反馈系统，使施工过程中可以依据设计移交数据，为施工提供电子化、无纸化、网络化的辅助手段，将设计数据更好地使用，同时，将施工中遇到的问题，在线按照模型进行可视化反馈，将问题直观记录，形成完整的问题记录，利用工作流，快速推送相应设计人员，降低沟通成本，促进问题的解决和跟踪。

本地化模型审查平台支持模型、智能 P&ID 和文档在线本地化审查，具备多人在线协同审查能力，可以共享、批注意见，具备工作流审核、任务跟踪的功能。

平台提供三维模型审查工具，如测量、模型变色、截图、查看地下设施、模型抽离、模型剖切、模型隐藏、添加标签等功能。系统用户可以基于三维模型和一系列工具对模型进行审查，可以通过模型直接浏览对应的文档信息。本地模型审查也包括上文提到过的 P&ID 以及文档审查。对于模型审查中发现的问题，可以在平台内直接记录并分配给相关责任人。

平台具有系统消息订阅和通知功能，记录的问题可以通知到相关责任人，责任人修改完成登记状态后，关注用户能够收到任务完成的消息，实现基于具体问题的消息共享。

4.5.2.2　生产域中的应用

三维数字化工厂平台不仅是实体物理工厂的再现，同时是一个承载空间数据、业务数据的信息应用平台，系统提供灵活而实用的标签、流程抽取、属性与颜色自定义以及基于工业大数据关联数据分析等相关技术，用户可以根据生产需要进行各种管理活动。

（1）生产管理——作业分布和状态

通过与作业票系统和人员三维定位系统关联，可直观查看作业分布位置、影响范围，现场环境、设备分布，现场作业人员的数量、姓名、位置及与作业票对应情况。

在三维数字化工厂平台，通过在资产目录树中勾选工艺流程图中相关的设备、管线、仪表，使用保存知识视图的方式实现工厂重要工艺流程的单独抽离展示并可为其他业务提供三维支持。

对于二维 DWG 格式的 P&ID 图纸资料，可在三维数字化工厂中实现二维、三维图纸联动，可更直观地学习和了解现场实际工艺流程走向。

（2）生产管理——吹扫方案设计

在三维平台中根据二维吹扫流程抽离三维视图，在三维视图中相关位置准确标记给气点、放空点、盲板等，三维的可视化效果及准确的空间位置为方案的准确制定提供了有效的手段，同时，三维方案可保存成知识树，后期可快速引用已有的方案，从而减少 50% 的人工绘图工作量，为方案设计、人员培训等提供帮助。

4.5.2.3　安全域的应用

在数字化工厂平台基础上，基于集成的资产全生命周期数据、生产数据以及精准的设备空间结构及空间关系数据，可以形象直观地进行危险源辨识和风险评价、应急预案的编制和审核、应急事故的调度处理等。

（1）安全管理——危险源管理

在三维数字化工厂中直观地展示危险源的信息，辅助用户实现对危险源的细化管理。在三维平台中不仅可以用不同颜色展示不同级别的危险源，还能标识出危险源的详细危险信息。同时，与 RBI 风险分析相结合，三维平台中的危险源信息不仅更加全面，而且更加细致，从而更有利于用户了解装置和设备的危险因素，增强安全意识。

（2）安全管理——隐患管理

三维平台可实现隐患的录入、隐患处理状态、隐患缺陷池、隐患查询等功能，方便用户对设备的隐患信息进行管理及查阅。同时，用户可在隐患的发生部位创建标签，在三维平台中直观地展示隐患的分布。

（3）安全管理——消防管理

在三维数字化工厂中对消防设备进行三维建模，录入其属性信息，同时设置检验提醒功能，方便用户对消防设备进行更好的维护。同时，由于三维数字化工厂与物理工厂的一致性以及数据的集成性，消防事故发生时，三维平台可以辅助指挥者进行消防救援。

利用三维数字化工厂可进行逃生路线规划及消防车行进路线规划，通过对厂区道路通行参数进行测算及配置，制定厂区消防车行进路线网，通过平台可根据最短路径规则生成多条路径，指挥人员可根据现场情况选择最佳逃生路线和消防车行进路线。

（4）安全管理——视频监控

在三维数字化工厂平台中构建全厂摄像头模型，同时提供搜索、定位全厂摄像头位置，查看摄像头属性的功能。同时，三维数字化工厂与视频监控系统集成，在三维模型中，点击对应的摄像头，可以实时调取该摄像头的监控画面。

4.5.2.4 设备域中的应用

设备管理是设备运维管理、备品备件管理、资产实物管理、腐蚀管理、密封管理、地下管网管理、移动端应用等的集合，通过对上述业务功能的实现，满足公司对资产管理可视化，设备管理精细化的管理要求。

三维数字化工厂具备与物理工厂一致的空间数据，并在此基础上集成各类信息数据，可以实现设备空间定位、设备信息查看、检维修方案编制与优化、根据选定的检修部位（区域）制定检维修材料计划、工程模拟等功能。

数字化工厂解决方案正在改变炼厂腐蚀检测和监测的最佳实践。该解决方案通过使检测人员将 2D 管道轴测图更换为详细、准确的 3D 管道系统图形，支持、增强检测和腐蚀监测流程。借助三维数字化工厂，可以辅助进行 RBI 分析和腐蚀回路的划分，根据腐蚀回路风险等级、腐蚀检测点数量的规划、介质流向等参数，准确地设计腐蚀检测点的位置，使检测点的规划安全可靠；对离线定点测厚点数据进行管理，可关联、展示测厚点数据，通过设置报警值实现对腐蚀速率的报警；平台集成在线腐蚀监测系统，获取在线高温测厚点和在线腐蚀探测点并在三维平台上进行位置标注。在三维平台中通过对管道腐蚀的监测，管道壁厚达到预警值后可及时进行维修，从而实现预知维修的可视化管理。

设备的密封分为动密封和静密封。密封点在装置中数量巨大，不易于对其进行日常管理。在三维数字化工厂中可以对密封点进行自动统计，协助建立密封台账，并可对泄漏部位进行标注和分析，在平台可查看泄漏点所属设备、泄漏次数等，并支持按泄漏时间、类型查询，可查看某个泄漏点的泄漏明细如泄漏日期、完成时间、记录人，实现密封点的管理。

参考文献

［1］ 马明，章剑波，胡联伟．炼化工程行业数字化交付研究与应用［J］．石油化工自动化，2020，56（05）：49-53.

［2］ 马时霖，秦海良，王晓刚，姬宏峰．浅谈智能工厂建设中的数字化应用［J］．乙烯工业，2021，33（04）：6-10.

［3］ 寿海涛．数字化工厂与数字化交付［J］．石油化工设计，2017，34（01）：44-47.

［4］ 葛春玉．浅谈石油化工工程建设项目数字化交付［J］．石油化工建设，2019，41（02）：5-8.

［5］ 吴春晖．数字化交付项目的研究［J］．化工设计，2019，29（06）：45-49.

［6］ 孙丽丽．石化工程整体化管理模式的构建与实践［J］．当代石油石化，2018，26（12）：1-8.

［7］ 李英敏，孙帅帅，李旭光．化工企业建立工程项目数字化交付标准探析［J］．化工管理，2019（19）：184-185.

［8］ 叶锋，蒋波，庞修海．镇海沸腾床渣油加氢装置数字化交付探索与实践［J］．炼油技术与工程，2019，49（06）：46-49.

［9］ 吴春晖．大型化工项目数字化交付的实施［J］．石油化工建设，2021，43（02）：27-32.

［10］ 吴青．信息化及其新技术对炼化产业变革影响的思考［J］．无机盐工业，2018，50（01）：1-7.

［11］ 吴青．智慧炼化建设中工程项目全数字化交付探讨［J］．无机盐工业，2018，50（05）：1-6.

［12］ 李艳．采油六厂地面建设工程项目数字化管理研究［D］．西安：西安石油大学，2016.

［13］ 高宇，王姝．基于 AVEVA 的集成设计及数字化交付［J］．化学工程与装备，2022（07）：193-194.

［14］ 张鹤，曹建宁，王永涛等．数字化工厂与数字化交付的技术探讨［J］．中国建设信息化，2020（16）：3.

［15］ 刘效禹．数字化工厂与协同设计［J］．当代化工，2019，48（09）：2173-2176.

［16］ 李其锐．基于设计集成系统海洋平台项目复用及模块化设计的应用［J］．中国勘察设计，2013（09）：97-100.

［17］ 史骐．化工工程正向设计和数字化交付的实践与思考［J］．中国勘察设计，2022（06）：89-91.

［18］ 马明，贾楠，苏璐．工程图纸图像识别技术在数字化交付中的应用［J］．石油化工建设，2021，43（06）：63-65.

［19］ 罗辑．数字化工厂移交后的新模式探讨［J］．化工设计，2022，32（02）：18-20.

［20］ 孙宝平．数字交付与工厂运维衔接优化方案研究［J］．石油化工自动化，2022，58（03）：65-68.

［21］ 沈斌．浅析数字化交付中的交付物管理［J］．石油化工自动化，2021，57（05）：1 6.

［22］ 迈出工程建设行业数字化交付第一步——欧特克 Tandem 将数字孪生引入建筑信息模型［J］．工程建设标准化，2020（12）：88.

［23］ Tao F, Zhang M. Digital Twin Shop-floor: A New Shop-floor Paradigm towards Smart Manufacturing [J]. IEEE Access, 2017: 20418-20427.

第五章

石化智能工厂运营

　　我国炼化企业正朝着大型化、一体化、基地化和智能化方向发展。经过了10余年智能工厂建设，先后有十几家炼化企业入选国家智能制造试点示范、示范工厂或标杆企业，取得了很好的经济效益和社会效益[1~5]。

　　近年来，中国石化先后承担国家发改委、工业和信息化部、应急管理部"5G基础设施建设及应用项目""智能制造标准试验验证公共服务平台""工业互联网＋安全生产试点项目""人工智能基础设施示范工程"等专项。同时，还开展了"数字孪生的智能乙烯工厂"[6]"数据治理体系及数据标准编制项目""设备域一体化应用建设项目"，以及中科炼化和镇海炼化石化智能工厂3.0建设项目等。

　　按照"数据＋平台＋应用"信息化建设、管理新模式，以及中国石化"域长负责制"要求，并参考"美国普渡大学企业参考体系结构（Purdue Enterprise Reference Architecture，PERA）"以及 IEC/ISO 62264《企业控制系统集成》中对于制造企业的功能/活动（按照共同目标分类的任务组，非信息系统功能）的划分原则，对炼化企业的应用进行了划分，形成中国石化智能工厂3.0的总体应用架构，如图5-1所示。由于每家企业既有集团统推的管理系统，也有各自建设的专业应用，因而每家企业的具体应用略有不同。

　　在能力提升方面，实现全要素全环节的动态感知、互联互通、数据集成和智能管控。实现经营管理层、生产执行层和过程控制层的信息共享和纵向集成。以安全、绿色、稳定生产为核心，深化人工智能融合应用，通过全面感知、实时分析、科学决策、精准执行、学习提升，提高生产效率、产品质量和安全水平，降低生产成本和能源资源消耗。

基础设施（含边缘云平台、基础设施、信息安全）

数据资源中心（含信息标准化）

经营管理

经营管理：ERP系统　全面预算　合同管理　综合办公　档案管理　全面预算管理

企业智能运营：报警中心　业财融合　生产实时监控　协同应急指挥　安全环保　智能化展示

制造运行管理（L3）

炼油化工（生产管控）

- 计划管理：生产计划管理　多厂计划优化　乙烯原料边际效益测算分析　效益测算与优化
- 调度管理：调度指挥　生产调度排产　管网执行
- 质量管理：质量管理　实验室信息管理系统　熔融指数预测
- 工艺管理：工艺管理　盲板管理　装置操作报警
- 物料管理：装置物料管理　罐区物料管理　仓储物料　进出厂物料管理　三剂管理　生产统计　生产平衡　计量管理　计量管理
- 操作管理：操作管理　智能外操巡检

能源管理及公用工程

- 能源管理：能源管理　碳资产管理（碳足迹）　热电管理　水务管理
- 能源优化：氢气优化　蒸汽管网优化　蒸汽动力优化

安全环保

- 安全管理：综合管理　生产过程安全　应急管理　作业安全　储运安全　员工健康　公共安全
- 环保管理：合规监管　污染防控　环境绩效　环保风险

设备管理

- 设备管理：检维修策略管理　完整性体系管控　设备大检查　设备完整性过程　检维修管理　设备前期管理　设备主数据
- 设备运行：设备巡检　电气监控　仪表运行　静设备腐蚀　关键机组监控

过程监控（L2～L0）

实时数据库　APC　RTO　PID整定　DCS/PLC/SCADA

油品调和与评价　立体库系统　无人驾驶叉车　巡检机器人　无人值守装卸油　动设备监测　静设备监测

物资运输AGV　化验室机器人　智能视频分析　人员定位　无人值守泵房　电气监测

无人值守计量　仪表监测

经营管理　L4

制造运行管理　L3

过程监控　L2～L0

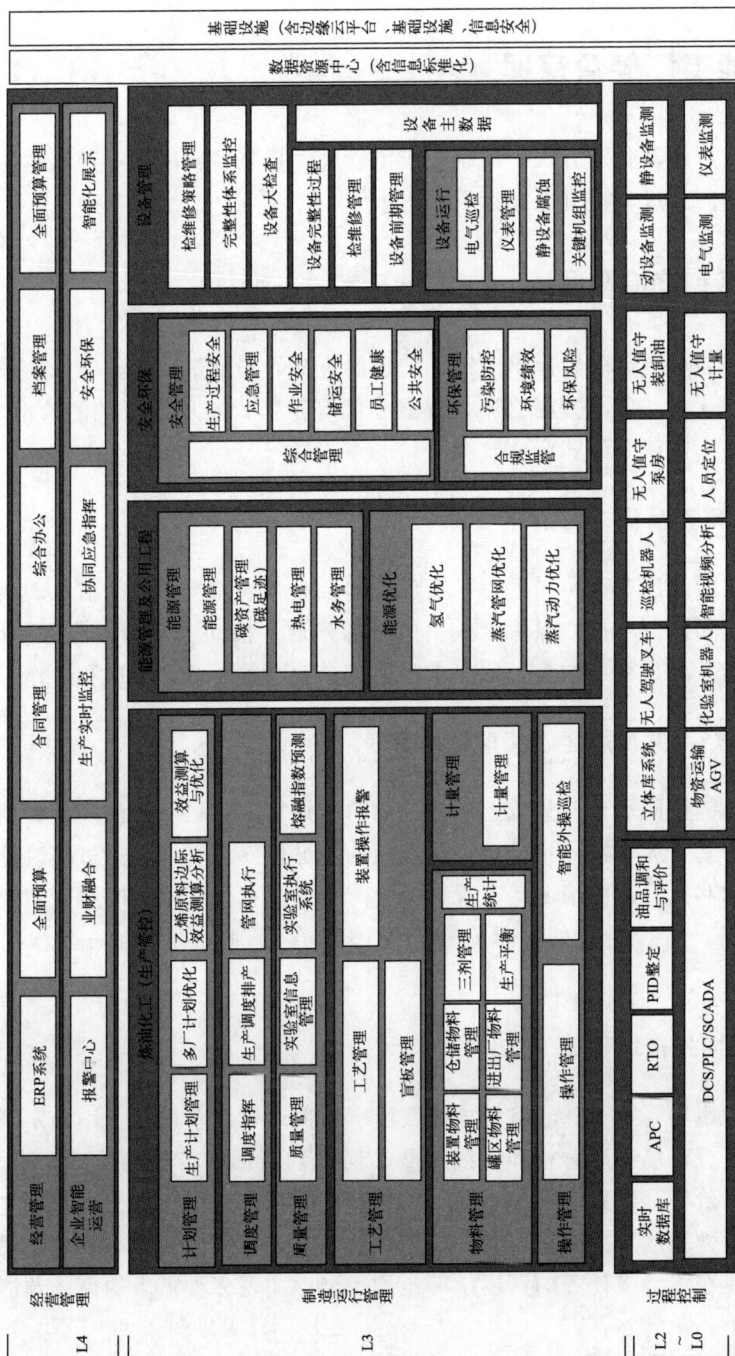

图5-1　中国石化智能工厂3.0总体应用架构

5.1 智能工厂经营管理

在智能工厂经营管理方面，围绕供应链管理、智慧经营决策等产品生命周期管理，实现横向集成，提升企业运营水平。

5.1.1 供应链物流管理

发展客户需求驱动的敏捷供应链，增强供应链的安全稳定，开展原油采购优化、油品调和优化、厂内智能物流、智能仓储等工作，实现供应链的价值增值，促进降本增效、供需匹配和产业升级。

5.1.1.1 大宗产品需求对接

建立石化园区产业链协同平台，实现下游企业大宗原料和产品信息的线上发布、自动匹配和线下对接，保障企业供应链的畅通，推动上下游企业联动协调。快速响应市场，满足客户的多元化需求，促进企业间的互动、集成和协作。

5.1.1.2 芳烃、聚烯烃区域共享库存管理

依托产业链协同平台，集成上下游企业的芳烃、聚烯烃等产品产量和销售量的动态信息，基于大数据分析实现大宗产品的预见性库存管理，通过实时分析产品供需双方的对接、匹配情况，实现按需生产和零库存管理。同时对于园区内多企业均需原料，结合企业的需求量进行共享库存管理，最大化动态调配园区资源。

5.1.1.3 国内外市场预测

由于国外市场受到全球经济、地缘政治、海关政策等多种复杂不确定因素的影响，需要进行市场动态分析和在线预测。通过调研影响市场的关键因素，如：时间、空间、价格、消费水平等，采集历史存储的销售数据，分析出数据之间存在的关系或者数据的发展趋势，针对短期、长期市场预测的不同场景，采用人工智能算法构建在线、多任务的深度学习预测模型，实现多种需求的市场预测。

5.1.2 智慧经营决策

建设企业数据资源中心，提升企业数据治理能力；充分利用大数据分析、深

度学习、强化学习、群体智能等发展数据驱动的经营辅助决策系统。

5.1.2.1 机器人辅助管理决策

推动多模态人工智能、RPA（机器人流程自动化）[7]、区块链技术等深度应用，实现工作流程自动化，减少人工强度，辅助管理决策。重点应用领域：机器人客服、机器人财务助手、基于知识图谱的供应商风险管理等。

以 RPA 应用为例，可以取代大量的基础重复工作，自动提取信息，强化管控能力、提升流程效率、降低生产运营成本，提升经营管理能力，加强风险管控。RPA 流程机器人 $7 \times 24h$ 全天候不间断工作，提高工作效率，推进生产经营业务向自动化、数字化、智能化提升。

例如，大连重工应用德勤"小勤人"，在银行对账、成本结转、外部报表填报三项自动化流程中崭露头角。中化国际应用普华永道"RPG"，帮助提升税务及财务工作效率。青岛炼化将 RPA 应用于成品油开票，整体效率提升 1 倍；财务报表打印，原本 1～2 天的工作，机器人只需要 2～3h 即可完成。

5.1.2.2 知识驱动的炼化生产优化决策支持

针对炼化生产的效益焦点和业务痛点开展技术攻关，建设数据完整、标准统一、功能齐全、自主自治、产研融合、上下一体的国产化智能炼化生产优化决策支持系统，加快实现炼化生产一体化全局优化，打造一流的事前算赢和事中控制能力，助力炼化企业升级换代和降本增效。

（1）基于数据和机理混合驱动的工艺流程优化

建立装置相应的数据模型、机理模型、数据-机理混合驱动模型，打造炼化装置模型体系。提炼各类炼化装置的属性和方法，建设炼化装置控件库，建立控件拖拽式流程搭建方法和标准模型自动编译功能。开发流程模拟优化系统，集成计划优化功能，实现模拟-优化一体化循环计算，突破人工操作效率瓶颈。

（2）基于群体智能和人机混合智能的装置优化

围绕炼化生产过程，搭建全方位、无死角的全厂物联感知体系，采集装置、设备的运行数据，建立催化裂化、加氢重整、乙烯裂解等装置的多目标、非线性工艺参数优化模型，利用群体智能-非线性规划混合算法，进行动态寻优计算，提高装置工艺参数实时优化能力。设计人机混合智能接口，实时监听业务专家的操作指令，及时改变算法的搜索走向，有效降低在劣质解空间内的驻留时间，提高实时优化的方向性和准确性。

5.1.2.3 基于知识图谱的企业经营风险识别

为充分发挥数据资源的价值，提升集团级和企业级风险识别工作效率，扩大覆盖范围，帮助企业甄别更多潜在的风险与问题，可通过人工智能和知识图谱等技术进行风险识别。依据企业年报，运用OCR（光学字符识别）等技术自动提取全量文本、图片信息，并运用NLP等技术智能化解析关键数据。将年报解析数据与ERP等经营管理系统数据、企查查等数据相结合，构建业务往来企业关系知识图谱，实现与业务异常数据的融合，从而高效地感知业务线索问题，提升企业风险识别能力。

5.2 智能工厂生产运营

在石油化工行业中，生产运营信息化有着鲜明行业特色，是信息化技术与石化工业企业生产相融合，为实现企业安稳长满优的重要保障措施之一，助力企业安全环保、绿色低碳、节能减排、提质增效的运营目标。从纵向上看，涵盖了集散控制系统（DCS）、数据采集与监视控制（SCADA）系统、实时数据库、先进过程控制、实时优化、生产执行系统、调度指挥、多级生产运营指挥等，从专业上看，涵盖了能源化工行业生产过程中的安全、环保、能源、物料、质量、物流、管网、工程等专业化应用。

在智能工厂生产运营方面，围绕设备、能源、安全、环保等业务域，构建计划、调度和操作控制的纵向一体化闭环的敏捷管理体系，实现纵向集成，提升生产管控的协同集成能力。

5.2.1 生产一体化优化

石化生产一体化优化包括三个层级：装置的先进过程控制；装置的实时优化；厂级计划与调度优化。在这三个层次上存在着不同的优化问题，分别获得不同的经济效益。先进过程控制是以提高被控变量的控制精度，采用"卡边"生产的方法来获得经济效益；实时优化寻求过程的操作条件最优，使生产过程始终处于最优工况附近而获得经济效益；生产计划和调度优化根据市场情况、订货合同进行，合理调度企业的原料、中间产品、能源，保持均衡生产以寻求最大经济效益。

以提高过程控制水平、提升经济效益为目标，通过企业经营管理层、生产运营层和过程控制层的纵向集成，形成新一代生产运营指挥新模式，实现市场需求、生产计划、调度作业、现场操作和自动控制的双向信息联动和实时绩效反馈，并在安全、环保、节能、设备、工艺、质量等多约束条件下，推动企业生产管理由传统的以专业划分的分段式管理模式转变为集约化、一体化管控模式。通过基础过程控制层、先进过程控制层以及计划调度层的纵向集成，实现全流程一体化生产优化和自决策。重点建设内容如下。

5.2.1.1　智能 PID 控制

过程控制的稳定对于生产的平稳操作、节能降耗具有重要意义。智能 PID 回路整定是控制稳定和优化的基础。针对控制回路、变送器和执行机构的自身性能和故障问题，应用大数据解析技术、知识自动化技术，实现回路性能系统监控，问题回路在线故障诊断，PID 回路模型辨识和鲁棒 PID 参数计算，PID 参数在线更新，PID 回路实时报警，支持操作人员进行报警集中管理和处理等[8]。

核心功能包括：PID 回路相关数据采集与分析；模型在线鲁棒辨识；回路性能评价与维护；基于模型集的回路参数整定与性能优化等。以集中可视化展示和消息推送机制支撑，协同操作人员、工艺人员、控制系统维护部门和企业管理者共同识别和管理影响控制回路运行最佳性能的因素，如图 5-2 所示。

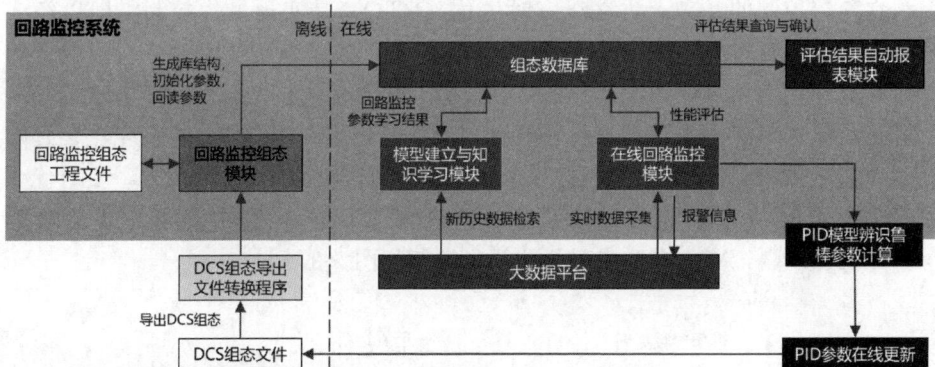

图 5-2　基于大数据平台的 PID 智能整定

5.2.1.2　自适应先进过程控制（APC）

针对传统过程控制中存在多变量、非线性、强耦合、大时滞、多约束、多目标、自干扰等控制难题以及实际工艺装置随时间变化，APC 模型需要适应的问题，采用多变量预测控制、自适应控制、鲁棒控制、深度学习等技术打造人工智能赋能自适应先进过程控制系统，通过减少关键工艺变量的波动，进而稳定、优化工艺装置操作，使生产装置在接近其约束边界的条件下运行（卡边操作），提高高价值产品收率，节能降耗，以提高装置经济效益[9]。

APC 发展趋势：与 RTO 相结合；控制器性能在线评估与优化；与装置状态评

估监控相结合；闭环实时优化集成平台；更快捷配合生产计划，实现柔性生产。

重点选择 FCC、CCR、S-Zorb 等装置开展 APC 先进过程控制系统应用，实现装置卡边操作，提升装置技术经济指标，为开展在线实时优化打下基础。重点应用场景如下。

① 针对管式加热炉普遍存在的问题：烟风系统氧含量和负压控制不稳或失控问题，以及炉膛温度不均匀、炉管传热差异等支路控制不平衡问题。通过支路平衡控制、炉出口温度优化控制和热效率优化控制，提升加热炉运行的稳定性和平衡性，延长设备使用寿命，减少生产波动，有利于稳定后续单元的产品质量和提高产率。

② 针对典型的高纯度精馏塔装置，应用人工智能、工艺机理、专家操作知识、多变量预测控制等先进过程控制技术和在线优化技术于一体，实现整个生产过程的安全平稳运行、高价值产品产率最大化、处理能力最大化、节能降耗的优化目标。

5.2.1.3 装置在线闭环实时优化（RTO）

在稳定控制的基础上，在线实时优化（RTO）是实现最优控制，即以经济效益最大化为目标，采用 RTO，结合现场操作数据、产品及原料分析数据、物料价格数据，利用自主知识产权的工艺模型和控制优化技术，对生产装置运行参数进行优化调整，增强其对原材料波动和市场变化等的适应能力，使生产装置始终处于高效、低耗和安全的最优运行状态，从而获得经济效益最大化。实时优化的目标通常是从整个装置出发的，如产率最高、能耗最小、经济效益最佳等[10,11]。RTO＋APC 在线实时优化闭环控制如图 5-3 所示。

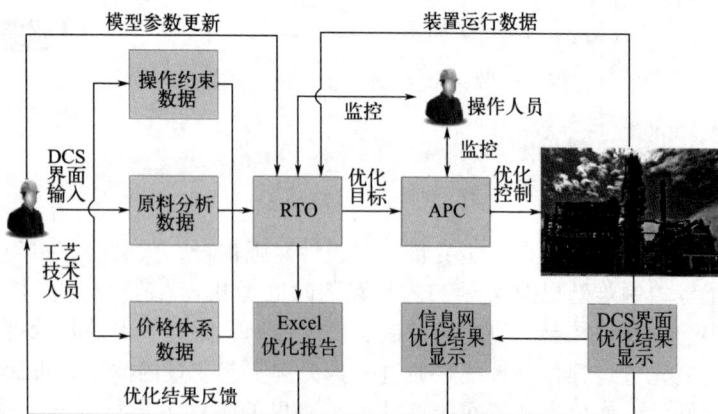

图 5-3　RTO＋APC 在线实时优化闭环控制

RTO 技术的三个关键步骤是工艺建模、参数整定、优化求解。工艺建模将生产装置映射到仿真系统中，建立"三传一反"的变量关系。参数整定是基于工艺模型反推出与实际情况偏差最小的边界条件和初始条件。优化求解则基于已限定好的模型，反推出最符合目标函数的控制手段。

RTO 的发展趋势[12]：从离线到在线，从开环到闭环；动态实时优化；与计划调度纵向集成。

选择核心装置，如常减压、重整、乙烯装置，开展 RTO 和 APC 应用，提升效益。

5.2.1.4　生产计划及调度优化

石化生产计划优化是指企业生产经营过程的资源配置与优化。厂级计划排产是指在一定时间范围内综合考虑市场情况（原材料价格波动、产品订货合同等）和公司内部生产情况（各装置的生产能力等），合理安排生产计划，以使全厂获得最大的经济效益。它负责向各生产装置下达生产的目标和方案，包括原油品种与数量、产品配置与产量、装置加工负荷和配套公用工程安排等。

调度优化实现辅助业务人员合理执行优化计划，保持库存和物料的流转，同时尽量降低调度成本和作业难度，实现作业变更次数最少，如减少切罐的次数、减少原料变化次数等，为生产提供一个稳定的环境。

将工艺生产模型、供应链模型（原油运输、船期等）、销售网络模型、计划调度模型等整合，实现炼化单厂生产运营全链条一体化优化与区域协同优化和供应链智能管理、计划与生产协同、供应商协同。

5.2.1.5　面向产品价值链的多单元动态优化

面向产品价值链的多单元动态优化是炼厂智能化建设的重要目标，是炼厂"智慧"的重要表现。多单元动态优化，采用炼化一体化价值链表征及多单元动态优化技术，无缝集成机理模型、降阶混合模型和计划规划模型，统一计划和调度、优化操作，以增加利润；同时，通过基于可视化建模，简化工作流程；实现面向炼化产品价值链的多单元动态实时优化，如柴油产品价值链、芳烃和汽油产品价值链等。

目前，装置的先进过程控制、装置的实时优化、厂级计划与调度优化还没能实现数据的纵向集成和自由流动，计划目标与装置实际运营情况有一定差距。从技术发展趋势看，国际流程工业企业如艾斯本、剑维、KBC、霍尼韦尔等，都在发展动态实时优化技术。动态实时优化是流程工业中实现计划、调度、操作、控制一体化优化的关键环节，在整个优化体系中起承上启下的枢纽作用，如图5-4 所示。基于动态实时优化，可以将生产计划、调度排产、操作优化、操作控制整体贯通，真正做到优化目标从上到下、从全局到局部的层层分解和闭环控制。基于动态实时优化技术，在不增加重大设备投资的情况下，可以充分发挥现有生产装置的运行潜力，使主要技术经济指标达到或超过同类装置的国际先进水平，有效实现增产、节能、降耗的目标，为企业有效提升经济效益。

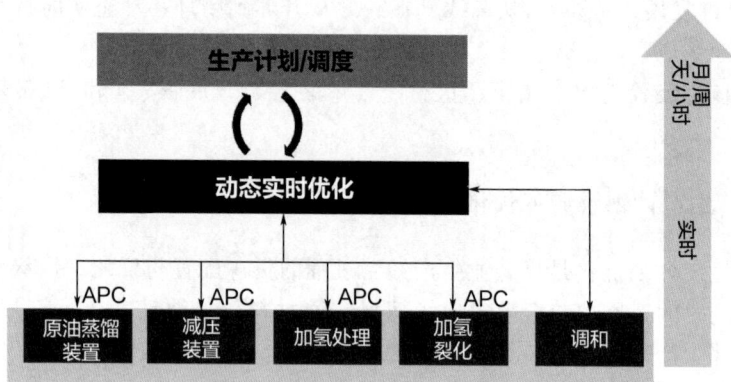

图 5-4　基于产品价值链的多单元动态优化

5.2.2　生产操控智能化

从无人作业、高效检维修、智能决策着手，融合数字孪生模型、智能传感、语音识别、机器视觉、智能机器人、虚拟现实等人工智能新技术，提升炼化企业智能操控（内操）、智能巡检、智能作业、智能检维修、智能报警和智能培训导航水平，实现间歇性操作的程序化执行，满足企业安全生产、稳定操作、高效控制要求，延长企业检修周期、提升产品品质、提高企业经济效益，实现企业生产操控业务的整体智能化管控和智慧决策。重点建设内容如下。

5.2.2.1　智能巡检

（1）数字化单兵

针对外操人员对厂内装置和管线实施电仪抄表、安全巡检等巡检工作费时费力，且具有较高危险性，开发多功能巡检智能终端，融合应用物联网技术和 5G 无线通信技术，通过射频识别（RFID）、人员定位和智能终端相结合，打造数字化单兵（见图 5-5）。一方面实现人员精准定位、巡检轨迹实时监

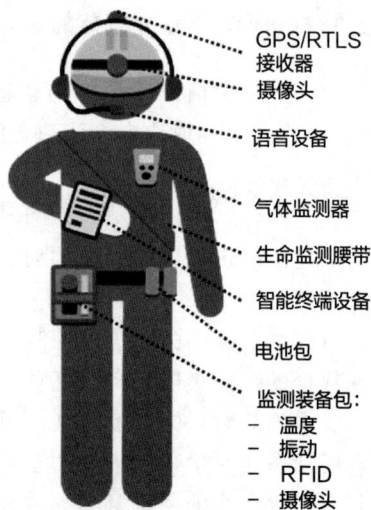

图 5-5　数字化单兵示意图

测，巡检问题实时反馈、多源数据融合、内外操协同作业等功能，提升外操人员作战能力；另一方面实现巡检数据分析、故障诊断、应急预案提供等智能方案，实时指引巡检人员标准规范高质量完成巡检工作，提高外操工作效率、质量和数字化水平。

（2）机器人智能巡检

针对传统人工巡检劳动强度大，工作效率低，安全性、稳定性、准确性难以保证的问题，在关键的仪表群和设备点采用无人智能巡检技术。无人智能巡检采用轨道式或轮式移动机器人，通过搭载前端高清摄像头、红外成像、云热像等感知设备（见图5-6），实现光、热、声的全面检测。结合5G、人工智能、图像识别等技术，实现智能读表、漏液检测、设备测温、报警建议等全流程巡检作业。

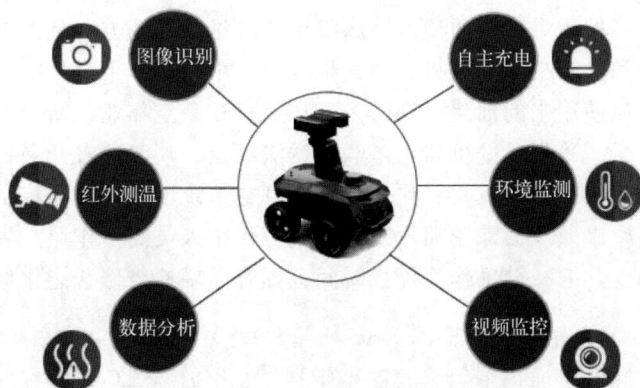

图 5-6　智能巡检机器人

（3）机器视觉智能监测

针对炼化装置、储罐区等区域巡检作业登高强度高、巡检机器人应用难度高、巡检设备防爆要求高的问题，在装置区、储罐区采用基于高清摄像的机器视觉智能巡检技术。通过在厂区塔架、储罐顶等部位搭载高清防爆摄像头、红外热成像仪、云热像仪，融合开发高准确性智能识别算法，实现气体、液体、火灾、异常等日常监测，并通过与消防、可燃气体等报警系统集成联动，提升炼化厂区运维智能化水平。

5.2.2.2　特种机器人智能作业

（1）储罐底板机器人智能清理

储罐作为炼化企业重要的物料储存、中转设施，需要定期开展清理、检验及大修工作。储罐罐内底板油泥清理传统采用人工清洗方式，装置停产时间长、作业效率低、清洗效果差、安全风险高、残油污染大。国内外较多采用的机械清洗方式装置较为庞大且仍需要人工进罐补充作业，仍然存在效率不高、安全风险较大的问题。目前，俄罗斯 MIRRICO 集团推出了储罐、罐车、铁路油罐以及石化设施清洗的移动自主复合机器人装置，达到快速、高效的清洗效果，在工业及环境安全性、人员健康、经济性以及技术实用性方面带来突破。目前，国内在智能清罐机器人方面已开展机器人本体、清洗工艺等基础研究，具有较好的应用研究基础。开发储罐底板油泥智能清理技术，研制清理作业机器人及油泥减量化处理系统，代替传统清洗人员进罐作业，可降低人员安全风险及劳动强度，缩减储罐停产时间，提升储罐底板油泥清理效率和智能化作业水平。

（2）储罐罐壁智能机器人清理作业

除锈是大型油罐储罐防腐维修工作中非常重要的一个环节，除锈的质量更是直接影响了防腐的质量。目前油罐防腐除锈中常见的除锈方法是人工使用电动工具磨光机除锈和除锈机械喷砂机、抛丸机除锈，由于在施工过程中易产生火花所以不适用于正在使用中的油罐。同时人工作业存在高空作业、粉尘以及设备故障等多种风险因素。采用爬壁机器人搭载除锈清洗器、喷漆装置开展智能作业，可集机器人行走机构、附壁机构、作业装置、真空系统以及智能化控制系统设计于一体，解决储罐罐壁表面除锈喷漆工作，代替传统人员高空作业，降低人员安全风险及劳动强度，缩减储罐作业停产时间，提升储罐检维修智能化作业水平。

（3）催化剂装卸智能机器人作业

催化剂装卸是石油化工生产的重要环节，催化剂装填质量的好坏直接影响装置的技术经济指标和催化效果，而催化剂卸载周期则直接影响企业生产经营效益。由于反应器内温度较高且存在易燃易爆介质，催化剂装卸通常采用无氧环境作业，存在人员窒息风险、人员中毒风险、粉尘风险、高处坠落和物体打击、火灾爆炸风险等多项风险因素。目前，美国、日本等国家已开发出催化剂智能装卸作业机器人技术，实现催化剂装卸无氧环境下无人作业，提升作业效率和作业质量，减少无氧作业人员风险。开发催化剂智能装卸作业技术，研制催化剂无氧智能装卸机器人，构建炼化企业催化剂装填和卸载自动化、智能化装备和作业系统，大幅降低催化剂装卸人工作业安全风险，有效提升催化剂装卸效率和装填质量，提升炼厂经济效益。

（4）特种机器人检维修作业

炼化企业需要定期开展储罐、反应器、塔、炉等装置及设备的检测、维修等密闭空间作业，传统人工作业方式需要装置长时间停产，同时存在劳动强度大、工作效率低、作业安全性差等弊端。美欧发达国家针对炼化设备设施的清洗、检测、维修以及应急救援等开发了一系列先进作业机器人，降低了用工成本、削减了作业风险、提升了生产效率。针对企业储罐、反应器、塔、炉等装置及设备的检测、清洗、维修作业，开发特种作业机器人装备及作业技术体系，缩减作业停机时间，实现作业环境智能感知、作业要求自主执行、作业进程自主决策、作业质量精准控制，大幅降低作业安全风险，提升作业效率和作业质量。实现特种机器人检修作业是企业的远期目标，争取在"十四五"期间打好基础。

5.2.2.3　运检维修智能化

（1）基于机器视觉的产品质量在线检测

炼化企业属于典型的流程工业，原料来源多、生产工艺烦琐、流程工序复杂、产品种类较多，同时生产过程需要多种装置、多种设备的协同配合，任何一点工序的异常、设备的故障都会影响最终产品的品质。针对企业聚乙烯、聚丙烯等生产流程中原料焦化影响产品品质的问题，利用机器视觉、图像处理、模式识别等技术，开发智能质检技术及装置，对聚乙烯、聚丙烯颗粒等工业产品的色粒质量进行实时、在线、自动检测，实现产品色粒污染质量瑕疵实时高效、高精度智能识别及分拣，提高产品质检效率和质量等级。

（2）检维修作业实时监测与过程管控

针对炼化企业检维修等作业过程全流程管控不严、违章违规现象时有发生，利用物联网和移动应用技术，建立检维修作业过程全流程移动监管模式，将机器视觉、图像处理等人工智能技术与终端设备与管控平台紧密融合，实现人员定位追溯、作业票电子签发、作业过程移动视频监察，提升检维修作业全流程的信息化管理和智能化管控水平。

5.2.2.4　智能报警管理

在现代石化工业生产控制中，科学合理的报警管理，可以确保报警系统发挥应有的保护功能，防止异常事件恶化，从而预防灾害发生。然而，因为缺乏严格的报警管理和合理化的优化措施，导致有效报警淹没在大量无效的或重复的报警之中，"报警泛滥"成为一类威胁工厂安全与环境的严峻问题。高效、准确、科学的智能报警管理对于提高工厂的安全生产和操作至关重要，也是进一步优化、控制和故障诊断的基础[13,14]。

智能报警管理在建立合理的报警管理框架的基础上，充分利用过程知识，基于相关工艺知识，结合历史数据，挖掘变量之间的因果关系，实现现代工业过程的多维度分布式报警数学模型；同时基于历史数据的统计性规律，采用多目标、多约束、非线性的报警阈值动态优化，设计预警阈值，提高有效报警率，大幅度减少干扰报警、无效报警的次数；依据报警信号的不同进行分类显示，划分报警优先级，建立报警变量与报警根源之间的逻辑关系图，以可视化的方式直接给出导致报警的根源，快速、准确、全面地判断导致报警出现的原因；基于报警溯源结果以及报警原因的逻辑判断和统计分析，关联相对应的异常工况处理操作，高效、准确地解决异常事故的发生。

此外，为保证智能报警管理正常发挥其应有的保护功能，及时发现不合理设计，应从平均报警率、最大报警率、超标报警率等多指标出发，基于操作人员满意度评估，对智能报警性能进行可视化监控和定期评价，从而建立基于智能技术的智能报警管理全生命周期。

5.2.2.5 沉浸式操作培训与智能导航

针对人员精简、生产任务繁重、操作经验传承困难的状况，应用高保真的工艺动态仿真、DCS操作仿真、现场操作仿真等技术构建生产装置仿真培训平台系统，融合数字化交付三维模型和工艺机理模型、虚拟现实（VR）、增强现实（AR）等技术开展沉浸式操作培训。

（1）开停工、正常操作的虚拟测试

应用仿真平台系统进行全厂各装置开工、停工的虚拟测算，寻求最佳的开、停工方案，缩短开工或停工时间、降低能耗和原料消耗，进而节省开停工成本。同时，在仿真系统上有目的地改变生产因素（如加工负荷、原料成分等）或设定不同的外界干扰，通过调整操作条件进行各种可能的试验，测试装置的各种"极限处理能力"，寻找"卡脖子"点（"瓶颈"分析），使生产技术人员和操作人员充分、全面地了解装置适应能力和针对不同影响因素的应对方法，在受到不同的外界干扰时（如上下游装置生产波动、原料波动等），能够采取合理、可行的调整方案，在仿真系统上对装置已有复杂控制方案、控制参数进行调试和整定，调试出最优的控制方案和参数，使装置的正常生产更加平稳和更具抗干扰能力。

（2）事故分析处置及安全应急演练

应用仿真平台系统可根据装置的事故案例或假设事故案例（故障）进行分类

图5-7　应急仿真模拟

预设和"突发性""随机性"和"多样性"测试，观察事故对本装置工艺参数的影响和变化趋势，提高操作人员对工艺原理、工艺和设备参数变化的认知度，提高操作人员的事故判断意识和处理能力，积累工艺经验和故障诊断经验，提高工厂安全度，延长工厂实际安全运行时间。同时通过虚拟现实技术与常规仿真技术相结合实现对装置典型应急事故的仿真模拟（见图5-7），进行单人单角

色或班组协同应急演练和安全救援，有效提高生产一线人员的装置安全应急操作与措施的协同处理能力，从而降低经济和社会损失。

（3）高效技能培训与智能操作导航

应用仿真平台系统内嵌实际生产装置的操作规程、设备的操作要求、技能操作经验、工艺指标控制范围来进行操作培训，同时加入对于违章操作、超限指标、能耗水平的评价权重和评价条件，通过推理机、质量累计等方法，对学员及班组的操作过程进行双向推理、逻辑判断，实现科学、客观、合理的操作过程指导和自动量化评估。而且，可通过云平台部署，解决企业员工"工学矛盾"问题，使得员工随时、随地通过互联网和账号登录该平台，进行仿真训练、课件学习、题库测试等，满足培训管理部门对员工培训信息的全过程监控，可作为员工的操作技能考核的重要支撑。在仿真培训的基础上，融合操作规程、操作经验、操作要求建立智能操作导航系统，根据操作需求指令，在开车、停车以及正常操作调整过程中自动给出操作提示，为提升操作培训效率、减少误操作提供强大的技术支撑。

5.2.3　设备管理智能化

以数字化交付为起点，建设贯穿设备资产运行、检维修、改造、报废的生命周期管理体系。

依托大数据模型的设备数字孪生技术，发展设备状态监测、健康评估、故障诊断、预测性维护，结合主动式的维护行动与优化策略，满足企业对工厂、设备和基础设施等资产的安全性、可靠性和完整性要求，通过减少非计划性维修及停工、减少不必要拆解造成的设备损坏、延长设备寿命、降低维护成本、预防设备故障、减少健康安全环保问题，实现设备的"安稳长满优"。

5.2.3.1　设备完整性管理体系

设备完整性管理体系以风险理论为基础，着眼于系统管理，贯穿设备全生命周期，综合考虑设备安全性、可靠性、维修性及经济性，采取改进工程技术和规范管理方法相结合的方式来保证设备功能状态的完好性，用于预防和遏制重大事故的发生。

对企业而言，在智能工厂2.0阶段已开启了设备完整性管理建设内容，逐步建设设备完整性管理体系，增强设备资产管理的数字化和信息化，打通数据通道，实现多平台之间的互联互通；将公司设备管理全流程标准化上线运行，实现设备管理标准化、标准程序化、程序表单化、表单信息化；强化动、静、电、仪设备的在线监控能力，提高故障预测和诊断的智能化水平。

运用大数据的管理理念，把碎片化、散乱的设备管理数据集中处理，建设以业务为导向的设备信息系统架构。识别管理业务，开发主要业务流程，在设备完整性管理体系内开发主要业务流程，包含设备分级管理、风险管理、过程质量管理、检验检测和预防性维修管理、缺陷管理、变更管理以及定时事务管理等，其他相关信息体系作为底层数据监测或部分流程执行体系，所有数据导入设备完整性管理体系，形成设备管理业务的整体监管与设备运维大数据的存储分析，为设备预防性维修策略的制定、调整、优化和设备全生命周期管理提供数据支撑。

5.2.3.2 设备运行管理智能化

在炼厂中，有着大量的动、静设备以及辅助的电气、仪表，每个单元的平稳运行是实现安全生产的必要前提，因此对生产单元的状态监测、异常预警、故障诊断等运行管理尤为重要。目前已针对企业多系统分散问题进行了整合、集中管理，实现重要机组和典型设备的健康状态管理和性能指标的动态分析，并进行设备故障的初步诊断，但还存在设备状态检测信息不全面、监测手段过于单一、诊断预警欠缺的问题，通过完善监测分析手段与深化智能诊断应用，支撑企业设备的健康管理与高效运行。

（1）关键机组状态智能监控与故障诊断

研发智能监测技术，对企业每台机组设备海量数据进行实时的分析计算，使设备状态层层汇聚，实现从全厂机组部件到全厂机组设备状态的"一眼"洞察。当设备产生报警，系统可以实现对数据层层钻取，实现事件追踪、故障快速定位。

深化故障诊断模型，应用边缘计算设备采集机组系统传感器的原始数据，自动提取设备部件的轴温、转速等基本特征和转子工频、倍频等关联特征，结合设备运行压力、温度等工艺参数，监测、跟踪每个分特征的实时变化，通过5G技术将数据传输至云端机组监测与诊断系统。基于规则、工业大数据、神经网络等技术建立故障诊断模型，智能研判设备与部件健康状态，识别偏离健康区间，定位故障源头，并通过自动聚类、组态相关报警图谱信息，实现一键智能化精确报警。进一步提出消除故障根因的方案，协助运行人员及时调整机组运行状态、离开故障区间。通过对大机组运行状态的智能监测和故障诊断，提升机组的健康管理水平。

（2）静设备智能运行管理

对于企业的静设备，采用高精度连续采集传感器对设备数据进行全面采集，对设备的温度、压力、腐蚀量、VOCs和CO_2等气体含量等关键指标进行实时监测；通过高速红外、光学影像、结合计算流体力学仿真模型等手段对设备内流动情况、温度分布进行全面监控；通过建立塔器、换热器、反应器等设备的工艺模型，对产品结焦、催化剂寿命等关键指标进行软测量从而实现实时监测。集成设备状态、工艺操作、生产化验、腐蚀监测、泄漏监测、检维修等数据，建立腐蚀、泄漏的智能识别与预警模型，对设备、管道动态腐蚀、泄漏状态进行量化评估和及时预警。重点包括：储罐状态 VOCs 监测与安全预警；管道腐蚀及泄漏监测预警、管道动态风险管理，反应器和工业炉内的流场、温度场监测与安全预警，热交换器内的泄漏监测预警、结垢监测与清洗方案优化等。

（3）电气设备运行管理智能化

针对企业电气相关设备危险性高、无人值守以及监测欠缺的情况，根据电气设备的结构建立电气监控模型，对电气设备的调度、执行方式、继电保护与自动装置管理等进行分析评估。进一步建立变配电系统的数字孪生应用平台，融合 SCADA、PLC 动态实时数据，室内外巡检机器人、高清视频摄像头、红外热成像摄像头等巡检设备影像数据，实现变配电设备状态动态监测、人员安全风险识别等，并实时在数字孪生平台中展示，能够对异常进行报警。进一步结合电流电压、在线监测、在线巡检等多元状态量数据，根据不同类型信号特征采用相应的智能算法进行分析，实现设备运行健康状态的评估与主动预警，保障电气设备的安全性与可靠性。

（4）仪表设备运行管理智能化

针对炼化企业仪表设备管理需求迫切的情况，建立仪表设备管理系统，基于仪表设备类型进行建模可实现对各类控制系统、现场仪表、控制阀等设备的实时监控，并可完成对关键指标的分析、归类、统计等；基于仪表设备管理系统可配套建设仪表设备在线监测诊断平台，存储设备故障报警和诊断信息，建立设备诊断模型，结合控制系统和智能仪表设备管理软件，进行在线或历史数据报警，划分不同的报警等级，信息推送不同层级的管理人员或相关系统，实现报警信息可视化、统一化、多元化的闭环管理。

同时，通过模型故障诊断、供货商在线诊断、获取第三方故障和诊断信息等方式增强对设备的故障诊断和分析能力，协助运维人员分析和处理故障，并为备品备件、停车检修等计划提供数据支撑；除此之外，还可通过预警、报告等方式指导预防性维护，使智能设备发挥最大效益，减少设备损耗并降低维护成本，实现对仪表设备的全生命周期管理。

5.2.3.3　设备预测性维护

在设备运行监测和健康管理的基础上，进一步开展设备预测性维护，通过实时监测设备的运行状态，提前预测设备可能发生的各种故障，有计划地安排设备停机维修维护时间，是目前最为先进的和具有最佳性价比的设备维护策略[15]。

发展基于数字孪生和人工智能的动设备预测性维护和运营优化。首先，建立大机组的数字孪生模型，通过大机组的结构信息、工艺设计数据、历史故障通知与维修报告日志等数据，并结合设备制造相关机理与专业知识，对机组进行建模。建立机组组合白名单，包括机组运行特征曲线、功率曲线参数以及损失系数等。然后通过传感器、通信网络等物联网技术与物理世界互相连通，实时交换数据，实现物理世界和数字世界的虚实映射。根据调度需求和机组运行状况，通过优化模型智能优化机组控制策略，在保障机组功率输出的同时，使所选择的机组都尽可能运行于其特性曲线的高效区间上，延长泵机寿命，实现降本增效。

进一步，采用机器学习与模型训练，在平时各个工况下对状态进行学习，使得模型能够自动从设备运行历史数据中学习不同运行状态对应的模式，通过实时的数据和建模的数据进行比较，实现运行状况和潜在的故障风险的可视化和预测预警，降低设备非计划性停车风险，实现降低成本、节能提效、减少人工操作、延长泵机寿命等价值。

5.2.3.4　设备维修与处置智能化

（1）设备检维修过程管理

建立维修对象、维修活动、过程模型确定装置和设备的分解结构，规范装置和设备检修项目、故障、维修过程、质量标准、验收标准，并关联规范制度、标准术语等专家知识库，辅助检修计划编制。

（2）设备检维修策略管理

建立维修策略模板库，采用基于风险的检验（RBI）、以可靠性为中心的维护（RCM）、失效模式和影响分析（FMEA）等工具，能够有效识别出系统内设备的薄弱环节和设备失效模式以及损失机理，执行设备失效风险分析，对有缺陷的设备进行风险评估，从而合理制定检维修策略，降低非计划停车的经济损失。

（3）基于三维模型的检维修和设备仿真培训

基于数字化交付的设备三维模型，提供检维修管理专业应用，包括材料统计、工程量概算、检维修计划编制、三维检维修方案编制和三维技术交底等。基于设备三维模型建立设备仿真培训系统，对大机组、泵、换热器等设备的运行原理、拆装操作、维修方法等各方面进行直观有效的培训，能够对相关各岗位人员进行专业性、系统性的培训，提升设备专业人员的技术水平。

5.2.4　能源管理智能化

炼化行业面临日益严峻的节能减排形势，炼化企业结合企业能源消耗现状，推进全厂系统化用能优化显得尤为重要[16]。

开展能源的供应、生产、输送、转换、消耗全流程精细化管理和在线优化，做到"能效最大化、能流可视化、在线可优化"。综合统筹水、电、气、风等能源介质使用，监控和优化各类节能设施的运行，开展装置和公用工程系统的用能优化等，实现多介质能源优化与能源梯级利用，进一步探索新能源与传统能源的耦合优化思路。能源管理智能化主要包含装置工艺单元用能优化、公用工程系统优化、多能耦合等层面。

5.2.4.1　装置工艺单元用能优化

（1）装置工艺过程能量集成优化

在装置运行过程中，由于不同工况下操作条件的调整导致主要冷热流股的换热情况发生变化，通过构建装置工艺机理与换热计算耦合模型，对装置内换热网络的运行性能进行动态预测，动态评估装置主要是换热器在不同操作条件和运行时间的换热效率，提出可行的用能优化方案。在生产运行阶段，从工程可接受的角度出发，选择典型上下游装置，采集冷热物流数据，充分结合夹点技术，对炼厂装置能量流进行建模，分析装置热集成方案的可行性，在少改造的情况下，以能源成本和投资回收期为指标对集成方案进行评估，确定装置间能量集成方案。

（2）装置单元设备能效评估与优化

在装置运行过程中，加热炉、压缩机、机泵等关键设备的能耗直接影响整个装置的能耗。建立设备监控和故障诊断系统，通过构建关键耗能设备的工艺机理模型对设备的运行参数、运行指标进行动态分析，并对不同运行性能的能效进行评估，获得不同操作条件下设备高效运行的性能参数。结合机理模型和大数据分析对单元设备实时运行数据进行能效在线评估，并提出满足不同工艺操作下的优化运行方案，通过变频技术和智能化控制系统使得机泵等高耗能设备在满足工艺需求的同时降低用电能耗，提高设备能效利用率。

5.2.4.2　公用工程系统优化

公用工程系统主要包含燃料、蒸汽、氢气、供电、低温热等系统。结合工艺机理和工厂数据建立公用工程系统模型，对不同工艺需求下产能设备、能量分配网等的运行情况进行模拟预测，并在此基础上耦合工艺装置模型，对公用工程系统的产能、用能进行协同优化。

拓展炼化企业炼油、乙烯、芳烃等产品智能工厂平台的应用，利用数据库数据对系统进行模拟迭代优化，实现机理模型与现场系统的覆盖统一；建立统一的标准化数据基础，实现各个装置、系统之间的数据连通，并建立热电、蒸汽、水等系统的能源优化管理，依次通过数据集成、平台优化、数字孪生和深度算法开发等分步实施内容，实现蒸汽动力系统、水系统、空气系统的智能控制和智能管理，对蒸汽管网实时跟踪核算优化，提升蒸汽动力系统智能优化水平。建立原油等物料的全厂优化核算系统，建立机理模型，并与计划调度控制系统协同，实现上下游装置的能源联动优化。通过能源计划、能源运行、能源统计、能源优化、能源评价、能耗监测，实现能源供应、生产、输送、转换、消耗全过程管理，做到"能效最大化、能流可视化、在线可优化"，提升能源精益化管理水平，降低物耗与能耗。

（1）蒸汽和热电优化

在石化智云基础上，搭建热电、蒸汽系统智能化系统。在中国石化标准数据治理基础上，设置生产过程监控、智能报表、设备能效分析及诊断、工艺优化控制、机组性能试验、专家系统等控制模块。通过机理模型和三维模型的在线实时分析，达到模拟数据与现场数据的同步，指导运维，实现蒸汽管网、燃料、燃烧、供热和机炉联动、烟气处理、热电调峰、关键设备能效调节、固废处理等各系统的智能化控制和能效最大化，提升能源系统效益，节能降碳。

（2）循环水优化

炼化企业循环水系统常采用固定流量或增减泵调节运行，尚未根据工艺、气候及散热条件的变化需求进行合理调节，不能保证循环冷却水系统在高能效状态运行，机泵用电量高，整体耗水量大。因此，建立循环水系统工艺模型，对不同工艺需求的循环水系统换热情况进行模拟分析与评估，结合增设智能调节阀整体优化各水冷器的水量配比。同时通过水泵在线匹配智能控制器、水泵负荷跟踪控制仪以及冷却塔负荷跟踪控制器监测水泵和风机的实时运行状况，在满足装置安全平稳运行的前提下，通过变频控制技术自动控制水泵和风机的变频开度，达到循环水系统"配置合理、运行协调、整体优化"的目标进行节能增效。

（3）氢能优化

氢气的用能优化主要结合各装置工艺模型，开发炼化企业的制氢系统智能服务系统，从能耗、物耗、装置运行周期等角度考虑，进行氢资源的组成与压力等参数对各装置影响的全面分析，并在此基础上构建全厂级的氢资源模型，实现氢资源的梯级利用。通过智能化升级，实现氢资源的精细化管理和制氢系统安全高效低碳运行。同时考虑风、光、绿电制氢是未来的新能源发展方向，通过绿电绿氢的智能化建设运维，降本增效，逐步推广利用，加快实现由蓝氢和绿氢的能源耦合供应。

5.2.4.3 多能耦合

根据炼化企业现有和未来规划对于多种能源需求的分析，在源-网-荷-储等多阶段进行合理控制，合理调度安排，获取源端和荷端之间的供需平衡。搭建多能系统智能调度运行平台，结合热电厂智能调控服务平台、氢能智能化平台（蓝氢、绿氢）、清洁能源智能化应用平台等分布式应用系统，搭建兼顾运行成本、排放成本、风电光伏、储能成本的电-气耦合系统综合调度模型，有效分析海上风电、分布式光伏、天然气、氢能负荷变化与系统调度及储能系统的关系及对系统经济性、污染排放、碳排放的影响。系统设置充分考虑多种能源的转换互济效应，利用天然气、热能系统时间常数大的特点，充分发挥其能量存储能力，结合储能系统的应用，以应对负荷高峰，提升供应能力，将需求侧响应应用到多种能源协调管控中，建立能源利用率高、供应可靠性强的多能源耦合应用系统。

5.2.5　安全管控智能化

石化行业是一个高危行业，具有高温高压、有毒有害、连续作业、点多面广的特点，一旦发生重大事故，往往会对社会和环境造成严重危害，影响到公共安全，产生广泛的社会影响。随着石化行业的业务范围不断拓展，生产规模不断扩大，重视经济规模、效益增量、降本减费，努力实现安全发展，创造一个和谐、安全的友好环境，对企业管理也提出了更高要求[17]。

从生产过程安全、施工过程安全、危化品储运安全、协同应急指挥四个方面着手，利用物联网、大数据、人工智能等信息技术，在危险源辨识、危险预测、危险应急处置等方面，通过信息化、智能化手段增强石化工业安全生产的感知、监测、预警、处置和评估能力，加速安全生产从静态分析向动态感知、事后应急向事前预防、单点防控向全局联防的转变。面向动火作业、高处作业、动土作业、受限空间、管线打开、断路作业、吊装作业、临时用电等高危作业，实现无人化替代。

5.2.5.1　生产过程安全

基于信息化和智能化技术，配套智能传感器及工业可视化的集成应用，聚焦催化裂化、加氢裂化等装置，开展生产装置工艺平稳性、设备完整性运行监控。采用先进的检测、监测技术完善设备的动态监测，实现泄漏预警、工艺安全预警、设备安全保障、视频智能识别与监控。

（1）基于模型的超早期工艺安全预警

融合化工机理知识、大数据技术及人工智能算法，开发化工过程超早期预警模型、异常工况识别模型、故障诊断模型。首先，建立数据融合平台，通过贝叶斯网络深入挖掘工艺参数之间的关联性，并采用迁移学习等算法建立数学模型。将装置实时运行数据与正常工况和发生过关键报警的历史数据相匹配，实现生产过程的超早期预警和异常工况识别，并在此基础上对故障或异常进行溯源分析，为操作人员提供及时有效的操作导航，进而遏制可能导致的非计划停车或重大事故。此系统对于帮助操作人员及时发现、处理生产过程中的异常情况，提升化学工业智能制造水平和预防重大安全生产事故具有重大价值。

（2）基于机器视觉算法的泄漏预警

生产过程中的泄漏问题严重影响设备安全运行，并在一定程度上降低生产效率，目前炼化企业主要通过人工巡检的方式进行设备的泄漏查看，一方面存在危险隐患，另一方面由于人眼观察的不稳定性，很容易产生漏检现象。

因此通过全方位的视频监控布置，对装置高点、隐蔽点等易忽视位置，阀门管道连接的易泄漏点进行全方位监测，依托机器视觉图像识别技术，有效监督系统运行情况，识别泄漏。通过工业互联网平台技术，建立点、线、面多元感知泄漏全方位监测网络，通过分布式监测和多源数据融合，实现泄漏立体化监测成套技术应用，全面提升泄漏监测预警水平。

（3）全方位设备监测预警

通过结合智能诊断设备和视频监控设备，建立全方位设备检测分析平台，通过深度结合设备故障的智能诊断技术与影像数据自动化分析，建设机组故障的智能诊断应用，开展关键部件的剩余使用寿命预测，建设预防性维修机制。构建视频监控影像与生产过程数据融合的数据中心，快速甄别和筛选，将视频监控的事后取证作用前置为实时警告和事前预警。建设静设备腐蚀信息应用，开发腐蚀机理模型，完成腐蚀回路、预警管理功能，实现设备的预防性维护。

（4）构建安全知识图谱

发展基于安全知识图谱的异常识别、风险预判和故障诊断技术。为了实现对厂区异常状态进行自动辨识、评估和预警的目标，首先需要基于工厂量运行数据，建立正常/高效工作区的模型，并根据正常/高效工作区模型对异常状态进行自动辨识；然后，为了评估异常状态，需要根据监控变量之间的因果关系，分析产生异常状态的根源；将工厂安全要素标签化、图谱化，建立异常识别、风险预判和故障的关联关系；最后，可以结合监控变量的历史数据信息和当前数据信息，对异常状况进行智能预测，以实现异常状态、风险点和故障的预警预判。

5.2.5.2 施工作业安全

拓展新技术应用领域，提升施工作业立体化监管能力；围绕用火、受限空间、高处等八类高风险作业，开展作业风险研判、实时监测报警等智能化应用；开展可视化作业监控，打造现场监护、远程监控、异常预警相结合的施工安全管控新模式。

（1）火灾自动监测报警

通过高分辨率摄像头、5G网络和计算机视觉图像识别算法，对炼厂中主要装置和潜在火灾区域实行全时监控，通过分析图像，实现火灾报警。目前青岛炼化、九江石化、燕山石化等炼厂已经实现基于图像识别的火灾自动报警。由于摄像头全时监控，而炼厂发生火灾的情况极少，目前该技术对火灾的误报率较高，主要是没有发生火灾的场景会产生"假报警"，未来仍需要进一步完善炼厂火灾场景训练集，提高报警准确率。

（2）人员动态监测

利用机器视觉算法、传感器设备等方式实现人员位置、行为和安全风险的动态监测。在安全防范、质量监测、生产流程管理等方面实现实时监控、主动发现、主动预警，降低安全监控工作量、提升监控自动化水平、事先控制、预防在先、防患未然。包括：远程监督监控、作业票证自动化审批管理、承包商人员监控、危险区域危险行为监控、产品质量管控、生产流程管控等场景。

（3）操作规范识别

对于炼厂中的施工场景，设计场景下操作规范和违规图像库，利用图像识别算法，对施工人员的行为进行监督，出现不规范或者违规操作行为自动报警，并识别记录人员信息，保证装置操作的安全，增强施工过程安全管理。

基于机器视觉的施工安全应用见图5-8。

图 5-8　基于机器视觉的施工安全应用

5.2.5.3　危化品储运安全

采用物联网技术，提升装卸作业安全和运输安全管理水平，推广装卸信息和数字化建设，实现装卸作业安全可控，完善危化品运输安全管理，实现危化品运输过程的智能化监控和全生命周期管理。

（1）装卸作业安全

建设装卸联锁监控系统，接入报警、视频、气相压力等实时数据，实现装卸过程本质安全管理。对装卸作业进行综合研判，提升装卸作业环节风险管控能力；提供装卸过程违章行为分析，实时对车辆违规、人员违规、泄漏等风险进行智能化识别，有效管控停车风险，实现入场车辆和人员的有效管理。

（2）运输安全管理

加装可视化、状态感知和实时传输终端设备，对特别管控的危化品进行高效监测预警。提供驾驶员健康疲劳评估，运用分析模型和生理大数据库，对驾驶员的健康状态和疲劳程度进行监测、评估与判断。建设停车场安全管理，构建危化品智能停车系统，提供车辆出入管理，打通人员车辆预约-入场安全检查-停车分区引导等关键环节。

5.2.5.4　协同应急指挥

以物联网、云计算、大数据、智能视频分析等技术为支撑，推进消防应急联动与指挥系统建设。发展智慧防控、智慧管理、智慧作战功能；完善监测预警、应急响应功能。实现企业与总部智能运营中心（含应急指挥中心）互联互通，提升突发事件下应急决策和指挥能力，满足总部和企业的日常一体化监管要求和战时统一指挥的要求。强化专职应急队伍管理，建设基于 VR 的桌面事故沙盘推演，实现仿真应急演练的智能化，通过情景构建辅助形成应急处置最优方案[17]。

（1）数字化监控管理

通过建立监控预警与分析模型、快速联动算法等技术，自动关联现场视频监控、移动视频、应急资源分布、救援车辆分布、气体探测信息、预案信息、气象信息、厂区周边等信息，一键推送到大屏幕等终端设备上展现；实时跟踪车辆的运行轨迹；实时修改处置信息，推送到企业指挥中心大屏和手机客户端，实现事故处置进程跟踪统计。支持由事后处置向事前监控报警、事中快速响应转变，提高企业风险防范和应急响应能力。

（2）与总部协同管理

建立数字化应急预案管理系统，实现总体应急预案、专项应急预案、现场应急处置方案和灭火预案的编辑、评审、发布、查阅、报备、演练各个环节的数字化管理，支撑"纵向到底、横向到边、科学有效"的应急预案管理体系。建设专职应急队伍的规范化管理平台，专职应急队伍的战备、执勤和火警出动情况，按月度、季度和年度生成规范化管理报告，满足总部和企业内部对专职应急队伍管理的需求。

（3）基于 VR 技术的智能应急演练

基于虚拟现实和混合现实等软硬件技术和设备，建设应急智能演练平台，实现对专职消防队伍、义务消防队伍、企业基层员工、应急指挥人员等不同角色的应急演练和培训，优化事故重构、演练情景构建、演练评估等模型，打造三维沉浸式训练与实操模拟演练平台，打破时间和空间的限制，提高相关应急人员的事故处置能力，推动应急处置培训和演练科学化、智能化。

（4）智慧消防

建立炼化企业智慧消防管理体系。将消防设备设施（固定消防设施和半固定消防设施）日常管理信息进行同步，根据智能分析结果指导维修人员及时维修保养，确保消防设施完好可用；配合智能监控和报警，对厂区状态形成全局掌控，依据消防道路占用和消防水使用情况，制定消防最优路线方案；实现统一接警机制，将报警警情确认、警情分析、应急通知等功能集成，将事故发生地自动标识在"应急处置地图"上，实现处置辅助信息的统一管理、查询及调度，并一键推送到大屏幕展现和手机客户端；滚动展示处置进展信息，指挥人员通过智慧指挥系统向工艺处置队、消防救援力量发出各项应急处置指令，全力控制事态进一步发展。

5.2.6　环保管控智能化

建立环境排放智能监测与管控体系，实现对生产装置及储运系统的废水、废气、固废等各类排放及噪声的动态监控、智能分析及可视化管理，实现全生命周期的环境风险管控。提高资源综合利用水平，促进废水、废气、固废等污染介质减排，并持续提高化学需氧量（COD）、氨氮、SO_2、NO_x、VOCs 等污染物排放达标率，提高环保治理设施处理效率。基于专家知识库和扩散模型，实现对污染物和污染事件的自动识别、预测预警和溯源分析等。形成覆盖主要生态要素的资源环境承载能力动态监测网络，实现石化生产与生态环境数据的互联互通和开放共享，实现生产与周围环境的和谐发展。重点建设内容如下。

5.2.6.1　废气监测与预警

针对不同污染源的不同废气处理工艺，有针对性地处理某种具体的污染物；建立环保废气可视化地图，实现废气排放实时监测和预警。

（1）新一代 LDAR 智能管理

研发配套完整、流程规范、动态可视、定位准确、统计精准、计算便捷的泄漏检测与修复技术（LDAR），为用户企业提供量身定制的"一条龙"技术服务和"一站式"解决方案。在第二代智能 LDAR 技术基础上，集成 5G、物联网、大数据等新一代信息技术，开发基于 5G 的泄漏检测数据远程采集与处理技术、泄漏监检测数据智能分析与动态预警技术，建立整合各类数据的 LDAR 云数据库，以及基于数据挖掘的泄漏诊断与智能修复决策等系统，开发形成 LDAR 智能管理云平台，进一步提升泄漏检测与修复的智能化水平与管理效率。

（2）炼化特征气体泄漏远程监测成套技术及装备

开发基于单频中红外、红外差分吸收、可调谐激光吸收光谱、傅里叶变换谱等方法的炼化特征气体遥测技术以及光学望远收发技术，并集成为小型化模块，开发监测节点稳定及精确指向控制方法，建立基于 5G 的监测数据传输方法，形成单点区域动态监测技术，开发区域气体浓度可视化方法，建立特征气体泄漏远程监测成套技术及装备，实现单点区域痕量特征气体泄漏检测、可视与报警。

5.2.6.2 污水智能监测与溯源

发展废水分级管控技术，对不同来源污水实现清污分流、雨污分流、污污分治，全面提升污水回用水平、装置处理智能化水平，构建"处理前可预警、处理中可调控、处理后可溯源"的全流程管控体系。

（1）基于微流控技术的多参数水质智能检测

基于"定制化微流控芯片＋手持式检测设备"的便携、快速、智能化水质检测设备，通过液体在芯片上的受控流动与特异性试剂发生反应，智能采集芯片上的光学信号对目标物浓度进行准确快速测定，几分钟内完成对水中 COD、氨氮、磷酸盐、硝酸盐、铬镍等参数的同时检出，可以全面地了解水质现状，为水体质量管理、污染源控制、水质规划等提供科学依据。该技术集试剂消耗少、灵敏度高、成本低廉、检测通量高、耗时短、自动化程度高等优点于一体，一次性微流控芯片加动态校正算法，避免了样本间污染对结果的影响，保证了检测结果的可靠性。

通过云端数据库及专家系统建设，智能化分析水质中多参数指标及趋势，实现对异常工况的及时识别。通过北斗/蓝牙技术实现水质检测数据的实时传输，通过神经网络算法建立水中多参数指标与水质状况、不同工况间的联系，对异常工况进行智能识别和原因分析，为工况异常的及时发现及采取相应的措施争取宝贵时间，提供指导性方案。

（2）高可靠性非接触式污水智能监测

发展低成本、高可靠性的非接触式污水监测设备，通过光谱、激光等非接触式方法自动化监控污水井、污水池、雨水系统等位置的污水流量、含油量、COD 等指标，对全流程的污水"毛细血管"实现实时、无死角监控。非接触式监测设备保证可靠性和可维护性；通过高性能算法实时计算，为污水处理、调度、预警及事后取证提供污水网络的数据。

开发包含污水流量监测、预测及上限预警功能的污水智能监控系统。设计搭建污水视觉监控实验系统，利用图像边缘检测算法计算污水体积，建立污水流量与水体面积的数学模型，实现计算机视觉实时流量监测；利用循环神经网络建立月度、季度流量预测模型，实现污水流量上限预警；按照不同来源的污水进行重点特征监控，重点关注较容易被忽视的污水节点架设防爆摄像头等非接触式设备，在地下暗渠中以油膜识别方法检测污水的含油量、以透视变换方法检测污水流量，在其他密闭管线中合适节点安装在线化学需氧量分析仪，不同源头的污水信息在智能污水管理系统中汇总分析，达到预警和溯源的目的。

（3）污水处理智能管控和优化调度

以污水系统数据为核心，构建基于工艺机理模型的污水智能管控优化调度平台，通过全局资源优化算法优化污水处理系统，解决异常天气下大规模降雨、装置检维修等复杂因素导致的污水管网高度波动造成的污水处理环保问题，低成本、高效率、自动化地解决污水高效处理问题，提升环保系统效率，实现全厂污水的监测、管控和处理流程优化。

污水智能化监测设备及智能算法主要实现污水处理系统在线数据采集、数据趋势分析、数据集成查询、在线分析仪表的实时监控及控制联锁、处理系统顺序及逻辑控制自动运行、应急工况报警联锁、现场可视化视频监控、模型及设备集成等功能。

5.2.6.3　固废监测与利用

全面深入开展固废识别与分类，打造"减量化、资源化、无害化"固废完整性处置平台。建立固废全生命周期管治系统，包含固废的产生、收集、运输、储存、减量化和无害化处理以及资源化利用全过程。

（1）固废全流程监管

针对固废填埋、固废外委、固废贮存、固废综合利用四个业务开展全流程监管。具体涵盖固废生产过程监控、固废处理计划提报、二级单位固废处理申报过程流转、固废运输、运输单位、车辆轨迹、填埋场监控、贮存地监控、外委单位、外委处理过程监控等节点。针对监控数据，利用人工智能视觉手段进行智能识别，对异常信息进行预警和跟踪，充分利用信息化技术实现污染防治系统优化和智能管控。

（2）固废资源化利用

扩展固废资源化利用途径，重点开展废催化剂、废溶剂、废活性炭、废渣的资源化利用。积极拓展大宗固废下游利用渠道，合理开展跨行业大宗固废的转运流通。建立固废资源化利用优化模型和评价体系，实现固废资源效益最大化。

5.2.6.4 碳足迹分析与碳排放优化

（1）碳足迹核算

碳足迹分析是对温室气体排放过程的测量，包括温室气体的来源、构成和数量。碳足迹分析通常通过审核或者评估过程来完成，包括跟踪和量化数据，以及检查相关设施的使用。能源和碳足迹分析和优化包括：企业运营过程、能源的总消耗和温室气体的排放分析；提出运营过程效率最大化，减少能源、温室气体及能源成本的策略。

对石化产品流程数据进行分析清理，开发建立装置温室气体排放监测基础数据库，基于碳足迹温室气体核算规则，建设产品碳足迹核算系统，实现产品碳足迹的对标管理。

（2）碳足迹跟踪预测及低碳优化决策

石化企业的碳足迹路线比较固定，因此便于通过分析累积的数据，通过神经网络等算法建立一次能源低碳优化模型，对碳足迹进行跟踪预测，进一步通过优化算法，优化碳足迹路线，减少碳排放。

（3）碳资源综合管理

建设碳资源综合管理数据库，融合碳足迹核算、碳足迹跟踪预测、低碳优化决策等功能。建立碳资源综合管理体系，涵盖基础数据收集、能耗监测与管理、碳排放核算、碳交易、碳资产管理等，实现数据收集、定期上报以及统计分析等功能，及时掌握碳资产规模和分配、各级企业的排放变化以及市场的变化趋势等情况，为减排和交易策略提供依据。

5.3 数字化技术支撑与基础

5.3.1 基础设施

基础设施升级改造重点内容包括：智能仪表升级改造；工业有线和无线网络升级改造；智能装备、智能检测、传感和信息集成；企业数据资源中心建设等，提升生产过程要素的智能感知与信息融合，包括多源信息融合的全要素智能感知；多源异构数据融合下的新信息发现；多尺度、多维度信息的传输标识与应用等。重点内容如下。

5.3.1.1　智能仪表阀泵等升级改造

数据是智能化发展的基础，智能仪表、智能阀门、高低压变频泵、智能计量衡等基础设施是智能工厂获取数据的重要基础。以优化控制、节能降耗为目标，新建乙烯装置同步开展数字化、可视化、自动化等智能化建设；炼油、芳烃等老旧装置的工艺技术改造与数字化、可视化、自动化等智能化改造同步进行。借助微型化、智能化、低功耗传感器、智能化仪表、变频泵、变频空冷以及物联网等技术，提升仪表自控率和数据自动采集率，降低企业劳动力生产成本，减少人为的失误操作，实现对生产过程核心要素实时、动态、精准的智能感知，创建一个安全高效的数字化生产环境。

5.3.1.2　智能检测、传感和信息集成

随着现代光电技术的迅速发展，基于红外光谱、超声波、图像信号的先进在线检测技术和设备在近二十年来得到了迅速的发展和研制。由于具有检测精度高、灵敏度好以及对生产和反应过程影响微小甚至无接触或无侵入等优点，这些技术和设备已逐渐被采纳用于各种化工生产工艺和生产监控系统，以实现高质量和高效率的生产目标和效益。如基于光学透射、漫反射、透反射或漫透射原理研制的红外光谱检测仪可以用于检测固体或液体合成产物成分。

增加在线检测技术的应用，实现从原料供应、生产运行到产品销售全流程与全生命周期资源属性和特殊参量的快速获取与信息集成。在信息传感和集成方面，结合智能传感、物联网（IoT）、数据挖掘分析、优化模型、交换共享、移动应用等技术，建立以优化节能及健康、安全和环境管理（HSE）预警、智能感知、集中集成为核心应用平台，打造绿色低碳、高效可靠的物流，从而提升企业管理水平。

5.3.1.3　工业网络升级改造

① 面向低时延、高可靠、广覆盖的网络需求，大力推动企业内外网建设。以 IPv6、工业无源光网络（PON）、时间敏感网络（TSN）、工业无线等技术改造石化企业内网，以 IPv6、软件定义网络（SDN）以及新型蜂窝移动通信技术对石化企业外网进行升级改造。

② 构建智能稳健的 5G 融合网络。基于 SDN 技术实现自动化、可视化、超强自愈的基础网络；加大与电信运营商合作，加快试点推进 5G 基础设施建设，建成基于 5G 融合的无线网络，推进面向石化工业互联网的 5G 网络应用部署。

③ 打造安全便捷的融合通信系统。采用智能通信技术、混合云部署方式，打通视频会议、云视频、视频监控、调度通信、企业融合通信、石化通等系统，

全面支撑公司生产调度、应急指挥、视频会议、远程审计、远程培训等业务场景的沟通协作应用。完成炼油、乙烯全厂的一体化通信融合，支持业务应用。

5.3.1.4 智能装备建设

智能装备是智能化发展的重要基础。"机器换人"不仅能解决一线劳动力短缺和人力成本高升的问题，更是从根本上提高质量、效率和企业竞争力。

重点增加面向石化行业的工业机器人，例如全自动立体库、巡检机器人、特种作业机器人、消防机器人；智能手持终端；原油和成品油在线调和成套设备等。

5.3.1.5 企业级数据湖建设

遵循总部数据湖、事业部数据湖和企业数据湖三级数据湖的定位和规划。结合炼化企业数据现状，建设企业级数据湖，建设元数据、主数据、数据质量、数据标准等数据治理体系，实现面向经营管理和生产运营全域数据的采、存、算、管功能，提升以数据资产为视角的数据管理能力，实现数据生命周期的增值管理。

5.3.2 信息化架构

5.3.2.1 总体技术架构

基于石化智云的技术架构，采用"数据＋平台＋应用"的模式[18]，基于企业边缘云平台提供的应用门户、个人工作台等技术能力开展应用建设，形成总部中心云和企业边缘云、端的"云边端"协同应用模式，如图 5-9 所示。

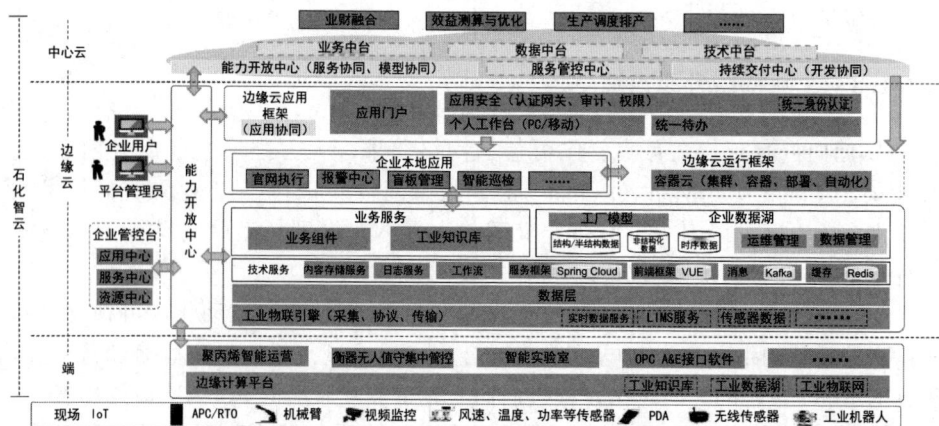

图 5-9　中国石化智能工厂总体技术架构图

5.3.2.2 微服务技术架构

在开发技术方面，采用主流的技术架构，遵循石化智云应用开发规范，前端基于 VUE 技术框架，结合 HTML5 等相关技术进行开发，后端采用 JAVA 技术路线，基于 Spring Cloud 微服务框架并配合使用 Spring Mybatis-Plus 等技术组件进行开发，如图 5-10 所示。

图 5-10 中国石化智能工厂微服务技术架构

5.3.2.3 数据湖架构

数据方面，采用国产化数据库集群及配套技术，建设企业数据湖，如图 5-11 所示。结构化数据存储到国产数据库集群里，时序数据存储到工业数据湖里，并通过数据服务对外提供数据支撑。

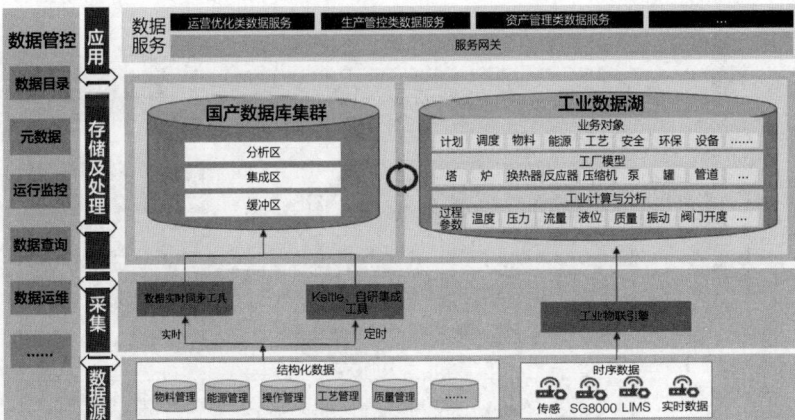

图 5-11 中国石化智能工厂数据湖架构

5.3.2.4 集成架构

集成方面，通过石化智云的能力开放中心实现对 ERP、EM、BW 等应用进行数据集成，获取订单、销售、价格等业务数据；通过企业边缘云平台实现部署在企业端应用的服务注册及管理，使用企业数据湖提供的数据服务实现数据共享。中国石化智能工厂集成架构如图 5-12 所示。

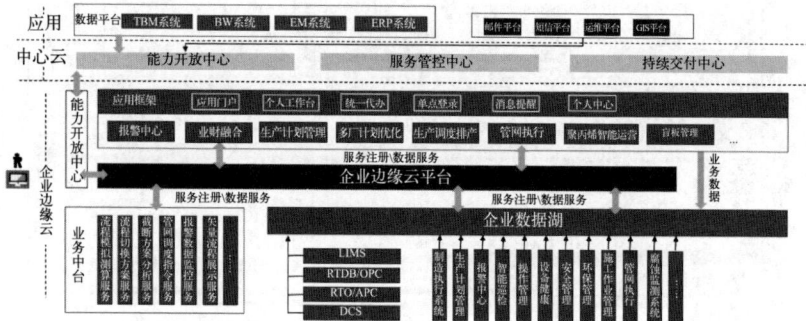

图 5-12　中国石化智能工厂集成架构

5.3.2.5 部署架构

部署方面，基于"云边端"的协同应用模式，业财融合、效益测算与优化等应用以及日效益服务、价格服务等业务组件部署到总部中心云上，生产计划管理、管网执行等应用以及流程模拟测算服务、流程切换方案服务等业务组件部署到企业边缘云上，衡器无人值守、智能实验室等应用部署在企业"端"处。采用虚拟机集群部署模式，保证应用及服务的稳定运行和高可靠性。中国石化智能工厂部署架构如图 5-13 所示。

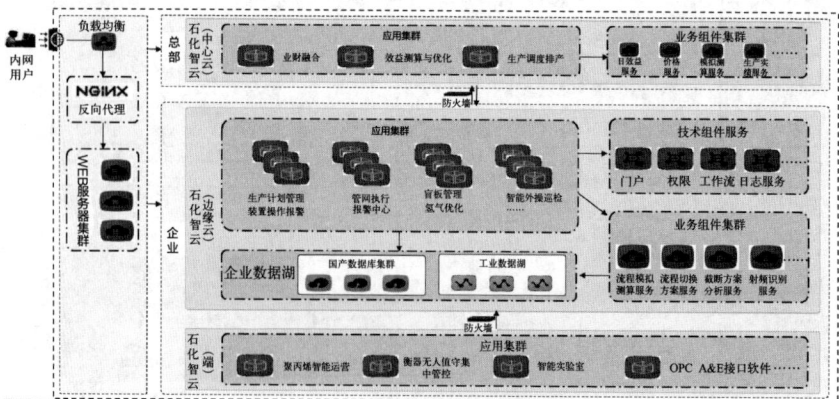

图 5-13　中国石化智能工厂部署架构

参考文献

[1]　袁晴棠，殷瑞钰，曹湘洪，刘佩成.面向 2035 的流程制造业智能化目标、特征和路径战略研究 [J].中国工程科学，2020, 22（3）：148-156.

[2]　李德芳，蒋白桦，赵劲松.石化工业数字化智能化转型 [M].北京：化学工业出版社，2021.

[3]　王子宗，高立兵，索寒生.未来石化智能工厂顶层设计：现状、对比和展望 [J].化工进展，2022, 41（7）：3387-3401.

[4]　索寒生，蒋白桦.石化智能工厂探索与实践 [J].信息技术与标准化，2018（11）：20-26.

[5]　高立兵，刘东庆，高瑞.石化行业智能制造发展现状及技术趋势 [J].流程工业，2021, 8：16-21.

[6]　王子宗，索寒生，赵学良.数字孪生智能乙烯工厂研究与构建 [J/OL].化工学报 [2022-12-28]. https://kns.cnki.net/kcms/detail//11. 1946. TQ. 20221219. 1237. 001. html.

[7]　Gartner. Critical Capabilities for Robotic Process Automation [EB/OL].2021-8 [2022-12-29]. https://www.gartner.com/en/documents/4004854-critical-capabilities-for-robotic-process-au-tomation.

[8]　冯少辉，袁海雷.基于 Lambda 方法的自衡对象 PID 整定研究 [J].石油化工自动化，2021, 57（4）：31-34.

[9]　赵恒平.中国石化先进过程控制应用现状 [J].化工进展，2015, 34（4）：930-934.

[10]　赵毅.稳态在线实时优化技术在乙烯装置中的应用 [J].乙烯工业，2109, 31（1）：23-28.

[11]　赵毅，李超，田健辉.实时优化技术在乙烯装置在线优化中的应用 [J].化工进展，2016, 35（3）：679-684.

[12]　高立兵，吕中原，索寒生等.石油化工流程模拟软件现状与发展趋势 [J].化工进展，2021, 40（S2）：1-14.

[13]　徐学波，尹法波，宋肖苗，高海龙.炼油化工装置报警管理优化方法的研究与应用 [J].当代化工研究，2022, 13：71-73.

[14]　梁昌莉，康志北，武文府.报警管理在化工厂的应用及优化 [J].仪器仪表用户，2022, 29（5）：39-42.

[15]　高立兵，索寒生，吕中原.石化资产维护策略应用及发展趋势探讨 [J].石油化工自动化，2021, 57（3）：80-84.

[16]　李德芳，蒋白桦，索寒生，刘暄.石化企业能源优化系统设计与应用 [J].化工学报，2016, 67（01）：285-293.

[17]　蒋白桦，刘海龙.应急预案建模方法及其在石油化工行业的应用研究 [J].中国安全生产科学技术，2012, 8（05）：69-75.

[18]　高立兵，刘东庆，贾梦达.基于工业互联网的石化行业数字化制造技术体系和发展路径研究 [J].新型工业化，2023, 2：1-10.

第六章

石化智能工厂建设实践

随着信息技术的不断发展与企业主营业务融合的不断深化，数字化、网络化、智能化已成为企业持续提升自身竞争力、实现可持续发展的必要抓手。

中国石化早在 2012 年，在国内首先提出石化智能工厂概念[1~3]，按照"六统一"的信息化建设原则，不断推进智能工厂项目建设，经历了规划设计、智能工厂 1.0 试点建设、智能工厂 2.0 提升建设、智能工厂 2.0 推广建设四个阶段，数字化、网络化、智能化的成功应用实践为流程行业的两化融合工作起到了示范作用。首批 4 家试点示范企业的生产数据自动化采集率、先进过程控制投用率分别提升了 20%、10%，均达到 98% 以上，外排污染源自动监控率达到 100%，劳动生产率提高了 20% 以上，取得了显著的经济效益和社会效益[4]。

规划设计阶段（2012—2013 年）：2012 年，组织国外著名的咨询和 IT 公司，开展智能工厂（试点）规划设计，确定了石化智能工厂建设蓝图，围绕企业核心业务擘画了生产管控、供应链管理、资产管理、能源管理、HSE 管理、辅助决策六大核心业务域。

智能工厂 1.0 试点建设阶段（2013—2016 年）：选择有代表性的燕山石化、镇海炼化、茂名石化和九江石化[5] 4 家企业开展智能工厂试点建设，智能工厂试点项目被列入中国石化信息化四大示范工程之一。

智能工厂 2.0 提升建设阶段（2016—2019 年）：在试点的基础上，选择镇海炼化、茂名石化 2 家企业进行智能工厂提升建设，形成智能工厂 2.0。与此同时，在新建企业——中科炼化采用 EPC 模式探索实践信息化建设新模式，开展智能工厂 2.0 建设。2021 年，中科炼化智能工厂入选工业和信息化部"2021 年工业互联网平台创新领航应用案例"，荣获国际数据公司（IDC）发布的"未来运营领军者"称号。

智能工厂 2.0 推广建设阶段（2018—2021 年）：选择齐鲁石化、天津石化、上海石化、金陵石化、海南炼化、青岛石化、扬子石化、北海石化、长岭石化和广州石化 10 家企业，进行智能工厂 2.0 推广建设。2019 年，"中国石化智能工厂技术研发与应用"获得集团科技进步一等奖。

目前中国石化的信息化建设已进入云计算、物联网、5G、大数据、数字孪生、人工智能、区块链、AR/VR 等新技术主导支撑架构的"数据＋平台＋应用"的智能工厂 3.0 建设新时代，旨在以新的 IT 系统架构模式和应用开发建设模式，敏捷响应企业业务发展需要，为打造世界一流的智能炼化企业提供可持续的"数、智"能力支撑。下面对中科炼化、镇海炼化和天津石化的"数、智"实践从企业基本情况、智能化建设历程与现状、智能化建设实践等方面做些介绍。

6.1　镇海炼化——创新卓越共赢的智能化基地

6.1.1　企业基本情况

中国石油化工股份有限公司镇海炼化分公司（简称镇海炼化）前身为始建于 1975 年的浙江炼油厂，1983 年划归原中国石化总公司；1994 年经整体改制后在香港上市；根据中国石化的战略部署于 2006 年 3 月撤回上市地位，同年 9 月，登记成立中国石化镇海炼化分公司。

公司实行"公司-运行部"两级扁平化管理，下设 14 个机关部门、11 个中心、13 个运行部以及中国石化镇海基地项目管理部；公司主要业务包括石油产品、化工产品、合成材料等产品的开发、生产、仓储、销售，以及技术开发、技术咨询及技术转让等。

公司拥有 2700 万吨/年炼油、220 万吨/年乙烯、100 万吨/年树脂生产能力，与吞吐能力 8000 万吨/年的大码头、储存能力超过 1200 万立方米的大仓储，共同构成了"大炼油、大乙烯、大码头、大仓储"的产业格局，公司集中代表了中国炼油化工行业的先进水平。

6.1.2　智能工厂建设历程及效果

6.1.2.1　建设历程

镇海炼化信息化工作起步较早，企业信息化、智能化水平始终走在国内石化行业的前列。镇海炼化 2013 年入选中国石化智能工厂建设试点单位，建设智能工厂 1.0，2016 年 12 月试点项目通过总部验收；2017 年全面实施智能工厂提升项目，打造智能工厂 2.0，2019 年 12 月通过总部验收。2020 年，镇海炼化开始实施智能工厂 3.0 建设。

（1）智能工厂 1.0 阶段（2013—2015 年）
2013 年，镇海炼化入选中国石化智能工厂试点企业，进行智能工厂框架建设，围绕生产运行智能化、设备管理数字化、企业管理信息化、基础设施虚拟化建设了调度指挥、三维数字工厂、全员绩效等专题；2015 年，完成了总部智能工厂 1.0 试点目标，形成了炼化企业智能工厂建设模板，全国首批通过两化融合管理体系认证。

（2）智能工厂 2.0 阶段（2016—2018 年）

2016 年，镇海炼化在中国石化总部的指导下，启动了智能工厂 2.0 建设，在智能工厂 1.0 基础上，面向基层、面向现场，以"效果、效率和效益"为导向，应用新技术实现"智能化、数字化、无人化、自动化、移动化、单兵化"。2016 年成为国家炼化智能工厂试点示范企业，2017 年成为国家两化融合管理体系示范企业，2018 年成为国家信息物理系统（CPS）示范企业。

（3）智能工厂 3.0 阶段（2019—2025 年）

2019 年，镇海炼化在中国石化总部"十四五"信息和数字化规划的指引下，编制了智能工厂 3.0 规划，开始了智能应用全覆盖工作，围绕打造世界级、高科技、一体化石化基地，利用新一代信息技术，打造智能工厂 3.0。

6.1.2.2　建设成效

镇海炼化智能工厂建设不断迈上新台阶，先后获得工业和信息化部智能制造试点示范、信息物理系统试点示范、两化融合管理体系试点示范。2020 年，智能工厂技术研发与应用成果被评为年度中国石化科技进步一等奖；"镇海炼化全流程优化，实现效益最大化"入选国资委国有企业数字化转型典型案例；2020 年，公司成为国资委"双百行动"标杆示范企业。

通过智能工厂建设和应用，"十三五"期间，累计为企业增效超 10 亿元，劳动生产率提高 46.52%，万元产值能耗降低 7.2%。主要系统全部自行研发，获国家新型实用技术专利 1 项，建立国家标准 1 项。

6.1.3　企业工程建设智能化实践

（1）应用概述

国内工程建设中施工管理仍然采用传统的粗放模式，停留在流程化管理和应用展示的层面，基础数据采集和分析工作量仍然巨大，未能实现施工全过程的可视化、智能化管理。

在工程建设期未进行数字化交付，后续需采用逆向扫描建模及数据补录的方式进行三维面模型化，难度大、周期长、准确性不高。因此，三维数字化工厂建设过程普遍存在信息采集难度大、周期长、准确性不高以及投资大等问题。

（2）解决方案

① 实现全过程、全专业正向建模、同步交付。国内石化企业的数字化工厂建设大都采取逆向建模的方式，建设难度大，推广成本高。镇海炼化以 1♯ POX、渣油加氢装置为试点，按照正向建模的方式，通过全过程、全专业的数字化交付，正向建模同步形成数字化工厂（见图 6-1），属国内首次实现数字工厂与物理工厂同步建设、同步交付。目前基地一期 11 套主装置及配套工程（除建筑物外）90％模型已全部完成同步交付，包括近万台动静设备特性值、5 万多台电仪主数据、近 2000 台单体设备模型、20 多个主项智能 P&ID、30 多个主项仪表索引表等。

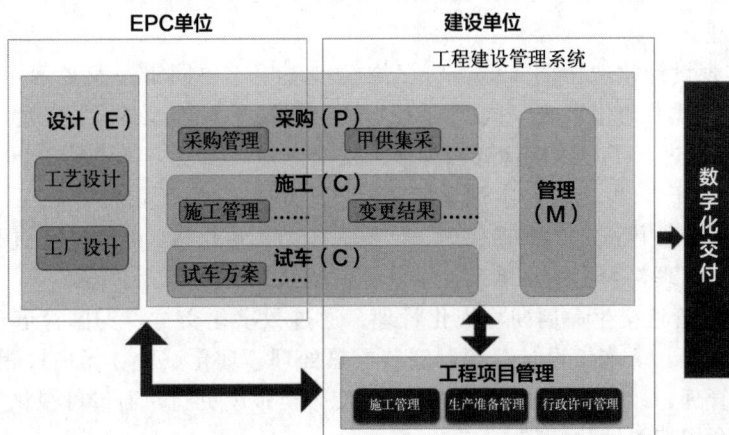

图 6-1 数字化正向建模交付

② 建立数字化交付管理和业务标准。镇海炼化通过数字化交付应用实践编制形成了《石油化工工程数字化交付执行细则》，在国内外众多企业中首次明确了数字化交付管理和业务标准，包括职责分工、工作路线图、业务流程、工作规范、人工时测算等。

（3）技术特点

数字化交付作为一种先进的理念和手段，对实现设计协同、提高设计的准确性、实现施工可视化管理等方面提供帮助。数字化交付打通了设计、采购、施工等工程数据流，确保了数据的准确性和可用性。同时，数字化交付是一个复杂数据组织过程，涉及的数据类型复杂且相关方多，控制好交付信息的质量、范围和进度是项目的关键。

（4）应用成效

① 实现管道设计与施工无缝衔接。结合数字孪生技术，以渣油加氢、烷基

化、生物航煤三个装置为试点，由设计单位或EPC总承包单位在交付图纸的同时交付对应管线的PCF/IDF文件；施工单位据此制作满足施工需求的轴测图纸；以经过施工二次设计的三维模型为空间基础，将设计数据应用于施工管理全过程，形成一套完整的管道施工全生命周期可视化管理体系，对设计参数、施工数据等信息，做到实时入库、颗粒归仓、实时查询，为运营期的管线检测奠定基础，属国内首次实现设计方、施工方无缝衔接，协同开展管道施工管理和实施工作。目前基地一期700多万吋径的管道已全部应用这套可视化管理体系完成设计施工。

② 利用三维模型开展设备、工艺和安全等可视化管理。在工程建设期，通过数字化交付，支撑30％、60％、90％设计模型的协同审查，提高了设计环节的对接效率；通过可视化界面协调，保证现场施工的合理性，避免返工；为生产运维期设备日常运行管理、资料查验提供支撑；可以实现基于三维模型的各专业可视化管理。

③ 实现设计建造协同审查。将三维模型应用于协同审查及界面条件审查，实现90％模型本地化审查，同时对工艺热力管网界区涉及的42个接口后共计800多条管线进行了一致性检查减少施工变更，提高工效。新建的700多万吋径管道PCF/IDF同步交付，实现了管道施工从设计、施工设计、施工准备、焊接、热处理、理化试验、无损检测、试压、压力管道报检、自动生成过程资料全过程数字化管理，为生产运维期检维修提供了数据支撑。

④ 实现管道全生命周期可视化管理。通过数字化交付，支撑管道全生命周期可视化管理，从施工设计、预制安装、热处理、理化试验、无损检测、试压、过程资料管理、压力管道报监、实物资产交付至报废更新，通过可视化管道技术实现全生命周期可视化管理。

⑤ 提升管廊系统精细管理能力。依托三维数字平台，开发"数字管廊"（见图6-2），成为公司三维数字的关键应用，管线三维走向一目了然，管线基础信息一清二楚，可查看任一截面管线分布，缺陷隐患处理进展动态监控，重要区域

图6-2　数字管廊

视频监控 100％，为应急响应快速提供相关信息。

针对新建装置条件相对较好的实际，构建数字孪生试点，全面集成智能化应用，模拟生产过程，优化操作效率，提高装置生产效益和产品质量。

⑥ 开发员工培训新模式。传统学习方式就是新员工手拿 P&ID 图，沿着管线走，记流程、熟悉装置管道以及各个设备，费时、费力，效率低，容易受天气因素制约，制约培训进度。但采用 P&ID 图初识装置，再通过线上三维数字工厂进一步了解，可以有效提高学习效率。三维数字工厂的应用也在员工的应用挖掘下成为培训的有效助手。

⑦ 提升检修施工方案编制效率。以往，工艺员、设备员、安全员对照工艺流程图确认现场动改管线及阀门，根据确认情况制定管线处理方案，施工单位人员根据方案确认现场施工情况并提出问题，然后工艺员根据现场流程及施工单位意见调整以确定初步方案，这种方式存在两个弊端，一是需反复进行现场流程确认及施工条件核对，相关人员工作量大；二是按顺序逐项落实相关工作，时间成本较高。

目前，作业安全风险分析（JSA）小组集中利用三维数字化工厂模型对现场的情况进行交底对接，施工单位人员根据三维数字化工厂模型提出检修方法与施工所需条件，根据施工方的意见，技术人员进行核对探讨以确定初步方案。集中利用三维数字化工厂进行讨论，在确保分析效果的前提下，节约时间，提高工作效率。三维数字化工厂中可以直接反映管线位置关系、压力等级、管径等数字信息，让技术人员及施工单位人员更加直观地了解现场情况。工艺员也可快速判断工艺处理能否达到施工所需条件；安全员可根据现场环境模型判断周围施工条件是否满足；施工单位人员也可快速提出检修方法与测量相关数据等。

⑧ 助力作业安全风险识别和措施制定（见图 6-3）。利用三维模型场景对作业安全措施进行识别与制定，利用三维模型确定工艺隔离、检修方案的有效性，如盲板设置是否齐全、隔离是否有效，确定作业类型及风险等级，如高处作业及等级、起重作业及等级。

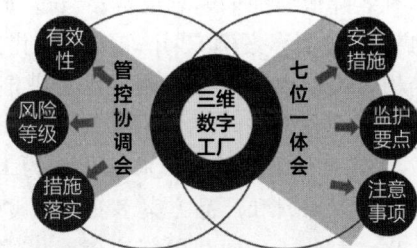

图 6-3　作业安全风险识别

⑨ 实现 EM 数据的同步交付。首次实现交付平台与业主设备资产管理系统 EM 之间数据的一键交付，极大地节省了各专业的人力和时间消耗，是工作方式里程碑式的进步；数据的准确性得到了保障，现在可以放心去使用 EM 中数据，符合集团公司提出的"设备完整性"要求，是"数字化"的另一种体现；是将车间技术人员从烦琐的事务中解脱出来

的有效途径。

6.1.4 企业智能工厂运营实践

镇海炼化在智能工厂运营实践中着重从生产运行智能化、设备管理智能化、安全管理智能化、生态协同智能化四个方面开展建设工作。

6.1.4.1 生产运行智能化，实现全生产过程优化

（1）生产计划与调度

① 年季月计划优化。由于公司生产经营环境复杂多变，原油资源获取受国际地缘政治影响大，新炼化装置产能增加、化工产品价格大跌、炼油产品与市场需求匹配度下降等诸多不利因素，计划优化受内外影响很大。作为典型的炼化一体化企业，镇海炼化加工流程长，装置套数多，物流流向复杂，生产工况组合千变万化，无法靠人的经验或简单计算找出工厂最优的加工方案，必须借助优化工具，模拟生产实际情况，通过专家模型和复杂计算，才能找出效益最优点。对此，公司从全流程计划优化角度出发，构建炼化一体化全流程优化模型系统，以全厂效益最大化为目标，考虑市场、原油、装置等影响因素，从原料采购、装置运行、产品结构、产品销售、产成品库存管控等全流程进行优化，对公司年度、季度、月度计划排产以及日常生产方案进行优化测算，为公司生产经营提供科学决策指导依据。

炼化一体化全流程优化模型系统实施以来，原油降本、降滞期、降途耗效果显著。通过提前测算和管理优化，1~10月份公司累计进厂原油平均途耗处于行业领先水平；通过对各种资源的替代和采购节奏的把控等措施，控制高价原油采购、有效降低原油采购总成本；通过动态优化生产经营，实现公司效益最大化。2021年系统测算案例53个，实施优化方案27个，创效1亿元左右。优化成品油结构，汽油中高标号汽油占比在中国石化各分公司中排名第一。区域资源共享，实现全方位协同。

② 旬日计划优化。镇海炼化作为大型炼化一体化企业，生产规模大、流程复杂，装置原料和产品方案多变，日常生产安排依靠人工经验不能实现企业效益最大化。对此，公司利用炼油全流程优化模型系统指导生产计划和合理安排生产，通过应用全流程优化模拟系统建立关键生产装置模型，建立"桌面炼厂"，在虚拟工厂上对一次原油加工、二次装置原料安排、产品产量和出厂进行全面排产，实现旬、日生产作业计划调度的最优化。

通过旬、日计划安排，有效衔接了月度生产计划，系统通过集成MES、LIMS和PI的数据，实现对日计划完成情况的有效监控和汇总跟踪，实现高效

预测，确保月度计划顺利完成和产品的及时交付。强化了装置原料质量和产品产量的预测，通过内置的模型计算，做到所有产品质量指标卡边，提高了资源的综合利用率，比使用该系统前提高了 10％。

③ 调度优化。流程型企业的最大特点是生产的系统性，操作作业任务必须按照"全局一盘棋"来考虑。镇海炼化是炼化一体化企业，加工流程复杂，要实现全公司效益最大化，必须依靠调度的统一指挥，合理安排操作作业。由于公司调度业务范围大，日常作业任务安排主要依靠调度员经验，处理的效果依赖个人能力的发挥，加之部分新调度员经历较少，实战经验相对不足，难以满足指令"上传下达"、指挥"协同一致"的调度工作要求，亟须将调度指挥业务与信息技术融合，以数字化力量为业务增添动力。

对此，公司进行了调度指挥系统的建设。调度指挥系统实现 9 大类计划结构化编制和计划模型后路关联控制。调度指令与 MES 物料移动自动关联、一键生成，形成了指令自上而下并与操作作业一体化联动。

调度指挥系统的建设，转变了业务人员的工作方式。调度指令工作从原来的手工编写作业计划、值班调度根据经验理解进行人为分解、电话下发，变为在线结构化编制分解-下发-反馈；调度日作业计划编制工作从原来的例会讨论再以纪要形式下发，变为实时监控实时下发。建立了调度指令自上而下、物料移动自下而上的一体化指令体系，保证了指令执行与反馈的及时性和一致性，使指令执行更加规范；生产作业调度指挥的动态实时监控，满足了指令"上传下达"、指挥"协同一致"的调度指挥要求，提高了生产与调度效率。在中国石化系统内首创指令和物料移动的自动化管理，使用标准化的指令和物料移动模型，统一了全公司整体效益最大化的方向，加强了物料量值管理。调度指挥由经验转向模型化、可视化，整体提升 15％ 工作效率。快速集成所有的生产过程信息，数据共享，指令自动推送，在线跟踪指令的执行进度、反馈完成情况，实现了全过程闭环管理，提高了各业务环节协同作业水平。

④ 能源优化。炼化生产企业是用能大户，能源的生产、转换、消耗涉及生产的各个环节，能源形态多样，能源计量手段不完整，管理手段不到位，普遍存在能源数据、指标、计量说不清、管不住的问题。建设能源管理系统，可实现全公司能源生产、存储、转换、输送、消耗全流程的精细管理，为公司的能源管理决策提供有效支持。

对此，镇海炼化推进建设了能源管理系统，将公司能源管理业务流程融入系统建设的标准流程中进行了固化，形成了 15 个能源管理业务标准流程体系，涉及装置、车间、公司三个层面 20 多个岗位；建立了完整的能源供、产、转、输、耗模型，完成能源产耗数据的收集、确认和平衡工作，形成完整的能源产耗统计数据；实现了从公司、工厂、车间到装置"能源数据说得清、能源指标说得清、能源计量说得清、碳排放说得清"。

项目实施以来，弥合了企业管理层和生产过程控制层之间信息及时传递的间隙，进一步对数据进行处理、提炼、整理，便于检索所需信息，加强了科学化生产管理的依据，对企业的生产规范管理和资源优化起到了重要的支撑作用，有效地提升了公司的生产精细化管理水平；加强了不同业务部门之间的协同工作能力；提高了锅炉和汽轮机整体运行效率，优化效益可达 200 万元/年；通过蒸汽管网优化，经济效益达 73 万元/年；推动了企业节能减排和资源综合利用，使企业在用能管理上，心中有数、计划有据、管理有基础。

（2）生产操作与控制

① 强化操作报警管理。镇海炼化装置数量多，各项工艺参数繁多复杂，在日常 DCS 的报警数据中，干扰性报警数据经常影响日常生产工作的开展，加重了操作人员的工作强度，不利于装置的安全生产。

为保障炼化生产安全平稳运行，有效降低"干扰性"报警数量，同时降低操作人员的操作强度，提高其对异常工况的响应效率和能力，建设了操作报警管理系统。系统实现了对 DCS 报警事件的统一管理，对不同型号 DCS 报警事件信息进行自动采集，建立统一的报警模型，对不同类型 DCS 报警信息进行解析和辨识，实现所有装置报警情况的统一展示、统一管理。强化报警事件监管，对报警事件进行整理、汇总和分析，并与有关国标进行对比，标定报警系统目前的健康状态。对 DCS 操作的变更进行记录，监督报警的执行情况。对报警信息进行分析计算，规范工艺报警指标，确保系统对生产装置的持续优化与提升。

操作报警管理系统自建设以来为管理人员优化报警指标、加强生产纪律管理提供了有效的工具，进而提高装置稳定运行水平。据统计，炼油五部 3 套装置自软件投用后，评估取消 30％ 的不合理报警设定指标，总报警数量减少了 50％，操作人员平均每分钟处理的报警次数从 8 次降到 3 次，降低工作负荷效果显著。同时，通过分析报警找出背后的设备故障等原因，从源头上解决了报警产生的原因。同时，解决了传统模式下管理人员只能到中控室 DCS 上逐条查询的低效问题。通过优化报警策略，变报警的事后反应为事前主动管理，消除报警失效的根本原因，提高报警有效性，降低事故发生风险，提高装置平稳生产水平。

② 提升控制回路性能。镇海炼化生产装置 DCS 控制回路众多，合理的 DCS 参数设置使工艺参数控制平稳，防止压力控制系统安全阀起跳、防止液位控制系统抽空或液位溢出、防止温度控制系统波动过大影响设备性能和产品品质。但一些问题导致 DCS 无法自动调节，如在投自动过程中，流量计仪表存在量程不够、低流量不显示、测量值波动大、出现过几次瞬间归零等情况。装置采用的工艺包内有些控制方案或多或少不符合当前的工艺操作条件，需要完善或优化。部分装置 PID 参数范围过小，无法调节；测量仪表毛刺较大，影响 PID 控制精度。

对此，镇海炼化推进建设投用了控制回路性能监控整定平台，通过 OPC 通信从 DCS 取数，应用云计算、大数据技术对控制回路的性能自动进行综合性能评估、故障诊断、监控，提供控制回路性能评估报告，指导技术人员对控制回路进行整定优化，为实施先进过程控制 APC 和在线实时优化 RTO 创造条件，提升生产装置效能。通过测试，对控制回路进行性能分析，当 PID 参数不佳时，提供 PID 参数整定建议，整定人员在响应速度与鲁棒性间寻求符合工艺控制要求的平衡点，得到最优的 PID 参数组。

镇海炼化实施装置控制回路性能监控整定项目后，通过对组态程序更改和优化控制方案，控制回路参数整定后，工艺控制操作平稳，装置 DCS 自控率持续保持 100%，大大减少了操作工操作频率，降低了设备故障的概率。通过 DCS 参数优化整定，2021 年 3 月份回路运行状态为中的减少了 95.9%；状态为差的减少了 92.0%；开环减少了 62.63%，运行状态为优的提高了 185.6%，控制回路运行状态得到明显改善，有力支撑了装置平稳生产。

③ 先进过程控制 APC 优化装置生产操作。镇海炼化装置生产过程工艺机理复杂、操作条件苛刻、工艺参数强烈耦合，各单元操作是否协调和平稳，直接影响产品收率、质量、消耗和运转周期，甚至危及安全。装置主要设备或操作单位在整个连续生产周期需要切换到非生产状态定期保养维护。这些切换事件会破坏装置和设备的热量平衡及质量平衡，操作人员根据经验调节生产，无法保证产品质量快速合格，增加生产成本。装置还受本装置和上下游装置的许多约束，并不断地受到上游装置及装置自身的干扰。装置原料的组成复杂，上游装置化验分析数据滞后且无法完全反映出原料组分变化，操作人员不能完全根据化验分析变化来调整操作，且操作结果存在滞后性和不确定性，增加装置能耗。通过实施先进过程控制，采用工艺机理分析、实时优化和预测控制等技术，实现精准、实时和闭环过程控制，减少装置能源消耗、减少装置工艺参数波动、实现平稳操作及卡边控制，提高装置的整体控制水平及经济效益。

APC 投用以来，实现装置运行实时检测和在线智能先进过程控制，保障装置的最佳运行状态，应用考虑各种影响因素，融合工艺机理分析、实时优化和预测控制等技术，通过多变量解耦控制，增强操作稳定性，减少装置波动，同时减少应用调节时的人为干涉，减轻了操作人员的工作强度，实现了装置智能生产。提高高价值产品收率，节能降耗，提高装置经济效益，根据镇海炼化先进过程控制实际运行情况，平均每套先进过程控制装置能为企业增效至少 500 万元/年。

聚乙烯装置实施 APC 系统，实现了装置生产的优化操作，达到了优化产品质量的目标，控制器平均投运率大于 99%，提高了装置的操作稳定性，关键变量抗干扰能力明显增强，标准偏差平均降低 30% 以上，粉料熔融指数和粉料密度的 CPK 提高 30% 以上，实现自动牌号切换，提高牌号切换的一致性，年增效超过 500 万元。

④ 在线实时优化（RTO）技术提升核心炼油和化工装置效益。在典型的炼

化装置生产操作过程中，存在着动态响应时间滞后、变量未能在线测量、动态响应非线性、干扰相互耦合约束、大的外部干扰等特性，从而导致传统的 PID 控制效果不佳。为了根据装置原料、目标产物等的变化，对装置进行及时优化，采用整个装置的闭环在线实时优化（RTO）。装置闭环在线实时优化是模拟和控制的紧密结合，在装置稳态模型的基础上，通过数据校正和更新模型参数，根据经济数据与约束条件进行模拟和优化，将优化结果传送到先进过程控制系统，通过先进过程控制系统对装置进行操作，从而达到优化操作的目的。

项目实施以来，能够真实反映装置工况，可以帮助生产操作更接近真实的工艺约束严格的机理模型，可以帮助用户企业做各种假定状况的案例分析，对各种变化因素所带来的安全隐患进行预先的评估，规避排除安全隐患，从而提高企业生产的安全性；基于模型的设备性能在线监测系统具有极高的精确性，可以帮助用户提取有关设备的信息，计算出设备渐衰状态，在设备出现严重问题前及早检测出设备的问题，从而及时合理地安排清洁及维护作业，避免生产条件进一步恶化；基于质量平衡、能量平衡的严格机理模型，可以帮助用户检测仪表过失，消除仪表故障对生产的影响，是装置"安稳长满优"生产的重要保障。

重整装置实施在线实时优化系统以来，实现自主卡边操作，提升了装置的边界效益，按照装置运行 8000h 计算，可多加工重整原料 4000t，预计年增效 98 万元。

催化装置在线实时优化，掺渣量提高 1.28%，使高附加值产品收率最大化，年增经济效益 2080 万元，该项目"投入少、产出大"，符合中国石化创新创效发展战略。

⑤ 探索操作控制无人化

a. 行车抓焦无人化。镇海炼化分公司 3# 焦化装置的焦池上方有两台抓斗行车，行车的操作地点位于行车下方的驾驶室内，原有的操作方式由人工全程在驾驶室内观察、判断和操作。随着企业生产规模的不断扩大，旧有的操作模式难以满足公司设备专业化和智能工厂建设的需求。

经过公司统筹考虑，决定对行车进行智能化改造，开发数字化抓斗行车控制系统，以改善员工工作环境、提升焦化行业的智能化水平、缓解日益严峻的人力资源短缺。通过对原控制系统进行远程智能化控制升级改造。

从原有的手动控制升级为远程、就地、遥控控制等多种方式共同控制，增加现场保护传感器、视频监控系统，确保行车的安全运行。

通过实施数字化抓斗行车控制系统，可实现一人多行车同时操作，对操作人员个人经验要求不高，而且智能化改造后改善了操作人员的操作环境，避免操作人员高处作业，减少了人员在高风险区域的工作时间，降低了安全风险，降低了员工的劳动强度，充分发挥人员技能，提高工作效率，为公司人力资源的优化奠定基础。智能化、标准化的作业方法，大大提高了设备的运行可靠性。增加现场仪表检测，对现场的异常情况能够更加及时地发现，便于及时采取措施，减少了突发故障的检修次数，保障了装置的可靠运行，为公司经济效益的提高提供了可靠的保障。

在国内焦化装置领域，智能数字化抓斗行车控制系统率先运用行车、抓斗的空间定位技术、激光扫描 3D 成像技术、抓斗防摇技术、无线通信技术、行车协同作业管理等多种先进技术和方法，并进行了大胆的探索和尝试，在智能数字化抓斗行车控制系统的工业应用上取得了突破。

b. 聚烯烃产品存储、出厂的无人化

• 大胆尝试出库二维码扫描实现出库校验无人化。二维码出库校验，主要分两步，一是在聚烯烃包装产品上喷印二维码，通过微信登录"中国石化化工质量"公众号扫描二维码，得到出库产品的合格证和加工使用建议等相关信息，方便客户对中国石化产品的防伪鉴别，并为客户提供产品增值服务；二是在立体库出库口设置二维码读码识别设备，与该出库口订单中的产品批次进行一一核对，实现产品自动出库校验，保障出库产品质量，确认出库产品唯一性。通过立体库二维码出库扫描，实现出库口核对校验自动化，以智能数字化手段提高产品的发货效率、精准率，同时降低人工成本，目前 7 个出库口核对人员减少 5 人，节省人力成本 50 万元/年。

• 打造"精准预约、自助提货"的一站式出厂服务。建立"在线预约＋在线安全教育＋二维码自动提货"新型业务运作模式，打造"精准预约、自助提货"的出厂一站式服务。系统覆盖 100％公路出厂产品，全年管理车辆 18 万辆，公路出厂产品 520 万吨。利用物联网技术，实现产品从包装、输送、出入库全过程无人操作，大大提升了产品物流管理水平。

c. 电气值守无人化。电力系统异常情况下，传统模式需要电气人员赶赴现场操作并确认，既费时又延误处理先机。应用远程智能判断、操作技术，可以第一时间进行关键电气步骤远程操作并确认开关闸刀状态，为快速处理故障、恢复电力系统运行抢得先机。

长期以来，炼化电气中心的巡检工作主要依靠人工进行定时检查、驻点值守。一方面，依靠人工检查容易受到个人经验、主观意识的影响，受到监测手段、数据记录、数据分析方面的制约，通常花费大量人力也不能得到有效的数据结果，且得到的数据难以形成系统性，参考意义不大，异常信息仅在某个班组层面使用，应急响应速度慢，所有运行数据仅用于班组人员查看，未充分共享；另一方面，随着设备使用时间越长，设备故障率越高，需要投入越来越多的人力进行巡检。

镇海炼化新建 220kV 浙化变、110kV 联络变规模超过原有 220kV 浙炼变且分布在厂区不同地点。通过实施无人值守变电所，在浙化变、联络变设备配置微型摄像头、开关继保室配置巡检设备、主变配置红外双视摄像头等设备的综合应用，实现变电所的远程操作确认、自动巡检判断缺陷的无人值守要求，在提高巡检质量、操作效率的同时，同步提高紧急情况下的响应速度，确保公司电力系统核心变电所安全平稳运行。

镇海炼化无人值守变电所建设改变了传统电气值班方式，实施无人值守配电室，节约人力资源 12 人，年节省人工成本约 300 万元。积极推广无人值守变电所应用，并作为镇海炼化智能工厂的典型应用，在镇海基地二期建设过程中，已将无人值守变电所技术列为变电所标准配置，与装置同步建设投用，可提前发现事故隐患，保障电力系统平稳运行。

通过智能化检测设备的部署，可有效降低人工的投入，人员不再需要按照巡检运维策略定期到达现场进行巡检，可有效降低人工的投入，缓解电气中心人员压力。

通过在继保室、主变部署不同的智能化检测设备，可定期监测设备健康状态，对故障进行及时预警，避免故障的进一步扩大以及提供故障追溯数据。有效避免因为设备故障带来的厂区内区域性停电对生产造成不可挽回的损失。

6.1.4.2　设备管理智能化，实现全生命周期管控

（1）设备状态监测与预警

① 转动设备运行监测与预警。企业普遍存在转动设备感知能力欠缺，在线状态监测手段不足、覆盖范围不广，对人工巡检的依赖性较高，受人为因素影响大、效率低、效果差，对机泵运行缺乏实时监控、动态分析诊断的手段。

通过在重要机泵安装在线监测仪表，数据传输采用 Zigbee 无线物联网和企业自主 4G 技术进行传输，把大量机泵频谱数据保存在企业云数据中心，便于进一步分析研判。

镇海炼化实现了 50 多套装置、1000 多台机泵的在线监测全覆盖，高危机泵现场监测工作量减少 50%，普通机泵现场监测工作量减少 85%，为基层减负成效显著。通过机器代人，为转变外操巡检模式奠定基础，由人工现场检查改为 DCS 主动预警模式，高危机泵巡检频次从每天 2 次降低为每天 1 次，每年为公司节约人力资源共计 26 人以上。2020 年 10 月至 2021 年 10 月，异常通报共 400 多台次，在线调整或检修消除异常达 200 多台次，成功诊断出机泵多起突发故障，为装置安全平稳运行提供了保障。

② 关键部位设备腐蚀在线监测。镇海炼化建设投用了设备腐蚀监测系统，选取重要装置关键部位实施在线定点检测腐蚀速率，实现腐蚀状态量化评估及图形展示，使管理人员能主动分析腐蚀情况，对腐蚀险情做到早发现、早处理，主动采取防护措施，保障装置运行安全。同时形成设备腐蚀知识库，实现知识整合、集成，有效服务于故障诊断、检修策略制定、设备防腐维护等。

③ 仪控智能监控中心。为提升仪表智能化控制水平，避免人力资源不足和工作的低效率制约装置安稳正常运行，提高工作效率和设备可靠性，满足以最少

的人管理最大的炼化企业的现实需求，镇海炼化建设仪控智能监控中心，整合各类仪控信息资源，通过网络远程连接各装置工控系统［DCS/SIS/CCS（压缩机控制系统）/PLC］、智能仪表管理站等资源，在工厂内形成仪控信息大数据互通，最终所有信息统一汇总到仪控智能监控中心，采用集中管理、远程协同模式，最终实现任何仪表人员（anybody），可在任何时间（anytime）、任何地点（anywhere）处理与仪表业务相关的任何信息（anything），形成仪表专业信息化"4A"工作模式，提升仪表维护业务运作效率，工程师在监控中心就能第一时间得到工控系统内部的诊断信息，指导直接作业人员判断故障原因，有效降低各类故障处理周期。

实现对仪表和计量设备进行"全覆盖＋全天候"巡检监控，打通数据"孤岛"，激活数据流，让数据创造价值，使仪表和计量设备管控智能化，实现仪表和计量设备由被动维护到预防维护再到预知维护，实现"控制平稳、计量精准"的目标。

仪控智能监控中心有以下特点。

a. 24h 监控。平台可查看全厂仪控设备实时状态，巡检模式由单纯人工巡检转变为人工巡检和机器 24h 自动数据巡检相结合，提升了巡检质量，提高了效率，每天可节省约 110 人工时的日常机柜间巡检工作。通过智能管控平台整合各类仪表和计量设备信息资源，在工厂内形成信息大数据互通，全面开展设备状态趋势智能预测，开展设备运行"内质"分析与预测，实现仪表和计量大数据展示和智能化管控。

b. 大数据＋神经网络模型预测。基于大数据以及神经网络模型，实时对调节阀运行状态进行诊断，监控调节阀的运行状态和历史作业信息，并进行"优、良、差、失效"分级，及时预测预警。

c. 二维码应用。融入设备二维码功能，获取设备详细信息：设备台账、报警、作业票、知识库，手机端可对装置信息进行订正操作。

（2）设备可靠性维修管理

以往，设备管理过多依靠个人经验，缺乏有效的工具和技术方法对设备的风险状态进行判断、可视化和动态跟踪，企业中有价值的经验难以固化传承，设备运维和检修决策缺少有效数据支撑。没有基于设备故障规律、故障特征及实际运行状态进行模拟预测，并用以辅助制定相应的计划，不能够完全满足石化装置延长周期运行的要求。

如何利用设备缺陷检修及运行状态数据，通过数据分析、数据挖掘等技术制定科学合理的检修维护计划，有效规避风险，成为急需解决的问题。

镇海炼化通过设备管理智能化，践行镇海炼化发展"以可靠性为中心的维修"理念，完善以 KPI 绩效为引领、以风险管控为中心、以"可靠性＋经济性"

为原则、以全生命周期运行为主线、以标准化业务流程为依据、以信息技术为依托的中国石化特色的设备管理体系，实现基于风险的可靠性管理 PDCA 双循环。

① 建设内容。建立有镇海炼化特色的以可靠性为中心的设备管理系统。利用缺陷库的研发成果，结合镇海炼化目前已经建设完成的 EM 系统和 PI 系统的数据、功能和业务流程，实现可靠性管理系统与相关系统的相互支撑，在镇海炼化的设备完整性管理总体 IT 规划下形成对企业设备管理水平的全面提升。以目前国际主流 RCM 技术为基础，结合已有的 EM 和综合状态监控系统、PI 系统的数据、功能和业务流程，将以经验为主的可靠性管理模式向以数据驱动为主的可靠性管理模式转变，建立与镇海炼化设备管理体系相适应的转动设备可靠性管理系统，打通数据接口，实现可靠性管理系统与相关系统的相互支撑，消除信息孤岛。

通过设备可靠性管理、维修策略管理、设备健康管理、仿真模拟评估，利用数据分析预测，从设备事后维修向预防性维修转变，实现设备的动态风险管理。设备完整性管理在总体数字化规划下形成对企业设备管理水平的全面提升。

② 应用效果

a. 完善了镇海炼化设备管理体系。完善以 KPI 绩效为引领、以风险管控为中心、以"可靠性＋经济性"为原则、以全生命周期运行为主线、以标准化业务流程为依据、以信息技术为依托的具有中国石化特色的设备管理体系，进一步深化数据流、工具流和业务流之间有机融合。

b. 践行了镇海炼化发展"以可靠性为中心的维修"的理念。对设备进行关键性评价，按照风险等级筛选出关键设备，依据中国石化缺陷库及 ISO 14224 进行结构分解，形成部件级的 RCM 设备结构策略树，建立相对应的设备模型。

对现有检修策略进行 RAM 评价，提供智能的辅助决策依据，选取最优的资产检维修方案和计划，形成新的 PM 策略库，针对优化后的检修策略建立基于运行时间的策略监控，策略到期后可以输出到 EM 系统执行，提高资产的可靠性与可用性，从而实现资产绩效的最优化。

基于设备的动态风险评价，综合考虑所有相关成本、设备的维护及可靠性在实施该方案前后的变化等因素，同时结合运用可靠性分析理论和企业的实际管理经验，选择最合适的维修策略。

将可靠性管理与设备管理业务相结合，运用 RCM＋RAM 的数字化建模及模拟仿真技术，对设备的维修策略进行全面的、动态的评估，在五个维度智能优化设备运行能力，结合设备的风险、可靠性、健康度、MTBF 及策略到期情况，综合判断设备的关注程度，并提出设备的维修建议，对设备开展预测性维修。经过对设备维修策略的深入应用，2021 年与 2020 年相比，设备的故障维修率下降约 18.7％。

通过设备可靠性模型的建立，结合设备实时数据和健康信息，通过模拟仿真，评估设备状态和维修策略的有效性，极大地提高资产的可靠性与可用性，从而实现资产绩效的最优化。

c. 固化人员经验，建立知识库。随着转动设备可靠性管理系统的应用，通过对镇海炼化各运行部设备过往缺陷记录进行标准化的数据清洗与算法回归，依托中国石化标准缺陷库和算法得到的实际设备可靠性数据库创建了镇海炼化自有知识库，为后续的设备分析提供了坚实的模型基础。今后，设备管理部门将完善镇海炼化设备的 RCM 分析，建立设备 RCM 模型并挖掘这些设备的历史故障规律，逐步将企业设备纳入设备可靠性管理范围，最终保证整个厂区所有设备的安稳运行。

d. 建立数据集成应用，消除数据孤岛。在标准化数据基础上，构建业务大数据和工艺大数据的综合利用平台，消除设备管理中的数据孤岛。通过转动设备管理系统已经实现将 EM 设备主数据/备件数据、检修管理模块设备检修记录、PI 系统实时测点数据互联，保证了镇海炼化现场转动设备可靠性管理的有序开展。

6.1.4.3　安全管理智能化，实现全要素体系管控

（1）HSE 体系运行监控与审核

近几年来石化行业重大安全环保事件仍时有发生，公众对石化企业的安全要求日益提高，镇海炼化作为传统的石化企业，生产作业现场高温高压、易燃易爆，面临着日益严峻的安全风险，采用传统的管理手段无法适应新形势的要求。

对此，公司针对 HSE 管理体系的运行管理工作，按照标准模板、上下统一的原则构建体系运行管理模块。体系运行管理模块主要分为指标管理、指标采集、异常管理、综合展示四个模块。

项目实施以来，公司搭建了多专业系统平台数据获取通道，建立了监测指标运算引擎，形成了体系要素运行情况自动评判技术；建立了指标异常处置机制和预警提醒，对异常情况进行及时纠偏；使用统一、规范化的审核工具，确保审核数据规范性、连通性、安全性、便利性，提升审核质量，提升了企业 HSE 体系动态监控的科学性、准确性和便捷性。

（2）体系安全绩效管理

随着公司的迅速发展和安全生产工作的持续深入，对员工及领导在安全工作方面的评价体系愈发薄弱，在工作中难以以量化指标考评人员的安全工作落实及完成情况，不利于有效提高企业的监管、监控水平。对此，公司以集团体系要素为管理对象，按照要素设定可量化的管理指标，并将考核规则下发至个人。

系统分为企业部门考核和安全记分两个模块。企业部门考核是企业根据自己的考核管理细则，设定考核目标、考核规则，通过各部门指标与目标对比、考核

规则得出各部门的考核结果、考核打分等。安全记分是根据《中国石化全员安全记分管理办法（试行）》及企业的安全记分细则中安全记分标准和考核措施，包括总部端和企业端记分登记、记分周期管理、安全记分综合查询以及个人记分查询主要功能，以支撑党组、处级和一般人员各级人员的安全记分。

实行线上绩效考核以来，公司能够对照体系工作目标和绩效标准，采用科学的考核方式，评定领导及员工的安全工作任务完成情况、安全工作职责履行程度，并且将评定结果进行有效反馈，及时定位体系运行薄弱环节和管理漏洞。

（3）无人机助力工程建设安全管理

工程建设设备安装阶段作业深度立体交叉，项目中交前施工点多，高处施工风险高、监管难度大，对高点施工的全面监管消耗大量监管力量。传统人工巡检覆盖 50km 管道需要 10 位巡检员，每人每天完成一天两巡任务，需要人工量大，且不易发现高处存在的问题，无法回溯每日管道现场情况。

随着镇海基地发展全面提速，现场施工作业人数、设备激增，现场安全压力大；公司长输管线日常巡检靠人工进行，在业务范围增加、人员数量有限的情况下，需要更高效的方式支撑安全管控。通过使用无人机替代人工进行安全巡查、巡检作业，覆盖人工检查的盲点，提高巡检质量，持续提升安全管理深度、杜绝监管盲区。

采用无人机巡线以及无人机安全巡检，无人机可以覆盖人工巡检盲点，对全程数字影像进行记录留档，输出成果可测量、可标注以及后期 AI 识别对比。巡飞进行时，通过远程画面实时回传至后台系统，若后台发现异常则立即指派相关人员至巡检现场进行处理；巡飞结束后，将生成的巡检成果以可视化方式在后台呈现，通过正射影像图分析异常并进行标注，推送至相关部门人员进行业务处理，全过程可追溯，工作流程形成闭环。

投用无人机安全巡检 3 个月，拍摄现场照片 1000 万多张，发现多项高处作业违章项，对严重违章人员进行清退。通过高清抓拍、摄像、扩音喊话，2021年在高处作业量持续上升的情况下高处作业违章发生率下降 25%，对于高处违章行为起到很好的震慑作用。

（4）构建生产应急指挥快速反应平台

随着镇海炼化基地建设，企业规模快速扩大，原有应急指挥方式问题越来越多、越来越大；一是信息来源渠道众多、数据差异巨大；二是系统之间集成和共享不够，应急指挥人员不得不建立线下表单，影响工作效率；三是电话指挥模式，未能在线闭环，不能掌握最新进展；四是现场感知能力不足，缺乏现场情况实时音频、视频等通信手段，无法发挥后台专家队伍作用；五是应急演练支撑和管控手段缺乏。

对此，镇海炼化建立了应急指挥系统，充分利用厂区资源，利用大屏幕系统和先进的视频会议、物联网、融合通信等技术手段，构建应对突发事件防范、响应、指挥和处置的快速反应平台。其核心功能技术如下。

① 调度监控，对生产海量信息分专业、分类别地进行汇总展现、提醒、分析和管理，实现进厂、出厂、装置投入产出、产品产量、储运、公用工程等各生产环节的实时监控。通过集成的调度监控和报警，实现报警分级管理，满足不同层级、不同角色的生产监控要求。

② 应急管理，系统实现调度"平战"结合，辅助调度人员实时监控各生产环节情况，及时发现问题并提醒处理，系统内置整合各类应急方案和资源信息，主动推送异常处置方案策略，将生产损失降到最低；变事后控制为事前控制，减少问题的发生，减少生产损失，使调度人员对生产全局情况和异常信息捕获更加及时、高效。建立异常识别模型，实现生产异常主动推送、知识库辅助支持，支撑各级应急演练，为及时高效解决问题创造条件。

③ 建立调度知识库，实现调度经验的显性化和分享，支持问题的处理和调度人员的成才。

系统建立以来，能够形成响应、指挥和处置的上下一体的应急指挥系统，实现报警视频联动、地点准确定位、指令一键到达、人员快速响应、物资精准调度的高效应急处理模式。

a. 提升应急处置能力。以事故主动预警与处置为主线的事故状态下的应急指挥系统，集成生产、设备、环保监测数据集成，实现智能物资调配、智能化数据分发的全过程应急指挥，强化事故处置量化决策能力。

b. 提升应急响应能力。通过融合通信实现电话、对接机、移动终端、视频会议、视频监控及大型卫星通信应急指挥车、小型应急指挥车，各类消防车信息畅通，具有卫星、4G 网、中国石化专网等多种通信方式，确保复杂环境下通信信号快速建立，确保有序指挥调度。

c. 提升应急演练能力。通过现场数据采集分析及事故模拟、三维事故模拟、三维虚拟演练以及事故扩散模拟，不仅提升人员应急处置业务能力，还为应急指挥中心提供决策依据，对保障一方平安发挥积极作用。

（5）提升受限空间检修监护水平

近年来国内外受限空间作业事故频发，且随着镇海炼化的快速建设，受限空间作业量大幅增加，基于线下的受限作业监测，气体监测速度慢，作业监护手段少，已无法满足现阶段公司发展的需要。

对此，公司建设了密闭空间电子监护功能，实现对企业密闭空间施工作业的环境气体监测、现场监护视频的实时显示和控制，支持历史视频和环境气体监测结果的查看，实现密闭空间管理维护和基于 GIS 的地图显示、监护设备的管理维护。企业视图主要采用基于 GIS 的地图显示，对部分重点区域或装置采用 3D

显示，同样支持检索和总览显示。支持授权用户对本辖区的密闭空间进行标记的增加、删除、修改、查询，标记添加和修改支持经纬度录入和地图标记。

作业电子监护功能分为移动端和 PC 端。

移动端实现在票证签发阶段以多种方式添加监护设备，主要包括搜索查询、列表选择、二维码识别三种方式，其中二维码识别将作为主要方式，方便用户扫码快速添加设备，提升用户体验。在作业视频项中显示实时监护视频画面和实时环境气体监测结果，并可以远程控制监护设备。

PC 端企业视图采用基于 GIS 的地图显示，在企业视图中对部分重点区域和装置支持 3D 模型显示，在地图或 3D 模型中动态显示当前正在进行的作业，并在右侧进行简单的汇总。通过点击地图或模型中的标记可以打开当前作业点的详细信息，包括实时监护视频的远程查看和控制、现场环境气体监测结果的查看，以及环境气体监测的历史趋势。

系统建成投用后，专业技术主管能够对密闭空间信息和监护信息进行维护，并按照施工作业管控的流程进行许可证申请、JSA 分析、气体分析、措施落实、票证签发、安全交底、作业监护、作业验收，其中在"票证签发"时需要选择监护设备，在作业监护过程中可以通过监护设备进行环境气体监测、作业视频监护。在作业完成归档之后可以进行电子监护视频和环境气体监测的历史信息查询。

对受限空间作业人员提供即时的气体检测服务和异常声、光报警。通过移动终端实现受限空间内氧气含量、可燃气和有毒气浓度分析结果实时报警和数据回传，向相关管理人员发送异常提示。

在作业地图中展示异常作业区域和异常分析结果，通过语音通话实现管理人员和受限空间内部的直联，极大提升了业务人员与专业技术人员的工作效率，降低了分析过程的时间损耗，能够使受限空间作业更加安全、高效地开展。

(6) 直接作业环节全过程管控

随着公司基地化建设的迅速发展，日常检维修作业量日益增多，作业许可管理涉及项目准入、作业人员资质管理、人员教育培训、监护人管理、机具安全性查验等众多环节，虽然有制度和要求，但在实际业务开展过程中，缺乏管控手段。

镇海炼化建设了直接作业环节流程化管控系统，该系统围绕生产施工现场的高风险作业安全管理业务场景，构建过程安全管控功能体系，以信息化技术手段规范作业许可过程执行和落实关键风险控制，减少作业违章行为，提高安全管理能力，夯实本质安全。

直接作业环节全过程管控系统包括作业申请、作业许可办理、作业安全风险(JSA) 在线分析、气体分析、措施落实、票证签发、作业过程、作业活动风险库八大模块。

① 作业申请。作业申请目的是加强作业许可的计划管理。按照"谁的业务

谁申请"的原则，由基层单位/属地单位提出高风险作业申请，按照作业类型、级别报相关单位或人员审批。

② 作业许可办理。作业许可办理模块支持作业票基本信息维护，可办理各类作业许可证。根据业务要求，点击相应作业类型，即可加载与该类型对应的页面。通过作业许可办理模块可直接申请作业许可证，也可通过引用历史数据、引用作业申请数据、引用作业计划数据，实现作业许可办理基本信息登记。

③ 作业安全风险（JSA）在线分析。基于作业风险库（作业步骤风险、施工机具风险、作业环境风险），生成推荐风险清单，支持会议分析和分发分析两种操作模式。会议模式可即时上报小组风险辨识结果，完成填报和身份登记。分发模式可将推荐风险推送至指定辨识人 PC 端和移动端进行辨识操作，结果反馈至分发人完成最终确认。对于复制或引用的作业，支持引用已分析结果，并通过判断风险因素变化情况，智能生成风险清单。

④ 气体分析。实现现场气体检测、实验室气体检测、结果有效期校验、拍照确认 4 个子功能。实现作业前现场气体检测快速录入，便携式气体检测仪拍照确认，实验室分析结果集成确认。其中便携式气体检测仪拍照确认的应用场景较多，落实现场检测工作，并提高工作效率，提供分析结果超时预警和报警。

⑤ 措施落实。措施落实支持角色选择，为作业人、监护人、属地监护人的，可完成身份验证，自动登记至作业票，避免签发过程重复登记。由 JSA 分析结果，自动生成需要落实的安全措施，落实完需签字确认；支持移动端以措施落实前后、现场拍照作为措施落实的依据。安全措施落实人可根据经验和现场作业环境补充安全控制措施。支持 PC 端措施落实情况登记和反馈。

⑥ 票证签发。作业事项自动按顺序推送至指定人员。具备作业签发资质和人员配置，在签发环节进行身份核验和登记；气体分析和措施落实完成后自动发起作业票线上"四定"签发；支持移动端和 PC 端同时作业签发，支持批量完成签发。

⑦ 作业过程。作业过程风险呈动态变化，需要监护人切实履行监护职责，实现标准化监护。作业前现场完成安全技术交底确认；作业过程动态监控，记录作业人或监护人更换、作业中的气体分析数据；提供在线作业开始、作业暂停、作业恢复、中止作业功能。

⑧ 作业活动风险库。作业活动风险库来自标准规范、管理制度、历史票证、事故案例和人员经验五个方面。按照"专业化统一管理＋现场精准匹配"的原则，构建作业活动风险库，包括作业类型风险库、人员类型风险库、施工机具风险库、作业环境风险库。

直接作业环节全过程管控系统提供了一整套高风险作业过程安全管控数字化解决方案，避免人为侥幸心理，提升风险分析能力，降低事故发生概率，夯实本质安全基础。建立一张风险图，提供施工机具、作业环境、异常事件案例风险库，为企业风险辨识提供有力支撑；管住一条作业线，实现作业申请、JSA 分析、措施落实、票证签发、验收归档一条线全流程管理；布下一张监控网，提供智能分析、人员定位等功能，为安全管理人员打造一张过程监控安全网。

（7）危化品储运安全智能管控

近几年来国内外危化品事故多发，主要集中在仓储、装卸和运输环节。长期以来，受主观认识和技术条件的限制，公司的危化品管理没有形成一个系统，缺乏整体性，相关资料、信息分散，不利于工作效率的提高和人力资源的优化，因此需要建立统一的信息平台，整合相关信息，并借助物联网等智能化新技术，开拓危化品管理新思路，实现危化品智能管控。

对此，公司通过建立危化品存储库二维平面模型，对采购类化学品的存储状态进行查看；通过摄像头、专业的监测装置、传感器设施对特定存储区进行实时监控，可实现对温度、湿度、烟感、红外对射等多种传感器的接入及报警管理。建立危化品知识库，对企业采购的危化品进行"一书一签"登记管理，实现采购的危化品存储管控；建立企业危化品存储仓库模型，针对危化品物料信息、储量、监测报警数据实现库存与异常报警监控。围绕装卸作业场景，以安全管控为切入点，为监管、管控、现场应用提供统一标准的三级应用体系，结合现场装卸业务搭建细分工厂模型，包括装卸区、厂内等待区、禁入区、停车场，对不同区域进行实时分级动态风险监控，提升管理水平。软件内置两套边缘计算模型，包括安全监控八联锁触发和智能视频异常报警，支撑降低联锁动作和异常提醒误报率，提高系统识别精准度。

项目实施以来，公司完成了生产装置、罐区、仓库、装卸台等按照工艺单元风险等级划分，实现分级管控。建立一二级重大危险源、重要风险点、实时监测点等信息台账，集成安防、安监、环境、视频设备，实现统一调度，提高危化品安全管控效率。与地方政府危化品监管系统对接，保证对危险品生产、运输、使用的全过程管理。全面提高了企业科学排查风险的能力和效率，切实将隐患消除在萌芽状态，真正做到防患于未然。

6.1.4.4 生态协同智能化，实现各利益主体协作共赢

（1）基地管理一体化，畅通信息，协作共赢

① 建设背景。镇海基地"股权多元化、管理一体化、发展最优化、效益最大化"的管理新模式已开启，以镇海炼化分公司为龙头，与周边 23 家（含大丰、江宁）成员企业，共同构成 1+23+N 家、总面积约 18km^2 的超大型绿色石化基地。镇海炼化统筹镇海基地不同主体之间管理关系、业务界面和运行机制，在坚持合资公司独立法人定位的前提下，强化基地一体化管理意识，既抓住关键事和关键人，又抓好专业管理要求延伸，构建更加紧密的命运共同体。

目前镇海炼化在用的多套信息系统，各成员企业共同使用的很少，大多是企业自行建设、运行自成一体，公司与成员企业之间系统不同、数据不连、标准不一，给镇海基地管理一体化带来较大的阻碍，因此，推进镇海基地管理一体化信息化建设，推动镇海基地数据标准化，实现成员企业之间数据、信息的互联互通，是镇海基地高质量发展的首要任务。

② 建设内容。数字镇海基地建设已成为推动实现"管理一体化""发展最优化""效益最大化"目标，确保镇海基地持续高质量发展的关键举措之一。数字基地作为工业互联网突破组织边界而构建形成的利益共同体，未来镇海基地的发展，不是镇海炼化的单一主体，它是以数据要素为媒介、产业链为核心、镇海基地为平台的生态化发展，通过信息技术优化对"1+23+N"的一体化管理，共同参与价值创造、价值传递。

建设内容如下。

a. 专业管理制度延伸。专业梳理需延伸的管理要求，如信息化管理明确信息化规划和项目建设备案、实施过程自行管理，信息专业做好技术支撑；纳入内网范围的，统一严格执行中国石化网络安全要求。

b. 借助信息系统实现信息互联互通。镇海炼化组织对 25 个业务域延伸管理的可行性调研，制定一体化管理信息化总体方案，在管理一体化中比较典型的是岗检管理系统，需要同步推广到各成员企业，以问题数据为基石、计划执行为抓手，逐步推进各企业的统一管理、精细化管理。对现有招投标系统开展实施推广工作，满足一体化管理要求。同时，根据基地管理一体化信息化试点工作的安排，在镇海炼化信息门户中搭建"成员企业门户"，根据各成员企业的实际情况通过多种方式将 23 家成员企业集成进镇海炼化门户网站集群中，便于基地成员企业之间信息共享。

c. 规划镇海基地 ICT（信息与通信技术）融合。镇海炼化共享基地 5G、对讲信号等基础资源；向总部申请打造镇海区域网络中心、企业边缘云平台，建设企业数据资源中心，为镇海基地"管理一体化"提供信息能力服务。

③ 建设成效。通过镇海基地管理一体化信息化，提升基地数据标准化水平，提高基地成员企业效率。

镇海基地管理一体化信息化完全依托存量系统的延伸，减少成员企业的重复立项，降低投资成本，提高基地成员企业的管理效率；基地成员企业的相同业务立足同一个平台，实现数据的互联互通，为数据的应用奠定了基础，更有利于实现基地发展最优化、效益最大化；管理一体化信息化为镇海基地管理一体化插上翅膀。

（2）基地服务一站化，畅通服务，敏捷业务

① 承包商服务

a. 建设背景。镇海炼化承包商是服务公司生产、工程、检维修的"主力

军"，每年有几百家承包商队伍奋战在作业现场，尤其是在镇海炼化昂扬迈向"世界级、高科技、一体化"绿色石化基地的征程中，承包商更是不可缺少的组成。

为切实增强承包商员工对"甲方乙方都是一方，你们我们都是我们"的文化认同，更好地凝聚起建设者"一家人、一条心、一个目标、一股劲"的奋斗情谊，公司针对承包商在申请准入、安全培训、门禁办理等环节办事链长并且需要登录不同系统操作烦琐的现象，以"最多跑一次"的理念，提出建设面向承包商的数字化服务大厅，通过信息共享实现承包商单位及人员、作业管理可视化展示，更好地管理和服务承包商。按照业务办理"最多跑一次"理念，推动承包商管理向"互联网＋服务"转型。

开发建设承包商服务大厅，整合并贯通现有各承包商管理相关信息系统和资源，构建面向承包商的数字化管理和服务新模式，实现主体全参与、过程全周期、领域全覆盖、要素全保障，强化协同管理，有效防控生产经营风险，提升承包商管理水平和服务效率。

b. 建设内容。"一站式"数字化服务大厅直接面向承包商，以管理＋技术的开发思路，体现了"最多跑一次"的理念，以承包商需求为导向、以信息技术为手段，打破"数据孤岛""信息壁垒""业务障碍"，梳理集成了安全教育、门禁管理、工程建设等公司多个管理信息系统中所有与承包商有关的业务内容，从根本上解决以往的老大难问题。其建设内容如下。

一是新进承包商"一键通"。首次进入镇海炼化的承包商，在大厅录入单位概况、项目管理员等信息后，信息将被推送至工程建设系统，产生针对该承包商的相关审批流程；审批通过后，新进承包商会通过短信获得登录账号以及密码等相关信息；凭借登录信息，新进承包商可以继续进行门禁卡办理、项目人员申报等业务。

二是集成服务"一站式"。针对承包商人员办理门禁卡涉及多方面环节，给承包商带来很大不便的现状，系统打通承包商人员的统一身份认证、外来人员进行敏感地区审查与治安审查、承包商人员安全教育、职业健康审查，以及承包商单位准入、退出和基础信息变更等业务环节，消除部门和专业隔离墙，实现安全教育、健康体检、防疫工作、资质资格等不同系统的业务整合，让承包商人员一次性快速完成门禁卡办理。

承包商进场作业需携带工机具入场和办理相关的手续，通过"一码通"申请查验、承包商管理人员和作业人员申报、调整等手续，快速通过门禁并准确验证。

承包商作业涉及许多工作环节和申请事项，系统将承包商进场事项办理，人机具报验，设计、采购、施工等业务管理，作业票办理和安全检查、质量控制，开工/中交/交工进度管理申报以及费用申请等全流程事项办理进行归类，提供了清晰的"一条龙"办理界面。

承包商服务大厅可以提供个人事项、统计查询、通知公告等各项完备的系统帮助，让承包商单位及人员、作业管理等实现可视化展示，便于业主和承包商监督和自查。同时，大厅存储数据安全可靠，各种级别的授权机制、权限控制，适应各种应用层次的安全性管控要求。

c. 建设成效。承包商业务办理"一键通"成效：针对首次进入公司的承包商，服务大厅提供全方位的新进承包商录入功能以及服务指南，同时实现一键式快捷登录工程建设系统等其他相关业务系统，接口流畅，系统响应迅速（<5s），用户数字化体验好、满意度高，很大程度上吸引更多承包商参与公司的选商竞争。

• 服务"一站式"集成成效。承包商进入公司作业原先办理门禁卡需走线下审批，一般需要2～3个工作日，且门禁信息为独立数据，无法与其他业务系统的相关数据进行关联。现在将安全教育、健康体检、防疫工作、资质资格等离散在不同系统的业务整合在一起。线上审批最快只需要半天即可通过审批办卡，大大提高了承包商入场人员的用户体验以及业务人员的工作效率，保证了入场人员信息的准确性。除在电脑端操作外，公司还注册了微信公众号"镇海炼化承包商服务大厅"，为承包商工作人员开展门禁办理和防疫登记等相关业务活动提供了更加便捷的入口。

• 业务"一条龙"办理成效。服务大厅为承包商提供从申请准入至现场作业的全过程综合性服务，实现了技术融合、业务融合、数据融合和跨层级、跨地域、跨系统、跨部门、跨业务的高效协同，成为一个沟通外部用户与内部用户的桥梁。如已投用的承包商人员"一卡通"、工机具"一码通"，实现了业务办理全线上、审批办事不见面，全过程可查询、可监督、可追溯，真正变"承包商跑""部门跑"为"数据跑"，大大提高承包商业务办理效率。服务大厅的核心业务中，按照工程体系的投资、质量、安全、进度、竣工五大控制要求，目前已有近200个业务点实现全流程事项办理，为承包商单位集成提供380余项服务功能。

• 数据应用分析成效。通过对承包商累计违章考核、承包商累计积分、项目违章考核、频繁违章人员统计、岗检门禁停用统计等数据"一把抓"式集成展示，成为公司及时发现承包商管理存在的问题和不足的抓手，可以针对性地提升对承包商的管理水平和管理能力，真正发挥寓管理于服务的作用。

② 员工服务

a. 建设背景。按照镇海基地发展规划，公司生产规模和人员数量越来越大，地域范围也越来越广，现行面向员工服务的办事方式和流程越来越不能适应发展的需要，比如员工所需的公司证明，还需要跑上几公里再寻门问路，非常不方便，与地方政府数字化改革为民服务"最多跑一次"甚至"一次都不跑"带来的便捷相比相差甚远。

为践行"人民至上"理念，深入贯彻实施以人民为中心的发展思想，让员工共享企业数字化转型工作成果，解决员工办事"在哪办""找谁办""怎么办"等问题，建立面向员工的数字化服务大厅。亟待通过镇海基地数字化转型推动业务变革，利用信息化手段提升为民服务水平，持续深化转变机关工作作风，优化员工办事流程，提高办事效率，办好"员工服务"民生实事工程。

b. 建设内容。聚焦员工日常生活服务，探索在现有信息化系统支撑下，通过开发一个办事平台（PC端＋移动端），统一员工办事窗口，建立服务清单，实现"线上事线上办理、现场办事提前准备、部分线下事线上办"，优化办事流程，提高办事效率。按照人事服务、健康服务、疫情防控、工会服务、出行服务、食宿服务、其他服务7个大类展示。

c. 建设成效。统一了员工出行、食宿、健康等服务事项办理，构建起面向员工的一站式数字化服务平台，优化事项办理流程，实现员工办事"最多跑一次"甚至"一次都不跑"，持续提升员工体验感、获得感、幸福感。

6.2 中科炼化——高端精细绿色的智能化工厂

6.2.1 企业基本情况

中科炼化位于广东省湛江市，炼油加工能力1000万吨/年，乙烯生产能力80万吨/年。中科炼化是中国石化唯一一家炼油和化工同步建成投产的炼化一体化企业。

作为一个全新的炼化企业，中科炼化采用"数据＋平台＋应用"的新模式，建成了全面基于工业互联网平台的信息管理系统，与工程项目同步设计、同步建设、同步投用，为中科炼化项目建设和开工投产，以及生产经营管理提供强有力的智能化保障，公司用工总量仅1600余人，是同规模传统企业的1/3，将工业互联网技术在流程工业应用提高到一个全新的水平。

中科炼化作为中国石化"十三五"期间建设规模最大的新建炼化一体化企业，具有设计建设起点高、工艺路线技术优、环保排放标准高、管理模式精细化、产业链条一体化和采购销售国际化的特征。围绕企业的卓越运营，从业务方面提出了集约统筹、弹性生产、绿色制造、集成协作和卓越运营的要求。

按照《工业互联网创新发展行动计划（2021—2023年）》（工信部信管〔2020〕197号）的精神，中科炼化围绕集团公司"价值引领、资源统筹、创新驱动、开放合作、绿色低碳"发展战略，以开放共享、互联互动、全面感知的工业互联网平台为支撑，紧紧围绕"一体化优化的供应链管理，集中集成的生产管控和全生命周期资产管理"三条业务主线，采用"数据＋平台＋应用"的新模式，打造具备全面感知、协同优化、预测预警、科学决策四项能力，形成服务共享、协同智能、集成优化、安全敏捷的信息服务体系，为把中科炼化建成中国石化支柱企业和最具竞争力炼化企业，实现"高端＋精细"战略目标，提供强力智能化支撑，助力公司全面打造世界一流企业，率先成为大型炼化基地模式下开展工业互联网平台创新应用，助力中科炼化实现运营成本降低约20％，劳动生产率提高20％以上，万元产值综合能耗降低6％以上。

6.2.2　智能工厂建设历程与效果

中科炼化智能工厂建设共有80家总承包单位、138家施工分包单位。

2016年12月项目全面启动。

2018年1月签署最大标段总承包合同，项目全面进入快速推进阶段。

2019年12月28日，项目30多套主要工艺装置及系统配套共125个主项工程建成中交。

2020年6月16日，常减压等6套装置引料投产，拉开了各装置陆续投产的序幕。2020年9月30日，实现炼油化工全流程一次开车成功，当年仅用3个月实现营业收入203.59亿元，利润总额5.68亿元，净利润4.23亿元，实现利税88.93亿元。

2021年是进入生产经营的第一个完整年度，全年实现营业收入816亿元，利润总额52.03亿元，净利润39亿元，实现利税312.10亿元，同规模炼化企业排名第一，中国石化炼化企业排名第四。

2022年1～5月累计实现营业收入399.87亿元，利润总额19.76亿元，净利润14.73亿元，实现利税138.50亿元，蝉联中国石化同规模炼化企业第一名。

2022年6月16日，投产两年来，实现投产首年季达产目标，累计加工原油2554.96万吨，生产乙烯130.47万吨，实现利税合计559.04亿元，等于"挣回"了一个中科炼化。

2021年，中科炼化智能工厂入选工业和信息化部"2021年工业互联网平台创新领航应用案例"，荣获IDC发布的"未来运营领军者"称号。

6.2.3　企业工程建设智能化实践

6.2.3.1　中科炼化工程项目管理系统

（1）应用简述

中科炼化一体化项目为新建项目，具有投资规模大、实施周期长、技术复杂、多方协调困难等特点，工程建设管理难度较大。作为业主方，迫切需要建立工程项目管理系统，收集、整合和分析工程实施过程项目数据，实现对工程建设现场的集中统一管控，促使工程建设管理合法合规，有效解决管理流程不规范等

319

问题。

中科炼化在工程项目中始终贯彻执行中国石化工程建设"3557"管理体系，不断推进管理创新，着力深化项目管理模式改革，强调事前管控，强化事中、事后监管，通过程序文件的执行与信息系统的固化落地，实现全流程跟踪和预警，满足工程项目管理的全过程管控需求，遏制未批先建、频繁超概等问题发生，真正发挥工程管控实质作用，同时为运营期可视化和数字化管理建立基础。

中科炼化工程项目管理系统依托 1000 万吨/年炼油、80 万吨/年乙烯项目，同时作为中国石化智能工厂在工程建设期的先锋军，覆盖以"五大控制"为核心的项目控制业务执行全过程的状态监控，贯穿工程建设全部阶段的作业过程管理。系统涉及业务涵盖前期管理、设计管理、采购管理、施工管理、变更管理、费用管理、合同管理、进度管理、质量管理、HSE 管理、生产准备、竣工验收、文档管理等业务管理功能，通过建立建设单位、监理单位、施工单位等多方协同工作平台，统一集中管理工程建设业务。

（2）解决方案

中科炼化工程项目管理系统开发了 15 个功能模块，包括个人桌面、综合管理、前期管理、设计管理、进度控制、HSE 管理、质量管理、合同控制、预算控制、变更管理、采购管理、施工管理、财务管理、工程验收、文档管理。

（3）技术特点

中科炼化工程项目管理系统围绕"合法合规、流程规范、集中管控"原则，以"五大控制"为核心，打造覆盖项目管理全过程的工程项目管理系统，通过集成实现数据源头统一，消除信息孤岛。

① 固化业务流程，提高规范化管理水平。按照"制度流程化、流程表单化、表单信息化"的思路，结合中科炼化一体化项目管理程序文件相关管理要求，建设中科炼化工程项目管理系统，并对现场工程建设业务进行了全面梳理，固化规范流程和标准表单，进一步规范了工程建设管理业务。

② 贯穿工程建设各阶段，涵盖工程项目管理全业务。工程项目管理系统以单项目为主线，涵盖项目前期、设计管理、采购管理、施工管理、变更管理、费用管理、合同管理、进度管理、质量管理、HSE 管理、生产准备、竣工验收、文档管理等工程项目管理业务，贯穿工程建设全部阶段，实现项目全过程作业的精细化管理、高效协同及信息无缝流转。

③ 抽提关键业务数据，实现项目执行过程全监控。围绕"五大控制"，通过项目整体数据分析功能，提供多维度的项目监控和统计报表，实现项目管理体系管理领域的状态监控，满足项目各业务域具体执行工作和项目管理者对项目整体进展信息的掌握。

④ 统一数据源头，消除信息孤岛。工程项目管理系统与 ERP 系统、工程电子招投标系统、门禁系统、4D 管道系统、企业 ODS 系统、焊工管理系统以及办公自动化（OA）系统、门户等系统关联集成，使业务数据在工程管理各专业、各部门之间形成回路，减少业务数据的重复输入，避免信息孤岛的产生，同时提高现场工作效率，降低参建单位沟通成本。

（4）应用成效

截至 2019 年 4 月底，中科炼化工程项目管理系统共创建组织机构 140 个，注册用户 1238 人，用户累计登录达 700531 次，系统稳定运行期间，周平均登录次数 12302 次，日平均登录次数 1823 次。

中科炼化工程项目管理系统共有数据 1169898 条。在工程建设期间对施工现场 4.75 万人员实现了线上管理，管理各类施工作业设备 7000 余辆（台），施工文档 23 万余件。

中科炼化工程项目管理系统于 2019 年 4 月中交验收，实现了投资、进度、质量、合同、安全五大控制，为中科炼化这类新建且信息化薄弱的企业提供了工程建设期的信息化支撑。

中科炼化工程项目管理系统作为石化智能工厂在工程建设期的先锋军，为率先实现无纸化、绿色低碳办公和提高部门间协作沟通效率、业务流程信息化水平做出了贡献。系统上线运行后，现场无纸化率提高了 5% 左右，部门间的协作沟通效率整体提升了 15% 左右，通过信息技术手段的运用，实现数据传递和信息共享，减少重复劳动，提高工作效率。

通过工程项目管理系统，解决以往设计单位、供应商、施工单位信息不对称，无法及时了解采购物资的返资、到货、入库情况的问题；通过移动端的拍照对比，提高现场安全、质量检查的闭环率，确保工程项目安全、质量缺陷清零，彻底改变以往信息不能及时传递，管理人员、施工人员往返现场多次的情况。通过信息化手段的应用，及时共享项目建设信息，极大地降低了沟通成本。

6.2.3.2　数字化交付实践

（1）应用概述

数字化交付是中科炼化智能工厂的一大亮点，该项目首次从设计、到供应商、到施工全产业链数字化集成和联动，实现了工厂全生命周期数字化交付。通过全面的数字化交付，实现了虚拟可视化工厂与实体工厂的动态联动，将来自工程公司、施工单位和设备制造商，不同阶段交付的各类工程数据、工程文档、三维模型等汇集，形成了静态的数据成果库。智能工厂基于成果搭建 4D 管道、三维、设备主数据等应用，指导工程建设期的管道焊接进度、质量管控和材料管理等业务，并且借助防腐保温量算、辅助工作量量算、管线横断面分析三维可视化

321

应用，辅助企业施工管理，提高施工管理效率，确保安全、高效地开展施工工作，为集团公司智能工厂建设与应用打下坚实的基础。

（2）解决方案

中科炼化智能工厂是中国石化首家开展全厂数字化交付的项目。数字化交付为数据框架搭建提供了精准模型。传统炼化企业智能化建设通过完工资料数据进行建模，再对照现实工厂进行激光扫描修正，由此完成逆向建模。而中科炼化在建设时就采用设计单位、设备供应商和施工单位全产业链数字化集成联动，实现了正向建模。

同时建设期结合数字孪生技术，以业主及总承包的角度进行施工全业务过程管理，为 EPC 单位、施工单位、监理单位、检测单位等单位用户提供工程建设期施工阶段的可视化协同管理平台。

通过对设计交付的三维模型或解析模型中间格式文件进行管道三维模型还原，与此同时从设计文件中提取了完整的管线工艺参数与组成件及其属性信息，包括管子、管件、阀门、法兰、垫片和焊缝。

管道施工中的数据源自于设计模型，保证了数据质量的同时，还可以按照不同材质、管径、壁厚和压力等级分别对工作量进行统计，还可以从工程造价的角度对工程量进行分类统计，管理层可以通过这些准确的数据安排现场的施工（见图 6-4）。

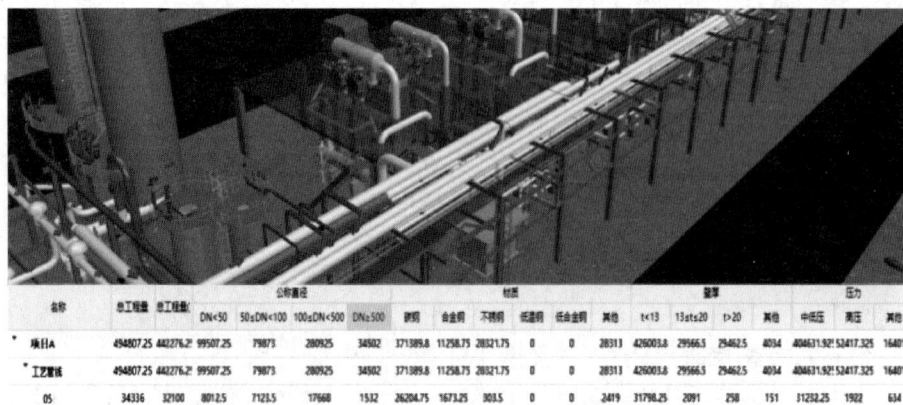

图 6-4　施工协同管理

多单位同一个工作界面，减少信息孤岛，可进行施工管控、问题讨论等工作。通过在三维模型中点击焊口，可查看焊口的基本信息、焊接信息、热处理信息、检测信息以及多单位施工信息，同时还可通过三维渲染、柱状图、饼图等实时了解施工进度和质量情况。

（3）技术特点

① 全专业正向数字化交付。综合工程建设全生命周期作业数据采集、整理、校验和检查，以及交付组织等过程。数字化交付平台将是交付信息的管理系统，用于管理工程数字化交付内容，应与多种工程软件集成并兼容多种格式的文件，依据来自标准化管理平台的设计信息标准，对交付数据进行校验和检查，保证最终使用的交付数据的完整性和准确性。

数据整合按照数据标准、交互标准，组建空间数据库、可视化资料数据库、业务流转数据库，在数据校验完整性、正确性、唯一性的基础上，实现模型和数据存取正确与便利、数据矩阵式管理、多终端云数据同步及文档共享机制，完成数据发布管理，能够实现数据的智能挖掘和检索查询。

② 施工过程全专业协同。中科炼化通过 4D 管道施工管理应用，实现焊接施工过程的数字化管理，实现了管道焊接施工全流程监管，保证了焊接施工过程数据的真实准确，并为施工、监理、检测和建设等单位的协同协作提供可视化管理手段，使管道焊接施工的进度和质量信息透明、三维可视，为数字化交付和生产运营奠定了基础。

（4）应用成效

在信息化高速发展的今天，工业智能化已成为企业发展的大势所趋，随着设备管理理念的不断提升和完善，采用新的管理模式已经成为企业收益最大化的可靠途径。实现工程建设的数字化整体管理，有助于加快信息化节奏，获取高质量的工程数据，为生产企业的高效平稳运行保驾护航。工程建设管理模式的转变，必然推动国内外施工管理模式的变革，大幅提升管理水平。

数字化交付应用建设很大程度提高了工程建设过程的管理和质量水平，主要体现在以下方面。

① 提高数据质量和工作效率。提供智能化工具和应用，打破从设计到施工阶段的信息鸿沟，减轻基层管理人员工作负担，提高施工单位数据质量和工作效率，减少不必要的失误和返工。

② 提高管理水平和沟通效率。施工过程信息更加透明、直观，有利于管理人员掌握真实施工情况，提早发现问题，辅助决策，降低项目拖延等情况的发生，同时实现资料和数据的可追溯性管理。

中科炼化一体化项目，管道建设主项共计 85 个，参建方 EPC 单位 10 家、施工单位 20 家、监理单位 12 家、检测单位 16 家。自 2019 年初工程建设项目进入管道施工环节起，该系统成为该企业及参建单位的主要工作系统。参建单位采用该系统解析工程图纸近百万张，管理焊缝对象超两百万，自动生成各类工程报告和作业记录超百万份，有效降低了施工进度延误风险和质量风险。目前该项目已经投产，通过 4D 精益施工管理系统积累了完整的施工过程数据资产，包括

107627 条/2867km 的管线数据、2162328 道/980 万时径的焊缝数据、2054609 条焊接记录、287473 条检测记录等，为后续生产运营提供保障。

从质量管理部工程师岗位来讲，可通过点击三维模型中焊口查看每道焊口基本信息及过程记录信息，同时提供图文结合的方式，数据由粗到细的向下钻取展示，提供多项目——→项目——→装置——→区域——→管线——→焊缝、多层级统计，并可以在统计的基础上进行任意时间段的查询分析，实时掌控焊接工程进度、质量情况，为领导决策提供依据。

以某装置 5000 张单线图为例，施工单位接收设计提交的 IDF 文件后，采用 4D 管道施工管理系统进行设计，投入 1 人只利用 2 个晚上的加班时间完成 5000 条管道的预制设计，进度由落后于某工艺装置变为超前。使用传统方式进行手工二次设计，需投入 3 人，耗时 2 个月才完成 5000 条单线图。

③ 为运营期应用提供数据基础。提供施工过程的全面、准确的历史数据，为运营期管理提供数据基础，降低运营风险。此外，工程建设过程的模型是运营期工厂的最初数据来源，且是和现场一致的最准确的数据。

数字化交付应用的建设能够提高施工管理的质量水平，降低运维阶段的风险，这对安全生产意义重大，也是企业进行施工过程精细化管理的重要动力，同时数字化交付应用的建设是整个工程建设过程数字化管理的探索，是从设计、施工领域向运营领域实现数字化交付的尝试，为数字化智能化建设提供借鉴。

6.2.4 企业智能工厂运营实践

（1）应用简述

中科炼化智能工厂坚持中国石化信息化建设"六统一"原则，认真贯彻落实中国石化信息化"十三五"规划，通过业务和信息化新技术深度融合，以中国石化智能工厂 2.0 为起点，围绕"一体化优化的供应链管理，集中集成的安全生产管控和全生命周期资产管理"三条业务主线，采用"数据＋平台＋应用"的新模式，打造了全面感知、协同优化、预测预警、科学决策四项能力，形成了服务共享、协同智能、集成优化、安全敏捷的信息服务体系，为把中科炼化建设成为中国石化支柱企业和最具竞争力炼化企业，实现"高端＋精细"战略目标，提供强大的智能化支撑，助力公司全面打造世界一流企业。

中科炼化智能工厂建设分为工程期和运营期两个阶段，在工程期建设 59 个子项，以满足开工投产运行需要和国家及地方政府管控要求，确保顺利投产为目标；运营期建设 16 个子项，以满足生产运营期的生产"安稳长满优"和公司业务精细化管理要求为目标。工程期建设了 ERP、信息门户、OA、移动办公、工程项目管理系统等经营管理层应用，满足经营管理和日常办公需要；建设了计

划、调度、实时数据库，物料、安全、应急、操作、仿真、PID 等生产运营层
30 项应用，满足了中科炼化装置开工投产需要，提高生产管控水平；建设了信
息机房、石化智云、网络、视频会议、信息安全等基础设施 20 项，打造安全敏
捷的基础设施，实现对上层应用的基础支撑。

中科炼化通过业务应用梳理、职能匹配、流程设计，摒弃了过去以"部
门"为中心的传统做法，全面优化业务流程和组织机构，打破部门间"壁垒"，
形成了新建炼化一体化智能工厂的标准实施模板，对每个业务应用的功能点进
行梳理，真正实现了功能的不重不漏、数据的在线自动流转。利用大数据、云
计算和互联网等技术，建立全流程优化、调度指挥、能源管理、安全环保、管
理决策等多业务协同平台，挖掘数据价值，固化专家知识，做好模型的传递与
共享，使企业从单项应用、集成应用向整体协同优化转变，提升业务价值创造
能力。

借助先进信息技术，在流程行业搭建炼油、化工产品加工、销售平台，实现
客户线上订单与线下提货的互联互动；提供客户服务中心、移动应用、短信等多
种交互方式，提升客户体验与服务满意度；建立完善物资采购电子商务平台，各
类物资网上采购率达 100%，供应商管理、考核线上操作，应用达到先进水平；
建成涵盖物流计划、调度、跟踪、作业、优化、进出厂等功能管理系统，提高了
供应链透明度，贯通了数据链条，提升了物流效率，实现了物料供需平衡，降低
了库存风险。

（2）解决方案

通过智能工厂的同步规划、同步设计、同步建设、同步投用，建成了全面基
于工业互联网平台的新建企业智能工厂。

① 一体化优化的供应链管理。建设智能化进出厂物流管理，支撑货物产品
有序、自动进出厂。整合公路、水路、管输、铁路四种运输方式，通过业务打
散、数据互通，实现物料从进厂、加工、存储、装卸、出厂到结算的自动化互联
互动，提高物流效率。通过对进出厂物流、码头装卸、立体库、定量装车、海关
数据报文等系统的统一优化，基于平台的统一整合，实现进出厂业务与 ERP、
LIMS（实验室信息管理系统）、地磅、门禁、计量系统、批控系统、定量装车、
立体库、化销 E 贸、化销物联网、炼销电子提货平台、海关数据报文等数据集
成，互联互动和地方监管上报，提高了供应链透明度，贯通了数据链条，提升了
物流效率，实现了物料供需平衡，降低了库存风险。

建设物资仓库管理应用，作为全面支撑物资供应的信息化手段，从标准化、
流程化方面提高了管理水平。采用全程数字化和标签化方案，应用 RF（射频）
设备、电子标签/条形码等现代化物流设备，实现物联网技术在智能仓库系统全
面应用。通过优化物资的信息管理，对到库物资的信息采集、处理、共享，实现

高效、智能化，并和 ERP 系统的信息衔接，使整个仓储物资管理系统更适应新时期企业的发展需要。

② 企业运营智慧决策与管理

a. 转变经营决策管理模式。以效益最大化为目标，运用优化工具，并与生产运行实时数据、市场需求信息相关联，建立经营管理辅助决策模型，对利润和生产成本进行分析预测，提供寻优计算，快速响应变化，实现全局性科学决策和端到端运营优化，由传统经验型决策管理模式向智慧决策管理模式转变，降低决策风险。

b. 建立横跨专业、纵向集成的管控一体化管理平台。将公司经营目标由决策层传递到管理层、作业层，把效益指标分解为操作指标，实现决策层、管理层和执行层的业务集成和在线优化闭环管理。建设调度指挥系统，实现各级指令的编制、下发、执行与制造生产执行系统的物流数据实时闭环；建成生产、设备、质量、采购、库存、能耗等生产运行异常情况的监控与分析处理模型，实现各类异常的自动预警预判和信息推送。

③ 炼化一体化智能生产管控

a. 应用工厂计划优化与乙烯裂解模拟等优化软件建立了在线集成模型，以优化结果的传递、共享，对计划进行全流程的测算和优化，实现企业效益最大化。

b. 原油在线调和优化控制。利用近红外光谱预测等技术，计算原油评价数据，在线优化调和多组分原油，在线原油调和及输转系统极大提高了装置运行平稳率，降低了操作人员劳动强度，降低了生产装置对设计油种的依赖程度，扩大了油种选择范围。

c. 开展了全厂级别的数字化一体化交付。建立从设计、施工到运行的工厂三维装置模型，完整集成各类过程数据，实现数字化交付、可视化管理的虚拟工厂。

④ 面向绿色低碳发展的企业安全环保与能源智能化管理

a. 在线环保监测、污染物监控与溯源。实现对关键装置、有毒有害场所等各类排放口及环保设施运行情况的可视化监控。对污水、烟气排放等污染源实施 24h 在线监测，监测数据直接与地方环保局和中国石化总部联网，发现异常及时反馈和处理。

b. 废弃物的资源化综合利用与环境足迹最小化。推进内部循环经济和清洁生产，采用信息技术和绿色清洁生产技术改造和提升生产模式，大幅提升各类资源综合利用率。运用节电、节水等新技术实现资源综合利用，减少污染物排放，实现环境影响最小化。运用泄漏检测与修复技术（LADR），控制挥发性有机化合物（VOCs）的排放。

c. 能源的优化利用。对能源的计划、生产、转换、使用、优化等各方面进行管理，建立实时能源管理平台，实时监视所管辖装置的能耗以及每一个操作对装置能耗的影响。

（3）技术特点

经过四年的艰苦努力，中科炼化智能工厂从无到有、从有到优，形成中科炼化智能工厂特有的创新技术，概括如下。

创新技术一：首次将石油和化工工业互联网平台在企业全面落地，完成工程化实践。

① 首次实现了基于数字孪生的石化工厂多维度、全方位模型化描述。基于石化工业互联网平台，首次实现了对石化工厂的全方位模型化描述。主要包括四个维度：一是对物理资产描述的工厂模型和三维模型，通过工厂模型对生产活动涉及的要素进行模型抽象，统一了生产企业内的数据描述模型和对象关系模型；二是对物理化学过程描述的机理模型，通过机理模型反映工厂生产运行情况，为工厂运营优化、分析预测提供模型支持；三是基于多技术融合应用的大数据分析模型，基于大数据分析等数字技术分别建立了装置预警、反应器结焦计算、目标产品收率预测、动设备故障诊断等数据分析模型；四是基于专家经验的数字化业务模型，基于专家知识、经验以及业务逻辑，形成了数字化的物料管理、调度指挥等业务规则。

② 以"数据＋平台＋应用"的新模式，形成了石油和化工工业互联网体系并完成工程化实践。构建了技术、数据、业务三大数字中台，实现ICT技术能力聚合与输出，企业核心数据资产整合与共享，以及行业能力固化与赋能。打造了工业数字化、工业物联、工业大数据与人工智能、工业实时优化的四大流程工业数字化、网络化、智能化关键引擎。形成了工业云管控、集中集成、数据治理、工厂数字化、工业大数据与人工智能六项平台级解决方案，提供面向行业的应用套件和工业APP。

创新技术二：率先实现了集成管控、预测预警的新一代运营指挥模式。

依托工业互联网平台的数据自动采集及集成能力，打造集中高效的管控中心。以智能调度指挥应用为核心，以物料管理、操作管理、应急指挥为有力支撑，生产网、办公网、视频监控网有机结合，实现生产指令、生产状况、生产安全的闭环管理，通过对全厂仪器仪表、视频监控、报警硬件集成，利用融合通信服务实现IP电话、4G无线集群、调度电话、办公公网电话的互联互通，构建全方位的立体管控体系。通过平台与现场感知层设备的深度互联，实现在发生可燃气报警、火灾报警等警情时自动通知应急指挥中心接警处，并在应急指挥大屏播放报警点实时监控画面，提供应急预案及邻近区域装置物料风险信息，大幅度提高应急处理效率。

创新技术三：建设以供应链-产业链-价值链协同优化驱动的炼化一体化生产

体系。

① 由传统经验型决策管理模式向智慧型决策管理模式转变。以效益最大化为目标，依托工业互联网平台的大数据采集及分析能力，建立计划优化模型，乙烯裂解炉建模采用非线性模型外挂和非线性公式的计算，实现了与裂解炉模拟软件的 SPSL 接口集成应用，使模型计算精度更准确，更加符合裂解炉反应机理。根据效益指标优化生产计划，将生产计划分解为操作指标，将公司经营目标由决策层传递到管理层、渗透到作业层。协助企业进行营收预测，对市场变化快速响应，实现全局性科学决策和运营优化，降低决策风险。

② 建立原油在线调和优化控制，实现原料层面的降本增效。原油调和优化以近红外原油快评数据为基础，基于工业互联网平台的集中集成能力提供的装置能力数据及进料性质设防值，进行原油调和配方优化，助力企业具备加工科威特原油、沙轻、沙中、沙重、阿曼原油、巴士拉中和伊朗轻油中的一种、两种或三种原油的替代原油的能力。增强原油加工的灵活性，扩大可加工的原油范围，优化原油配比，促进平稳生产。

创新技术四：建设模式、交互界面、成果交付等多项内容为行业首创。

① 采用 EPC 模式进行建设，打造了中科炼化智能工厂建设的新模式。中科炼化项目是中国石化第一家炼油化工同步建设的企业，中科炼化智能工厂实现和中科工程项目同步设计、同步实施、同步交付、同步投用。以"建好、好用、用好"为目标，以用促建，促使公司各部门把智能工厂业务应用"用好、用活、用出彩"。

② 个人工作台是业务待办和数据共享的集散地，在石油化工行业内当属首创。通过"千人千面"的个人工作台，实现了从"人找业务"到"业务找人"、从"人找数据"到"数据找人"的转变，实现了根据岗位需要配置业务功能，由传统的"用系统"转变为基于角色的"用功能"，有力地促进了不同业务之间的协同，提升了工厂生产经营管理的效能，将信息化技术在流程工业的应用提高到一个全新的水平。

③ 第一家开展全厂数字化交付的智能工厂，为智能工厂建设与应用打下坚实的基础。中科炼化智能工厂是中国石化首家开展全厂数字化交付的项目。其有效提高端对端服务的效率与价值，使数据在生产、安全、设备管理各领域进行流通互用，打通信息孤岛，提高工厂的运营效率，为企业多领域管理提供了强大的支撑，为智能工厂未来的三维模型、大数据分析等多项应用打下坚实的基础。

④ 建成与 DCS 一模一样的仿真培训系统，打造真实可靠的一线人员培训基地，克服了平面推演及传统师带徒的缺点。在工程验收阶段前对软件使用进行了培训，并形成了可延续性的培训教程，提高了员工的操作调控技能，补充了生产经验（尤其是事故处理经验），为装置一次开车成功奠定良好的基础。

（4）应用成效

① 经济效益。中科炼化项目建设采用"数据＋平台＋应用"的模式，打造具备全面感知、协同优化、预测预警、科学决策四项能力的中科炼化智能工厂，形成服务共享、协同智能、集成优化、安全敏捷的信息服务体系。

依托生产运行实时数据、市场需求信息，建立经营管理辅助决策模型，对旬、月、季、年利润和生产成本进行精算，根据效益指标优化生产计划，将生产计划分解为操作指标，将公司经营目标由决策层传递到管理层、渗透到作业层。构建具有高度市场变化敏感性的加工切换能力的新型炼化企业；通过高度自动化，实现企业所有数据的深度共享与协作；以市场需求为导向，发挥临港优势，实现面向国际市场的原料采购及产品销售；发挥基地集群化、规模化效应，实现企业全产业链的价值和效益的最大化，2021 年实现营业收入 816 亿元，利润总额 52.03 亿元；企业 1640 余人管理年加工千万吨炼油、年产 80 万吨乙烯的 31 套工业装置，按照中国石化同等规模企业人数 4000～6000 人计算，节省人员 2000 余人，人工成本按 15 万元/（人·年）计算，年增效 3 亿元以上。

② 社会效益

a. 探索实践了信息化建设工程 EPC 交付新模式。借鉴中国石化多家企业智能工厂的建设经验，实现了设计、开发、交付和分包商管理一体化的工程 EPC 交付，与工程同步建设，贯彻统一技术路线。以用户需求为导向，以详细设计为依据，加强标准规范设计，实现资源整合，避免信息孤岛，在系统适用、好用、易用上下足工夫，不断改善用户体验。目前中科炼化智能工厂建设中形成一套标准模板，包括规范、体系、标准、方法论等，不断迭代更新，从创新研究、软件研发、工程实施、管理配套等多角度建设好、服务好中科炼化智能工厂。中科炼化智能工厂项目已经树立良好口碑，对多家企业产生了示范效应。

b. 践行了中国石化绿色可持续新发展理念，履行石化企业的社会责任。通过智能工厂建设，企业实现了内涵式发展，提升了全面感知、预测预警、协同优化、科学决策四项关键能力，在企业核心"供应链协同一体化""生产管控一体化"和"全生命周期资产管理"三条业务主线实现纵向集成、横向集成和端到端的集成，企业的自动化控制率、生产数据自动化采集率有效提升，企业本质安全和环保水平有效提升，企业盈利能力大幅提高，均达到了国家智能制造试点示范的要求，为我国石化企业、煤化工企业等传统的能源化工以及流程制造企业绿色、可持续健康发展提供了参考。

c. 引领了传统石油石化工业信息化升级方向。通过融合物联网、大数据、云计算等新一代信息通信技术，以平台为基础，以需求为导向，通过"数据＋平台＋应用"的模式，实现全厂内及时、互动、整合的信息感知、传递和处理，是具备企业经济竞争力、可持续发展优势的领先的智能工厂。实现了数出同源，解决了传统企业各个信息系统间存在着信息壁垒，功能上不能互通，数据无法共享的信息孤岛难题。通过深入解析用户的需求，进行松耦合、紧内聚，打造了"千人千面"的个人工作台，根据中科炼化各业务部门的岗位职能和权限，公司所有员工的审批待办全部通过个性化的"个人工作台"进行"一站式"办公，极大提高了工作效率。

d. 拉动了地方经济发展。中科炼化年产值约 600 亿元，年利税约 260 亿元，拉动下游产业超 2000 亿元，对供应链上下游近百家企业，起到了积极带动作用。

6.3 天津石化——敏捷高效协同的智能化工厂

6.3.1 企业基本情况

中国石油化工股份有限公司天津分公司（天津石化）是国家特大型炼化一体化企业，成立于 1983 年，现有员工 6372 名。拥有炼油装置 32 套、化工装置 26 套，原油综合配套加工能力 1600 万吨/年，乙烯生产能力 150 万吨/年（含合资公司），对二甲苯 38 万吨/年、聚酯 20 万吨/年、涤纶短纤维 10 万吨/年、聚醚 10 万吨/年，均具有较好的市场知名度，汽柴油产品全部达到国Ⅵ质量标准，为华北地区最大的炼油基地、国内最大的乙烯生产基地之一。

天津石化以打造"世界一流"企业为目标，全力推进智能工厂建设，加快企业数字化转型升级，在用信息系统 115 个，有力支撑了企业全方位业务的智能化应用和生产优化创效。在流程再造、新业态新模式试点、智能化管理、智能装备等方面全力推动以信息化促进工业化进程，把创新驱动作为重要抓手，将智能工厂作为转型发展的新动力。

当前石化产业发展面临严峻挑战。一是产能过剩管控能力弱，目前全行业包括原油加工以及合成材料、通用型化工材料等产能过剩矛盾十分突出；二是能耗高，石化行业是典型的能源高消耗行业，生产资源、生产过程能源消耗高，在资源环境承载能力已经达到或接近上限情况下，必须向绿色低碳循环方向发展，降低资源消耗水平；三是安全环保压力大，在"双碳"目标下，石化行业环保排放量已无空间，重大安全环保事故时有发生，国家对环境治理要求提高，行业发展环境约束进一步增强；四是成本上升，原材料、人力资源和生产成本的上升导致企业盈利能力持续减弱，严重制约了企业的发展。

目前亟须采取有效措施推动石化产业高质量可持续发展，在石化行业生产制造领域探索走出一种新的生产制造模式，提高石化产品的技术含量，应对价格的竞争和成本压力，推进数字化转型，提高资源利用率，实现安全、清洁、绿色生产。

建设智能工厂是实现企业降低成本、提升效益、资源有效利用和绿色发展的重要途径。

6.3.2　智能工厂建设历程与效果

天津石化以"打造世界一流管理体系"和"建设世界一流绿色企业"发展战略为导向，以数字化转型为目标，聚焦打造"数字化工业生态"平台，持续推进信息化与业务高度融合和相互促进，支撑建设环渤海炼化一体化产业基地战略落地。

天津石化作为中国石化智能工厂六家推广企业之一，从 2016 年 5 月开始启动智能工厂项目建设需求对接，完成可行性研究立项。

2016 年 7 月，信息和数字化管理部会同炼油事业部、化工事业部、石化盈科组成调研组赴天津石化开展智能工厂推广方案设计。

2016 年 7 月至 2016 年 9 月，天津石化生产部、设备管理部、安全环保部、炼油部、化工部、烯烃部、热电部、税务部、物资装备部等多部门协同进行了多批次需求对接和梳理，涉及生产管控、供应链管理、设备管理、能源管理、安环管理、辅助决策等六大业务域。并根据总部智能工厂建设规划要求，形成了天津石化智能工厂项目建设清单。

2018 年 10 月，建设团队进驻天津石化，开展详细设计工作，拉开项目建设序幕。

2018 年 12 月，启动中国石化智能工厂天津石化推广项目建设。

2020 年 3 月，设备健康管理、调度指挥、生产调度及装置优化、生产计划协同优化、三维数字化、资源池、基础平台、ODS、标准化上线试运行。

2020 年 8 月，智能工厂全面上线试运行，业务牵头部门制定各个专题的运行管理办法，促进智能工厂深化应用。

2020 年 10 月 21 日通过总部验收测试，信息和数字化管理部组织炼油事业部、化工事业部、企业专家对天津石化智能工厂进行现场验收测试。

2020 年 11 月 26 日通过总部验收。

2021 年 2 月，依托南港乙烯项目，按照"老厂支撑新厂、新厂带动老厂"的工作思路，全面展开南港乙烯信息化规划。

2021 年 4 月，完成南港乙烯全厂信息系统总体设计并通过总部审查。

2021 年 10 月，完成南港乙烯全厂信息系统基础设计并通过总部审查。

2022 年 5 月，完成技术规格文件编制和审查。

2022 年 8 月，完成招标，并启动详细设计工作。

天津石化被评为国家 2021 年度智能制造试点示范工厂揭榜单位，荣获集团公司"十三五"信息和数字化工作先进单位，天津石化智能工厂建设项目被评为2020年天津市智能制造试点示范项目，基于"5G＋机器人"的智能仓储应用项目被评为2021年天津市5G应用试点示范项目。

6.3.3 企业工程建设智能化实践

（1）应用概述

依据总部"十四五"信息化发展规划，按照"数据＋平台＋应用"的新模式，以数字化交付数据为源头，统筹推进天津南港项目工程建设期和工厂运营期数据底座建设；全面推进数字化交付平台与运营平台融合，支撑天津南港项目工程建设期和工厂运营期智能化应用；推动机理模型与非机理模型结合，拓展数字化交付应用场景，打造数字孪生赋能技术，构建全生命周期数字孪生工厂。

（2）解决方案

天津石化数字化交付项目实现建设期数字化交付与运营期数字化孪生工厂建设同步谋划、同步设计、同步实施，以打造"数字孪生工厂"为目标，形成智慧工地、精益施工管理、数字化交付和运营期智能应用的一体化解决方案。

① 智慧工地。运用数字孪生技术搭建智慧工地平台（见图6-5），整合数字化交付系统、承包商管控平台、工程管理系统、直接作业环节管理系统、视频监控平台等系统，加强对数据流通的管理，关注动态的实时更新，应对每天乃至项目全生命周期的变化，实现对工程项目现场的人员作业安全监控、进度智能监管、智能施工人员定位、AI智能识别、焊接质量数据透明以及物资智能跟踪。

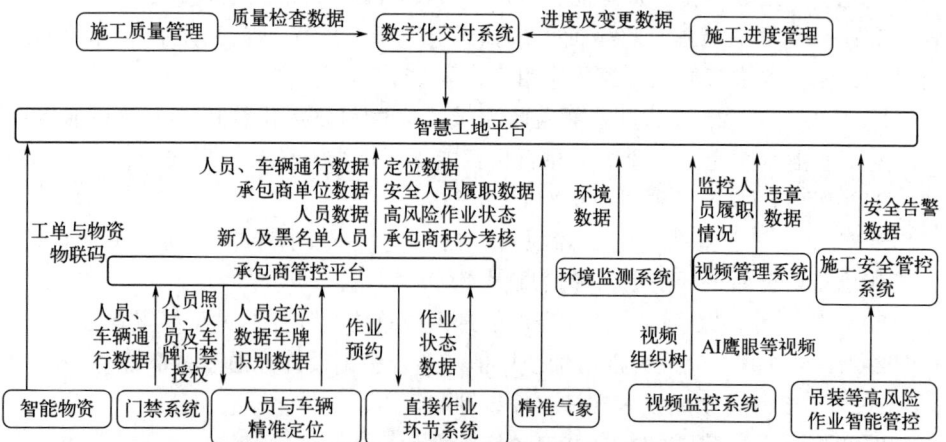

图6-5 智慧工地平台架构

② 精益施工管理。建设精益施工管理平台，实现管道施工全要素、全过程和全参建方数字协同管理，为施工总包提供过程监管抓手。通过强大的协同作业能力，连接全参建方，文件级传递升级为数据级协同，实现数据可视化，多维度统计，高效沟通决策，是管理者把控进度和质量的监管平台，同时可以为工程预算及结算提供数据支撑；通过自动解析设计成果、自动构建管道焊口三维模型、自动生成管道预制安装图、自动抽检焊口、下委托等功能，实现施工全过程数据自动流转；通过延长米和材料量自动统计、自动识别变更、自动划分试压包、尾项自动统计、一键生成试压包和交工资料等功能，实现建设期的智能过程管控（见图 6-6）。

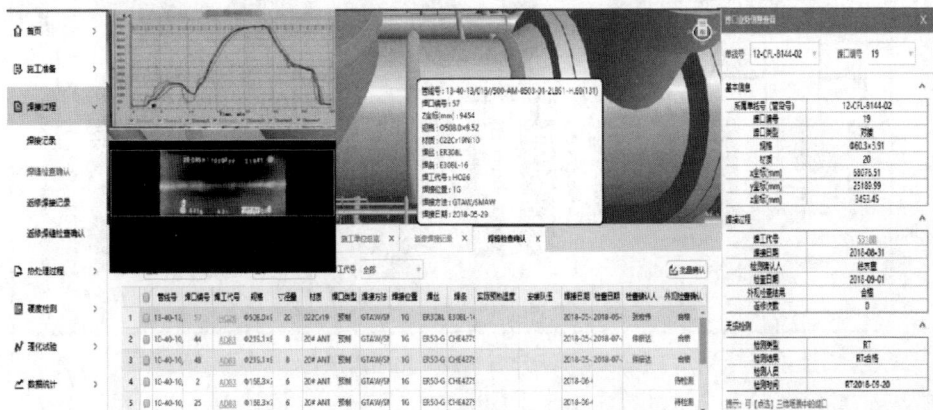

图 6-6　构建准确、完整的管道数据资产

③ 数字化交付。通过数字化交付平台，有效搜集、管理、共享工程信息，并将设计、采购、施工、试车等阶段产生的数据、文档、模型以标准数据格式提交给业主，是一种区别于传统纸质文档交付的新型交付方式。数字化交付贯穿于业主的建设阶段、运维阶段以及退役的全生命周期，是工程协同设计、工厂建设信息透明化、提升工厂建设效率和企业管理运维的有力手段。

数字化交付内容：数字化交付信息涵盖工程设计＋采购＋施工（E＋P＋C）全过程的工程信息，即指各类工程数据、文档、智能 P&ID、三维模型等，天津石化创新引入机理模型的交付探索工作。

稳态机理：基于设计的流程模拟模型进一步开发，输入设备的基础参数、性能曲线（厂商提供），并应用工厂运行数据进行模型校正，从而进行多工况方案模拟、对比分析与优化。

动态机理：在稳态机理模型基础上，引入设备的容积参数，在模型计算方法上引入时间变量、控制模块，进行工艺流程的动态模拟；引入 DCS 组态模型，形成一体化集成联动模型，指导开停工、动态调整等操作。

数字化交付形式：以工厂对象为核心进行信息关联和整合，形成与实体工厂和竣工资料完全一致的信息模型。

数字化交付应用：天津南港项目数字化交付应用按照四个业务域、十个应用及十八个应用场景进行梳理，如图6-7所示。

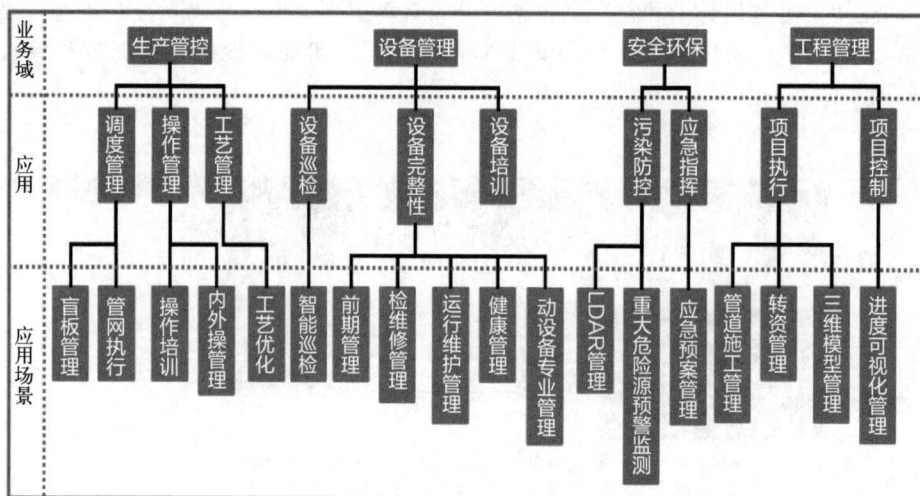

图6-7 天津石化数字化应用规划

（3）技术特点

天津石化数字化交付平台及应用融合了工业CAD、AI和高性能三维渲染技术，能够在虚拟空间中构建物理对象的精准数字化表达，赋能工业生产制造数字化转型，具体技术特征如下。

• 支持零部件级、设备级、系统级、装置级到工厂级多尺度数字孪生信息模型；

• 贯穿工业"设计-建造-运营"全生命周期的数字主线和动态集成；

• 机理、物理等融合模型，支撑复杂工业应用；

• 支持高性能云端三维渲染技术，能够在浏览器端流畅渲染上百亿面片；

• 内置多维数据视图，支持贯穿全业务链的数据自动流转和分发。

（4）应用成效

• 面向工程建造阶段，搭建数据驱动的全要素、全过程和全参建方协同作业平台，大幅降低进度延误风险，节约大量工作量，减少重大质量安全隐患；

• 面向交付调试及生产运行阶段，打造工厂的实时数字孪生体，为用户提供统一数据入口，大幅降低基层案头工作负担，全面实现生产优化、设备绩效和安全环保等业务的降本提质增效；

• 面向工厂全生命周期，采用数字线程技术实现持续且全面的深度数据集成，支撑跨领域、跨生命周期的系统性优化，激活数据潜能，赋能生产运行层面的数字化转型。

6.3.4 企业智能工厂运营实践

6.3.4.1 基于工业互联网的天津石化智能工厂

（1）应用概述

天津石化智能工厂，按照中国石化信息化建设"平台＋数据＋应用"的信息系统架构新模式，遵循石化智云工业互联网平台技术体系的相关标准要求，采用工业互联网平台构建了智能工厂的基石——工业智能制造云平台，并围绕"炼化生产一体化优化""炼化生产集成管控""资产全生命周期管理"三条业务主线，开展智能工厂建设，打造具备全面感知、优化协同、预测预警、科学决策能力的智能工厂，实现三条业务主线的数字化、智能化，建立运营管理新模式，实现各环节的敏捷高效协同。

① 夯实智能工厂物质基础。以工厂为核心视角，对业务模型、机理模型、三维模型等工厂设备、生产过程、工艺流程等进行数字化描述。采用工业互联网技术、大数据分析技术、人工智能技术，实现工厂状态实时感知与智能控制，系统互联互通，数据全局共享，信息虚体和物理实体之间的交互联动。

② 打造新一代生产运营指挥模式，实现企业生产运营智能化。围绕生产管控、供应链管理、设备管理、能源管理、安环管控、辅助决策六大业务域，建立六大业务域的规则、知识和模型，增强智能工厂自动计算和学习能力，利用工厂模型、生产监测、预测预警、优化分析服务打造新一代的生产运营指挥模式，提升企业生产运营优化和运营管控的智能化水平。

（2）解决方案

按照新的"平台＋数据＋应用"的系统架构模式，天津石化围绕"炼化生产一体化优化""炼化生产集成管控""全生命周期资产管理"三条业务主线进行建设。天津石化智能工厂总体架构如图6-8所示。

① 炼化生产一体化优化应用。炼化生产一体化优化应用内容包括生产计划优化、生产调度优化、生产装置优化等。

a. 生产计划优化。支持从生产计划编制、原料优化选购、生产方案优化、装置长远规划、油品调和优化、装置检修时间评估六方面进行深化应用和标准化案例构建。

智能工厂			
业务主线	**1** 炼化生产 一体化优化	**2** 炼化生产 集成管控	**3** 全生命周期 资产管理
目标	增效益 降成本	提效率 转模式	长周期 保安稳
建设重点	在价值链维度上，通过降低原料采购成本、统筹资源配置、物料高效利用，实现供应链全过程的价值增值 在优化深度上，通过计划、调度、装置、控制四个层面上的一体化优化实现生产全过程效益最大化 ■ 计划优化 ■ 调度优化 ■ 装置优化 ■ 控制优化	建立计划、调度和操作的一体化闭环、敏捷管理体系，提升管理效率 以企业生产物流为重点打造企业生产执行CPS，构建模型化、实时化、智能化的新一代炼化企业生产执行系统 ■ 物资管理　　■ 工艺管理 ■ 质量管理　　■ 环保管理 ■ 安全管理　　■ 调度管理 ■ 操作管理　　■ 能源管理 　　　　　　　■ 实验室管理	以数字化交付为起点，贯穿设备运行、检维修、改造、报废的全生命周期，重点突出设备健康与可靠性，确保安全的基础上最大限度地发挥设备能力，节约维修成本，实现生产装置长周期运行 ■ 状态监测与诊断 ■ 运行风险评估 ■ 维修策略优化 ■ 成本与经济性分析 ■ 长周期评价与优化
技术实现	基于统一石化智云工业互联网平台，实现工业应用技术、标准、安全的统一管控，围绕平台搭建产业开放、互联、共享的"生态系统"	**石化智云** **强基础、建生态** 物联网（IoT）接入　　　　实时计算 集中集成　　可视化　　智能分析	

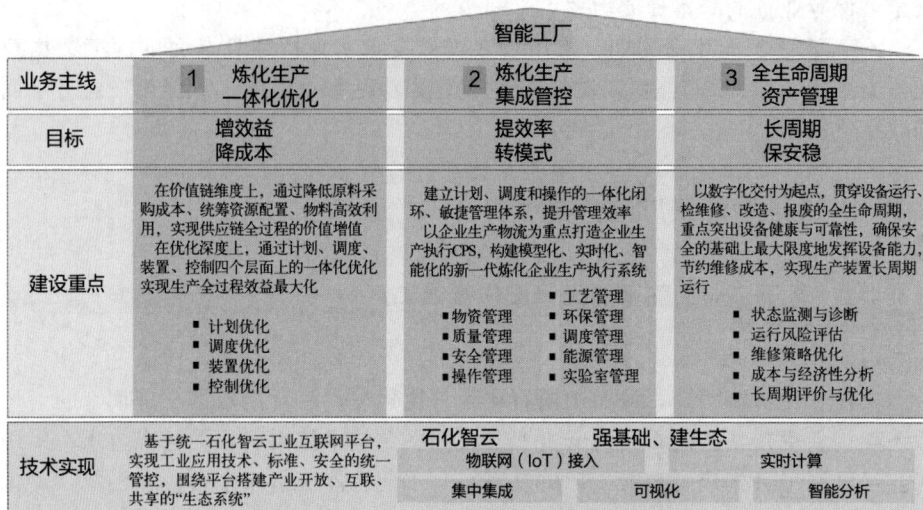

图 6-8　天津石化智能工厂总体架构

b. 生产调度优化。支撑调度排产优化、调度计划管理、轻质馏分油快速检测，将月度模型按照各个阶段的实际进料、加工需求和产品产量等拆解为多周期模型得到粒度到天的生产计划，应用调度排产优化模型进行测算，得到调度排产方案。

c. 生产装置优化。利用单装置机理模型进行装置操作参数优化，并进行核心指标管理和跟踪，实现原料性质、操作条件与产品收率、性质的关联，支撑装置日效益优化及核心指标管理。

② 炼化生产集成管控应用。生产集成管控应用主要包括生产、安全、能源、环保四个业务域应用。

a. 生产管控域。生产管控域建设内容主要包括调度管理、物料管理、操作管理、质量管理、工艺管理、物资管理、计量管理等业务功能。

b. 安全管控域。安全管控域建设内容主要包括应急管理与应急指挥、生产运行管理、项目建设（施工作业）管理、事故事件管理、健康管理、危化品管理、承包商管理等。

c. 能源管理域。能源管理域建设内容主要包括能源计划、能源优化、能源运行、能源计量、能源统计分析以及水务管理等应用系统。

d. 环保管控域。环保管控域主要建设环保综合管理、废水管理、废气管理、固废管理、治理设施监控、在线监测、人工检测和环保监控地图等。

③ 全生命周期资产管理应用。全生命周期资产管理应用内容主要包括设备主数据管理、设备状态监测、设备健康管理、设备三维（工程级）应用、设备运

行管理、设备检维修管理、维修费用管理、机组培训等。

（3）技术特点

① 生产一体化优化

a. 分子模拟。对复杂组分从分子层面进行组分群和纯组分粒度的归类模拟，实现基于油品分析、分子表征等分子组成层次的模拟及过程优化。

b. 严格机理模拟。对装置各塔、反应器、炉、换热器、管道等设备进行严格机理模拟，保证模型能够真实反映装置生产情况，为实时优化提供严格的模拟、优化环境。

c. 装置状态检测技术。装置运行状态影响优化方向及执行效果，基于装置状态检测模型，实现装置状态实时监测，保证实时优化输出结果可靠及生产装置达到优化结果可执行的生产状态。

② 炼化生产集成管控

a. 基于 CLIPS 的规则推理引擎。经过处理的故障征兆数据自动转化为 CLIPS 中的事实，同时自动载入知识库。

b. 基于物联网定位技术。针对炼油化工厂区的复杂应用场景及要求，人员定位采用混合技术，结合不同物联网定位技术的特点，实现人员的实时、广域范围、精确定位。

c. 点云自动分割与识别技术。通过智能机载三维激光雷达扫描获取长输油管道及风险区内的高精度点云数据，在云端通过基于深度学习的算法和模型的专业处理软件，实现对三维点云分割和识别，判断已经识别类别的点云单体（如围墙、房屋、帐篷、杂物等）的坐标位置是否在管道风险区内，并以此来判断地表是否存在占压物体。

d. AI 图像识别技术。AI 图像识别技术内置智能算法，能排除各种气候与环境因素的干扰，有效弥补人工监控的不足，减少视频监控系统整体的误报率和漏报率。

③ 全生命周期资产管理

a. 基于案例和规则的故障诊断专家系统及动态流形学习策略。采用 CBR 与 RBR 串行方式进行推理，通过案例匹配方式寻求诊断结果，在不适用情况下转入通用性规则推理，并将诊断结果反馈给知识库进行优化。同时，以非线性动力学分析方法为基础构建反映装备早期信息的高维特征空间，通过辨识历史数据的先兆信息，制定出在线监测的定量化评估指标，使用增量式流形学习的动态更新策略分析在线数据，实现实时监测。

b. 基于机理研究和数据分析的腐蚀诊断与评估。采用神经网络方法运用于腐蚀预测的方式，可为管道设备腐蚀预测工作提供可靠依据和高精度预测，尤其对非线性数据处理结果比较合理，适用于复杂情况下的腐蚀预测的优点，现场应用显示能在复杂的腐蚀环境下很好地进行腐蚀预测。

（4）应用成效

天津石化智能工厂按照集团公司"平台＋应用＋数据"的新模式，遵循石化智云工业互联网平台架构，借助工业互联网平台产品 ProMACE 进行构建。围绕生产一体化优化、生产集成管控、全生命周期资产设备管理三条主线的应用成效如下。

① 在生产运营管理方面，供应链一体化优化发挥重要作用。一是通过一体化优化应用，实现了生产计划全流程跟踪管理，生产效益的在线测算及偏差分析，以生产调度优化形成日计划，指导装置生产安排，通过装置优化实现了装置参数最优的目标。2020 年天津石化通过原油采购优化测算，及时抓住低价时机降低原油成本，降本约 2600 万元；结合内外贸价格趋势变化，通过测算及时调整内外贸成品油结构，压减航煤，减少成品油出口量，增效创效 7000 万元，效益总计 9600 万元/年。二是打通智能物资 ERP 系统，使物资到货等信息能快速、有效、准确地传输，避免信息遗漏，实现物资库存商品实时跟踪，普检物资发货效率提高 45％，领料效率提高 60％，发货效率预计提高约 10％，紧急业务补单及时率预计提高约 15％。加快物资周转速度，库存周转率提高约 5％，降低库存水平约 800 万元。

② 在生产过程管控方面，生产集成管控发挥重要作用。

a. 在生产管控域。建设了具备生产感知自动化、数据分析科学化、指挥决策规范化的生产指挥新模式；实现生产运行全过程实时监控、预测预警；完整覆盖全公司生产业务的调度指令在线流转体系；可有效降低平均加工损失 0.1％，提高系统贡献 5％，避免非计划停车，预计年经济效益约 357 万元/年。

建设操作管理实现了定时打卡、电子记录、Wi-Fi 上传的电子巡检模式，大大提高了外操巡检的工作质量和劳动效率；逐步优化、收窄操作指标控制范围，提高卡边操作能力，提升装置操作水平。

建设工艺管理实现了对工艺卡片进行多维度、多角度实时监控；实现对指标变更流程的统一管理，提高业务规范性；实现对工艺文档进行类别标准化和模板化，为企业内部的工艺检查提供了标准化依据。

建设化工短丝智能仓储项目，利用 5G 通信、视觉导航、自适应等技术实现产品出入库、倒库、自主装车的无人化智能操作。无人驾驶叉车（AGV）配备了多重导航模式，可实现智能导航，保证路径运输的准确性和安全性，全过程实现无人值守。投用后减少 23 人，项目总经济效益为 518 万元/年。

b. 在安全管控域。变革炼化企业现场作业票管理模式和流程，实现作业票管理"四定"（定人、定时、定点、定票），改变了传统作业票管理模式，推进了现场施工作业的安全可控。

建成了安全基础资料管理库、承包商安全资源库、安全教育培训资源库等过程安全数据库，为分析企业安全管理方面存在的问题、制定安全管理策略提供重要依据。实现在线 JSA 分析、电子作业票等应用，提升高危作业管控水平。

构建应急指挥系统，实现企业应急指挥中心及现场指挥部（应急指挥车）三级一体化应急平台，实现了"信息汇聚一张屏、应急资源调度一张图、协同标绘一张图、联动处置一张网"的应用效果。

采用纯电四旋翼无人机＋3 台自动机库，飞行控制平台实现无人机一键式智能自主巡检，智能场景识别软件通过 AI 智能识别技术对无人机回传视频中施工作业、异物占压、工程车辆等异常情况进行智能识别和实时预警，巡检结束后自动生成巡检报告。可提高巡检效率，逐步实现"机器换人"，经济效益240 万元/年。

整合 1800 余个视频点位至统一平台，利用视频图像识别、大数据分析和智能算法，对重点部位监控画面中的初期火焰特征进行分析判断，对异常情况第一时间发出报警信号并推送短信，实现视频辅助巡检和现场巡检的有机融合，实现了 24h 不间断视频轮巡，为初期火灾争得宝贵的时间。

采用物联网、人脸识别、移动通信技术等技术，以严把"准入、许可、监控"三关为工作主线，形成了资格审查、一站式培训、在线考试、门禁智能授权、施工作业、综合考核评价等全流程信息化管理模式，实现承包商全过程协同闭环管理。

c. 在能源管理域。细化了能源生产消耗数据，提高了能源监管能力，提升了优化增效空间，梳理了固化业务流程，让能源管理"说得清、管得住、省得下、靠得住"。根据用能计划，制定优化的产能计划，优化动力燃料及动力装置负荷，降低产能成本，每年节能降耗减费 1217 万元/年；建成国内石化行业首个辅助生产管理的水务信息系统，实现了水务上下一体化的专业化管理，经济效益和节能效果良好，节约循环水量 1800 万吨/年，循环水节水率达 16％，经济效益 520 万元/年。

d. 在环保管控域。建设了环境保护管理平台，构建环保一体化监控地图，在"一张图"上对环保信息进行实时监控、预警提醒、趋势分析、视频监控及快速响应，摸清 VOCs 排放底数，降低挥发性有机物排放及加工损失，满足国家环境在线监测红线要求，助力公司荣获国家"石油和化工行业绿色工厂"称号，成为国内炼化行业唯一一家重污染天气应急绩效评价 A 类企业。

③ 在设备资产全生命周期管理方面，设备健康管理发挥重要作用。通过设备健康管理应用，基于状态监测及生产运行相关系统，以设备为对象，建立动、静、电、仪综合监测应用，实现设备的状态、介质、工艺等相关信息的集中查询和展示，异常报警和推送。

a. 实现了电气专业变电所监控及关键机泵电机监控，仪表专业控制系统硬件状态监控、GDS 监控、智能变送器表体温度监控以及联锁回路投退状态监控与分析（7000 余台仪表、260 余台电机和一个变电所）。

b. 实现全公司 46 台加热炉氧含量、排烟温度、烟气组分等关键参数的综合监测，实时分析加热炉热效率并与设计值进行对标，挖掘影响热效率相关指标并自动形成分析报告，为加热炉平稳、高效运行提供科学决策依据。

c. 腐蚀诊断与评估以腐蚀回路为对象，建立腐蚀回路评估模型 148 个，管道风险评估模型 24 个，管道风险评估规则 53 个，涉及腐蚀案例、分析报告等标准化规则 200 多条，对腐蚀相关参数进行监控、分析及评估，实现设备防腐的可视化管理，保证了设备长周期稳定运行。

d. 通过三维数字化平台及设备三维应用对 $3^{\#}$ 常减压、$2^{\#}$ 加氢裂化、烷基化等 3 套生产装置进行工程级建模，实现了设备运行参数的动态展示、动态测量、防腐保温测算以及设备拆装培训。通过设备运行管理与监控功能，为现场操作及技术人员提供准确的判断依据，设备异常时自动推送报警信息，加速对突发情况的反应，辅助快速决策，提升系统运行效率，大幅降低设备被动型维修成本，避免现场腐蚀泄漏造成设备非计划停工，年均效益约 300 万元/年。

e. 建立机组智能诊断模型和状态监测分析专家系统，基于大数据分析和案例相似度分析技术，对大机组异常状态提前预警，对故障自动给出诊断结论和建议措施，实现了关键机组智能预警和智能诊断。天津石化装备研究院成立了远程监测中心，组建了 10 余人的专家诊断团队和 15 人的日常运行保障团队，实行 24h 值班守护机制，配置了大屏幕、视频会议、录播系统等，可实现同时 15 家企业开视频会议，同时为 10 家企业提供服务。

④ 优化调整业务架构和流程，推动运营管理提效提质。天津石化把建设智能工厂、推进"两化"深度融合，作为调结构、促转型、增效益的突破口和重要抓手。结合公司结构调整、转型发展、绿色低碳等战略，及时调整信息化发展方向，按照大平台、大系统、大运维的思路，重构信息化架构、体系和建设、应用模式。

a. 成立了一体化的生产管控中心，促进分散式的生产管理转变为集中式、协同式管理。

b. 成立了跨专业的计划、能源优化团队，加强优化工具的应用，实现计划生产、能源管理的持续优化。

c. 通过调度与 MES 集成，把计划、调度、操作由分段式管理转变为全程在线、闭环式管理。

d. 形成了总部、企业、现场三级一体化应急体系，提高应急处置协同能力。

e. 实现了管理全覆盖，体系外无管理、系统外无业务。切实让员工在系统中管理、在系统中工作、在系统中操作，最终为决策层提供支撑。

　　f. 加快推进人工智能创新应用落地，逐步实现"机器代人"，在线轻质油分析、无人机智能巡检、基于 5G 的 AGV 无人驾驶叉车智能仓储、初期火灾预警等人工智能设备及新技术的应用替代传统手工化验、巡检、产品仓储的工作模式，优化了岗位人员配置，提高了工作效率。

　　g. 上下游资源协同优化。智能工厂项目的持续实施将全面提升天津石化服务京津冀区域协同发展的能力，促进"环渤海炼化一体化产业基地"的建设，使其成为北方最大的石油化工基地，对天津市至环渤海地区上下游产业的延伸发展具有极强的支撑和带动作用，对天津再造北方制造中心和市场中心发挥重要作用。

　　⑤ 统一工业互联网平台，敏捷优化应用开发，实现数据灵活共享。

　　a. 全面基于工业互联网平台建设智能工厂。天津石化按照总部"一切应用皆上云，一切开发上平台"的工作要求，全面基于工业互联网平台进行应用开发。全公司 115 个应用，30 余个应用基于工业互联网平台开发部署，15 个应用移植到平台上运行，另有 70 余个总部统一建设的应用部署在北京总部，但是均与部署在企业端的平台实现集成与数据共享。同时，天津石化的平台具有较好的扩展性，这就为后续数据治理打下良好的基础，同时，为传统企业转型升级、提质增效提供了借鉴。

　　b. 依托工业互联网平台经验知识库支持关键机组故障远程诊断。基于工业互联网平台建设了关键机组故障远程诊断中心，并组建了以天津石化首席设备专家为首的专家团队，已经为 10 家企业提供远程故障诊断服务，为中国石化关键机组运行提供了运行保障，同时，沉淀了关键机组运行管理各类经验故障参数，共享了十家企业关键机组运行参数，为下一步实现关键机组预知性维修等应用提供了有力支撑。

　　c. 通过工业互联网平台为业务提供全面数据集成共享服务。通过石化工业互联网平台工业数据湖构建工厂数据中台，将资产模型、工厂模型、二三维数字化模型、机理模型、工业大数据分析模型、工业知识与工业数据融为一体并提供工业服务。工业数据湖是面向工业数据存储和分析的服务工具。核心目标是解决数字孪生模型与全厂数据的集中集成和数据共享交互的问题，全面支撑天津石化生产工艺优化、设备与预知性维修及故障预警、全流程的节能减排及提升企业本质安全。

6.3.4.2　装置全流程智能控制提升装置控制智能化水平

　　为提高生产装置智能控制水平，天津石化在炼油部 2# 催化裂化、渣油加氢、2# 气分、2# 双脱等装置开展全流程智能控制（IPC）系统试点应用。项目完成后，将传统 PID 控制升级为智能控制，2# 催化裂化装置自控率达 95% 以上，平稳率达 99% 以上，控制回路波动均方差减少 95%，操作工调节次数减少 96%，报警及时率达 95％ 以上，水汽质量合格率达 98％ 以上，能耗降低 0.32kg/t，丙烯收率提高 0.9％，汽油收率提高 0.14％，减轻了基层负担，实现了生产装置高精度智能控制，达到了装置"有人值守、无人操作"的效果，助力企业转型升级。

（1）应用概述

目前炼油装置主要采用常规 PID 控制，控制器参数主要靠人工经验的方法整定，控制精度较低，自控率 25.79％，平稳率 60％，反应温度波动范围 ±3℃，汽包液位虽然投用自动控制，但是波动范围大，水汽质量合格率 45％，操作人员劳动强度大，报警频繁，报警及时率 50％，影响装置稳定性，导致装置收率、能耗等指标与先进水平存在一定差距。为提高 2$^{\#}$ 催化裂化、渣油加氢等装置智能化水平，天津石化开展了全流程智能控制系统（IPC）试点示范，从多方面解决生产装置实际控制难题，实现生产装置从基础层控制到多变量控制的精准控制，确保装置长期高水平运行。

（2）解决方案

① IPC 全流程智能控制功能。全流程智能控制系统主要包含智能建模、智能 PID 控制、多变量智能控制、智能变参数非线性区域控制、烽燧控制、专家系统、最优控制设计、故障诊断与防护等多项智能控制方法。该技术可实现石化生产过程自适应、自学习、安全可靠的智能控制，在各种工况下长期应用，实现生产装置全流程的精准控制，确保生产装置"安、稳、长、满、优"运行。

② IPC 全流程智能控制部署方式。采用基于 OPC 建设的体系架构方案。基于现有 DCS 控制系统，在中控室或机柜间内安装 IPC 全流程智能控制服务器，IPC 全流程智能控制系统软件安装在 IPC 全流程智能控制服务器上，通过现有的 OPC 接口自动读取现场数据，实现自动数据采集、智能建模及智能控制器设计等功能。仪表人员协助安放服务器，确定电源，并定期巡检是否掉电，掉电只需重新启动服务器即可。

（3）技术特点

① 基于生产数据的智能建模。采用多变量建模方法，建立多变量模型库。针对所有控制器，无需测试信号，基于生产数据直接建立对象模型，形成全工况智能模型库，具有在线自学习能力和模型精度评价体系，确保模型精度达 95％以上。

② 智能 PID 控制。基于多工况智能模型库，采用智能 PID 控制器设计方法，将传统 PID 控制改造为智能控制，将自学习模型无缝嵌入控制回路，建立控制器性能评价体系。

③ 智能变参数非线性区域控制。结合智能建模、模糊控制和专家系统的新

型智能控制方法，智能变参数非线性区域控制解决了串级控制中副回路的精准控制难题，例如液位-流量控制中流量精准控制难题，消除内部自干扰，保证大系统运行稳定。

④ 智能函数控制。基于生产大数据及专家经验知识，根据生产要求，采用智能函数控制，操作人员只需输入指令，在保证相关参数平稳的基础上，实现智能平稳提降负荷。

⑤ 烽燧控制。烽燧控制借鉴古代烽火台的作用原理，基于全系统物料和能量的动静态平衡思想，烽燧控制器对与生产工艺过程相关的控制回路进行调整，解决了生产过程多变量协调控制难题，保证系统稳定运行。

⑥ 专家系统。基于生产大数据、机理模型及专家经验，形成专家知识库，通过推理及决策，实现智能控制。

（4）应用成效

IPC 全流程智能控制以 $2^{\#}$ 催化裂化装置为例，主要成效如下。

① 对所有控制回路实施多变量智能 PID 控制，提升装置自控率、平稳率。采用多变量建模方法，将 $2^{\#}$ 催化裂化装置 168 个控制回路升级为多变量智能 PID 控制，自控率由 25.79％提高到 95％以上，平稳率由 60％提升到 99％以上，控制回路均方差减少了 95％，达到小超调或无超调跟踪设定值变化或克服扰动，使其快速平稳运行，增强抗干扰能力，减少系统的波动。反应器反应温度实现智能精准控制，波动范围±0.5℃。

② 将传统液位-流量串级升级为智能变参数非线性区域控制，提升水汽合格率。针对传统的液位-流量串级控制，根据工艺特点及要求，采用智能变参数非线性区域控制技术，对液位-流量串级控制进行改造及优化，使液位在指定区域内，缓慢调整，超出区域，快速调整使之回到区域内，维持液位在一定范围内波动，流量尽量稳定，减少对下游的影响。智能变参数非线性区域控制在汽包液位投用后，汽包液位 40％低控，水汽合格率从 45％提升至 98％以上。

③ 利用大数据、人工智能优化控制方案。在实际生产运行过程中，针对运行不合理的控制方案，基于生产大数据、专家系统、混合精英搜索和参数相关性分析方法，开发智能优化控制方案，经工艺人员确认后，通过 DCS 下装优化方案，实现过程控制方案优化。$2^{\#}$ 催化裂化装置优化控制方案 17 个，实现控制方案优化，并实现智能控制。

④ 智能函数控制平稳提降负荷/温度，减轻操作劳动强度。根据用户需求，开发智能函数控制，可自动平稳提降温度、流量及负荷，减轻操作人员负担，减少生产波动，避免对下游造成影响。$2^{\#}$ 催化裂化装置共新增 12 个智能函数控制器。

⑤ 应用专家系统提高脱水机效率，降低废渣含水率，减少固废处理费用。

根据生产要求，开发专家系统，实现实时专家智能控制。针对 $2^\#$ 催化裂化装置开发 2 套脱水机专家控制系统，通过真空度的变化及时调节下料阀门实现单元自动控制，提高脱水机效率，降低废渣含水率，减少固废处理费用。

⑥ 经济效益。炼油装置投用 IPC 智能控制后，以 $2^\#$ 催化裂化装置为例，自控率达 95％以上，平稳率达 99％以上，控制回路波动均方差减少 95％，操作工调节次数减少 96％，报警及时率达 95％以上，水汽质量合格率达 98％以上，能耗由 36.51kg/t 降低至 36.19kg/t；丙烯收率由约 5.8％提高到 6.7％，汽油收率由 41.97％提高到 42.11％，可增加经济效益 20063.17 万元。

通过 IPC 智能控制应用，提高生产过程操作的平稳性及安全性，降低操作人员劳动强度，减少误操作，延长生产周期，延长设备使用寿命，提高操作人员及管理人员的效率，提高企业管理效能，实现生产平稳"质"的飞跃。

6.3.4.3　初期火灾智能识别报警系统助力企业实现主动安全管控

天津石化初期火灾报警系统是利用现有天津石化视频监控平台，对重点区域及关键设备的视频监控数据进行 AI 建模，通过对图像智能分析，对疑似"火灾"的场景发出报警，帮助用户在火灾初期发现并有效控制险情，最大限度地降低企业损失和对装置的影响，选择 414 个视频点位进行部署，检测准确率已达 99％以上，上线以来成功捕获 5 起火灾险情并发出报警，验证了系统的有效性，为全国石化行业首家探索使用，具有一定的推广和示范价值。

(1) 应用概述

随着国家和总部加强安全生产监管，对安全生产要求越来越严格，天津石化公司将安全生产标准提升到顶格。

原有视频对生产运营中的操作、施工作业等监控，极易出现监控盲区和滞后，而随着装置配套视频的大量上线，监控数量急速上升，仅靠人眼巡查及时发现险情越来越困难。

公司现有模拟视频占比 40％，若完全换新投资巨大，不现实，而通过软件对画面进行智能识别，能充分挖掘和发挥这些视频的价值，释放其潜力，一举两得。

(2) 解决方案

利用以计算机、网络通信技术为基础，以图像分析为特色的视频监控系统逐渐成为监控领域的发展方向。天津石化现有视频监控点位 2878 个，其中，220℃及以上、易腐蚀、易泄漏、罐区、汽车栈台、热油泵、高温管线等关键装置有 400 余个重点点位，通过将重点点位接入初期火灾报警系统，对视频监控画面中火焰特征迅速智能分析、自主判定，实现全天候并行监测预警。

智能视频分析系统总体架构如图 6-9 所示。

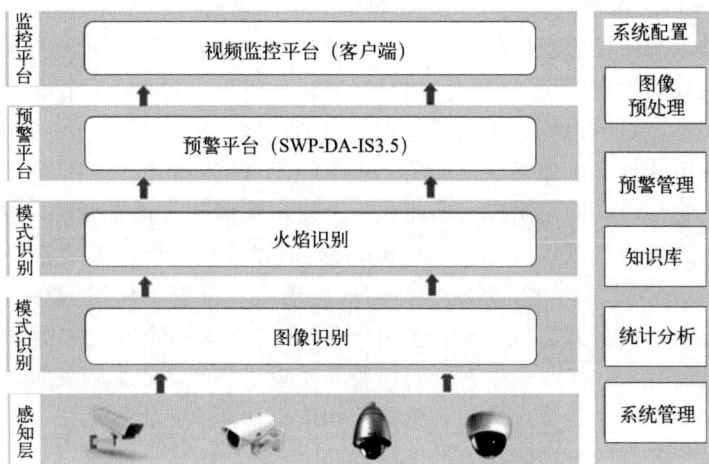

图 6-9 智能视频分析系统总体架构

（3）技术特点

初期火灾报警系统是利用计算机图像识别、机器视觉、人工智能、网络通信以及海量数据管理的技术，将智能算法嵌入数字信号处理中，分析和提炼目标的各种行为模式，形成多种核心算法，系统利用这些核心算法和集成自主知识产权的 30 余种识别算法，逐步训练形成了亿级火焰特征库，通过与实时视频中疑似火焰的静态特征和动态特征检测、跟踪、分类、行为对比，秒级精准定位目标火源及对目标的框架周长和行动轨迹打上标签，做出预警和实时报警，实现初期火灾的智能识别。

系统在中心机房集中部署服务器，集成天津石化视频监控平台系统，用户终端通过办公网络实时监控画面。

预处理服务通过硬盘录像机获取视频流或从高清网络摄像机直接获取视频流进行图像预处理后转送给图像模式识别服务，识别的结果按规则模型进行过滤，如果是火焰，通过预警服务平台接口传送给原有视频监控客户端，进行弹屏报警和语音播报。

（4）应用成效

天津石化炼油部联合一车间催化裂化装置现有 17 个视频监控，外操人员在日常巡检工作中，通过天津石化视频监控系统在外操室的 55in（1in＝25.4mm）大屏巡查装置运行情况，观察是否有异常；现场巡检设备运行情况，发现和排除故障。设置轮巡 9 分屏，每个视频在 55in 大屏上基本显示。

① 实施前工作模式。操作人员用视频账号登录计算机视频监控平台，观察轮巡画面，20s 更换一次画面，一旦错过或确认险情画面，需要手动调出画面确

认。如果发生火情，操作人员先确认火情后电话通知消防和相关人员。

② 实施后工作模式。操作人员用报警账号登录视频计算机的视频监控平台，该账号具有本车间设置视频的报警功能；观察轮巡画面，20s更换一次画面，如遇系统自主判断发现险情，即刻弹出警报窗口并发出警报提示，整个过程不依赖视频画面大小，对模拟视频也只需达到规定的报警参数即可，操作人员只需对报警画面进行确认核实，如确认是火情，点击红色【核实】按钮，系统自动推送报警信号给消防部门，即刻出警；向相关人员发出短信和石化通报警信息，系统实时对视频码流进行监测，按2min、5min设定自动发出断流报警给相关人员。

③ 实施前后效果对比。系统实施前所有巡查、报警工作均依靠人眼观察和手动处置，及时发现并有效控制险情十分困难，会错过处置火灾的"黄金期"。系统实施后进行24h在线巡查，自主报警并实现出警联动，赢得处置"黄金期"。历经几次报警实践，装置人员越来越相信和依靠初期火灾报警系统。该系统已经成为车间强化安全防范措施得力助手。

天津石化初期火灾报警系统上线后，经过不断的自学习，视频误报率从8％降到1％，实现了3s内识别初期火焰并报警，为生产装置避免发生特大恶性事故提供技防手段。在2020年公司设备大检修装置停车、开车期间，成功捕捉到2次现场险情并发出报警，后续正常生产期间2次成功发现装置险情，验证火灾预警系统有效性，为车间及时处理赢得宝贵时间，避免人员伤亡和财产的损失，降低非计划停车的风险。同时，通过识别验证的算法模型，根据摄像机的分辨率测算出不同距离可识别火焰最小理论大小，形成了火焰识别的技术标准。系统已经向国家申请发明专利并被受理，有效提升了企业智能化管理水平。

6.3.4.4 "5G＋机器人"助力仓储智能化转型

为了减轻一线职工的劳动强度，减少简单重复性工作，天津石化积极探索"机器代人"的技术应用实践，在短丝装置引入10台AGV无人驾驶叉车，利用5G切片技术、先进的视觉导航、具备人工智能的自适应技术，与中控系统WMS的无缝连接，完成了成品包下线搬运、入库、倒库、装车一系列工作，替代传统人工操作，满足了装置24h连续生产要求，实现了日常出入库无人化、装车作业自动化、仓储管理智能化，大大减少了人工成本和运输费用，合计518万元/年，节省人力23位，为全国石化行业首家使用，具有一定的推广和示范价值。

(1) 应用概述

天津石化化工部短丝装置于2000年投产运行。设计之初，后加工成品包出、入库均为人工操作，整个物流过程用工多、频率高、物流成本高。近年来，由于企业面临人员短缺实际，导致物流人员紧缺，已经无法满足正常生产运行需求。

公司正在大力推进"智能工厂"的建设，针对大量简单性作业、重复性劳动，开展"机器代人"应用工作，实现无人化搬运，达到减员、高效、安全、经济的目标，助推公司由自动化向智能化迈进。

（2）解决方案

经过技术对比，结合企业生产特点，最终选用了视觉导航平衡重式无人叉车技术方案。在项目实施过程中，对叉车选项、堆叠方式、仓库布局规划、业务流程、码垛翻转、5G 通信方式等进行了详细技术研究并逐一落地，如图 6-10所示。

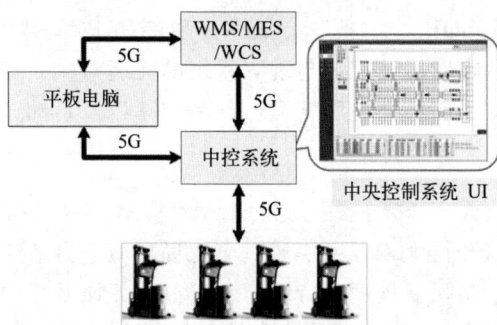

图 6-10　"5G＋机器人"智能仓储系统架构

通过采用智能装备，将货物信息以二维码方式记录，可实现追溯，在线更新货物信息。货物信息内容包括：货物编号、批次、规格、重量及等级。无人叉车安装条码识别装置，用于货物信息校验。无人叉车接近货物时自动识别托盘上的二维码，并将二维码信息传输至中控系统。

AGV 无人驾驶叉车配备多重导航模式，可实现智能导航，保证路径运输的准确性和安全性，全过程实现无人值守，并运用智能的自适应调整功能，全程无人化搬运，采用自动堆叠，对传统生产线进行柔性改造，实现了成品库存储智能化管理。

信息通信采用 5G 切片技术，利用了其传输速度快、延迟低、带宽保障性强、业务数据保密的特点，将现有 5G VPDN 虚拟专有网络切出一个专用虚拟网络，利用现场部署的 2 个用户端设备（CPE）与公司现有 VPDN 链路连通，连接无人叉车与中控系统，传输调度信息数据。

中控系统给 AGV 发出智能调度指令，并与 LIMS 系统高度集成，自动获取成品化验数据，实现产品自动运输和分类存放，使出入库流程完全智能化，同时把产品规格和实时产量推送给 MES 系统，避免操作人员的手工录入。

通过装车位顶部的三维视觉传感器自动检测货车位姿态，根据车辆尺寸实时生成装车方案，调度无人叉车执行装车任务。无人叉车自动识别、"自适应"夹抱货物，并进行无人搬运及装车，每辆叉车每天可完成2车共计180个单位货物的装车。无人叉车自动识别电量，当电量低于20%时，无人叉车自动返回充电区，精准连接充电桩，实现自动充电。

智能仓储项目打通了从生产到运输，再到检验、装车及出库的整个流程，实现了短丝生产尾部的无人化、数字化改造，是全国首批大规模应用5G智能仓储平台之一。该平台由基于视觉的工业无人车辆、智能仓储管理及无人车辆调度系统（WMS/WCS）以及基于3D视觉的货车感知系统共同组成。

智能仓储管理及无人车辆调度系统（WMS/WCS）采用当前流行的3层系统架构，包括数据层、服务层和应用层。其中数据层支持主流数据库，包括Oracle、SqlServer、MySQL等。客户端支持移动端和PC端访问；支持与多种类型的外部系统进行数据对接，完成与现有系统的无缝对接；支持完成调度无人叉车自动完成产线入检验库、检验库转运、产品装车以及自动充电等功能。

（3）技术特点

基于视觉的工业无人车辆应用了V-SLAM技术、视觉伺服控制技术以及基于深度学习的货物感知技术，可以快速适应现场环境，自适应精准插取货物，具有低成本、高效率、高智能程度等特性。不仅如此，该系统中，所有无人车辆均集成了华为5G工业模组，实现了无人车辆与5G网络真正产品级的应用落地。

3D视觉货车感知系统应用AI视觉感知技术，实时检测货车的位姿，并根据车辆的尺寸，对货物的摆放方式进行实时规划。该系统通过工业5G模组与位于边缘端的WMS/WCS系统进行通信，调度无人车辆高效完成半室外平板车装卸流程。

（4）应用成效

AGV无人驾驶叉车投用后，24h不间断的机器搬运，取代了以前人工叉车工作，满足了装置的连续生产要求。

• 升级智能仓储控制系统后，系统调配AGV更加快速和准确，提高产品搬运效率，单班次产品产量（300包）搬运时间控制在4～5h；

• 持续优化AGV自适应技术，产线夹抱更加精准，自然堆叠纵向、横向均达到等距离，堆叠更加稳定；

• 优化移动端接口控制界面，使其更人性化和有更好的视觉效果，并与MES、LIMS等系统深度融合对接，优化流程；

• 优化AGV无人装车功能的路径和策略，提高装车效率。

实现了成品从入库打包至出库装车的全过程无人化，将原有的叉车司机岗位全部取消，每年可节省人工、叉车维修保养及中转运输外包等多项费用。

通过AGV高端人工智能技术，可完全实现"机器代人"，大幅消减用工成本，解决企业用工短缺、用工强度大的难题，同时，提升了管理效率，消除了人的各种不安全因素。以天津石化智能仓储为例，智能仓储投用后，共减少用工23人，降低人工成本460万元/年；节省业务外包费用73万元/年；设备维护费用增加15万元/年；项目总经济效益为518万元/年。

参考文献

［1］　高立兵，刘东庆，高瑞．石化行业智能制造发展现状及技术趋势［J］.流程工业，2021（8）：16-21.

［2］　李德芳，蒋白桦，赵劲松．石化工业数字化智能化转型［M］.北京：化学工业出版社，2021.

［3］　李剑峰，肖波，肖莉，景帅．智能油田（上下册）［M］.北京：中国石化出版社，2020.

［4］　王子宗，高立兵，索寒生．未来石化智能工厂顶层设计：现状、对比和展望［J］.化工进展，2022，41（7）：3387-3401.

［5］　李德芳，索寒生．加快智能工厂进程，促进生态文明建设［J］.化工学报，2014，65（2）：374-380.